自治体行政のための民法

債権法と相続法の改正を踏まえて

橋本 勇［著］

学陽書房

はじめに

　自治体からの法律相談や訴訟に携わって30年以上になる。その中には、地方自治法や地方公務員法、都市計画法や地方税法等、いわゆる公法に関する専門的なものが多いのは当然のことながら、数だけから言えば、民法に関するものが圧倒的に多い。

　民法は、平成16年（2004年）に口語化された後、平成29年（2017年）と30年（2018年）には、数回に分けて、第3編（債権）と第5編（相続）を中心とする大幅な改正がなされ、それによる改正後の法律は、令和4年（2022年）4月1日までの間に順次施行され、又は施行されることになっている。本書においては、それぞれの改正箇所について、施行時期、改正の前後の関係及び経過措置を分かり易く説明するとともに、民法全体を統一的に理解できるように配慮している。

　民法は、社会生活の基本的なルールを定めるものであるから、自治体といえども、社会的な存在である以上、それが日常的に問題になるのは当然のことである。ただ、行政経験が長くなればなるほど、無意識のうちに行政には行政のルールがあり、民法は関係がないと思い込むようになったり、行政には特別な力があるように錯覚するという面もあり、その結果、民法に思い至らないことがあるようにも思われる。しかし、権力的な行政の代表的な税の賦課・徴収においても民法が定める所有権や債権の帰属（相続を含む。）を確認しなければならず、地方自治法が詳細な手続きを定める契約を適切に行うためには民法の関係規定を理解する必要があり、長や公営企業管理者の責任については民法の不法行為の規定が大きな意味をもつ等、ほとんど全ての事務事業の遂行には民法の知識を欠くことができない。

　近年、債権回収に力を注ぐ自治体が増えているが、債権の履行期限、消滅時効の期間と完成猶予及び更新、債務者とその保証人との関係等は民法が定めるところであり、特に消滅時効については、今回、大幅な改正がなされている。また、消滅時効に関する改正後の規定は改正法の施行前になされた契約に基づいて発生した債権には及ばないのが原則であり、経過措置にも十分な注意が必要である。

　請負は、今回の民法改正で大きな改正があったものの一つであり、従来請

負について定められていた特別な規定の多くが削除され、契約の総則の適用及び売買に関する定めの準用によって処理されることとなっている。特に、従来の「瑕疵」に替えて「契約の内容に適合しない」という概念が採用されているので、契約の内容がより重要な意味を持つことになっている。また、解除や請負人の責任についても改正がなされているので、新たに請負契約を締結する際には留意しなければならない。

　公の施設の利用関係が公法上のものか（行政処分によるものか）、私法上のものか（契約によるものか）が問題になることがあるが、それが契約によるものとした場合については、定型取引及び定型約款という新たな契約形態が定められているので、従来の条例による利用条件の定め方を十分検討することが必要となっている。

　福祉施策が充実するに従って、家族の中における扶養や扶助と公的支援との関係が複雑かつ微妙な問題になっている。親族間の扶養義務については民法に規定があるし、今回の改正によって、介護による特別寄与者の相続財産に対する権利や同居していた配偶者が死亡した際の配偶者居住権が認められた。

　公有地に隣接する土地や家屋の所有者からのクレームや隣人同士のトラブルについての相談も多い。これらの多くは、民法が定める相隣関係の規定を理解したうえで、情理をもって事に当たるのが大切である。また、時として、道路に対する妨害や道路とその隣接地又はそこに生育する樹木との関係が問題になることもあるが、これには相隣関係に加えて占有権の効力についての理解が欠かせない。

　放置された自動車・自転車や管理が放棄された土地・建物については、不在者の財産管理人の選任や事務管理としての処理が必要になることがあるが、これらについても、その基礎となるのは民法の条文であり、関連する特別法の運用においても民法の基本を踏まえることが重要である。

　本書は、民法の基本を概説するものであるが、上記のようなことを踏まえ、随所に自治体行政を念頭においた解説を加えている。行政が独りよがりにならないためにも、本書を活用していただければ幸いである。

令和元年10月

橋　本　　勇

目　次

序　民法の意義……1

第1編　総　則

第1章　通則 … 4

第2章　権利・義務の主体 … 9

Ⅰ　総説 ……………………………………………………………9
Ⅱ　人 ………………………………………………………………9
　1　権利能力 ────────────────────────9
　2　意思能力・意思表示・法律行為 ───────────11
　3　行為能力 ───────────────────────13
　　（1）　未成年者……13
　　（2）　成年被後見人……15
　　（3）　被保佐人……16
　　（4）　被補助人……17
　　（5）　制限行為能力者であることを理由とする取り消しの効力及び
　　　　 相手方の保護……18
　4　住所 ─────────────────────────20
　5　不在者の財産の管理及び失踪宣告 ───────────23
　　（1）　不在者の財産の管理人……23
　　（2）　失踪の宣告……25
　6　同時死亡の推定 ─────────────────────25
Ⅲ　法人及び権利能力なき社団 ────────────────26
　1　法人 ─────────────────────────26

2　権利能力なき社団 ——————————————— 28

第3章　物　31

第4章　法律行為　32

I　総則 ——————————————————— 32
　1　公序良俗 ——————————————————— 32
　2　任意規定及び強行規定 ——————————————— 33

II　意思表示 ——————————————————— 34
　1　内心との齟齬 ——————————————————— 34
　　（1）心裡留保……34
　　（2）虚偽表示……35
　　（3）錯誤……36
　　（4）詐欺又は強迫……40
　2　意思表示の効力の発生 ——————————————— 41
　　（1）意思表示の効力発生時期等……41
　　（2）公示による意思表示……42
　　（3）意思表示の受領能力……44

III　代理 ——————————————————— 46
　1　代理の意味 ——————————————————— 46
　　（1）代理の要件及び効果……46
　　（2）本人のためにすることを示さない意思表示……47
　　（3）代理行為の瑕疵……48
　　（4）代理人の行為能力……50
　　（5）権限の定めのない代理人の権限……51
　　（6）代理人の権利及び義務……52
　2　復代理 ——————————————————— 53
　　（1）復代理人の権限等……53
　　（2）復代理人の選任……54

3　表見代理 ──────────────────── 55
　　　（1）　表見代理制度の意義……55
　　　（2）　代理権授与の表示による表見代理等……56
　　　（3）　権限外の行為の表見代理……57
　　4　代理権の消滅 ──────────────── 59
　　　（1）　代理権の消滅事由……59
　　　（2）　代理権消滅後の表見代理等……60
　　5　代理権を有しない者がした行為（無権代理）の効果 ── 61
　　6　代理権を有しない者がした行為とみなされる行為 ── 64
　　　（1）　代理権の濫用……64
　　　（2）　自己契約及び双方代理並びに利益相反行為……64
　　　（3）　会社の代表者による競業及び利益相反取引……65
　　7　地方公共団体の長及び地方公営企業の管理者並びにその
　　　代理等 ──────────────────── 66
　　　（1）　利益相反取引……66
　　　（2）　職務代理……67

　Ⅳ　無効及び取消し ────────────────── 68
　　1　無効な行為の追認 ──────────────── 68
　　2　取り消すことができる行為と取消権者 ──────── 69
　　3　無効の意味及び取消しの効果 ──────────── 70
　　4　取り消すことができる行為の追認 ────────── 72

　Ⅴ　条件及び期限 ─────────────────── 73
　　1　条件 ────────────────────── 73
　　　（1）　条件の意味……73
　　　（2）　既成条件及び不能条件……75
　　2　期限 ────────────────────── 76
　　3　負担 ────────────────────── 78

第5章　期間の計算　　80

　Ⅰ　期間計算の原則 ────────────────── 80

II　期間の始期 ———————————————— 80
1　初日不算入の原則 ———————————————— 80
2　初日が算入される場合 ———————————————— 81
（1）　年齢の計算……81
（2）　公務員の任期……82
（3）　行政処分……82

III　期間の満了（終期） ———————————————— 83

第6章　時効　　85

I　時効が認められる理由とその効力 ———————————————— 85
II　時効の利益の放棄と信義則 ———————————————— 88
III　時効の完成猶予及び更新 ———————————————— 89
1　裁判上の請求等による時効の完成猶予及び更新 ———————————————— 89
2　強制執行等による時効の完成猶予及び更新 ———————————————— 90
3　仮差押え等による時効の完成猶予 ———————————————— 91
4　催告による時効の完成猶予 ———————————————— 92
5　協議を行う旨の合意による時効の完成猶予 ———————————————— 93
6　権利の承認による時効の更新 ———————————————— 94
7　未成年者又は成年被後見人と時効の完成猶予 ———————————————— 95
8　夫婦間の権利の時効及び相続財産に関する時効の完成猶予 ———————————————— 95
9　天災等による時効の完成猶予 ———————————————— 96

IV　取得時効 ———————————————— 96
1　所有の意思 ———————————————— 97
2　平穏かつ公然の占有 ———————————————— 98
3　自己の物及び公共用財産 ———————————————— 98
4　取得時効の法的性質 ———————————————— 99
5　善意、無過失 ———————————————— 100
6　所有権以外の財産権の時効取得 ———————————————— 100
7　取得時効の中断 ———————————————— 101

V 消滅時効 ——— 101
1 債権の消滅時効の期間 ——— 102
2 人の生命又は身体の侵害による損害賠償請求権の消滅時効 ——— 103
3 定期金債権の消滅時効 ——— 103
4 判決で確定した債権の消滅時効 ——— 104
5 公法上の債権の消滅時効 ——— 105
6 債権以外の権利の消滅時効 ——— 106
7 消滅時効に係る経過措置 ——— 107

第2編 物　権

第1章 総則 110

I 物 ——— 110
1 権利義務の客体としての物 ——— 110
2 主物と従物 ——— 111
3 天然果実と法定果実 ——— 113

II 物権の設定、移転及び物権変動の対抗要件 ——— 113
1 物権の設定、移転 ——— 113
2 物権変動の対抗要件 ——— 114
　（1）不動産に関する物権変動の対抗要件……115
　（2）動産に関する物権変動の対抗要件……118
3 混同による物権の消滅 ——— 119

第2章 占有権 121

I 占有権の取得 ——— 121
1 自己又は代理人による占有の取得 ——— 121

2　占有の移転 ——————————————— 123
　　3　占有の性質の変更・占有の態様の推定・占有の承継 ——— 124

Ⅱ　占有権の効力 ——————————————— 125
　1　占有者の権利についての適法性の推定 ——————— 126
　2　占有者の権利と義務 ——————————————— 127
　　（1）　果実の取得と返還……127
　　（2）　占有者の損害賠償義務と費用の償還請求……128
　3　動産の物権変動 ————————————————— 130
　　（1）　即時取得……130
　　（2）　盗品又は遺失物の回復……131
　　（3）　動物の占有による権利の取得……132
　4　占有の訴え ——————————————————— 133
　　（1）　占有保持の訴え……133
　　（2）　占有保全の訴え……135
　　（3）　占有回収の訴え……135
　　（4）　占有回収の訴えと本権の訴えとの関係……136
　　（5）　占有権の消滅……137

第3章　所有権　　138

Ⅰ　所有権の意味 ——————————————— 138
　1　所有権の内容及び範囲 —————————————— 138
　　（1）　物権的請求権……138
　　（2）　土地……140
　　（3）　地下水……142
　2　相隣関係（土地の利用・調整） —————————— 143
　　（1）　隣地の使用……143
　　（2）　公道に至るための他の土地の通行……144
　　（3）　自然水流に対する妨害の禁止……145
　　（4）　水流に関する工作物の修繕等……146
　　（5）　水流の変更……146
　　（6）　排水のための低地の通水……147

（7）　堰の設置及び使用……147
　（8）　境界標……147
　（9）　囲障……148
　（10）　境界線上の障壁・溝・堀の所有権……148
　（11）　竹木の枝の切除及び根の切取り……149
　（12）　境界線付近の建築の制限……149
　（13）　境界線付近の掘削の制限……150

II　所有権の取得 ——————————— 150
　1　無主物先占……151
　2　遺失物の拾得と埋蔵物の発見……151
　3　付合及び混和……153
　4　加工……154
　5　付合、混和又は加工の効果……154
　6　無主の不動産……155

III　共有 ——————————————— 156
　1　共有の内部関係……156
　　（1）　共有持分の割合……156
　　（2）　共有物の利用関係……157
　2　共有物の分割……158
　　（1）　分割の自由と分割の禁止……158
　　（2）　分割の方法……158
　　（3）　分割の効果……159
　3　準共有……159

第4章　地上権　160

第5章　永小作権　163

第6章　地役権　164

第7章 留置権　167

第8章 先取特権　169

第9章 質権　171
- I 総則 ─── 171
- II 動産質 ─── 172
- III 不動産質 ─── 173
- IV 権利質 ─── 174

第10章 抵当権　175
- I 総則 ─── 175
- II 抵当権の効力 ─── 176
  - 1 抵当権の順位、処分、代価の配当等……176
  - 2 抵当不動産の利用……177
- III 抵当権の消滅 ─── 180
- IV 根抵当 ─── 182
  - 1 根抵当権の被担保債権……182
  - 2 共同根抵当……183
  - 3 根抵当権の元本の確定……183
  - 4 元本の確定前の根抵当権者の交代……185
    - （1） 被担保債権の譲渡等……185
    - （2） 相続……185
    - （3） 根抵当権者又は債務者の合併……186
    - （4） 根抵当権者又は債務者の会社分割……186
  - 5 元本確定前の根抵当権の処分……187
  - 6 根抵当権の極度額の減額請求及び消滅請求……188

（1）根抵当権の極度額の減額請求……188
　　（2）根抵当権の消滅請求……188

第11章　仮登記担保及び譲渡担保　　190
Ⅰ　仮登記担保 ── 190
Ⅱ　譲渡担保 ── 192

第3編　債　権

第1章　総則　　196

Ⅰ　債権の目的 ── 196
　1　債権の意味……196
　2　特定物を引き渡す場合の注意義務……197
　3　債権の目的の特定……198
　　（1）種類債権……198
　　（2）選択債権……198
　　（3）金銭債権……199

Ⅱ　債権の効力 ── 201
　1　債務不履行の責任等……201
　　（1）債務の本旨……201
　　（2）債務遅滞・履行の強制・受領遅滞……202
　　（3）損害賠償……204
　　（4）経過措置……208
　2　債権者代位権……209
　3　詐害行為取消権……210
　　（1）詐害行為取消請求の要件……210
　　（2）詐害行為取消権の行使の方法等……213

（3）詐害行為取消権の行使の効果……214
　　　（4）詐害行為取消権の出訴期間の制限……215

Ⅲ　多数当事者の債権及び債務 ― 215
　1　総則……215
　2　不可分債権及び不可分債務……217
　3　連帯債権……219
　4　連帯債務……221
　　　（1）連帯債務者の一人について生じた事由の他の連帯債務者に対する効力……221
　　　（2）連帯債務者相互の関係……222
　5　保証債務……224
　　　（1）総則……224
　　　（2）個人根保証契約……231
　　　（3）事業に係る債務についての保証契約の特則……234

Ⅳ　債権の譲渡 ― 237
　1　債権の譲渡性と譲渡制限……237
　2　譲渡された債権についての債務者の抗弁権……241

Ⅴ　債務の引受け ― 242
　1　併存的債務引受……242
　2　免責的債務引受……243

Ⅵ　債権の消滅 ― 244
　1　弁済……244
　　　（1）総則……244
　　　（2）弁済の目的物の供託……249
　　　（3）弁済による代位……250
　2　相殺……252
　　　（1）相殺の意味……252
　　　（2）相殺できない債権……253
　　　（3）相殺における充当……255
　　　（4）地方公共団体の債権債務の相殺……256

3 更改……257
4 免除及び混同……258

VII 有価証券 ———— 258
1 指図証券……259
2 記名式所持人払証券……261
3 その他の記名証券及び無記名証券……261

第2章 契約 ———— 263

I 総則 ———— 263
1 契約の成立……263
   (1) 契約の自由……263
   (2) 申込みと承諾……264
   (3) 懸賞広告……266
2 契約の効力……267
3 契約の解除……270
4 定型約款……272
   (1) 定型取引と定型約款……272
   (2) 定型取引の合意と定型約款の個別条項についての合意……273
   (3) 定型約款の内容の開示……275
   (4) 定型契約による契約の締結が法定されている場合……276

II 贈与 ———— 278

III 売買 ———— 280
1 総則……280
2 売買の効力……282
   (1) 売主の義務……282
   (2) 売主の担保責任……283
   (3) 代金の支払い等及び危険負担……288
3 買戻し……289

- Ⅳ 交換 ———————————————— 291
- Ⅴ 消費貸借 ———————————————— 292
- Ⅵ 使用貸借 ———————————————— 295
- Ⅶ 賃貸借 ———————————————— 297
  - 1 総則……297
  - 2 賃貸借の効力……299
    - （1） 賃貸借の対抗力……299
    - （2） 賃借物の修繕義務……300
    - （3） 賃借物による収益と賃料……301
  - 3 賃貸借の終了……303
- Ⅷ 雇用 ———————————————— 305
- Ⅸ 請負 ———————————————— 308
- Ⅹ 委任・準委任 ———————————————— 311
- Ⅺ 寄託 ———————————————— 314
- Ⅻ 組合 ———————————————— 317
- ⅩⅢ 終身定期金 ———————————————— 322
- ⅩⅣ 和解 ———————————————— 323

第3章 事務管理　324

第4章 不当利得　326

第5章 不法行為　328

- Ⅰ 不法行為制度の意味 ———————————————— 328
- Ⅱ 不法行為成立の要件 ———————————————— 330
  - 1 故意又は過失……330
  - 2 被侵害利益の存在……332
  - 3 損害の発生……336

- Ⅲ 財産以外の損害の賠償 ─── 338
- Ⅳ 不法行為能力 ─── 343
  - 1 自然人 …… 343
  - 2 法人 …… 347
- Ⅴ 使用者等及び注文者の責任 ─── 348
  - 1 使用者等の責任 …… 348
  - 2 請負における注文主の責任 …… 350
- Ⅵ 土地の工作物等の占有者及び所有者の責任 ─── 351
- Ⅶ 動物の占有者等の責任 ─── 352
- Ⅷ 共同不法行為者の責任 ─── 352
- Ⅸ 正当防衛及び緊急避難 ─── 355
- Ⅹ 損害賠償請求権に関する胎児の権利能力並びに損害賠償の方法、中間利息の控除及び過失相殺 ─── 356
- Ⅺ 不法行為による損害賠償請求権の消滅時効 ─── 357

第6章 国家賠償法　358

- Ⅰ 違法な公権力の行使による損害賠償 ─── 358
- Ⅱ 営造物の設置管理の瑕疵による損害賠償 ─── 362
- Ⅲ 費用負担者の責任 ─── 362

第4編　親族

第1章　総則　366

第2章　婚姻　368

I　婚姻の成立 ―― 368
1. 婚姻の要件……368
2. 婚姻の無効及び取消し……370

II　婚姻の効力 ―― 372
III　夫婦財産制 ―― 373
1. 法定財産制……373
2. 夫婦財産契約……374

IV　離婚 ―― 375
1. 協議上の離婚……375
2. 裁判上の離婚……377

第3章　親子　378

I　実子 ―― 378
II　養子 ―― 381
1. 縁組の要件……381
2. 養子縁組の無効及び取消し……382
3. 縁組の取消しの効果……384
4. 養子縁組の効力……385
5. 離縁……385
6. 特別養子……387
7. 養子と相続税……389

第4章　親権　390

I　総則　390
II　親権の効力　391
1　身上監護権……391
2　財産管理権……393

III　親権の喪失、親権停止、管理権喪失等　395

第5章　後見　397

I　後見の開始　397
II　後見の機関　397
1　後見人……397
　（1）　未成年後見人……397
　（2）　成年後見人……398
　（3）　後見人の辞任と解任……399
2　後見監督人……399

III　後見の事務　400
1　後見人の権限と責任……400
2　成年後見人の権限と責任……402
3　未成年後見人の権限と責任……403

IV　後見の終了　404

第6章　保佐及び補助　406

I　保佐　406
II　補助　407

第7章　扶養　409

第5編 相続

第1章 総則 　412
- I 概観 　412
- II 総則 　413

第2章 相続人 　415

第3章 相続の効力 　418
- I 総則 　418
- II 相続分 　420
- III 遺産の分割 　422

第4章 相続の承認及び放棄 　426
- I 総則 　426
- II 相続の承認 　427
  - 1 単純承認 …… 427
  - 2 限定承認 …… 428
    - （1） 相続債権者及び受遺者に対する公告及び催告 …… 429
    - （2） 相続債権者への弁済 …… 429
    - （3） 受遺者に対する弁済 …… 430
    - （4） 弁済のための相続財産の換価 …… 430
    - （5） 相続財産の管理 …… 430
    - （6） 不当な弁済をした限定承認者の責任等 …… 431
- III 相続の放棄 　431

第5章 財産分離　　433

第6章 相続人の不存在　　435

第7章 遺言　　437

Ⅰ 総則　　437
Ⅱ 遺言の方式　　439
1　普通の方式……439
   - （1）自筆証書遺言……439
   - （2）公正証書遺言……439
   - （3）秘密証書遺言……440
   - （4）証人及び立会人の欠格事由及び共同遺言の禁止……441
2　特別の方式による遺言……441
   - （1）死亡の危急に迫った者の遺言……442
   - （2）伝染病隔離者の遺言……442
   - （3）在船者の遺言……442
   - （4）船舶遭難者の遺言……443

Ⅲ 遺言の効力　　443
1　遺言による権利の承継と対抗要件……443
2　遺贈……443
3　負担付遺贈……446

Ⅳ 遺言の執行　　446
Ⅴ 遺言の撤回及び取消し　　449

第8章 配偶者の居住の権利　　450

Ⅰ 配偶者居住権　　450
Ⅱ 配偶者短期居住権　　452

第9章 遺留分　455

- Ⅰ　遺留分の意味 ——————————— 455
- Ⅱ　遺留分侵害額の請求 ——————————— 456

第10章 特別の寄与　459

序　民法の意義

　「社会あるところに法あり」という法格言がある。これは、複数の人間が存在するところ（社会）には、個人こじんが意識するとしないに関わらず、必ず何らかの規範（ルール）が存在するということを意味するものである。近代国家が成立し、発展するにしたがって、このような規範を整理し、明確化することが必要となり、我が国においても、明治29年法律第89号により民法第1編（総則）・第2編（物権）・第3編（債権）が、明治31年法律第9号により民法第4編（親族）・第5編（相続）が定められ、その全体が明治31年7月16日から施行され、その後の幾多の改正を経て、平成16年に全文が改正（口語化）されて、現在に至っているが、さらに、平成29年（2017年）6月2日には法律44号として「民法の一部を改正する法律」（以下「債権法改正法」という。）が公布され、令和元年（2020年）4月1日から施行されることとなっている（ただ、時効、債務不履行責任、定型約款、請負契約等、経過措置が定められているものが多い。）。この改正は、第3編（債権）を中心とするものであるが、第1編（総則）及び第2編（物権）についても、これまでの判例や実務の積み重ねを踏まえるとともに、社会経済情勢の変化を考慮して、全体として、分かり易い民法を目指したものであるとされている。また、平成30年（2018年）6月20日法律59号によって、成年年齢を18歳に引き下げ、女の婚姻年齢を18歳に引き上げる改正がなされ、令和4年（2022年）4月1日から施行されることになっている。

　さらに、民法のうち、第4編（親族）及び第5編（相続）は家族法と称され、行政と直接関係することは少ないように見えるが、福祉施策の充実や家庭内のトラブルの複雑化に伴い、行政が直接関与する事柄が急速に増加しつつある。この分野については、日本国憲法の施行に伴う改正がなされた後は、本格的な改正がなされることはなかったのであるが、平成30年（2018年）7月13日には法律72号として第5編（相続）の改正を中心とする「民法及び家事事件手続法の一部を改正する法律」（以下「相続法改正法」という。）が公布されている。相続法改正法においては、第5編（相続）について、配偶者の居住権を保護するための方策、遺産分割に関する見直し等、遺言制度に関す

る見直し（自筆証書遺言の要件の緩和を含む。）、遺留分制度に関する見直し及び相続の効力等に関する見直し等、大幅な改正がなされている。そして、この改正による自筆証書遺言の要件の緩和に関する部分は平成31年（2019年）1月13日から、配偶者の居住権を保護するための方策に関する部分は令和2年（2020年）4月1日から、その他の部分は令和元年（2019年）7月1日から施行され、又は施行されることとなっている。なお、この改正と合わせて制定された「法務局における遺言書の保管等に関する法律」（平成30年（2018年）法律73号）は令和2年（2020年）7月10日から施行されることとなっている。

以下、本書においては、債権法改正法及又は相続法改正法によって改正された後の民法を「新民法」と、改正前のものを「従前の民法」といい、これらの法律による改正がなされていないものを単に「民法」ということとする。

第1編

総　則

第1章 通則

　民法は、大きく、総則（第1編）、物権（第2編）、債権（第3編）、親族（第4編）及び相続（第5編）に分けて定められている。総則は、文字通り、民法全体に通ずる原則を定めるものであるが、さらにその通則として、次の規定を置いている。

（基本原則）
第1条　私権は、公共の福祉に適合しなければならない。
2　権利の行使及び義務の履行は、信義に従い誠実に行わなければならない。
3　権利の濫用は、これを許さない。
（解釈の基準）
第2条　この法律は、個人の尊厳と両性の本質的平等を旨として、解釈しなければならない。

　公共の福祉という言葉は、憲法12条、13条、22条及び29条でも用いられているが、個人の利益を超える社会全体の利益ということであり、「信義に従い誠実に行わなければならない」というのは「信義誠実の原則」あるいは単に「信義則」と称され、相手方の信頼を裏切ってはならないということであり、権利の濫用というのは、相手方の立場を考えない一方的な権利の行使や主張のことであるが、いずれも個別の事案に即して、具体的に判断されるべきものである。

　信義則に関するものとしては、公法上の関係であるとされる国と国家公務員の関係についての次の判例（この判例は、消滅時効についても民法の規定によるものとしている。）があり、これは安全配慮義務一般についてのリーディングケースとされている。

① 最高裁昭和50年2月25日判決（判例時報767号11頁）
　「思うに、国と国家公務員（以下「公務員」という。）との間における主要な義務として、法は、公務員が職務に専念すべき義務（国家公務員法101条1項前段、自衛隊法60条1項等）並びに法令及び上司の命令に従う

べき義務（国家公務員法98条1項、自衛隊法56条、57条等）を負い、国がこれに対応して公務員に対し給与支払義務（国家公務員法62条、防衛庁職員給与法4条以下等）を負うことを定めているが、国の義務は右の給付義務にとどまらず、国は、公務員に対し、国が公務遂行のために設置すべき場所、施設もしくは器具等の設置管理又は公務員が国もしくは上司の指示のもとに遂行する公務の管理にあたって、公務員の生命及び健康等を危険から保護するよう配慮すべき義務（以下「安全配慮義務」という。）を負っているものと解すべきである。もとより、右の安全配慮義務の具体的内容は、公務員の職種、地位及び安全配慮義務が問題となる当該具体的状況等によって異なるべきものであり、自衛隊員の場合にあっては、更に当該勤務が通常の作業時、訓練時、防衛出動時（自衛隊法76条）、治安出動時（同法78条以下）又は災害派遣時（同法83条）のいずれにおけるものであるか等によっても異なりうべきものであるが、国が、不法行為規範のもとにおいて私人に対しその生命、健康等を保護すべき義務を負っているほかは、いかなる場合においても公務員に対し安全配慮義務を負うものではないと解することはできない。けだし、右のような安全配慮義務は、ある法律関係に基づいて特別な社会的接触の関係に入った当事者間において、当該法律関係の付随義務として当事者の一方又は双方が相手方に対して信義則上負う義務として一般的に認められるべきものであって、国と公務員との間においても別異に解すべき論拠はなく、公務員が前記の義務を安んじて誠実に履行するためには、国が、公務員に対し安全配慮義務を負い、これを尽くすことが必要不可欠であり、また、国家公務員法93条ないし95条及びこれに基づく国家公務員災害補償法並びに防衛庁職員給与法27条等の災害補償制度も国が公務員に対し安全配慮義務を負うことを当然の前提とし、この義務が尽くされたとしてもなお発生すべき公務災害に対処するために設けられたものと解されるからである。」

② 最高裁昭和58年5月27日判決（判例時報1079号41頁）

「国は、公務員に対し、国が公務遂行のために設置すべき場所、施設若しくは器具等の設置管理又は公務員が国若しくは上司の指示のもとに遂行する公務の管理に当たって、公務員の生命及び健康等を危険か

ら保護するよう配慮すべき義務を負っている（最高裁昭和48年（オ）第383号同50年2月25日第三小法廷判決・民集29巻2号143頁）。右義務は、国が公務遂行に当たって支配管理する人的及び物的環境から生じうべき危険の防止について信義則上負担するものであるから、国は、自衛隊員を自衛隊車両に公務の遂行として乗車させる場合には、右自衛隊員に対する安全配慮義務として、車両の整備を十全ならしめて車両自体から生ずべき危険を防止し、車両の運転者としてその任に適する技能を有する者を選任し、かつ、当該車両を運転する上で特に必要な安全上の注意を与えて車両の運行から生ずる危険を防止すべき義務を負うが、運転者において道路交通法その他の法令に基づいて当然に負うべきものとされる通常の注意義務は、右安全配慮義務の内容に含まれるものではなく、また、右安全配慮義務の履行補助者が右車両にみずから運転者として乗車する場合であっても、右履行補助者に運転者としての右のような運転上の注意義務違反があったからといって、国の安全配慮義務違反があったものとすることはできないものというべきである。」

　このような安全配慮義務は、当事者間の信頼を保護しようとするものであるから、一方当事者の意思に関係なく形成され、法令等の規定によって規律される関係は信義則上の安全配慮義務を負うべき特別な社会的接触の関係とはいえないことになる（未決勾留による拘禁関係についての最高裁平成28年4月21日判決（判例時報2303号41頁）参照）。

　また、村の誘致に応じた企業が工場の建設のために多額の投資をした後、村長が交代し、政策が変更になったとして当該企業に対する優遇措置を廃止したことが信義則に違反するとして当該村の損害賠償責任が認められた例（最高裁昭和56年1月27日判決・判例時報994号26頁）があり、確定した契約書に記載はないが、国が後年度においても同種の発注をすることが当該契約締結の前提条件となっていたとして、その条件を履行しないことが信義則違反であるとして、国の不法行為責任が認められた例もある（東京高裁平成27年1月29日判決・判例時報2251号37頁。最高裁平成27年12月16日上告不受理決定・判例集未搭載）。

　さらに、契約を締結した後にその前提が異なることとなり、当初の契約内

容に当事者が拘束されるとすることが極めて過酷となった場合に、契約の解除又は修正を認めるというのが事情変更の原則と称されるものであり、信義則適用の一つの場面である。この原則の適用を認めて下級審の判決を覆した最高裁の判例はないようであるが、それが適用される要件について、最高裁平成９年７月１日判決（判例時報1617号64頁）は次のように述べている。

「事情変更の原則を適用するためには、契約締結後の事情の変更が、当事者にとって予見することができず、かつ、当事者の責めに帰することのできない事由によって生じたものであることが必要であり、かつ、右の予見可能性や帰責事由の存否は、契約上の地位の譲渡があった場合においても、契約締結当時の契約当事者についてこれを判断すべきである。」

権利の濫用に該当するときは、その権利の行使が許されず、敢えて行使したときは不法行為を構成する。判例に現れた代表的なものとして、次のものがある。

① 大審院昭和10年10月５日判決（大民集14巻1965頁）要旨
温泉引湯のための樋管の敷設が、土地所有権に対する侵害ではあるが之に因る損害は微少であってしかも侵害除去の為莫大な費用を要すべき場合において、第三者が不当な利得を企図し敷設後10年を経て殊更侵害に関係ある土地を買収した上、所有者として侵害者に対し侵害の除去を迫ると同時に該土地等を不相当に巨額の代金を以て買取るべき旨を要求し、他の一切の協調に応じないと主張するような事情があるときは、所有権の行使たる外形を構えるに止まりその実体は不当な利益追及のため所有権をその手段に供するものであるから、侵害除去の請求は正当な利益を缺くものとして之を棄却すべきである。

② 最高裁平成５年９月24日判決（判例時報1500号157頁）
「本件建物は、被上告人が建築確認を受けることなく、しかも特定行政庁の工事の施行の停止命令を無視して建築した建築基準法に違反する建物であるというのであるから、本件建物が除却命令の対象となることは明らかである。このような場合には、本件建物につき、被上告人において右の違法状態を解消させ、確定的に本件建物が除却命令の対象とならなくなったなど、本件建物が今後も存続し得る事情を明ら

かにしない限り、被上告人が上告人に対し、下水道法11条1項、3項の規定に基づき本件通路部分に下水管を敷設することについて受忍を求めることは、権利の濫用に当たるものというべきである。」

③ 最高裁平成9年12月18日判決（判例時報1625号41頁）

「建築基準法42条1項5号の規程による位置の指定（以下「道路位置指定」という。）を受け現実に開設されている道路を通行することについて日常生活上不可欠の利益を有する者は、右道路の通行をその敷地の所有者によって妨害され、又は妨害されるおそれがあるときは、敷地所有者が右通行を受忍することによって通行者の通行利益を上回る著しい損害を被るなどの特段の事情のない限り、敷地所有者に対して右妨害行為の排除及び将来の妨害行為の禁止を求める権利（人格権的権利）を有するものというべきである。」

第2章 権利・義務の主体

I 総説

　民法は、社会生活上の規範を定めるものであり、その規範は、権利と義務の関係として構成される。ここで権利というのは、社会生活上の利益を享受できる法的地位であり、義務というのは権利者（相手方）がその社会生活上の利益を享受することを認めなければならない法的地位であるということができる。すなわち、権利者は、義務者に対して、その義務の履行を要求し、権利を侵害する者に対して、その侵害の排除又は損害の賠償を要求することができるのであり、それに応じない義務者に対しては、司法手続によってその要求を強制的に実現することができるのである。ただ、実定法においては、権利についてだけ定め、それに対応する義務が存在することは自明であるとして、そのことは明示しないのが通例となっている。

II 人

1 権利能力

　権利能力というのは、権利及び義務の主体となることができる地位（資格ということもできる。）のことである。民法3条は「私権の享有は、出生に始まる。」と定めるが、これは、人（講学上の用語としては「自然人」と称されることが多く、「ヒト」と表現されることもある。）は生まれた時から権利をもち、義務を負う資格があることを端的に表現したものである。また、私権というのは、法律によって特に認められた権利である公権（選挙権や被選挙権、公務員になる権利、裁判を受ける権利、各種の社会保障を享受する権利等）に対応するものであり、人として当然に有する権利のことである（憲法11条は、これを「基本的人権」と表現している。）。

出生（生まれた時）というのは、胎児が母体から完全に分離した時を意味し（刑法199条（殺人）における「人」には母体から一部でも露出した胎児が含まれる。）、いわゆる死産の場合（胎児が死体で生まれた場合）は含まれない。ただ、「胎児は、相続については、既に生まれたものと見なす。」とされ、相続開始時（被相続人が死亡したとき）に出生していなくても、出生した時に、相続開始時に遡って相続権を取得する（民法882条、886条、887条1項）。また、不法行為については、「胎児は、損害賠償の請求権については、既に生まれたものとみなす。」とされているので（民法721条）、胎児の時に受けた損害（自己が受けた障害によるものに限らず、保護者が死亡したことによる損害を含む。）を、出生後に請求できることになる。なお、自然人が死亡した場合は、権利義務の主体たる資格が失われ、その権利義務（一身専属のものを除く。）は相続人に承継される（民法882、896条、920条、951条）。この結果、一身専属のものや相続人が当該権利を有する資格を有しない場合（風俗営業等の規制及び業務の適正化等に関する法律7条や公営住宅法27条6項（同法施行規則12条）のように法律に特別の定めを置いている場合もある。）を除いて、許認可等の申請をした地位や、許認可等を得た地位も相続人が承継することになる（最高裁平成2年10月18日判決（判例時報1398号64頁）、最高裁平成22年10月15日判決（判例時報2099号3頁）等参照）。

　また、民法3条2項は、「外国人は、法令又は条約の規定により禁止される場合を除き、私権を享有する。」と定める。外国人（日本国籍を有しない者を意味する。）であっても、私権を享有できることが原則であるが、現実に国が存在し、それぞれが主権を有する以上、それが制限される場合があることを認めなければならない。外国人の私権を制限している法律としては、外国人漁業の規制に関する法律、外国人土地法、国家賠償法、信託法、船舶法等がある。

　ところで、近代民法の大原則の一つに過失責任の原則があり、その観点から、義務を負う資格（責任能力）については、「未成年者は、他人に損害を加えた場合において、自己の行為の責任を弁識するに足りる知能を備えていなかったとき」の行為について（民法712条）、また「精神上の障害により自己の行為の責任を弁識する能力を欠く状態にある間に他人に損害を加えた者」（民法713条本文）は損害賠償の責任を負わないとされている（詳しくは、第3編第5章Ⅳ1参照）。

2 意思能力・意思表示・法律行為

　自然人は出生によって権利能力を取得するが、現実に権利を行使するためには、自分が何をしているか（その行為がいかなる意味をもつか）を判断することができなければならない。この判断能力を意思能力といい、それを欠いた状態でした意思表示の効力は認められない。このことについて、新民法3条の2は「法律行為の当事者が意思表示をした時に意思能力を有しなかったときは、その法律行為は、無効とする。」と定めている。この規定から明らかなように、意思能力の有無は、具体的な意思表示をした時の状態で判断されるのであり、酩酊や薬物の影響等で一時的に意思能力がないということもあり得る。人身保護請求事件についてではあるが、「被拘束者らは上告人主張の拘束時および原審審問終結時にそれぞれ満14歳、12歳および10歳に達していたというのであるから、このような事項について意思能力を有するものと認めることができないものではな」いとした判例（最高裁昭和46年11月30日判決・判例時報655号30頁）がある。

　なお、ここで「法律行為」というのは、法律が行為者の意思に従った効果が発生することを認めている行為のことであり、その意図を対外的に示す行為（一定の法律効果の発生を意図した意思の表示）を「意思表示」といい、それは法律行為における不可欠の要素である。法律行為の典型的な例は申込みと承諾の意思表示によって成立する契約（新民法522条1項）であり、このような反対方向の意思（売買における売るという意思と買うという意思が典型である。）の合致によって法律効果が発生するものを「双方行為」という（普通に「契約」ということもある。）。これに対して、社団法人や組合の設立のように同一方向（同一内容）を目指した複数の意思が合致することによって法律効果が発生するものがあり、これを「合同行為」と称している。双方行為及び合同行為においては必ず双方の当事者の意思表示が存在するが、契約の解除（民法540条、新民法541条・542条）、意思表示の取消し（民法5条2項、9条、13条4項、95条1項、96条1項等）、予約の完結（民法556条1項）、遺言（民法964条）等のように一方の当事者の意思表示だけで法律効果が発生するものもあり、これを「単独行為」と称している。

　ところで、法律効果の発生の根拠が、意思表示をした者の意思にではなく、一定の行為がなされたという事実にあるもの（当該事実に対して法律が特定

の効果を付与したもの）があり、これは「準法律行為」と称される。これに該当するものとしては、時効の完成猶予の効力が認められている催告（新民法150条1項）、解除の要件である催告（新民法541条）、債権譲渡の対抗要件としての効力が認められている債権譲渡の通知（新民法467条）、債務を消滅させる弁済の受領（新民法473条）、債務不履行責任を免れさせる弁済の提供（新民法492条）等がある。

　また、意思能力を有しない者の法律行為は無効とする（新民法3条の2）というのは、その法律行為の効力を生じさせないということである（民法119条本文）から、それに基づく債務の履行として給付を受けた者は、相手方を原状に復させる義務を負う（新民法121条の2第1項）のが原則であるが、行為の時に意思能力を有しなかった者は、その行為によって現に利益を受けている限度で、給付を受けたものを返還すればよいとされている（新民法121条の2第3項前段）。なお、意思能力は、自らが意思表示をするときだけでなく、他者からの意思表示を受領するときにも問題となるが（新民法98条の2本文）、詳しくは該当の箇所（第4章Ⅱ2（3））で述べる。

　ところで、法律行為というのは私人間における法律関係の成立を説明するための概念であるが、後発の領域である行政法の分野においても、この概念を借用して、行政庁の意思によって法律上の効果が発生するものを法律行為的行政行為といい、行政庁の意思ではなく、法律が行政庁の行為に一定の効果を与えているものを準法律行為的行政行為と称している。行政法において法律行為的行政行為と準法律行為的行政行為とを区別する意味は、前者の法律効果の発生が行政庁の意思によるものであることから、それに条件（正確には負担である。）を付けることができ、後者の法律効果の発生は法律の規定自体によるものであるから、条件を付ける余地がないということにある（条件と負担の関係については第4章Ⅴ1及び3参照）。さらに、行政行為は、許可・認可や公務員の任用のように相手方の意思（申請や同意等）を前提とすることはあっても、最終的には行政庁によって一方的に為されるもの（単独行為）であることから、必ず具体的な法律又は条例の規定に基づくことが必要であり、表意者を保護するための民法の規定が適用、類推適用又は準用される余地がないという意味で、民法における法律行為とは基本的に異なっている。ちなみに、準法律行為的行政行為の代表的な例としては、債権法改正法に合わせて改正された地方自治法236条4項により「時効の更新の効力を有する」

とされる「法令の規定により普通地方公共団体がする納入の通知及び督促」がある（ここでいう法令というのは同法231条（同法施行令154条）、231条の3（同法施行令171条）のことである。)。

3 ｜ 行為能力

　「行為能力」というのは、法律行為をする能力のことである。意思能力を有しない者がした法律行為は無効であるが（前記2参照）、意思能力を有していても、十分な判断力がない場合がある。民法は、常時十分な判断力がない者を、未成年者、成年被後見人、被保佐人及び被補助人（これらの者を併せて「制限行為能力者」という。新民法13条1項10号括弧書き）に類型化して、それぞれについて、法律行為を有効に行うための要件を定めている。

（1）　未成年者

　「年齢20歳をもって、成年とする」（民法4条）とされているので、その反対解釈として、年齢が20歳に達しない者が未成年者となる。年齢は、出生の日から起算し、20年目におけるその応当日の前日の満了によって20歳に達したことになる（年齢計算ニ関スル法律、民法143条）。たとえば、4月1日に出生した者は、それから20年目の3月31日が満了したとき（4月1日午前0時でもある。）に20歳に達し、成年となるわけである。ただ、未成年者が婚姻をしたときは、婚姻によって成年に達したものとみなされる（民法753条）ので、この場合は、20歳に達しない者であっても、法律上は成年として取り扱われることになる。なお、民法4条が定める成年年齢を「20歳」から「18歳」に引き下げ、民法731条の女性の婚姻年齢を「16歳」から「18歳」に引き上げること（男性は従来通り18歳である。）を内容とする民法の一部を改正する法律が平成30年（2018年）6月20日法律第59号として公布され、令和4年（2022年）4月1日から施行されることになっている。そして、この改正によって、同日に18歳以上20歳未満である者は、同日に成年に達したものとされるが、同日よりも前に20歳以上になっていた者が成年に達した時は従前のまま（18歳になった時ではない。）とされ、未成年者が婚姻をしたときは婚姻によって成年に達したものとみなすとする民法753条は削除されるものの、同日前に婚姻したことによって成年に達したものとみなされた者につい

ては、同日以降も当該婚姻の時に成年に達したものと見なされる（同法附則2条）。

　未成年者が法律行為をするには、その法定代理人の同意を得なければならず、同意を得ないでした法律行為は取り消すことができる（民法5条1項本文、2項）のが原則である（この取り消しの効果については後記（5）参照）。

　この原則に対する例外の1は、その法律行為が単に権利を得又は義務を免れるだけのものである場合、すなわち、当該未成年者が何の不利益も被らない場合であり、この場合は未成年者であっても単独で法律行為をすることができる（民法5条1項ただし書）。たとえば、代理人の行為は、その代理人を選任した本人に対して直接に効力を生じ、代理人には効力が生じないので、代理人が未成年者であっても、本人も未成年者である場合を除いて、この取り消しの対象にはならない（新民法102条）。

　2番目の例外は、法定代理人が目的を定めて処分を許した財産を、その目的の範囲内において処分する場合又は目的を定めないで処分を許した財産を処分する場合である（民法5条3項）。前者の代表的な例としては学費や起業目的の財産があり、後者にはいわゆるお小遣いがある。

　3番目の例外は、法定代理人から一種又は数種の営業を許された未成年者が、その営業に関する法律行為をする場合である（民法6条1項）が、未成年者は、親権者（法定代理人でもある。民法824条）の許可がなければ職業を営むことができないともされている（民法823条1項）。この場合に、当該未成年者がその営業に堪えることができない事由があるときは、法定代理人又は親権者は、その許可を取り消し、又はその許可の範囲を制限することができる（民法6条2項、823条2項）。ここで「営業」というのは、業を営む、すなわち利益を得る目的で同種の行為を反復・継続して行うことをいい、雇われて働くことは含まれない。民法823条1項の職業には、雇われて働くことが含まれ、それは雇用契約を締結するということを意味するが、このことに関しては「親権者又は後見人は、未成年者に代わって労働契約を締結してはなら」ず（労働基準法58条1項）、「未成年者は、独立して賃金を請求することができ」、「親権者又は後見人は、未成年者の賃金を代わって受け取ってはならない。」（労働基準法59条）とされている。なお、法定代理人の同意を得ない未成年者の行為の取り消しが初めから無効であったものとみなされるのに対し、この営業の許可の取り消しは、将来に向かってのみその効力を生ずるものと

解される（民法620条本文参照）。

　このように、未成年者の法律行為については、法定代理人が大きな役割を果たすが、未成年者の法定代理人は原則として親権者（通常の場合は父母）であり（民法818条、824条～833条）、親権を行う者が存在しないときには未成年者の後見人が置かれ、法定代理人となる（民法839条～841条・857条・857条の２、生活保護法81条）。したがって、未成年者の修学のための奨学金の貸し付けのように、それが未成年者本人にとって利益となるとともに、親権者にとっても利益となる行為（利益相反ではない。）については、当該行為に必要な意思表示を未成年者の法定代理人としてするのか、親権者本人としてするのかによって、その返済義務者が異なるので、そのことを明確にしておくことが極めて重要となる。

（２）　成年被後見人

　成年被後見人というのは、後見開始の審判を受けた者のことであり（民法８条）、成年後見開始の審判は、精神上の障害により事理を弁識する能力を欠く常況にある者について、家庭裁判所が行うものである（民法７条）。後見開始の審判は、本人、配偶者、４親等内の親族、未成年後見人、未成年後見監督人、保佐人、保佐監督人、補助人、補助監督人又は検察官の請求によってなされるのが原則であるが（民法７条）、65歳以上の者、知的障害者及び精神障害者について、その福祉を図るため特に必要があると認めるときは、市町村長も、その請求を行うことができるとされている（老人福祉法32条、知的障害者福祉法28条、精神保健及び精神障害者福祉に関する法律51条の11の２）。なお、ここで精神障害者というのは、統合失調症、精神作用物質による急性中毒又はその依存症、知的障害、精神病質その他の精神疾患を有する者のことである（精神保健及び精神障害者福祉に関する法律５条）。

　そして、精神上の障害により事理を弁識する能力を欠く常況が消滅したときは、家庭裁判所は、本人、配偶者、４親等内の親族、後見人（未成年後見人及び成年後見人をいう。）、後見監督人（未成年後見監督人及び成年後見監督人をいう。）又は検察官の請求により、後見開始の審判を取り消さなければならないとされている（民法10条）が、市町村長にはこの請求の権限はない。

　成年被後見人には、家庭裁判所が職権で成年後見人を選任する（民法８条、843条）のであるが、生活保護を受けている者について後見人の職務を行

者がないときは、保護の実施機関（都道府県知事又は市町村長である。生活保護法19条1～4項）はすみやかに後見人の選任を家庭裁判所に請求しなければならないとされている（生活保護法81条）。成年後見人は、財産の調査や目録の作成等を行うものとされている（民法853条以下）が、その最大の職務は、成年被後見人の財産を管理し、その財産に関する法律行為について成年被後見人を代表する（後見人の行った行為が成年被後見人の行った行為と見なされることになる。）ことである（民法859条）。そして、成年被後見人が行った日用品の購入その他日常生活に関する行為以外の法律行為は、成年被後見人自身若しくはその承継人又は成年後見人によって、取り消すことができるとされている（民法9条、新民法120条1項）。

（3） 被保佐人

被保佐人というのは、保佐開始の審判を受けた者のことであり（民法12条）、保佐開始の審判は、精神上の障害により事理を弁識する能力が著しく不十分である者（精神上の障害により事理を弁識する能力を欠く常況にある者（成年被後見人となる。）を除く。）について、家庭裁判所が行うものである（民法11条）。保佐開始の審判は、本人、配偶者、4親等内の親族、後見人、後見監督人、補助人、補助監督人又は検察官の請求によってなされ（民法11条）、市町村長にはこの請求の権限はない。

被保佐人には、家庭裁判所が職権で保佐人を選任し（民法12条）、被保佐人が次の行為（日用品の購入その他日常生活に関する行為を除く。）をするには保佐人の同意が必要であり、その同意を得ない行為は、被保佐人自身若しくはその承継人又は保佐人によって、取り消すことができる（民法13条1項1号～9号、4項、新民法13条1項10号、120条1項）。

① 元本を領収し、又は利用すること。
② 借財又は保証をすること。
③ 不動産その他重要な財産に関する権利の得喪を目的とする行為をすること。
④ 訴訟行為をすること（応訴は同意なしにできる。民事訴訟法32条1項）。
⑤ 贈与、和解又は仲裁法2条1項に規定する仲裁合意をすること。
⑥ 相続の承認若しくは放棄又は遺産の分割をすること。

⑦　贈与の申込みを拒絶し、遺贈を放棄し、負担付贈与の申込みを承諾し、又は負担付遺贈を承認すること。
⑧　新築、改築、増築又は大修繕をすること。
⑨　民法602条に定める期間を超える賃貸借をすること。
⑩　①から⑨の行為を制限行為能力者（未成年者、成年被後見人、被保佐人又はその行為について補助人の同意を得なければならないとされた被補助人をいう。）の法定代理人としてすること。

　なお、家庭裁判所は、保佐開始の審判の請求をすることができる者又は保佐人若しくは保佐監督人の請求により、上記行為以外の行為（日用品の購入その他日常生活に関する行為を除く。）をする場合であってもその保佐人の同意を得なければならない旨の審判をすることができるとされ（民法13条2項）、保佐人の同意を得なければならない行為について、保佐人が被保佐人の利益を害するおそれがないにもかかわらず同意をしないときは、家庭裁判所は、被保佐人の請求により、保佐人の同意に代わる許可を与えることができるとされている（民法13条3項）。

　精神上の障害により事理を弁識する能力が著しく不十分である状態が消滅したときは、家庭裁判所は、本人、配偶者、4親等内の親族、未成年後見人、未成年後見監督人、保佐人、保佐監督人又は検察官の請求により、保佐開始の審判を取り消さなければならないとされるほか、これらの者の請求によって、上記①から⑩までの行為以外についてした保佐人の同意を得なければならないとする審判の全部又は一部を取り消すことができる（民法14条）。

（4）　被補助人

　被補助人というのは、補助開始の審判を受けた者のことであり（民法16条）、補助開始の審判は、精神上の障害により事理を弁識する能力が不十分である者（精神上の障害により事理を弁識する能力を欠く常況にある者及びその能力が著しく不十分である者（これらの者は成年被後見人又は被保佐人となる。）を除く。）について、本人、配偶者、4親等内の親族、後見人、後見監督人、保佐人、保佐監督人又は検察官の請求（市町村長にはこの請求をする権限がない。）によって家庭裁判所が行うのであるが、本人以外の者の請求による場合は本人の同意が必要である（民法15条1項、2項）。この審判は、上記3の①から⑩の行為

の一部の行為について補助人の同意を得なければらないとする審判又は被補助人のために特定の行為について補助人に代理権を付与する旨の審判とともにしなければならないとされ（民法15条3項、17条1項、876条の9第1項）、補助人の同意を得なければならないとされた行為について、補助人が被補助人の利益を害するおそれがないにもかかわらず同意をしないときは、家庭裁判所は、被補助人の請求により、補助人の同意に代わる許可を与えることができるとされている（民法17条3項）。

補助人の同意を得なければならない行為であって、その同意又はこれに代わる許可を得ないでしたものは、被補助人自身若しくはその承継人又は補助人によって、取り消すことができる（民法17条4項、新民法120条1項）。

なお、精神上の障害により事理を弁識する能力が著しく不十分である状態が消滅したときは、家庭裁判所は、本人、配偶者、4親等内の親族、未成年後見人、未成年後見監督人、補助人、補助監督人又は検察官の請求により、補助開始の審判を取り消さなければならないとされる外、これらの者の請求によって、補助人の同意を得なければならないとする審判の全部又は一部を取り消すことができる（民法18条）。

（5） 制限行為能力者であることを理由とする取り消しの効力及び相手方の保護

取り消された法律行為は初めから無効であったものとみなされ（新民法121条）、その行為に基づく債務の履行として給付を受けた者は、相手方を現状に復させる義務を負う（新民法121条の2第1項）のが原則であるが、その行為の時に制限行為能力者であった者は、現に利益の存する限度で返還することで足りるとされている（新民法121条の2第3項。詳しくは第4章Ⅳ3参照）。

取り消すことができる者は、制限行為能力者（他の制限行為能力者の法定代理人としてした行為にあっては、当該他の制限行為能力者を含む。）又はその代理人、承継人若しくは同意をすることができる者に限られ（新民法120条1項）、これらの者が追認（当該行為が有効であることを認めることをいう。）をしたときは、それ以後取り消すことができなくなる（新民法120条1項、122条）。追認は、取消しの原因となっていた状況が消滅し、かつ、取消権を有することを知った後にしなければ、その効力を生じないのが原則であるが、次に掲げる場合には、取消しの原因となっていた状況が消滅した後にすることを要しない（新

民法124条)。

① 法定代理人又は制限行為能力者の保佐人若しくは補助人が追認をするとき。
② 制限行為能力者（成年被後見人を除く。）が法定代理人、保佐人又は補助人の同意を得て追認をするとき（成年被後見人の行為は後見人の同意を得たものであっても無効であると解されている。）。

また、追認をすることができる時以後に、取り消すことができる行為について、異議をとどめないで、次に掲げる事実があったときは、追認をしたものとみなされる（新民法125条）。

① 全部又は一部の履行
② 履行の請求
③ 更改
④ 担保の供与
⑤ 取り消すことができる行為によって取得した権利の全部又は一部の譲渡
⑥ 強制執行

ところで、制限行為能力者の相手方は、その制限行為能力者が行為能力者（行為能力の制限を受けない者をいう。）となった後、その者に対し、1月以上の期間を定めて、その期間内にその取り消すことができる行為を追認するかどうかを確答すべき旨の催告をすることができ（1月未満の期間を定めた催告は無効である。）、その催告を受けた者がその期間内に確答を発しないときは、その行為を追認したものとみなされ、制限行為能力者が行為能力者とならない間に、その法定代理人（親権者及び後見人がこれに該当する。）、保佐人又は補助人に対し、その権限内の行為について、追認するかどうかを確答すべき旨の催告をした場合において、これらの者が定められた期間内に確答を発しないときも、その行為を追認したものとみなされる（新民法20条1項、民法20条2項）。ただし、後見監督人の同意が必要な場合（民法864条）や法定代理人と利害相反の関係にある場合（民法826条）等、催告を受けた者（本人を除く。）

が単独で意思決定をすることができないときは、その期間内に方式を具備した追認する旨の通知が発せられない限り、その行為を取り消したものとみなされる（民法20条3項）。また、制限行為能力者の相手方は、被保佐人又は被補助人に対しても、1月以上の期間を定めて、保佐人又は補助人の追認を得るべきことを催告できるが、催告を受けた者がこの期間内にその追認を得た旨の通知を発しないときも、その行為を取り消したものとみなされる（民法20条4項）。

なお、制限行為能力者が行為能力者であることを信じさせるため詐術を用いたときは、その行為を取り消すことができないとされ（民法21条）、取消権は、追認をすることができる時から5年間行使しないときは、時効によって消滅し、行為の時から20年を経過したときも、同様とされる（民法126条）。

4 住所

住所は、氏名と相まってヒトを特定するための要素であるとともに、意思表示をする際の宛先であり、選挙権等の公権を行使する際の基礎となるものである。民法22条は「各人の生活の本拠をその者の住所とする。」と定めているが、それを公証する手段である住民基本台帳について定める住民基本台帳法は、その4条で、「住民の住所に関する法令の規定は地方自治法……10条1項に規定する住民の住所と異なる意義の住所を定めるものと解釈してはならない」とし、そこで引用されている地方自治法10条1項は「市町村の区域内に住所を有する者は、当該市町村及びこれを包括する都道府県の住民とする。」としており、結局、民法22条が定める住所が全ての基本であることになる。

このことは、住所の認定は「各人の生活の本拠」がどこであるかという事実認定の問題に帰することを意味するが、その判断を示した判例として次のものがある。

① 最高裁昭和27年4月15日判決（民集6巻4号413頁）
「上告人は大阪市において十数人の雇人を使用して金融並に建物売買業を営む株式会社丸越商会を経営し、大阪府豊中市所在の同人次男宅から右営業所に通勤し、妻も右次男宅に同居しており、生穂町には月

2、3回数日間帰るだけである。」という事実がある場合には、上告人の住所は大阪市にあるというべきであり、「同町で配給物資の配給を受け、選挙権を持ち、町民税を納めていた事実も原判決の確定するところであるけれども、住所所在地の認定は各般の客観的事実を綜合して判断すべきものであつて、これらの事実があつたからと言つて、同町に上告人の住所があるものと認めなければならないものではない。もとより論旨もいうように特定の場所を特定人の住所と判断するについて、その者が間断なくその場所に居住することを要するものではなく、又単に滞在日数の多いかどうかによつてのみ判断すべきものでもないけれでも、所論のような客観的施設の有無によつてのみ判断すべきものでもない。」

② 最高裁昭和29年10月20日判決（判例時報37号3頁）
「同人等は茨城大学の学生であつて、渡里村内にある同大学附属星嶺寮にて起臥し、いずれも実家等からの距離が遠く通学が不可能ないし困難なため、多数の応募学生のうちから厳選のうえ入寮を許され、最も長期の者は4年間最も短期の者でも1年間在寮の予定の下に右寮に居住し本件名簿（注：選挙人名簿のことである。）調製期日までに最も長期の者は約3年、最も短期の者でも5ヶ月間を経過しており、休暇に際してはその全期間またはその一部を郷里またはそれ以外の親戚の許に帰省するけれども、配偶者があるわけでもなく、又管理すべき財産を持つているわけでもないので、従つて休暇以外は、しばしば実家に帰る必要もなく又その事実もなく、主食の配給も特別の場合を除いては渡里村で受けており、住民登録法による登録も、本件名簿調製期日には橋本嘉吉外5名を除いては同村においてなされていたものであり、右6名も原判決判示のような事情で登録されていなかつたに過ぎないものというのである。以上のような原判決の認定事実に基けば、被上告人等の生活の本拠は、いずれも、本件名簿調製期日まで3箇月間は渡里村内星嶺寮にあつたものと解すべく、一時的に同所に滞在または現在していた者ということはできないのである。」

③ 最高裁昭和35年3月22日判決（民集14巻4号551頁）
「選挙権の要件としての住所は、その人の生活にもつとも関係の深い一般的生活、全生活の中心をもつてその者の住所と解すべく、所論の

ように、私生活面の住所、事業活動面の住所、政治活動面の住所等を分離して判断すべきものではない（昭和29年10月20日大法廷判決・民集8巻1907頁参照）。」

なお、住所の概念とは直接結びつかないが、地方自治法が定める公の施設の平等使用との関係で、「住民に準ずる地位にある者」という概念を導入した次の判例（最高裁平成18年7月14日判決・判例時報1947号45頁）がある。

「普通地方公共団体が設置する公の施設を利用する者の中には、当該普通地方公共団体の住民ではないが、その区域内に事務所、事業所、家屋敷、寮等を有し、その普通地方公共団体に対し地方税を納付する義務を負う者など住民に準ずる地位にある者が存在することは当然に想定されるところである。そして、同項が憲法14条1項が保障する法の下の平等の原則を公の施設の利用関係につき具体的に規定したものであることを考えれば、上記のような住民に準ずる地位にある者による公の施設の利用関係に地方自治法244条3項の規律が及ばないと解するのは相当でなく、これらの者が公の施設を利用することについて、当該公の施設の性質やこれらの者と当該普通地方公共団体との結び付きの程度等に照らし合理的な理由なく差別的取扱いをすることは、同項に違反するものというべきである。」

ところで、生活の本拠とまではいえないが、一時的又は短期間の生活をする場所があるときは、その場所を居所とし、住所が知れないときは居所が住所とみなされ、日本に住所を有しない者（外国に住所を有する者を含む。）については、その居所が住所とされる（民法23条1項、2項前段）。これは、その者について適用されるべき法律が住所によって定まる場合（法の適用に関する通則法5条、6条、25条等）や、その者について管轄を有する裁判所（「裁判籍」という。）を決定する際（民事訴訟法4条2項）に重要な意味を有する。なお、法律行為の成立及び効力について、どこの法を適用するか（この法を「準拠法」という。）は当事者が当該法律行為をするときに選択することができ（民法23条2項後段、法の適用に関する通則法7条）、訴訟を提起する裁判所は当事者の合意で定めることができる（民事訴訟法11条）。

また、ある行為について仮住所を選定した場合は、その仮住所が住所とみ

なされるが（民法24条）、これは、生活の本拠とは別に、経済活動等のための場所を選定することを認めたものであり、生活の本拠としての住所とは異なる。

5 不在者の財産の管理及び失踪宣告

(1) 不在者の財産の管理人

不在者というのは、「従来の住所又は居所を去った者」（民法25条1項前段）のことであり、その者が自ら財産を管理しないこととし、又は管理しない、若しくはできない場合に置かれるのが不在者の財産管理人（単に「管理人」と称されることがある。）である。

不在者が管理人を置いたときは、その管理人は不在者の代理人として必要な行為をすることができ（民法99条、103条）、不在者の生死が明らかでなくなった場合に、管理人が不在者の定めた権限を越える行為をする必要が生じたときは、家庭裁判所の許可を受けて、その行為をすることができるが（民法28条後段）、家庭裁判所は、利害関係人又は検察官の請求によって、その管理人に替えて別の管理人を選任することができる（民法26条）。不在者が管理人を置かない場合（不在者が置いた管理人の権限が消滅したときを含み、不在者が生死不明であることは要件とされていない。）には、家庭裁判所は、利害関係人又は検察官の請求によって、管理人を選任し、財産の管理について必要な処分を命ずること等ができ（民法25条1項、27条1項・3項）、その管理人は、家庭裁判所の許可を得て、権限の定めのない代理人の権限（保存行為又は管理を命ぜられた財産の性質を変えない範囲内でその利用若しくは改良を目的とする行為をすること。民法103条）を超える行為をすることができる（民法28条前段）。また、所有者不明土地の利用の円滑化等に関する特別措置法38条は、地方公共団体の長は、所有者不明土地につき、その適切な管理のため特に必要があると認めるときは、家庭裁判所に対し、管理人の選任等の請求をすることができるとしている。なお、ここで所有者不明土地というのは、次の措置をとっても所有者の全部又は一部を確知することができない一筆の土地のことである（同法2条1項、同法施行令1条）。

① 当該土地の登記事項証明書の交付を請求すること。

② 当該土地を現に占有する者その他の当該土地に係る土地所有者確知必要情報（当該土地の所有者を確知するために必要な情報のことである。）を保有すると思料される者であって国土交通省令で定めるものに対し、当該土地所有者確知必要情報の提供を求めること。

③ ①の登記事項証明書に記載されている所有権の登記名義人又は表題部所有者その他の①及び②の措置により判明した当該土地の所有者と思料される者（「登記名義人等」という。）が記録されている住民基本台帳、法人の登記簿その他の国土交通省令で定める書類を備えると思料される市町村の長又は登記所の登記官に対し、当該登記名義人等に係る土地所有者確知必要情報の提供を求めること。

④ 登記名義人等が死亡し、又は解散していることが判明した場合には、当該登記名義人等又はその相続人、合併後存続し、若しくは合併により設立された法人その他の当該土地の所有者と思料される者が記録されている戸籍簿若しくは除籍簿若しくは戸籍の附票又は法人の登記簿その他の国土交通省令で定める書類を備えると思料される市町村の長又は登記所の登記官に対し、当該土地に係る土地所有者確知必要情報の提供を求めること。

⑤ ①～④の措置により判明した当該土地の所有者と思料される者に対して、当該土地の所有者を特定するための書面の送付その他の国土交通省令で定める措置をとること。

さらに、空家等対策の推進に関する特別措置法は、「建築物又はこれに附属する工作物であって居住その他の使用がなされていないことが常態であるもの及びその敷地（立木その他の土地に定着する物を含む。）」を「空家等」と定義し、その所有者又は管理者の責務と市町村長の権限等を定めているが、それは、「地域住民の生命、身体又は財産を保護するとともに、その生活環境の保全を図り、あわせて空家等の活用を促進するため」のものであり、私法上の権利関係を調整するものではない。同法は、空家等の所有者又は管理者が存在することを前提とするものであり、管理者の選任に関する規定は置いていないが、民法25条1項の規定により裁判所が選任した不在者の財産管理人は、ここでいう管理者に該当するものと解される。

（2） 失踪の宣告

　不在者の生死が7年間明らかでないとき、又は戦地に臨んだ者、沈没した船舶の中に在った者その他死亡の原因となるべき危難に遭遇した者の生死が、それぞれ、戦争が止んだ後、船舶が沈没した後又はその他の危難が去った後1年間明らかでないときは、家庭裁判所は、利害関係人の請求により、失踪の宣告をすることができる（民法30条）。失踪の宣告がなされると、生死が7年間明らかでないことを理由とするときは7年の期間が満了した時に、死亡の原因となるべき危難に遭遇したことを理由とするときはその危難が去った時に、その者が死亡したものとみなされる（民法31条）。そして、死亡したものとみなされると相続が開始するが（民法882条）、その後に、失踪者が生存すること又は失踪の宣告によって死亡したとされる時と異なる時期に死亡していたことが判明すると、相続の効果に影響が生ずる。このことについては、その「ことの証明があったときは、家庭裁判所は、本人又は利害関係人の請求により、失踪の宣告を取り消さなければならない。この場合において、その取消しは、失踪の宣告後その取消し前に善意でした行為の効力に影響を及ぼさない。」とされ、「失踪の宣告によって財産を得た者は、その取消しによって権利を失う。ただし、現に利益を受けている限度においてのみ、その財産を返還する義務を負う。」とされている（民法32条）。なお、ここで「善意でした行為」というためには、当事者双方が善意でなければならないとされている（大審院昭和13年2月7日判決・民集17巻1号59頁）。

6 ｜ 同時死亡の推定

　数人の者が死亡した場合において、そのうちの一人が他の者の死亡後になお生存していたことが明らかでないときは、これらの者は、同時に死亡したものと推定される（民法32条の2）。この推定は、危難に遭遇したことを理由とする失踪の宣告の場合の外、登山中の遭難や海難事故による複数の者の死亡の場合になされ、同時に死亡した者相互の間では相続が生じないという意味で大きな意味を有する。なお、「みなす」とされる場合は、それが事実と異なることを証明しても覆らないのに対して、「推定する」は反対事実を証明することによって覆すことができる（この意味で、失踪の宣告があった場合に「死亡したものとみなす」というのは、「死亡したものと推定する」という方がより正確

であるが、推定を覆すためには家庭裁判所による取消しが必要であるという意味で、通常の「推定」とは異なる。）。

Ⅲ　法人及び権利能力なき社団

1　法人

　法人というのは、法律が権利及び義務の主体となることを認めた存在のことであり、具体的な権利義務（私権）の範囲は、法令の規定及び定款や寄付行為等の基本約款で定められる目的の範囲に限定される（民法34条）。法人は、民法その他の法律の規定によらなければ成立しないとされ（民法33条）、その法律の代表的なものとしては、一般社団法人及び一般財団法人に関する法律、その特別法である公益社団法人及び公益財団法人の認定等に関する法律、特定非営利活動促進法（「NPO法」と称されることが多い。）並びに会社法があり、それぞれの法律において法人の設立手続、組織、組織の運営方法等について詳細な規定が置かれている。また、国又は地方公共団体が特別の目的をもって設立する法人についての一般法として、独立行政法人通則法及び地方独立行政法人法がある外、法人の設立を内容とする個別の法律が多数あり、地方公共団体も地方自治法2条1項によって法人とされている。なお、日本国を法人とする旨を定めた法律はないが、それが法人であることは当然のこととされ、外国法人の成立について定める民法35条1項は、外国及び外国の地方公共団体が法人であることを当然のこととしている。

　法人は権利義務の主体となることができるといっても、それ自体は観念的な存在であるから、自ら具体的な行為を行うことはできない。そこで、法人には代表者が置かれ、その代表者の行為がそのまま当該法人の行為となるとされている（代理人が本人のために意思表示をしたり、それを受領したりする（民法99条）のと異なり、代表者がした意思表示は法人自身がしたことになる。）。このように、法人は、その目的の範囲内において、代表者によって活動することになるので、厚生年金基金や国民年金基金等の極めて一部の法人を除いて、その目的及び代表者は必ず登記しなければならず、登記すべき事項は、登記の後でなければ善意の第三者に対抗できないとされている（一般社団法人及び一般

財団法人に関する法律299条・301条2項、特定非営利活動促進法7条、会社法908条・911条3項等)。地方公共団体については登記の制度はないが、「普通地方公共団体の長は、当該普通地方公共団体を統轄し、これを代表する。」とされ(地方自治法147条)、この規定は特別区及び地方公共団体の組合に準用されている(地方自治法283条1項、292条)。ただ、地方公営企業の業務の執行に関しては、管理者が当該地方公共団体を代表するとされている(地方公営企業法8条1項本文)ので、注意が必要である。また、国が当事者となる訴訟においては法務大臣が国を代表するとされている(国の利害に関係のある訴訟についての法務大臣の権限等に関する法律1条)。なお、市町村長による認可を受けた地縁による団体(「認可地縁団体」と称される。)は、その目的の範囲内で権利を有し、義務を負うものとされ、その目的や代表者は告示されることとなっている(地方自治法260条の2)。

そして、法人が権利義務の主体になるということは、そこに出資若しくは出捐をしている者又は社員は、当該法人が負担する義務についてその出資又は出捐の限度で責任を負うだけであり、それを超える責任を負うことはないということを意味し(このような責任を有限責任という。)、会社に出資した者(株式を取得した者)は剰余金の配当を受け、残余財産の分配に与ることができるが(会社法295条、453条、504条等)、一般社団法人及び一般財団法人(以下、両者を併せて「一般法人」という。)にあっては、その社員又は設立者に剰余金又は残余財産の分配をすることはできないとされている(一般社団法人及び一般財団法人に関する法律11条2項、153条3項2号)。

ところで、一般法人は、定款で定めた存続期間の満了、定款で定めた解散の事由の発生、合併(合併により当該一般法人が消滅する場合に限る。)、破産手続開始の決定、解散を命ずる裁判によって解散し、一般法人であって、当該一般法人に関する登記が最後にあった日から5年を経過したもの(「休眠一般法人」という。)は、法務大臣が当該休眠一般法人に対し2月以内に法務省令で定めるところによりその主たる事務所の所在地を管轄する登記所に事業を廃止していない旨の届出をすべき旨を官報に公告した場合において、その届出をしないときは、当該期間内に当該休眠一般社団法人に関する登記がされたときを除いて、その2月の期間の満了の時に、解散したものとみなされる。また、一般社団法人は社員総会の決議及び社員が欠けたことによって、一般財団法人は基本財産の滅失その他の事由による一般財団法人の目的である事

業の成功の不能又は一定の時期における貸借対照表上の純資産額が300万円未満となったことによって、それぞれ解散する（一般社団法人及び一般財団法人に関する法律148条、202条）。そして、合併による解散の場合は、合併により消滅する法人の権利義務の全部が合併後存続する法人又は合併により設立される一般法人に承継される（一般社団法人及び一般財団法人に関する法律2条5号、6号）。合併以外の事由による解散の場合は、当該一般法人は清算法人となり、清算の目的の範囲内において、清算が結了するまではなお存続するものとみなされ、清算人によって、一般法人が解散のときに行っていた業務の結了、債権の取立て及び債務の弁済及び残余財産の引渡し（その相手方は①定款で定める者、②清算法人の社員総会又は評議員会の決議によって定める者、③国庫の順である。）がなされ（一般社団法人及び一般財団法人に関する法律206条〜241条）、清算結了の登記がなされることになる（一般社団法人及び一般財団法人に関する法律311条）。ただ、清算手続きの途中で、清算法人の財産がその債務を完済するのに足りないことが明らかになったときは、清算人は、直ちに破産手続開始の申立てをし、破産管財人にその事務を引き継ぐものとされ、その破産管財人は、清算法人が既に債権者に支払い、又は残余財産の帰属すべき者に引き渡したものがあるときは、これを取り戻すことができることになっている（一般社団法人及び一般財団法人に関する法律215条）。

なお、清算結了又は破産手続終結の登記（会社法929条、破産法257条1項・7項）がなされた場合であっても、その後に当該清算法人に財産が存することが判明したときは、結果的に清算が結了していないこととなり、当該清算法人はその財産を管理・処分する目的の範囲内で存続するものとみなされる（会社法476条、一般社団法人及び一般財団法人に関する法律207条）。ただ、法人である債務者に残余財産がないことによって破産手続きが終結したときは、「会社が負担していた債務も消滅するものと解すべきであ」るとされる（最高裁平成15年3月14日判決・判例時報1821号31頁）。

2 ｜ 権利能力なき社団

現実の社会には、法人となることを認める法律がないために法人となることができないもの（民法33条1項参照）や法人となる方途があっても法人格を取得しないで、社会的な活動をし、社会的な役割を果たしているもの（地

縁による団体、マンションの管理組合や労働組合・職員団体に多くみられる。）が多数存在し、これらは「権利能力なき社団」と称されている。このような団体の性質について、最高裁昭和39年10月15日判決（民集18巻8号1671頁）は次のように述べている。

「法人格を有しない社団すなわち権利能力のない社団については、民訴46条がこれについて規定するほか実定法上何ら明文がないけれども、権利能力のない社団といいうるためには、団体として組織をそなえ、そこには多数決の原則が行なわれ、構成員の変更にもかかわらず団体そのものが存続し、しかしてその組織によって代表の方法、総会の運営、財産の管理その他団体としての主要な点が確定しているものでなければならないのである。しかして、このような権利能力のない社団の資産は構成員に総有的に帰属する。そして権利能力のない社団は「権利能力のない」社団でありながら、その代表者によってその社団の名において構成員全体のため権利を取得し、義務を負担するのであるが、社団の名において行なわれるのは、一々すべての構成員の氏名を列挙することの煩を避けるために外ならない（従って登記の場合権利者自体の名を登記することを要し、権利能力なき社団においては、その実質的権利者たる構成員全部の名を登記できない結果として、その代表者名義をもって不動産登記簿に登記するよりほかに方法がないのである。）。」（注：この判例が民訴46条というのは現行民事訴訟法29条に相当する条文である。）

この判例における「権利能力のない社団の資産は構成員に総有的に帰属する」ということの意味は、当該社団の構成員は、当該社団に関する権利及び義務の主体としての個性を有せず、当該社団におけるルールに従って、構成員として当該資産を使用収益することができるものの、当該資産に対する持分は有しない（財産の分割請求（民法256条1項本文）ができない。）ということである。また、この判例が指摘するように、権利能力なき社団においてはその代表者名義をもって登記するよりほかに方法がないことから、代表者の交代が円滑にされなかったり、不動産の登記上の名義人の変更の登記がなされずに放置された場合には、当該不動産の管理や処分に困難を来すことが生ずることがある（認可地縁団体となっていない地縁による団体には、そのような例が少なくない。）。

なお、権利能力なき社団に類似するものとして民法667条から688条が定める組合がある。両者の区別のメルクマールとしては、①社団は構成員とは別個独立の主体であるから、構成員の個性が薄弱であるのに対して、組合は、個人的な目的を達成するために構成員の契約によって組織されるものであるから、構成員の個性が顕著であること、②社団においては構成員の加入脱退が比較的容易であるのに対して、組合の場合はかなり制限されること、③社団は代表者等の機関を設定することができるが、組合は組合員を代理する代理人を選任することができるだけであること、④社団においては構成員の責任は出資分に限定されるが、組合においては構成員が無限責任を負うこと等が挙げられるのが通常である。また、地方公共団体の契約（請負契約の場合が多い。）の相手方として共同企業体（「ジョイント・ベンチャー」あるいは「JV」と称されることがある。）が組まれることがある。このような共同企業体が権利能力なき社団に該当しない（構成員の個性が失われない）ことは明らかであるが、構成員の如何なる行為が共同企業体の行為となるのか、個々の構成員がした行為について他の構成員がどこまで責任を負うのか等についての法律関係は不明確なので、当該共同企業体の構成員による設立の合意又は請負契約において、そのことを明確にしておくことが必要である（最高裁平成26年12月19日判決（判例時報2247号27頁）参照）。

第3章 物

　民法は、「この法律において「物」とは、有体物をいう。」と定め（85条）、物を、不動産（土地及びその定着物）と動産（不動産以外の物）に分類した（新民法86条）うえで、関連する条文を置いている（債権法改正法は、無記名債権を動産とみなすとした従前の民法86条3項の規定を削除している。）。これらの規定は、民法第1編総則に置かれているが、それは、物権の客体を意味するものであり、第2編物権の総則として位置づけることが適当と思われるので、本書においては、そこで述べることとする（第2編第1章Ⅰ1参照）。

第4章 法律行為

I 総則

1 公序良俗

　法律行為というのは、権利義務の主体がその意思によって権利・義務の発生、変動、消滅という法律効果を発生させる行為であり、その意思を表明する行為を意思表示という。「公の秩序又は善良の風俗に反する法律行為は、無効とする。」(新民法90条) というのは、法律行為に関する大原則であり、この規定は、「私権は、公共の福祉に適合しなければならない。」、「権利の行使及び義務の履行は、信義に従い誠実に行わなければならない。」及び「権利の濫用は、これを許さない。」(民法1条) 並びに「この法律は、個人の尊厳と両性の本質的平等を旨として、解釈しなければならない。」(民法2条) という民法の基本原則と相まって、あるべき社会秩序を維持することを目的とするものであり、いかなる法律行為がこれに該当するかは正義・公平の観点から、社会通念に従って判断されることになる。

　公の秩序又は善良の風俗に反する（簡単に「公序良俗違反」といわれることが多い。）として、判例において無効とされたものの代表的なものに、次のものがある。

① 合理的な理由のない女子の定年年齢を男子よりも低く定めた就業規則の定め（最高裁昭和56年3月24日判決・判例時報998号3頁）
② 前年度の不就労を理由とする昇給における不利益な取扱いについて、労働基準法又は労働組合法上の権利に基づく不就労を考慮する労働協約の定め（最高裁平成元年12月14日判決・判例時報1342号145頁）
③ 特約がないにもかかわらず、賃借建物の通常の使用に伴い生ずる損耗について賃借人に原状回復義務を負わせること（最高裁平成17年12月16日判決・判例時報1921号61頁）

④ 建築基準法等の法令の規定に適合しない建物の建築を目的とする請負契約（最高裁平成23年12月16日判決・判例時報2139号3頁）

2 任意規定及び強行規定

　法令の規定には、当事者が合意しなかった事項を補充し、当事者の意思が不明確な場合の意味を解釈するためのものが少なくないが、その一方で、当事者の意思に関係なく、遵守されるべきものがあり、前者の性質を有するものを「任意規定」といい、後者の性質を有するものを「強行規定」という。任意規定の典型的な例としては、債権の弁済の場所を定める民法484条1項や弁済の充当の順序を定める新民法488条及び489条（新民法490条参照）があり、強行規定の代表的なものとしては、借地借家法における借地人や借家人の権利を保護する条項がある（借地借家法21条、30条）。

　民法91条は「法律行為の当事者が法令中の公の秩序に関しない規定と異なる意思を表示したときは、その意思に従う。」とし、民法92条は「法令中の公の秩序に関しない規定と異なる慣習がある場合において、法律行為の当事者がその慣習による意思を有しているものと認められるときは、その慣習に従う。」としているが、ここでいう「公の秩序に関しない規定」が任意規定のことであり、「公の秩序に関する規定」が強行規定のことである。前記のように法律の規定自体に任意規定であること又は強行規定であることが明記されているときは問題ないが、該当の条文がいずれに該当するかが書かれていないことの方が多い。この場合は、当該条項が、それに違反する取引（意思表示）の効力を否定しなければ公の秩序を維持できないか否かを見極めて判断することになり、その際には「公の秩序」とは何かが問題になる（前記1参照）。また、その違反に対して罰則が定められている場合にあっても、罰則は適用するものの、取引の効力まで否定する趣旨ではないとされる規定（このような趣旨の規定を「単なる取締法規」であるということがある。）もある（旧食品衛生法における営業についての許可制を定める規定は単なる取締法規にすぎないから、その許可を受けていないことが食肉の売買契約の効力に影響を及ぼすことはないとした最高裁昭和35年3月18日判決（民集14巻4号483頁）、無尽会社の資金の運用方法を定めた無尽業法の規定は、行政上の取締規定であって、これに違反する資金運用行為そのものの無効をきたさないとする最高裁昭和38年10月3日判決（判例時報355号47頁）

第4章　法律行為

等がある。）。

II 意思表示

1 内心との齟齬

　意思表示というのは、何らかの法律効果の発生を意図した意思を外部に表示することであり、法律行為の不可欠の要素であるが、何らかの理由で、外部に表示された意思と内心の意思（真実の意思）が異なることがある。民法は、このような場合を「心裡留保」、「虚偽表示」、「錯誤」及び「詐欺」又は「脅迫」の４つに類型化して、それぞれの場合における法律上の効果について定めている。なお、意思表示は、言語又は文字によってなされることが通常であるが、それが意味することを認識できるものであればいいのであり、身振り手振りは勿論、場合によっては沈黙も意思表示となり得る（意思表示としての意味をもつ行為（沈黙を含む。）は「表示行為」と称される。）。

（1）　心裡留保

　心裡留保というのは、内心では別のことを考えながら、外部に対してそれと異なる意思を表示することであり、この場合には、その意思表示をした者（「表意者」という。）の利益よりも相手方の利益が尊重されるべきであるが、そのことを知っていたり、知ることができた相手方についてまで、その利益を守る必要はない。このことについて、新民法93条は、その１項で「意思表示は、表意者がその真意ではないことを知ってしたときであっても、そのためにその効力を妨げられない。」としたうえで、「ただし、相手方がその意思表示が表意者の真意ではないことを知り、又は知ることができたときは、その意思表示は、無効とする。」として、表意者と相手方の利益のバランスをとっている。

　本人が心裡留保をして意思表示をした場合にこの規定がそのまま適用されるのは当然であるが、代理人や法人の代表者が自己の利益をはかるために本人や法人のために意思表示をした場合にまでこの規定をそのまま適用すると、本人や法人に不測の不利益が生ずる場合がある。そのため、判例（最高

裁昭和38年9月5日判決・民集17巻8号909頁、最高裁昭和42年4月20日判決・判例時報484号48頁）は、代理人や法人の代表者がこのようなことをした場合には、民法93条1項ただし書を類推して、相手方が代理人や代表者の真意を知り、又は知ることができたときは、本人や法人に対して効力が生じないとしている。なお、ここで民法93条1項ただし書というのは債権法改正法による改正前の条文であり、そこで「表意者の真意を知り、又は知ることができたとき」とされていたものが新民法93条1項では「表意者の真意ではないことを知り、又は知ることができたとき」とされているが、この改正によって、これらの判例の結論に影響が生ずることはないであろう。

　なお、新民法93条2項は、「前項ただし書の規定による意思表示の無効は、善意の第三者に対抗することができない。」と定めるが、これは、従来、民法94条2項を類推適用することによって同一の効果が認められていたものを明文化したものである。この場合の善意というのは、心裡留保による意思表示であることを知らないという意味であり、その立証責任は当該第三者にある（最高裁昭和44年11月14日判決・判例時報580号76頁）。また、対抗できないというのは、当該意思表示が無効であることを主張できないということであり、当該意思表示による法律効果を認めなければならないことを意味する。

（2）　虚偽表示

　虚偽表示というのは、表意者とその相手方において、表示された意思が真実と異なることを承知して行う意思表示であり、「通謀虚偽表示」とも称される。財産の差押えを免れるために相手方と協力して所有権移転の登記をするというのが典型的な例であるが、民法94条は、その1項で「相手方と通じてした虚偽の意思表示は、無効とする。」としたうえで、その2項で「前項の規定による意思表示の無効は、善意の第三者に対抗することができない。」としている。

　虚偽表示は、そもそも法律効果の発生を意図していない意思表示であるから、それが無効とされるのは当然のことであり、現実に問題となるのは、その無効を対抗できない第三者の範囲である。これは、当該虚偽表示を有効であるとすることに法律上の利益があるか否かという問題であり、第三者の法律行為が当該虚偽表示による法律効果を前提としたものであるとき（虚偽表

示による所有権移転を原因とする登記がなされている土地に抵当権を設定するというのはその典型的な例である。）は、それが肯定されることになる。また、善意であるか否かの判定は、適用対象となる法律関係毎に、当該第三者が利害関係を有するに至った時期を基準としてなされる（最高裁昭和55年9月11日判決・判例時報982号113頁）。

(3) 錯誤

錯誤というのは、錯覚、勘違いということであり、新民法95条1項は、意思表示を取り消すことができる原因としての錯誤を次の2種類に類型化している。

① 意思表示に対応する意思を欠く錯誤
② 表意者が法律行為の基礎とした事情についてのその認識が真実に反する錯誤

意思表示は、何らかの法律効果の発生を意図した意思の表示であり、いかなる法律効果の発生が意図されていたかは、表示行為を客観的に観察して判断される。意思表示に対応する意思を欠くというのは、表示行為を客観的に観察して判断される法律効果を発生させる意思がないということであり、表示行為が誤ってなされた場合（言い間違い、書き間違い、機械（キーやボタン等を含む。）操作の誤り等）がその典型である。

意思表示は、何らかの法律効果の発生を意図した意思の表示であるから、それをなすに至る契機（きっかけ）が必ず存在する。「表意者が法律行為の基礎とした事情」というのはその契機のことであり、動機ということもできる。この事情は、表意者の意中に秘められていることが珍しくないので（当該法律行為によっていかなる利益を得ることを期待しているかは相手方に教えないのが通例であろう。）、それについての認識が真実に反していたとしても、それは自己責任というべきである。しかし、その事情が法律行為の基礎とされていることが相手方に示されているときは、それが共通の認識となっているのであるから、相手方にも責任が生ずる。そこで、これに該当することを理由とする「意思表示の取消しは、その事情が法律行為の基礎とされていることが表示されていたときに限り、することができる。」とされている（新民法95条2

項)。

　ただ、いずれの錯誤であっても、それが表意者の重大な過失によるものであった場合にまで取消しを認める必要はないはずであるが、次の場合には、取消しを認めても相手方に過大な不利益を与えることにならないことから、取消しができることされている（新民法95条3項）。

① 相手方が表意者に錯誤があることを知り、又は重大な過失によって知らなかったとき。
② 相手方が表意者と同一の錯誤に陥っていたとき（この錯誤を「共通錯誤」という。）。

　そして、意思表示が取り消されたときは、その法律行為は初めから無効であったことになり（新民法121条）、それが有効であることを前提としてなされた後行の取引も無効となり（甲から乙、乙から丙への所有権移転がなされていた場合において、甲から乙への移転が取り消されたときは、丙は所有権を失う。）、第三者が不測の損害を被ることが生ずる。そこで、このような第三者を保護するため、錯誤を理由とする取消しは「善意でかつ過失がない第三者に対抗することができない。」とされる（新民法95条4項）。心裡留保及び虚偽表示の無効は「善意の第三者に対抗することができない。」とされ、そこでは無過失が要件とされていないのに対し、ここでは第三者が保護されるためには過失がないことが必要とされる。これは、心裡留保及び虚偽表示をした表意者に比較して、錯誤をした表意者の方が強く保護されるべきだという思想によるものであろう。

　ところで、新民法95条は、「意思表示は、法律行為の要素に錯誤があったときは、無効とする。ただし、表意者に重大な過失があったときは、表意者は、自らその無効を主張することができない。」と定める従前の民法95条を全面的に改正したものである。この従前の民法95条本文がいう錯誤には動機の錯誤も含まれると解され、「意思表示における動機の錯誤が法律行為の要素に錯誤があるものとしてその無効を来すためには、その動機が相手方に表示されて法律行為の内容となり、もし錯誤がなかったならば表意者がその意思表示をしなかったであろうと認められる場合であることを要する。そして、動機は、たとえそれが表示されても、当事者の意思解釈上、それが法律

第4章 法律行為

行為の内容とされたものと認められない限り、表意者の意思表示に要素の錯誤はないと解するのが相当である。」とするのが判例（最高裁平成28年1月12日判決・判例時報2328号60頁、最高裁同年12月19日判決・判例時報3327号21頁）である。新民法95条1項2号は、この動機の錯誤を明文化したものであると理解されるが、判例がいう動機が「法律行為の内容とされたもの」では錯誤が認められる範囲が狭すぎるということが考慮された表現となっている（新民法が施行される令和2年（2020年）4月1日よりも前になされた意思表示については、従前の例によることとされている。債権法改正法附則6条1項）。ただ、錯誤による意思表示を取り消すということは、当該意思表示をしたことによる自己の不利益を相手方に転嫁するということであるから、取り消すことができる要件は、不利益を転嫁することが合理的である場合でなければならないことになる。次に引用するように、上記の二つの判例は、将来生ずることが予期されていたにもかかわらず、契約においてその場合の対処法を定めていないときは、錯誤による無効の主張を認めないとしており、この考え方は、新民法95条の解釈においても維持されるものと思われる。

① 最高裁平成28年1月12日判決
「上告人は融資を、被上告人は信用保証を行うことをそれぞれ業とする法人であるから、主債務者が反社会的勢力であることが事後的に判明する場合が生じ得ることを想定でき、その場合に被上告人が保証債務を履行しないこととするのであれば、その旨をあらかじめ定めるなどの対応を採ることも可能であった。それにもかかわらず、本件基本契約及び本件各保証契約等にその場合の取扱いについての定めが置かれていないことからすると、主債務者が反社会的勢力でないということについては、この点に誤認があったことが事後的に判明した場合に本件各保証契約の効力を否定することまでを上告人及び被上告人の双方が前提としていたとはいえない。また、保証契約が締結され融資が実行された後に初めて主債務者が反社会的勢力であることが判明した場合には、既に上記主債務者が融資金を取得している以上、上記社会的責任の見地から、債権者と保証人において、できる限り上記融資金相当額の回収に努めて反社会的勢力との関係の解消を図るべきであるとはいえても、両者間の保証契約について、主債務者が反社会的勢力

でないということがその契約の前提又は内容になっているとして当然にその効力が否定されるべきものともいえない。

　そうすると、A社及びB社が反社会的勢力でないことという被上告人の動機は、それが明示又は黙示に表示されていたとしても、当事者の意思解釈上、これが本件各保証契約の内容となっていたとは認められず、被上告人の本件各保証契約の意思表示に要素の錯誤はないというべきである。」

② 最高裁平成28年12月19日判決
「本件保証契約の締結前に、本件会社が事業譲渡によって本件制度の対象となる中小企業者の実体を有しないこととなっていたことが判明していた場合には、これが締結されることはなかったと考えられる。しかし、金融機関が相当と認められる調査をしても、主債務者が中小企業者の実体を有しないことが事後的に判明する場合が生じ得ることは避けられないところ、このような場合に信用保証契約を一律に無効とすれば、金融機関は、中小企業者への融資を躊躇し、信用力が必ずしも十分でない中小企業者等の信用力を補完してその金融の円滑化を図るという信用保証協会の目的に反する事態を生じかねない。そして、上告人は融資を、被上告人は信用保証を行うことをそれぞれ業とする法人であるから、主債務者が中小企業者の実体を有しないことが事後的に判明する場合が生じ得ることを想定でき、その場合に被上告人が保証債務を履行しないこととするのであれば、その旨をあらかじめ定めるなどの対応を採ることも可能であったにもかかわらず、本件基本契約及び本件保証契約等にその場合の取扱いについての定めは置かれていない。これらのことからすれば、主債務者が中小企業者の実体を有するということについては、この点に誤認があったことが事後的に判明した場合に本件保証契約の効力を否定することまでを上告人及び被上告人の双方が前提としていたとはいえないというべきである。このことは、主債務者が本件制度の対象となる事業を行う者でないことが事後的に判明した場合においても異ならない。（中略）

　以上によれば、本件会社が中小企業者の実体を有することという被上告人の動機は、それが表示されていたとしても、当事者の意思解釈上、本件保証契約の内容となっていたとは認められず、被上告人の本

件保証契約の意思表示に要素の錯誤はないというべきである。」

（4） 詐欺又は強迫

　相手方又は第三者に騙されたり、脅されたりして意思表示をすることがあるが、このような場合には、表意者を保護する必要がある。このことについて、民法96条1項は「詐欺又は強迫による意思表示は、取り消すことができる。」とし、新民法96条2項は「相手方に対する意思表示について第三者が詐欺を行った場合においては、相手方がその事実を知り、又は知ることができたときに限り、その意思表示を取り消すことができる。」と、同条3項は「前2項の規定による詐欺による意思表示の取消しは、善意でかつ過失がない第三者に対抗することができない。」とする。

　詐欺による意思表示というのは、相手方又は第三者の行為により、虚偽の事柄を真実と錯誤し、その錯誤に基づいてなされる意思表示である。錯誤による意思表示との違いは、相手方又は第三者の行為が介在するか否かであり、その違いが判然としない場合もある。詐欺による意思表示は、当該詐欺を行ったのが相手方である場合は当然に、それが第三者である場合は相手方がその事実を知り、又は知ることができたときに限って取り消すことができるとされているのは、表意者を保護する必要性の違いによるものである。

　また、強迫による意思表示の取消しは、善意でかつ過失がない第三者にも対抗できるが、詐欺による意思表示の取消しは、善意でかつ過失がない第三者に対抗できないとされるのは、表意者の責任の度合いの違いによるものである（詐欺による意思表示は十分な注意を払うことによって避けることができるが、脅迫による場合は避けることができない。）。強迫というのは、表意者を畏怖させて、真意と異なる意思を表示させざるを得ない状況に置くことであり、その強迫の程度が表意者の意思を完全に制圧するに至るときは、意思能力を失わせたことになるから、その状況でなされた意思表示には効力がなく（新民法3条の2）、誰でもその無効を主張できる。

　なお、新民法96条2項及び3項は従前の民法96条2項及び3項を改正したものであるが、従前の民法96条2項は「相手方に対する意思表示について第三者が詐欺を行った場合においては、相手方がその事実を知っていたときに限り、その意思表示を取り消すことができる。」と、従前の民法96条3項は「前2項の規定による詐欺による意思表示の取消しは、善意の第三者に

対抗することができない。」としていたので、この改正によって、取消しに対抗するための要件に無過失であることが加えられたことになり、表意者の保護の範囲が拡大されている。ただ、新民法が施行される令和２年（2020年）４月１日よりも前になされた意思表示については、従前の例によることとされている（債権法改正法附則６条１項）。

2 ｜ 意思表示の効力の発生

（１） 意思表示の効力発生時期等

　意思表示は、それが相手方に到達しなければ効力を生じない。このことについて、新民法97条は、その１項で「意思表示は、その通知が相手方に到達した時からその効力を生ずる。」と、２項で「相手方が正当な理由なく意思表示の通知が到達することを妨げたときは、その通知は、通常到達すべきであった時に到達したものとみなす。」と、３項で「意思表示は、表意者が通知を発した後に死亡し、意思能力を喪失し、又は行為能力の制限を受けたときであっても、そのためにその効力を妨げられない。」と定めている。これらの規定は、契約の申込み及びその撤回（新民法523条、525条）並びに承諾（新民法522条）の意思表示に関して大きな意味を有するが、契約の成立について定める新民法526条は「申込者が申込みの通知を発した後に死亡し、意思能力を有しない常況にある者となり、又は行為能力の制限を受けた場合において、申込者がその事実が生じたとすればその申込みは効力を有しない旨の意思を表示していたとき、又はその相手方が承諾の通知を発するまでにその事実が生じたことを知ったときは、その申込みは、その効力を有しない。」として、新民法97条３項の特則を定めている。

　ところで、従前の民法97条は、意思表示が表意者と別の場所にいる者（「隔地者」という。）に対してなされることを想定して、その１項で、隔地者に対する意思表示は、その通知が相手方に到達した時から効力を生ずるとしており、対面してなされた意思表示が効力を発生する時期について定めていなかった（直ちに効力が発生することを当然のこととしていた。）。しかし、相手が隔地者であっても対面者であっても、到達することによって意思表示の効力が生ずるのは同じであることから、新民法97条は両者を区別していない（インターネットに代表される通信技術の発達によって、地理的に離れた当事者間においても、

即時に意思表示を伝えることが可能となる反面、相手方が受領したことの確認（訴訟における立証）が難しくなっているという面もある。）。

　意思表示の到達時期については、会社に対する催告書が使者によって持参された時、たまたま会社事務室に代表取締役の娘が居合わせ、代表取締役の机の上の印を使用して使者の持参した送達簿に捺印の上、右催告書を右机の抽斗に入れておいたという場合には、同人に右催告書を受領する権限がなく、また同人が社員に右の旨を告げなかったとしても、催告書の到達があったものと解すべきであるとする判例（最高裁昭和36年4月20日判決・判例時報258号20頁）や、通常人の理解能力を有する家族に対して口頭でされた催告は本人に到達したものと解するのが相当であるとする判例（最高裁昭和50年6月27日判決・判例時報784号65頁）がある。なお、地方公共団体の徴収金の賦課徴収又は還付に関する書類については、それを通常の取扱いによる郵便又は信書便によって発送した場合は、法律に特別の定めがある場合を除いて、通常到達すべきであったときに送達があったものと推定する（地方税法20条4項、地方自治法231条の3第4項）とされ、その書類の名称、その送達を受けるべき者の氏名、宛先、及び発送の年月日を確認するに足りる記録を作成しておかなければならない（地方税法20条5項）とされているが、民法においても、相手方に到達したこと、通常到達すべきであった時が何時であるかの立証責任は当該意思表示をした者（発送した者）にあるので、これらの記録を残しておくことが必要なことは地方税の場合に限られない。なお、行政処分における意思表示の到達時期と期間計算の方法との関係については第5章Ⅱで述べる。

　また、新民法97条2項は、規定としては新しいが、従来から解釈論として認められていたものを成文化したものである。ここで「通知が到達することを妨げたとき」というのは郵便物の配達を妨げるような積極的な行為だけでなく、通知の内容を承知したうえでの受領拒否も含むものと解される（最高裁平成10年6月11日判決（判例時報1644号116頁）参照）。

（2）　公示による意思表示

　「意思表示は、その通知が相手方に到達した時からその効力を生ずる。」（新民法97条1項）のであるが、当初の相手方が死亡し、相続人が知れない場合や、相手方の存在は分かっているが、その住所や居所（民法22条~24条）だけでなく、勤務先や立ち寄り先も不明な場合（通知を直接渡すこと（民事訴訟法

105条参照）もできない場合）には、通知を相手方に到達させる方法がない。このような場合のために、民法は次の規定を置いている。

> （公示による意思表示）
> 第98条　意思表示は、表意者が相手方を知ることができず、又はその所在を知ることができないときは、公示の方法によってすることができる。
> 2　前項の公示は、公示送達に関する民事訴訟法（平成8年法律第109号）の規定に従い、裁判所の掲示場に掲示し、かつ、その掲示があったことを官報に少なくとも1回掲載して行う。ただし、裁判所は、相当と認めるときは、官報への掲載に代えて、市役所、区役所、町村役場又はこれらに準ずる施設の掲示場に掲示すべきことを命ずることができる。
> 3　公示による意思表示は、最後に官報に掲載した日又はその掲載に代わる掲示を始めた日から2週間を経過した時に、相手方に到達したものとみなす。ただし、表意者が相手方を知らないこと又はその所在を知らないことについて過失があったときは、到達の効力を生じない。
> 4　公示に関する手続は、相手方を知ることができない場合には表意者の住所地の、相手方の所在を知ることができない場合には相手方の最後の住所地の簡易裁判所の管轄に属する。
> 5　裁判所は、表意者に、公示に関する費用を予納させなければならない。

　民事訴訟法が定める公示送達の方法は、「裁判所書記官が送達すべき書類を保管し、いつでも送達を受けるべき者に交付すべき旨を裁判所の掲示場に掲示してする。」（同法111条）ことになっており、民法98条2項は、これに加えて、官報への掲載（それに代わる市役所、区役所、町村役場又はこれらに準ずる施設の掲示場への掲示）を必要としている。この方法と異なる方法による公示送達の方法を定めるものとして、地方税法20条の2、土地区画整理法133条、都市再開発法135条等があるが、そのような特別の定めがない場合は、一般法としての民法98条が定めるところによることになる。これらの特別法が定める送達の方法は、行政庁が自ら実施する（裁判所が関与しない）ことに特徴があり、たとえば、地方税法20条の2が定める公示送達は、送達すべき書類の送達を受けるべき者の住所、居所、事務所及び事業所が明らかでない場合又は外国においてすべき送達につき困難な事情があると認められる場合になされるものであり、地方公共団体の長が送達すべき書類を保管し、

第4章　法律行為

いつでも送達を受けるべき者に交付する旨を地方公共団体の掲示場に掲示して行われ、その掲示を始めた日から起算して7日を経過したときに書類の送達があったものとみなされることになっている。

なお、一般職の地方公務員に対する分限処分又は懲戒処分については、書面を交付して行うとされているのが通例であるので、当該公務員が行方不明の場合は、民法98条が定める公示送達によることが原則となるが、それぞれの処分の手続を定める条例（地方公務員法28条3項、29条4項）で、処分の内容を官報若しくは公報に掲載し、又は当該地方公共団体の掲示場に掲示して行う旨を定めることもできる（人事院規則12−0（職員の懲戒）5条2項参照）。

（3） 意思表示の受領能力

新民法98条の2は、「意思表示の相手方がその意思表示を受けた時に意思能力を有しなかったとき又は未成年者若しくは成年被後見人であったときは、その意思表示をもってその相手方に対抗することができない。ただし、次に掲げる者がその意思表示を知った後は、この限りでない。

① 相手方の法定代理人
② 意思能力を回復し、又は行為能力者となった相手方」と定める。

意思表示をした時にその者が意思能力を有しなかったときは、その法律行為は無効であるとされるのであるが（新民法3条の2）、意思表示の受領については、それを無効としなくても、表意者が意思表示をしたことをもって対抗できないとすれば十分であると考えられることから、意思能力を有しない者についても、未成年者又は成年被後見人と同じ扱いとされた（従前の民法98条の2は、未成年者及び成年被後見人についてだけ定めていた。）。

ところで、法律行為には、意思表示を受領した者による意思表示が必要な場合（双方行為及び合同行為）及び意思表示を受領した者による意思表示（回答）を必要としない場合（単独行為）があり（第2章Ⅱ2参照）、後者の中には表意者の意思とは関係なく、当該意思表示がなされたという事実に基づいて法律上の効果が発生するもの（これを「準法律行為」という。）がある。

双方行為及び合同行為においては、意思表示を受領した者による意思表示がなければ法律効果が生じないのであるから、それを受領したことを契機と

してなされる意思表示の有効性が問題であり、それを受領したこと自体の効力を問題にしなければならないことはほとんどない。また、制限行為能力者が行った法律行為は取り消すことができる（民法5条2項、9条、13条4項、17条4項）ので、この場合にも、敢えて受領能力を問題にすることはない。ただ、制限行為能力による法律行為の相手方は、それを取り消すか否かについて催告をすることができ、この催告が制限行為能力者が行為能力者となった後になされたとき、又は法定代理人、補佐人又は補助人に対してなされたときは、当該催告において定められた期間（1月以上であることが必要である。）内に確答を発しなければ、その行為を追認したものとみなされる（新民法20条1項、民法20条2項）ので、この催告については受領能力の有無が重要な意味をもつ（無権代理人の行為についても本人に対する催告の制度（民法114条）があるが、この場合は追認しなければ効力が生じないので、受領能力自体を問題にする必要はないであろう。）。

　前記の催告を除いて、新民法98条の2が重要な意味をもつ第1の場合は、契約の解除（民法540条、新民法541条・542条）、意思表示の取消し（民法5条2項、9条、13条4項、95条1項、96条1項等）、予約の完結（民法556条1項）、遺言（民法964条）等の単独行為であり、その第2は、時効の完成猶予の効力が認められている催告（新民法150条1項）、解除の要件である催告（新民法541条）、債権譲渡の対抗要件としての効力が認められている債権譲渡の通知（新民法467条）、債務不履行責任を免れさせる提供（新民法492条）等の準法律行為（第2章Ⅱ2参照）についてである。さらに、行政処分も、行政庁の意思表示によって効力を生ずるものであるから、その到達については、新民法98条の2が準用され、又はその例によることになる。

　これらについては、新民法98条の2各号のいずれかに該当する者がその意思表示を知るまで、その効力を主張できないことになるので、その相手方は、利害関係人として、成年後見人等の選任を申し立てるか（第2章Ⅱ3参照）、その効力が生じたことを前提とする訴訟を提起するとして、そのための特別代理人の選任を申し立てる（民事訴訟法35条1項）ことになろう。

　なお、民法その他の法律によって公示送達の方法による意思表示が認められる場合（前記（2）参照）において、「みなされる」のは、書類が送達されたこと、すなわち相手方が書類を受領したことだけであるから、その書類が意思表示を伝達するためのものである場合の意思表示の効力については、新

民法98条の2が適用されることになる。

III 代理

1 代理の意味

(1) 代理の要件及び効果

　代理というのは、法律行為の効果が帰属する主体（「本人」という。）に代わって別の人（「代理人」という。）が意思表示（契約の申込みや承諾等）を行い、又は相手方の意思表示を受領すること（これらの権限を「代理権」という。）であり、「代理人がその権限内において本人のためにすることを示してした意思表示は、本人に対して直接にその効力を生ずる。」とされ（民法99条1項）、この規定は「第三者が代理人に対してした意思表示について準用する。」（民法99条2項）とされている。このように、民法は、代理として、法律行為の要素である意思表示を本人に代わって行い、又はそれを受領することについて定めているが、意思表示以外の行為であっても、ある行為をなすことによって当然に法律効果が発生する場合がある。すなわち、催告（新民法150条、541条）、債権譲渡の通知（新民法467条）、弁済の提供（新民法492条）、弁済の受領（新民法473条）のように、行為者の意思に基づく行為でありながら、行為者の意思とは関係なく、それがなされたという事実に基づいて法律上の効果が発生する行為（準法律行為）も多くあり、これについても、代理に関する規定が類推適用される。

　ともあれ、代理人のした行為や代理人に対してした行為の法律効果が本人に及ぶというのが代理の制度であり、理論的には、代理が成立するためには、本人が代理人となる者に代理権を与えるという一方的な意思表示をするだけで足りるが、実際には、本人と代理人と間に当該代理権の行使に関する何らかの合意（契約）があることが多い（後記（6）参照）。なお、法人の代表者が法人の目的の範囲内においてした意思表示は、当然に法人自身がしたことになり、法人から権限を与えられる必要がなく、権限の範囲による制限もない（代表者の権限の範囲は法人の目的と一致する。）という点において代理とは異なる。ただ、株式会社の取締役については、それが民事保全法56条に規

定する仮処分命令により選任されてその職務を代行する者である場合は、当該仮処分命令に別段の定めがあるときを除いて、常務に属しない行為をするときは、裁判所の許可を得なければならず、善意の第三者に対するものを除き、許可を得ないでした行為は無効とされている（会社法352条）。

また、本人が決めたことを本人に代わって行う者として「使者」がある。使者が行う意思表示等は、本人の指図に従って行うものであり（これを「本人の手足」として行うともいう。）、代理人は、本人のために、代理人自身の判断で行うのであるから、両者は全く異なる。

ところで、代理権を与えたという事実を証する典型的な書面が委任状であるが、委任状が作成されず、代理権授与の意思表示の有無が明確でないことがある。これについては、特定の取引行為に関連して印鑑を交付することは一般に代理権の授与となるとする判例（最高裁昭和44年10月17日判決・判例時報573号56頁）があり、実印が本人から他人に託され、その託された者が本人の実印を使用して法律行為をするという場合には、その事実自体から、特段の事情のない限り、本人とその法律行為をした者との間には、表見代理（後記3参照）に必要な何らかの基本代理権が授与されていたとの事実上の推定が働くと解されている。

なお、公共工事標準請負契約約款においては、発注者が置く監督員に次の権限を与える旨が明記されている。

① この契約の履行についての受注者又は受注者の現場代理人に対する指示、承諾又は協議
② 設計図書に基づく工事の施工のための詳細図等の作成及び交付又は受注者が作成した詳細図等の承諾
③ 設計図書に基づく工程の管理、立会い、工事の施工状況の検査又は工事材料の試験若しくは検査（確認を含む。）

（2） 本人のためにすることを示さない意思表示

代理というのは、本人から与えられた権限内において、本人に代わって意思表示をすることであるから、その意思表示の相手方において、その法律効果が帰属する主体を認識できることが必要である。また、第三者（本人）に代わってすることを示さない（誰のためかを示さない）でなされた意思表示は、

当該表意者自身にその効力を及ぼすことを意図しているのが通常である。そこで、代理人（表意者）の真意がどうであれ、「代理人が本人のためにすることを示さないでした意思表示は、自己のためにしたものとみなす。」（民法100条本文）とされている（民法93条1項参照）。

　ただ、意思表示の都度、代理人が本人のためにすることを示さない場合であっても、それまでの経緯等から相手方が代理人であることを認識していたり、認識できることもある。このような場合については、「相手方が、代理人が本人のためにすることを知り、又は知ることができたときは、前条第1項の規定を準用する。」（民法100条ただし書）として、その意思表示が「本人に対して直接にその効力を生ずる。」（民法99条1項）こととされている。なお、本人に効力が生ずることを主張する者は、「相手方が、代理人が本人のためにすることを知り、又は知ることができた」ことを立証しなければならない（大審院大正9年12月9日判決・民録26輯1895頁）。

　なお、商法は、自分の名前で利益を目的として反復継続して行う行為を商行為と定義したうえで（正確な定義については商法501条〜503条参照）、その504条で「商行為の代理人が本人のためにすることを示さないでこれをした場合であっても、その行為は本人に対してその効力を生ずる。ただし、相手方が、代理人が本人のためにすることを知らなかったときは、代理人に対して履行の請求することを妨げない。」としている。これは、反復継続してなされるという商行為の性質と継続的に同一人がその代理人として行動することが多いという実態を考慮したものである。なお、使用人等の代理権については、商法20条から22条に特別の規定がある（後記（5）参照）。

（3）　代理行為の瑕疵

　意思表示に瑕疵があった場合については、心裡留保（民法93条）、虚偽表示（民法94条）、錯誤（民法95条、新民法95条）、詐欺又は強迫（民法96条、新民法96条）の類型別に、表意者を保護するための要件及び効果が定められている。そして、代理というのは、本人に代わって代理人が意思表示を行うものであることから、瑕疵ある意思表示がなされた場合においては、本人の事情又は代理人の事情のいずれを考慮すべきかが問題となる。このことについては、次のように、立法的な解決が図られている。

①　代理人が相手方に対してした意思表示の効力が意思の不存在、錯誤、詐欺、強迫又はある事情を知っていたこと若しくは知らなかったことにつき過失があったことによって影響を受けるべき場合には、その事実の有無は、代理人について決するものとする（新民法101条1項）。

②　相手方が代理人に対してした意思表示の効力が意思表示を受けた者がある事情を知っていたこと又は知らなかったことにつき過失があったことによって影響を受けるべき場合には、その事実の有無は、代理人について決するものとする（新民法101条2項）。

③　特定の法律行為をすることを委託された代理人がその行為をしたときは、本人は、自ら知っていた事情について代理人が知らなかったことを主張することができない。本人が過失によって知らなかった事情についても、同様とする（新民法101条3項）。

ただ、代理人はあくまでも本人から与えられた権限内においてのみ活動するものであるから、その権限の範囲外でなされた行動については、本人にその効果を及ぼすことができない。法人の使用人の行為について、使用人は法人の機関とは異なるとして、法人の責任を肯定するためには特別の法律の根拠が必要であるとした次の判例（最高裁昭和30年5月13日判決・判タ50号21頁）がある。

　「上告人（水産業会）の北松支所長事務取扱田中仁作は、右契約締結に際し、右契約の締結及び現金の受託は上告人の事業目的の範囲外の行為であり、従つて法律上の原因なくして該金員を取得するものであることを知つていたという事実を確定し、右田中仁作において右事実を知悉していた以上、上告人自身右金員を取得するにつき悪意であつたものと解すべきであると判示したのである。
　しかしながら、右受託契約が上告人水産業会の目的の範囲外の行為であるとする以上、原判決が右水産業会の支所長事務取扱に過ぎない田中仁作の悪意を以て直ちに右法人たる上告人の悪意と解するについては、すべからく、その法的根拠を示さなければならない。若し、同人が右法人の機関たる地位にあるにおいては、同人の悪意を以て、法人の悪意とすべき場合のあることは当然であるけれども、同人が単なる法人の使用人に過ぎない

ならば法人の目的の範囲外に属する事項について法人を代理するの権限のないことは勿論であって、従って代理権なきものの悪意を以て直ちに、本人の悪意と目すべき法的根拠を欠くからである。原判決が右田中仁作の上告人水産業会における地位を明確にすることなく、たやすく同人の悪意をもつて上告人の悪意と解したことは、この点に関する法令の解釈をあやまり審理不尽の違法に陥つたものと云わざるを得ない。」

(4) 代理人の行為能力

　従前の民法102条は「代理人は、行為能力者であることを要しない」としていたが、新民法102条は、その意味を明確にし、「制限行為能力者が代理人としてした行為は、行為能力の制限によっては取り消すことができない。ただし、制限行為能力者が他の制限行為能力者の法定代理人としてした行為については、この限りでない。」と定めた。これは、行為能力が制限されていない者が制限行為能力者に代理権を与え、その制限行為能力者がその権限の範囲内で代理人としてした意思表示は、表意者が制限行為能力者であることを理由として取り消すこと（民法5条2項、9条、13条4項及び17条4項参照）はできないが、制限行為能力者が他の制限行為能力者の法定代理人である場合（子の親が婚姻をしていない未成年者である場合（令和4年（2022年）4月1日以降は子の親が18歳未満である場合（前記第2章Ⅱ3（1）参照））が典型的な例である。）においては、表意者が制限行為能力者であることを理由として、その者がした意思表示を取り消すことができることを意味する（新民法13条1項10号は、被保佐人が制限行為能力者の法定代理人として一定の行為をすることについて保佐人の同意を必要としている。）。なお、新民法102条は、制限行為能力者が他の制限行為能力者の任意代理人としてした場合については触れていないが、その場合は、本人である制限行為能力者が代理権を与える旨の意思表示を取り消すことによって、その代理人は、遡及して代理権を失い、その結果として、当該代理人のした行為は権限のない者のしたもの（無権代理）となるが、その無権代理行為は、制限行為能力を理由として取り消すことができ、結果として無権代理人としての責任（新民法117条2項）を負わないことになる。

　ところで、特殊なものとして、訴訟における代理人があり、「未成年者及び成年被後見人は、法定代理人によらなければ、訴訟行為をすることができない。ただし、未成年者が独立して法律行為をすることができる場合は、こ

の限りでない。」（民事訴訟法31条）とされ、未成年者及び成年被後見人に「法定代理人がない場合又は法定代理人が代理権を行うことができない場合において、未成年者又は成年被後見人に対し訴訟行為をしようとする者は、遅滞のため損害を受けるおそれがあることを疎明して、受訴裁判所の裁判長に特別代理人の選任を申し立てることができる。」（民事訴訟法35条）とされている。

（5） 権限の定めのない代理人の権限

　代理権があることは確かだが、その範囲が明確でないことがある。この場合について、民法103条は、「権限の定めのない代理人は、次に掲げる行為のみをする権限を有する。」として次の二つを掲げる。

① 　保存行為
② 　代理の目的である物又は権利の性質を変えない範囲内において、その利用又は改良を目的とする行為

　保存行為というのは、財産の現状を維持する行為であり、家屋の修繕や債権の消滅時効の完成を妨げることはもちろん、期限の到来した債務の弁済や腐敗しやすい物の処分は財産自体の減損を防止するものとして是認されるが、将来の価格の下落のおそれの高いものを処分したり、騰貴が見込まれるものを購入すること（「改良行為」である。）は含まれない。
　利用を目的とする行為というのは、収益を図ることを目的とする行為ということであり、不動産を賃貸し、利子収入を得るために金銭を貸し付けるような行為を意味するが、現金を元本が保証されない債権にすることは、財産の性質を変えるものとして許されないであろう。また、家屋の造作を施し、田畑の整備（圃場整備）をし、山林に植樹すること等は改良行為として是認されるが、田畑や山林を宅地にすることは物の性質を変えることになる。
　代理人がこれらの行為をしたときの効果は本人に直接帰属する（民法99条1項）のであり、これらの行為の結果として、本人が利益を得たか、損失を被ったかは、その効果の帰属とは関係がなく、この制限に違反してなされた行為は無権代理となる（その効果については後記5参照）。
　なお、この原則を全ての場合に貫いた場合には、円滑な取引を妨げることがある。そこで、商法は、自分の名前で利益を目的として反復継続して行う

行為を商行為（正確な定義については商法501条〜503条を参照）と、それを行う者を商人と定義して（商法4条）、「商人は、支配人を選任し、その営業所において、その営業を行わせることができる。」（商法20条）とし、「支配人は、商人に代わってその営業に関する一切の裁判上又は裁判外の行為をする権限を有する。」（商法21条1項）としたうえで、支配人を選任したときは、その登記をしなければならないとする（商法22条）。この結果、支配人である支店長は、当該支店の営業区域において、代表者に代わって請負契約や売買契約を締結することができることになっている。また、支配人以外の使用人についても、「商人の営業に関するある種類又は特定の事項の委任を受けた使用人は、当該事項に関する一切の裁判外の行為をする権限を有する。」（商法25条1項）とし、「物品の販売等（販売、賃貸その他これらに類する行為をいう。以下この条において同じ。）を目的とする店舗の使用人は、その店舗に在る物品の販売等をする権限を有するものとみなす。」（商法26条本文）として、消費者等が安心して買い物ができるように配慮している。

（6） 代理人の権利及び義務

代理というのは、代理人のした行為の法的効果が本人に及ぶということだけであるから、そのことによって代理人の権利・義務に影響が生ずることはない。しかし、本人に代わって意思表示をするということは、本人のために何かの事務を処理するということであり、その事務を処理することについての法律関係が存在するのが通常である。その法律関係が法律に規定されている場合の代理人が法定代理人であり、契約によって定められる場合の代理人が任意代理人（新民法104条は、これを「委任による代理人」と表現する。）である。したがって、法定代理人であると任意代理人であるとを問わず、代理人は本人に対して一定の義務を負い、権利を有することになる。

法定代理人の代表的なものは親権者及び後見人であり、親権者の権利義務については民法820条〜833条に、後見人については民法853条〜875条に詳細な規定がある（前者について第4編第4章Ⅱ、後者について第4編第5章ⅢⅣ参照）。なお、保佐人及び補助人は、被保佐人及び被補助人のそれぞれの一定の行為についての同意権限を有するだけであり、代理人になることはない。

一方、雇用（民法623条）、請負（民法632条）、委任（民法643条）等の契約に基づく事務処理に付随する権限として代理権が授与されるのが任意代理であ

り、任意代理人による代理権の行使は、これらの契約の履行としてなされることになり、契約の定めるところにより義務を負担するとともに報酬を受領することができることになる。建物の設計と併せて建築確認の申請を委託し、建物の建設と併せて上下水道の使用手続を委託するというのが典型的な例であり、これらの契約から代理権の授与の部分だけを取り出せば、それは法律行為をすることを委託する委任又は法律行為でない事務を委任する準委任ということになる。

　ところで、任意代理の場合においては、本人が有する権利を代理人に行使させるという形式をとりながら、実質は、本人の権利行使を制限し、代理人が自己の利益を図ることがある。例えば、請負業者が請け負った工事をするために必要な資材の購入費用に充てるために借金をした場合において、その債権者が請負人の有する請負代金を当該請負人に代わって受領するために、当該請負人から当該請負代金を受領することについての委任状を取得し、それをもって発注者に請求する場合がこれにあたる（公共工事標準請負契約約款42条は「受注者は、発注者の承諾を得て請負代金の全部又は一部の受領につき、第三者を代理人とすることができる。」と定めている。）。この方法による代金の受領は、代理人が、代理人自身の判断で受領するもの（「代理受領」と称される。）であり、本人の手足である使者とは異なるので、本人に直接交付すべきことが定められている労働者の賃金（地方公務員法25条2項及び労働基準法24条1項）や生活保護費（生活保護法31条5項）等については、この方法によることはできない。また、国民年金、厚生年金又は労働者災害補償保険等の年金の受給権を担保とする年金担保融資制度（担保権者は保険金を受領することができる制度）があるが、これらの制度は令和4年（2022年）3月末日をもって申込みの受付が終了することになっている。

2 ｜ 復代理

（1）　復代理人の権限等

　復代理人は代理人によって選任されるが、復代理人が、その権限内において、本人のためにすることを示してした意思表示は本人に対して直接にその効力を生じ、第三者が本人のためにすることを示して復代理人にした意思表示は本人に対して直接にその効力を生じる（新民法106条1項（これは従前の民

法107条1項を繰り上げたもの)、民法99条)。復代理人は代理人によって選任されるのであるから、代理人の履行補助者として、代理人の監督を受け、代理人が代理権を失ったときは、復代理人の権限も消滅するが、代理人の代理権が委任契約等の契約によるときは、復代理人も受任者の立場に立ち、本人に対して代理人と同じ権利を有し、義務を負う(新民法106条2項)。これは、代理権の授与が、委任等の契約に付随してなされるのが通常であることから、その契約の効力が復代理人にも及ぶことを明らかにしたものである。

　新民法106条2項は、復代理人は、第三者に対しても、代理人と同一の権利義務を有するとする。本人と代理人の契約によって、代理人と第三者との権利義務が影響を受けることはないから、任意代理についてはこの規定は意味をもたないが、法定代理人による営業の許可の取消し(民法6条2項、823条2項)や追認(新民法124条2項)の効果は第三者に及ぶので、法定代理人によって選任された復代理人もその権限を有することを確認するという意味はある(保佐人や補助人も被保佐人や被補助人の一定の行為を取り消すことができるが、これらは代理人ではないので、新民法106条2項が適用されることはない。)。

　ところで、民法644条は、「受任者は、委任の本旨に従い、善良な管理者の注意をもって、委任事務を処理する義務を負う。」と定め、新民法644条の2第2項は、「代理権を付与する委任において、受任者が代理権を有する復受任者を選任したときは、復受任者は、委任者に対して、その権限の範囲内において、受任者と同一の権利を有し、義務を負う。」と定める。これらの規定は、任意代理における本人と代理人及び復代理人の関係についても適用されるので、その限りにおいて、新民法106条2項の本人との関係についての定めと同一の意味を有する。

(2)　復代理人の選任

　任意代理人(委任による代理人)は、自らの意思と責任において代理行為を行うのであるが、本人は、代理人を信頼して代理権を授与するのであるから、復代理人の選任についても、本人の意思を尊重する必要がある。そのことを考慮して、民法104条1項は、「委任による代理人は、本人の許諾を得たとき、又はやむを得ない事由があるときでなければ、復代理人を選任することができない。」としている。新民法644条の2第1項も「受任者は、委任者の許諾を得たとき、又はやむを得ない事由があるときでなければ、復受

任者を選任することができない。」としているが、これは代理権の授与に関する限り、同じ意味である。

　従前の民法105条は、復代理人を選任した任意代理人の責任について、復代理人の選任及び監督について、本人に対してその責任を負うとした（同条1項）うえで、復代理人の選任が本人の指名によるときは、代理人が、復代理人が不適任又は不誠実であることを知りながら、その旨を本人に通知し、又は復代理人を解任することを怠ったときを除いて、その責任を負わないとしていた。新民法においては、これに対応した規定はないが、そのことは代理人が復代理人の行為についての責任を負わないことを意味しない。すなわち、任意代理人は、自己の責任において履行補助者を使用することができるのであり、本人に対して代理人と同じ権利を有し、義務を有する復代理人（新民法106条2項）であっても、代理人の履行補助者であることにかわりはないから、復代理人が受任者の義務（民法644条）に違反した場合は債務（指揮・監督の義務）不履行の責任（民法415条）を、不法行為をしたときは使用者としての責任（民法715条1項）を負うことになる。このことは、従前の民法においては、復代理人を選任した任意代理人の責任についての特例が定められていたが、改正後は一般法によることとなったことを意味する（ただ、このことによる実質的な違いはほとんどないであろう。）。

　ところで、法定代理人（前記1（6）参照）については、新民法105条が「法定代理人は、自己の責任で復代理人を選任することができる。この場合において、やむを得ない事由があるときは、本人に対してその選任及び監督についての責任のみを負う。」と定めている。この規定は、従前の民法106条後段の表現を変更して（意味は同じである。）、105条に繰り上げたものであるが、法定代理人になるのは必ずしも自己の意思によるものではないことを考慮して、復代理人の選任自体は自由とする一方で、それがやむを得ない事由によるものでないときは、自己の責任（復代理人の行為に起因する責任を当該復代理人と連帯して負うことを意味する。）で行うべきものとしたものである。

3　表見代理

（1）表見代理制度の意義

　代理は、代理人が本人のためにすることを示してする意思表示であるが、

第4章　法律行為

現実には、代理人であるかどうかが明確でなく、本人のためにするのかどうかも分かり難いことも少なくない。また、代理人であることは確かであるが、代理権の範囲が明確でないという場合もある。そこで、民法は、このような場合に本人が責任を負うべき要件を類型化して、表見代理（代理権があるように見える者によってなされた代理）として整理している。

　委任による代理権は、事務の処理の委任とセットになっていることがほとんどであるが、その場合でも、委任契約とは別に委任状が作成されることが少なくない。委任状は、相手方に対して、代理人が自己の権限を証明するために使用することを想定して作成されるものであるから、そこには代理人の氏名及び委任事項が明記されるのが通常であるが、希にその一方又は双方が記載されないものがあり、白紙委任状と称される。もちろん、本人から白紙委任状を受領した者は、そこに誰の名前を書くか、委任事項として何を書くかについて本人との間に何らかの合意があるはずであるが、その空欄を補充した後の委任状を見た者には、その合意の内容は分からない。また、代理人の氏名及び委任事項が明記された委任状であっても、それが回収されない限り、代理権が消滅した後に、それを使用することも可能である。このようにして、代理権を有しない者あるいは代理権の範囲を超えて権限を行使する代理人が現れた場合に、いかなる条件で、相手方の利益を保護するかというのが表見代理の問題である。

（2）　代理権授与の表示による表見代理等

　表見代理の代表的なものは、「代理権授与の表示による表見代理」といわれるものである。これは、第三者に対して他人に代理権を与えたことを表示した者（本人）の責任のことであり、当該他人（外観上は代理人である。）がその代理権の範囲内で当該第三者とした行為については、当該第三者が当該他人が代理権を与えられていないことを知り、又は過失によって知らなかったときを除いて、本人は、当該他人がした行為についての責任を負うことになる（新民法109条1項)。この場合において、第三者に対して他人に代理権を与えたことを表示する行為は、当該他人に委任状を交付し、当該他人がその委任状を第三者に提示すること（この提示は、代理人が自己の権限を証明するための事実行為であり、本人のためにする行為ではない。）によってなされることが多いが、その委任状が白紙委任状である場合は、それが当該他人から別の他人に

わたって、当該別の他人が代理人として自己の名を記入して、それを第三者に提示することによって、当該別の他人が本人から代理権が与えられたとの外観を作り出すこともある。この場合は、本人が外観を作り出したわけではないから、その白紙委任状が別の他人に譲渡されることを承認していたときは別として、当該別の他人のした行為の法律効果が直ちに本人に帰属するとは言い切れないが、そのような外観を作り出すことに寄与したことについて不法行為の責任を負うことがある。

　ところで、他人の代理人として業務を行うことが多い弁護士や司法書士については、弁護士会や司法書士会における業務の遂行に関する自主的な規制において、第三者を経由しての委任状の取得を原則として禁止し、本人の意思によることの確認を義務付けることによって、表見代理に巡る紛争に巻き込まれることがないようにしている。行政上の申請にあっても、私法上の契約による代理が禁止されていないのが原則であるが、代理権の有無及びその範囲は必ずしも明確ではないことがあるので、注意が必要である。ちなみに、民事訴訟においては、「訴訟代理人の権限は、書面で証明しなければならず」、それが「私文書であるときは、裁判所は、公証人その他の認証の権限を有する公務員の認証を受けるべきことを訴訟代理人に命ずることができる。」とされている（民事訴訟規則23条1項、2項）。

　なお、法人の代表者については代理人と共通するところが多いが、株式会社については、「代表取締役以外の取締役に社長、副社長その他株式会社を代表する権限を有するものと認められる名称を付した場合には、当該取締役がした行為について、善意の第三者に対してその責任を負う。」（会社法354条）とされ、このような名称が付された者を「表見代表取締役」と称している。

（3）　権限外の行為の表見代理

　「権限外の行為の表見代理」というのは、代理人（代理権を有する者）が、その権限を越えてした行為について、本人が責任を負うということであり、代理権授与の表示による表見代理と類似する。すなわち、ある行為について正規の代理権を有する代理人が、自分に与えられた権限の範囲外の行為をした場合において、第三者が当該代理人にその権限があると信ずべき正当な理由があるときは、本人が、当該代理人のした行為についての責任を負わなければならないとされる（新民法109条1項（内容は従前の民法109条と同じである。）、

新民法110条（実質は従前の民法110条と同じである。））。このことについては、次の判例（最高裁昭和49年10月24日判決・判例時報760号53頁）がある。

　金融機関である「組合において支店長代理という名称が代理権を伴わない職制上の名称として用いられていたとしても、支店長代理という名称は、言葉の意味からすれば支店長の代理人であることを表示するものであり、かかる名称を有する者とその所属の支店店舗内において、組合に対する債務につき折衝をし前述のような合意をする相手方は、特に支店長代理にその代理権がないことを知るべき特別の事情のないかぎり、支店長代理に代理権があると信ずるのは無理からぬことであつて、そう信ずるにつき民法110条にいう正当の事由があるというべきである。」

　なお、地方公共団体においては、長がその代表者であるとされながら（地方自治法148条）、その権限（代表権）の行使については議会の議決が要件とされる場合があり（地方自治法96条）、現金の取扱い（収納）等の会計事務は会計管理者の権限とされ（地方自治法170条）、公営企業の業務の執行に関しては管理者が当該地方公共団体の代表する（地方公営企業法8条）とされている。このため、議会の議決が必要な契約を長限りで締結した場合や当該自治体の収入に属する現金を長が収受した場合は、法定の代理権を超えたものとして、その効果は新民法110条によって決せられることになる（最高裁昭和34年7月14日判決（判例時報193号16頁）、最高裁昭和35年7月1日判決（判例タイムズ108号42頁）、最高裁昭和39年7月7日判決（判例時報383号23頁）等）。

　ところで、従来、従前の民法109条と110条を重畳的に適用するという方法で認められていた代理権のない者がした代理権の範囲外の行為についての本人の責任については、新民法109条2項として明文の規定が置かれた。すなわち、代理権の範囲内の行為であれば「代理権授与の表示による表見代理」が成立する場合において、当該他人が第三者との間でその代理権の範囲外の行為をしたときは、第三者がその行為についてその他人の代理権があると信ずべき正当な理由があるときに限り、本人がその行為についての責任を負うことが明文化されたのである。「代理権授与の表示による表見代理」の場合には、その効果を否定しようとする本人に相手方の故意、過失の立証責任があるのに対し、この「権限外の行為の表見代理」の場合には、その効果

を主張する相手方に「正当な理由」の立証責任がある。

4 代理権の消滅

（1） 代理権の消滅事由

法定代理であると、任意代理であるとを問わず、代理権は、次に掲げる事由によって消滅する（民法111条1項）。

① 本人の死亡（ただし、商法506条は、「商行為の委任による代理権は、本人の死亡によっては、消滅しない。」と定めている。）
② 代理人の死亡又は代理人が破産手続開始の決定若しくは後見開始の審判を受けたこと

また、任意代理の場合は、これらの事由に加えて委任の終了によっても消滅するとされている（民法111条2項）。委任の終了事由としては、前記①及び②に加えて、本人が破産手続開始の決定若しくは後見開始の審判を受けたことがあり（民法653条）、本人又は受任者がいつでも委任を解除することができる（民法651条1項）とされている。

この結果、任意代理においては、本人又は代理人はいつでも代理権を消滅させることができることになるのであるが、任意代理は、委任とだけ結びつくものではなく、その基礎となる法律関係には雇用、組合、請負等もあることから、代理権の消滅事由とされる「委任の終了」には、委任だけではなく、代理権を発生させる基礎となったこれらの法律関係の消滅も含まれると解されている。そして、雇用、委任及び組合においては、その消滅は「将来に向かってのみその効力を生ずる。この場合においては、損害賠償の請求を妨げない。」とする新民法620条が準用され（民法630条、652条、684条）、請負については、本人（注文者）が自由に契約を解除できる（損害賠償が必要なことがある。）のは仕事が完成するまでの期間であり（新民法641条）、本人が破産手続開始の決定を受けたときは、代理人又は破産管財人はそれを解除することができるが、代理人からの解除は仕事が完成するまでの間に限られる（民法642条1項）。また、委任については、「委任が終了した場合において、急迫の事情があるときは、受任者又はその相続人若しくは法定代理人は、委任者又

はその相続人若しくは法定代理人が委任事務を処理することができるに至るまで、必要な処分をしなければなら」ず（民法654条）、委任が終了したことを相手方に通知したとき、又は相手方がそのことを知っていたときでなければ、相手方に対抗することができないとされている（民法655条）ので、その限りで、任意代理権も存続することになる（民事訴訟においては、法定代理、任意代理のいずれにおいても、その代理権の消滅は「本人又は代理人から相手方に通知しなければ、その効力を生じない。」（民事訴訟法36条1項、59条）とされている。）。

なお、請負代金の代理受領のように、代理権の授与が代理人や第三者の利益のためになされているときは、本人が解除権を放棄する特約があるものと解されることが多く、明示であると黙示であるとを問わず、その特約は公序良俗違反でない限り、有効である。また、本人が死亡した後の代理権については、本人との特約によって、消滅させないとすることも可能と解されており、これは、死後の事務処理についての委任との関係で重要な意味を持つ。最高裁昭和31年7月27日判決（判例タイムズ62号59頁）は、不動産の譲渡人から与えられた代理権に基づき、譲渡人の死亡後同人の代理人名義の申請によってなされた所有権移転登記は、それが現在の真実な権利状態に符合するものであるかぎり、対抗力を有し、譲渡人の相続人は譲受人に対し、その抹消を請求することはできないとしている。

（2） 代理権消滅後の表見代理等

新民法112条1項は、「他人に代理権を与えた者は、代理権の消滅後にその代理権の範囲内においてその他人が第三者との間でした行為について、代理権の消滅の事実を知らなかった第三者に対してその責任を負う。ただし、第三者が過失によってその事実を知らなかったときは、この限りでない。」と定める。これは、他人に代理権を与えた者（本人）が、その表示を放置したことによる責任であり、「代理権授与の表示による表見代理」に対応させて、「代理権消滅の不表示による表見代理」ということができよう。

ここで注意が必要なのは、この規定は「他人に代理権を与えた」ことの責任を定めるものであるから、代理人の選任に本人が関与していない法定代理人がその代理権を失った後の行為については適用されないし（従前の民法112条本文が、単に「代理権の消滅は、善意の第三者に対抗することができない。」としていたのと異なる。）、第三者というのは代理権を与えたという意思表示を受けた相

手方を意味する。なお、代理権の消滅の事実を知らなかったことについては第三者が、知らなかったことに過失があったことについては本人が立証責任を負うものと解される。

さらに、この場合の代理人の行為が当初有していた代理権の範囲を超えていた場合については、「第三者がその行為についてその他人の代理権があると信ずべき正当な理由があるときに限り、その行為についての責任を負う。」とされている（新民法112条2項）。これは、従前の民法110条（権限外の行為の表見代理）及び112条（代理権消滅後の表見代理）を重畳的に適用するという方法で認められていた代理権消滅後の代理権の範囲外の行為についての本人の責任を明文で定めたものである。この場合における「代理権があると信ずべき正当な理由」の立証責任は第三者にある。

5 代理権を有しない者がした行為（無権代理）の効果

代理権を有しない者（「無権代理人」と称される。）が、他人の代理人であると称して契約をしても、その効果が当該他人、すなわち本人に及ぶとする理由はない。しかし、後になって、本人が、その契約の効力が自分に及ぶことを認めること（この本人の行為を「追認」という。）ができないとする理由もないことから、民法は、追認をするか、追認することを拒絶するかの選択権を本人に与えている。

このことについて、民法113条は、その1項で「代理権を有しない者が他人の代理人としてした契約は、本人がその追認をしなければ、本人に対してその効力を生じない。」とし、その2項で「追認又はその拒絶は、相手方に対してしなければ、その相手方に対抗することができない。ただし、相手方がその事実を知ったときは、この限りでない。」と定めているのであるが、追認しない限り、本人に対する効力は生じないのであるから、2項が「拒絶は、……相手方に対抗することができない」としていること自体に意味はない。また、追認は、相手方に対してすることが原則であるが、それ以外の者（無権代理人等）に対してした場合であっても、相手方がそのことを知ったときは、追認の効果が生じる。追認をしたこと又は相手方がその事実を知っていたことの立証責任は本人にある。

本人が追認したときは、無権代理人が当該契約をした時にさかのぼってそ

の効力を生ずるが、第三者の権利を害することはできない（民法116条）。ここで問題となるのは、「第三者の権利を害することはできない」ということの意味であるが、不動産に関する物権変動（民法177条）や債権譲渡（新民法467条1項）等の対抗要件が定められている取引については、追認を受けた相手方と第三者の優先関係は対抗要件の先後関係によって定まるので、この規定が適用になるのはそれ以外のものについてである。すなわち、差押えを受けた債権について、それ以前になされた代理人による譲渡、弁済の受領、相殺、免除等の効力を追認によって遡らせ、その差押えの効果を否定することはできない等というのが、この規定の意味である。

ところで、本人が追認するか、拒絶するかの選択権を有している間、相手方は不安定な地位におかれる。この状態を解消するために、「相手方は、本人に対し、相当の期間を定めて、その期間内に追認をするかどうかを確答すべき旨の催告をすることができる。この場合において、本人がその期間内に確答をしないときは、追認を拒絶したものとみなす。」とされている（民法114条）。なお、追認の拒絶は、催告に対する回答（拒絶とみなされるときを含む。）としてなされたものだけでなく、催告と無関係に（催告を受けないで）なされたものであっても、無権代理人のした行為の効力が本人に及ばないことを確定する効果を有する。

さらに、相手方は、契約の時において代理人と称する者が代理権を有しないことを知っていたときを除いて、本人が追認をしない間は、無権代理人とした契約を取り消すことができることになっている（民法115条本文）。これは、本人の追認権を尊重するとともに、相手方の立場を考慮したものである。

また、「他人の代理人として契約をした者は、自己の代理権を証明したとき、又は本人の追認を得たときを除き、相手方の選択に従い、相手方に対して履行又は損害賠償の責任を負う。」（新民法117条1項）とされるが、これは権限がないにもかかわらず、それがあるように振る舞ったのであるから、当然の責任であろう。ただ、次の場合には、相手方にも責任があり（下記①及び②の場合）、又は制限行為能力者を保護する必要がある（下記③の場合）ことから、この責任を負わないこととされている（新民法117条2項）。

① 他人の代理人として契約をした者が代理権を有しないことを相手方が

知っていたとき。
② 他人の代理人として契約をした者が代理権を有しないことを相手方が過失によって知らなかったとき。ただし、他人の代理人として契約をした者が自己に代理権がないことを知っていたときは、この限りでない。
③ 他人の代理人として契約をした者が行為能力の制限を受けていたとき。

　なお、民法113条1項、115条、116条及び新民法117条は「契約」について定めるという形をとっているが、代理は契約についてだけなされるものではなく、意思表示全般について利用されることから、両当事者の合意による契約だけでなく、一方当事者の意思表示によって効力が生ずる「単独行為については、その行為の時において、相手方が、代理人と称する者が代理権を有しないで行為をすることに同意し、又はその代理権を争わなかったときに限り」民法113条から116条、新民法117条までの規定が準用され、「代理権を有しない者に対しその同意を得て単独行為をしたときも、同様とする。」とされており（民法118条）、これが適用される代表的なものとしては、時効の援用（新民法145条）、履行の請求（新民法412条2項・3項）、契約の解除（民法540条1項）、履行の催告（新民法541条）がある。
　ところで、相続の場合には、被相続人の一身に専属したものを除いて、「相続人は、相続開始の時から、被相続人の財産に属した一切の権利義務を承継する」（民法896条本文）ことから、無権代理人と本人との間で相続が生じた場合の効果が問題となるが、そのことについて判例（最高裁昭和37年4月20日判決・判例タイムズ139号65頁）は次のように述べている。

　「無権代理人が本人を相続した場合においては、自らした無権代理行為につき本人の資格において追認を拒絶する余地を認めるのは信義則に反するから、右無権代理行為は相続と共に当然有効となると解するのが相当であるけれども、本人が無権代理人を相続した場合は、これと同様に論ずることはできない。後者の場合においては、相続人たる本人が被相続人の無権代理行為の追認を拒絶しても、何ら信義に反するところはないから、被相続人の無権代理行為は一般に本人の相続により当然有効となるものではないと解するのが相当である。」

第4章　法律行為

6 代理権を有しない者がした行為とみなされる行為

(1) 代理権の濫用

　新民法107条は、「代理人が自己又は第三者の利益を図る目的で代理権の範囲内の行為をした場合において、相手方がその目的を知り、又は知ることができたときは、その行為は、代理権を有しない者がした行為とみなす。」と定める。これは、従前、判例が心裡留保についての民法93条を類推適用して、その「法律行為は効力を生じない」とか、「本人はその行為について責に任じない」等としていたものを明文化したものであり、代理人がその権限を濫用してなした行為は代理権を有しない者がした行為と見なされる結果、追認に関する民法113条～116条、無権代理人の責任に関する新民法117条及び単独行為に関する民法118条の規定が適用されることになる。

(2) 自己契約及び双方代理並びに利益相反行為

　代理人は、本人のために行動するものである（民法99条1項参照）から、本人のためにすることを期待できないと認められる典型的な場合については、たとえ代理権を有する者が行ったものであっても、それは代理権を有しない者がした行為と見なすこととされている。代理権を有しない者がした行為と見なされることの効果は、代理権の濫用の場合（前記1参照）と同じである。

　本人のためにすることを期待できないと認められる典型的な場合は、「自己契約」及び「双方代理」と称されるものであり、それぞれは、次の①及び②のように定義される（新民法108条1項本文）。

① 同一の法律行為について、相手方の代理人として、行った行為（自己契約）
② 同一の法律行為について、当事者双方の代理人としてした行為（双方代理）

　ただし、これらに該当する行為であっても、本人があらかじめ許諾している場合にまでその効力を否定する必要はないし、それが債務の履行である場合は本人の利益を害するおそれがないので、これらの場合に該当するときは、代理権を有する者の行為として認められる（新民法108条1項ただし書）。

なお、従前の民法108条は、「同一の法律行為については、相手方の代理人となり、又は当事者双方の代理人となることはできない。ただし、債務の履行及び本人があらかじめ許諾した行為については、この限りでない。」としており、これに違反した場合の効果については解釈に委ねられていたが、新民法108条1項ただし書は、それを明文化したものである。

自己契約又は双方代理に該当しない場合であっても、代理人と本人との利益が相反する行為については、本人があらかじめ許諾した場合を除いて、代理権を有しない者がした行為とみなされる（新民法108条2項）。これは、「利益相反行為」と称されるものであり、代理権の濫用（新民法107条）の場合と共通するところがあるが、代理権の濫用に該当するというためには「自己又は第三者の利益を図る目的」が必要であるのに対し、利益相反行為に該当するかどうかは、代理人の主観ではなく、当該行為の客観的な性質によって判断されるところが異なる。

（3） 会社の代表者による競業及び利益相反取引

株式会社の取締役は、当該「株式会社のため忠実にその職務を行わなければならない。」とされる（会社法355条）。したがって、代表権を行使する際にも会社の利益に反しないようにする義務を有するのであるが、会社の業務は広範なものであり、取引の種類も多いことから、形式的には会社との利害が反するものであっても、現実の必要性や有用性等を考えて、進めざるを得ないこともある。しかし、その判断が当該取締役一人に委ねられるときは、独断に陥る可能性があるので、会社法は、次の取引については株主総会（取締役会設置会社にあっては取締役会）の承認を得なければならないとし、その承認を受けたときは、自己契約及び双方代理並びに利益相反行為について定める新民法108条を適用しないとしている（会社法356条、365条1項）。

① 取締役が自己又は第三者のために株式会社の事業の部類に属する取引をしようとするとき。
② 取締役が自己又は第三者のために株式会社と取引をしようとするとき。
③ 株式会社が取締役の債務を保証することその他取締役以外の者との間において株式会社と当該取締役との利益が相反する取引をしようとする

とき。

　なお、①は忠実義務（会社法355条）の問題であって、代理の問題ではないから、新民法108条とは関係がなく、同条の適用、不適用という問題は生じない。

7 ｜ 地方公共団体の長及び地方公営企業の管理者並びにその代理等
（1）　利益相反取引
　会社の代表者が行う利益相反取引については、前記6（3）で述べた特別の規定があるが、地方公共団体の代表者である長（地方公営企業の事務については管理者）が行う利益相反取引については明文の規定がない。判例（最高裁平成16年7月13日判決・判例時報1872号32頁）は、市長が市及び市が出資する財団法人（従前の民法によるものである。）の双方を代表して締結した契約について、従前の民法108条及び116条が類推適用されるとし、後日なされた議会の議決をもって本人の追認があったものとしているが、この事案は、市と当該財団法人における物品の売買という私法上の取引の有効性が問題になったものであり、それには民法が適用されるはずであるから、類推適用というのはミスリーディングである。

　なお、この判決における補足意見で、藤田宙靖裁判官は、当該財団法人は市とは法人格を異にしているものの、市の行政目的の一翼を担い、その役員には市長・助役・収入役（現在の会計管理者）等が就任していることからすると、このような関係について、「民法の「双方代理」の法理をもって一律に対処するのが果たして妥当かどうかについては、必ずしも、問題がないとはいえない」とし、「民法108条に直接基づくのでなく、それに代わるものとして、このような組織上の実態に即した、何らかの行政法理が考案される可能性はあり得ないではないものと考えられる。しかし、そのような特別の法理が確立しているとはいえない現状において……民法108条の適用ないし類推適用をおよそ否定することが、適切であるとは思われず、ただ、上記のような問題の所在を踏まえ、その具体的適用、例えば、何をもって追認があったと考え得るか、といった問題に関し、事案に即した柔軟な考察をすべき場合もあるのではないか、と考える。」と述べている。

（2） 職務代理

　地方公共団体は法人であり、長は当該法人を代表するほか、法律が定める各種の権限を行使する（地方自治法147条、148条）ことから、長が職務を行うことができない空白の時間を生じさせることはできない。そこで、地方自治法152条は、次のような長の職務代理の制度を設け、長の職務を行う者が欠けることがないようにしている。

① 　普通地方公共団体の長に事故があるとき、又は長が欠けたときは、副知事又は副市町村長がその職務を代理する。この場合において副知事又は副市町村長が二人以上あるときは、あらかじめ当該普通地方公共団体の長が定めた順序、又はその定めがないときは席次の上下により、席次の上下が明らかでないときは年齢の多少により、年齢が同じであるときはくじにより定めた順序で、その職務を代理する。

② 　副知事若しくは副市町村長にも事故があるとき若しくは副知事若しくは副市町村長も欠けたとき又は副知事若しくは副市町村長を置かない普通地方公共団体において当該普通地方公共団体の長に事故があるとき若しくは当該普通地方公共団体の長が欠けたときは、その補助機関である職員のうちから当該普通地方公共団体の長の指定する職員がその職務を代理する。

③ 　②の場合において、その規定により普通地方公共団体の長の職務を代理する者がないときは、その補助機関である職員のうちから当該普通地方公共団体の規則で定めた上席の職員がその職務を代理する。

　この職務代理は、恒常的な制度として設けられているものであるが、地方自治法153条1項は、「普通地方公共団体の長は、その権限に属する事務の一部をその補助機関である職員に委任し、又はこれに臨時に代理させることができる。」として、長の裁量による代理も可能としている。いずれの場合においても、職務を代理するに際しては、「〇〇県知事職務代理者　〇〇県副知事××」と表示するのが適当であるとされているが、これは民法99条がいう「本人のためにすることを示して」する方法を具体的に示すものである。なお、ここには、委任についても定めがあるが、これは、委任を受けた職員が委任された事務を処理する権限を有するということであり、誰かのた

めに、その仕事を行うわけではない（訴訟における指定代理人はこの委任によるものである。）。さらに、公営企業の管理者についても、「管理者に事故があるとき、又は管理者が欠けたときは、管理者が当該地方公共団体の長の同意を得てあらかじめ指定する上席の職員がその職務を行う。」、「管理者は、その権限に属する事務の一部を第15条の職員（注：企業職員）に委任し、又はこれにその職務の一部を臨時に代理させることができる。」（地方公営企業法13条）とされているが、これは長についてと同じ趣旨である。

この職務代理の制度は、地方公共団体の事務を滞りなく処理するという観点からのものであり、私人の活動範囲を拡大するという私法上の代理とは趣旨が異なるので、職務代理について民法の規定が適用又は準用されることはない。

Ⅳ 無効及び取消し

1 無効な行為の追認

無効な行為は追認によっても、その効力を生じない（民法119条本文）。そもそも無効というのは、法律的には当該行為が存在しないのと同じだということであり、追認というのは後から当該行為の効力又は効果を認めるということであるから、無効な行為を追認によって有効とすることができないのは当然のことである。このことを前提として、もしも、当事者が前になされた行為が無効であることを知って追認したときは、新たな行為をしたものとみなされる（民法119条ただし書）。この場合の追認というのは、無効な行為を有効な行為としてやり直すという意味であり、それを新たな行為とみなして、その効力又は効果を認めることは、当事者の意思にも合致する。

ちなみに、無効とされる行為の代表的なものとしては、次のものがある。

① 意思能力のない者がした法律行為（新民法3条の2）
② 公序良俗に反する法律行為（新民法90条）
③ 相手方が知っている又は知ることができたときの心裡留保（民法93条1項）

④　相手方と通じてした虚偽表示（民法94条1項）
⑤　既成の解除条件を付した法律行為（民法131条）
⑥　不法な条件を付した法律行為（民法132条）
⑦　不能の停止条件を付した法律行為（民法133条1項）
⑧　債務者の意思だけに係る停止条件を付した法律行為（民法134条）
⑨　その意思がないか、届出がなされない婚姻（民法742条）
⑩　その意思がないか、届出がなされない養子縁組（民法802条）
⑪　金銭の消費貸借における法定の利率を超える利息の契約（利息制限法1条）
⑫　金銭の消費貸借における法定の利率の1.46倍を超える賠償額又は違約金の予定（新民法420条、民法420条2項・3項、利息制限法4条）

なお、無効だということは、法律的には当該行為が存在しないのと同じだということであるから、それは誰に対しても効力又は効果が及ばないはずであるが、それがなされたという事実自体は存在することを考慮して、当事者よりも第三者を保護すべき事由があるときは、善意の第三者に対してそれが無効であることを対抗できないとされるものがある。前記の無効な行為のうち、これに該当するのは、前記③の心裡留保及び④の通謀虚偽表示である（新民法93条2項、94条2項）。

2 ｜ 取り消すことができる行為と取消権者

一応有効な行為として成立したものであっても、その行為者又は相手方に一定の事由があるときは、それを取り消すことができるとされているが、その代表的なものとして、次のものがある。

①　制限行為能力者による行為（民法5条1項3号、9条本文、13条4項、17条4項）
②　錯誤に基づく意思表示（新民法95条）
③　詐欺又は強迫による意思表示（民法96条1項、新民法96条2項）
④　夫婦間の契約（民法754条本文）
⑤　後見監督人の同意を得なければならない行為について、同意を得ない

でした後見人の行為（民法865条1項）
　⑥　被後見人の財産等を譲り受けた後見人の行為（民法866条1項）
　⑦　未成年被後見人が成年に達した後になされた未成年後見人等との間の契約等（民法872条1項）
　⑧　負担付き遺贈に係る遺言（民法1027条後段）
　⑨　違法な勧誘に応じてなされた意思表示（消費者契約法4条）

　なお、遺言は何時でも、特別の事由なしに撤回することができるとされている（民法1022条〜1026条）。取消しと撤回の違いは、前者が当該行為に何らかの瑕疵があることを理由とするものであり、後者が瑕疵の存在を必要としないことにある。この意味では、前記④の夫婦間の契約の取消しは、撤回に該当する。

　また、取消しをすることができるのは、行為能力の制限を理由とする場合（前記①）は「制限行為能力者（他の制限行為能力者の法定代理人としてした行為にあっては、当該他の制限行為能力者を含む。）又はその代理人、承継人若しくは同意をすることができる者に限」る（新民法120条1項）とされ、錯誤、詐欺又は強迫があったことを理由とする場合（前記②及び③）は、「瑕疵ある意思表示をした者又はその代理人若しくは承継人に限」る（新民法120条2項）とされているが、その場合の効果については、それぞれの取消しについての定め（後記3参照）によることになる。そして、取り消すことができる行為の相手方が確定している場合には、その取消しの意思表示は、相手方に対する意思表示によってすることとされている（民法123条）。

3 ｜ 無効の意味及び取消しの効果

　「取り消された行為は、初めから無効であったものとみなす。」（新民法121条）とされる。初めから無効であったということは、その行為がなかったということであるから、取り消された行為を原因としてなされた権利や義務の変動も、元の状態に戻すことが必要になる。これが、無効な行為又は取り消されて無効となった行為についての原状回復の問題であり、従前は、法律上の原因のない利得と損失の調整について定める不当利得の規定（民法703条）によって解決していたのであるが、新民法はこれについて明文の規定を設け

た。すなわち、新民法は、その121条の2において、原状回復の義務として次のように定める。

① 無効な行為に基づく債務の履行として給付を受けた者は、相手方を原状に復させる義務を負う。
② ①にかかわらず、無効な無償行為に基づく債務の履行として給付を受けた者は、給付を受けた当時その行為が無効であること（給付を受けた後に新民法121条の規定により初めから無効であったものとみなされた行為にあっては、給付を受けた当時その行為が取り消すことができるものであること）を知らなかったときは、その行為によって現に利益を受けている限度において、返還の義務を負う。
③ ①にかかわらず、行為の時に意思能力を有しなかった者は、その行為によって現に利益を受けている限度において、返還の義務を負う。行為の時に制限行為能力者であった者についても、同様とする。

まず、①は、無効な行為によって債務を負担した者がその債務の履行として、金銭を弁済し、物の所有権を移転し、抵当権を設定する等の行為をした場合は、その相手方は、その利得が残っているかどうかに関係なく、金銭を返還し、所有権を戻し、抵当権を抹消しなければならず、債務を履行した者は、受領した対価を返還しなければならないことを意味する。

②は、その行為が無償でなされるべきもの（贈与のように、対価を得ないでなされる給付）である場合は、給付を受けた当時その行為が無効又は取り消すことができることを知らなかったときは、現に利益を受けている限度において、返還の義務を負うことを意味する。ここで、「現に利益を受けている限度」というのは民法32条2項でも使用されている表現であり、民法703条は「利益の存する限度」としているが、その解釈として、給付を受けたものがそのまま残っているときは勿論、形を変えて残っているときも、これに該当するが、いずれもないときは利益がないことになる。難しいのは、金銭の給付を受けたときであり、その金銭で必要なものや有益なものを購入した場合は、自らが負担すべき金銭を支出しなくて済んだのであるから現存利益があるとされ（大審院大正5年6月10日判決・民録22輯1149頁）、浪費した場合の現存利益はないとされる（大審院昭和14年10月26日・民集18巻1157頁）。また、その

金銭で購入したもの（株式等への投資を含む。）の値段が変動した場合においても、給付を受けた金銭の額が現存利益となる。

③は、行為の時に意思能力を有しなかった者及び行為の時に制限行為能力者であった者については、②の場合と同様にするという意味である。

ところで、取り消すことができる行為であっても、取り消されるまでは、有効な行為であるから、取り消されるまでの間に、その行為を前提として第三者が利害関係をもつことがあり（相手方が本人から取得した財産を第三者に転売した場合等）、このときは第三者の利益と取消権を有する者のどちらの保護を優先すべきかという問題が生ずる。このことについては、錯誤若しくは詐欺による取消し又は違法な勧誘に応じてなされた意思表示の取消しは善意・無過失の第三者に対抗できず（新民法95条4項・96条3項、消費者契約法4条6項）、夫婦間の契約の取消しは、善意であるか、悪意であるかを問わず、第三者の権利を害することはできない（民法754条ただし書）という明文の規定がある。

4 ｜ 取り消すことができる行為の追認

取り消すことができる行為は、一応有効に成立し、取り消されるまでは効力があるが、そのような不安定状態を何時までも放置することはできない。そこで、新民法122条は、取消権を有する者（新民法120条。前記2参照）が追認したときは、以後、取り消すことができないと定める。この追認は、取消しの原因となっていた状況が消滅し、かつ、取消権を有することを知った後にしなければ、その効力を生じない（新民法124条1項）のが原則であるが、制限行為能力者の行為の追認については、取消しの原因となっていた状況が消滅した後にすることを要しない場合がある（新民法124条2項。第2章Ⅱ3(5)参照）。

V 条件及び期限

1 条件

(1) 条件の意味

　条件というのは、将来実現するか否か不確実な事実をいい、その事実が実現した（「条件が成就した」と表現される。）時に法律行為の効力を発生させるものを「停止条件」、その時に法律行為の効力を消滅させるものを「解除条件」といといい（なお、停止条件又は解除条件を定める条項は、当該契約の効力の発生又は喪失について定めるものであり、契約において中心となる債権債務自体についての定めとは性質が異なることから、「付款」と称される。）、民法127条は次のように規定する。

① 停止条件付法律行為は、停止条件が成就した時からその効力を生ずる。
② 解除条件付法律行為は、解除条件が成就した時からその効力を失う。
③ 当事者が条件が成就した場合の効果をその成就した時以前にさかのぼらせる意思を表示したときは、その意思に従う。

　停止条件付法律行為の典型的な例として、農業委員会の許可を条件とする農地の売買契約や銀行等からの融資が認められることを条件とする不動産の購入契約があるが、前者は法律（農地法3条1項）が定める要件を満たすことを内容とするものであることから法定条件（法律上当然に必要な条件であり、契約の定めは、それを確認するものにすぎない。）と称され、後者は当事者が任意に合意したものであることから任意条件と称される。なお、この例における農地の売買契約の場合は、農業委員会の許可があるまで所有権移転という効果は発生しないので停止条件とするしかないが、不動産の購入契約は、融資が認められなかったらその効力を失わせるという解除条件とすることも可能である。前記の③は、条件成就によって契約が成立したときに、それまでになされた行為をその契約の履行としてなされたものとみなすことができるということであり、例えば、農地の売買契約の後、農業委員会の許可がなされる

第4章 法律行為

前に、買主が当該農地を耕作して収益を上げていたとしても、それをもって不当利得あるいは不法行為としない（このことが明示されていなくても、通常はこの趣旨の合意があったと推定されるであろう。）ということを意味する。

「条件の成否が未定である間における当事者の権利義務は、一般の規定に従い、処分し、相続し、若しくは保存し、又はそのために担保を供することができる。」（民法129条）とされるが、これは、条件付きの権利義務として処分等ができるということであり、この規定を待つまでもなく、当然のことである。

条件付きの法律行為であっても、その当事者は、その条件が成就した時の法律効果に対する期待権を有しているのであり、それは法律上保護されるべき利益であるから、「条件付法律行為の各当事者は、条件の成否が未定である間は、条件が成就した場合にその法律行為から生ずべき相手方の利益を害することができない。」とされ（民法128条）、これに違反した当事者は、債務不履行又は不法行為の責任を負うことになる。ただ、この責任は損害賠償責任だけである（新民法415条、民法709条）ので、それに加えて、「条件が成就することによって不利益を受ける当事者が故意にその条件の成就を妨げたときは、相手方は、その条件が成就したものとみなすことができる。」（民法130条1項）とされ、「条件が成就することによって利益を受ける当事者が不正にその条件を成就させたときは、相手方は、その条件が成就しなかったものとみなすことができる。」（新民法130条2項）ことになっている。

ところで、地方公共団体が一方の当事者となる一定の契約を締結するためには、当該地方公共団体の議会の議決が必要とされる（地方自治法96条1項5号、6号）。この議決を要する契約については、そのための議案を議会に提出する前に、予約契約（民法556条、559条）を締結する方法と、議会の議決を停止条件とする契約を締結する方法がある（いずれの場合も仮契約と称されることが普通であるが、その意味は異なる。）。実務的には、前者の場合は、議会の議決を得た後に本契約を締結することが必要であることから2回印紙税を納付することが必要であり、後者の場合は印紙税の納付が1回で済むこと等の理由で、後者によることが多いようである。ただ、後者の方法によるときは、停止条件である議会の議決がなされる期限を定め、その期限までに議決を得られないことを解除条件として定めておくことが必要であろう。

（2） 既成条件及び不能条件

　当事者が将来実現するか否か不確実であると認識していた事実であっても、現実には、既に実現していたり、実現しないことが確定していたということがある（このような条件を「既成条件」という。）。このことについては、「条件が成就しないことが法律行為の時に既に確定していた場合において、その条件が停止条件であるときはその法律行為は無効とし、その条件が解除条件であるときはその法律行為は無条件とする。」（民法131条）とされるが、これらの場合においても、当事者は、条件が成就していること又は成就しないことを知らない間は、相手方の利益を害することはできないとする民法128条及びその権利義務を処分等することができるとする民法129条の規定が準用されることとなっている（民法131条）。なお、既成条件ではないが、成就する見込みがない条件（「不能条件」という。）が付けられているときは、それが解除条件であれば、無条件のものとされる（民法133条2項）。

　さらに、次の場合には、それが付された法律行為そのものが無効とされる。

① 不法なことをすること又は不法な行為をしないことを条件とした法律行為であり（民法132条）、その趣旨は、公序良俗違反の法律行為を無効とする民法90条と同じである。

② 不能の停止条件を付した法律行為であり（民法133条1項）、その趣旨は、不能の条件は成就することがないのであるから、当該法律行為の効力が発生することもなく、そのような法律行為の効力を認める必要はないということである。

③ 単に債務者の意思のみに係る停止条件が付された法律行為（民法134条）であり、その趣旨は、当該法律行為に発生する債務（義務）を履行するか否かが債務者の意思だけで決まるのであれば、その相手方はそれが任意に履行されることを期待するしかないのであるから、それに法律上の効力を認める必要はないということにある。

　ところで、条件というのは、将来実現するか否か不確実な事実のことであるから、当事者が確実に実現することを予定していることについては、たとえ条件という語を使用していたとしても、それは条件ではなく、期限である

とした次の判例（最高裁平成22年10月14日判決・判例時報2097号34頁）がある。

「一部事務組合からAを元請負人として数社を介在させて順次発注された請負契約において、最終的にY（被上告人）からの発注を受けたX（上告人）に対する請負代金の支払いについてなされた、Yが請負代金の支払を受けた後にXに対して請負代金を支払う旨の合意について、「同企業団からの請負代金の支払は確実であったことからすれば、XとYとの間においては、同工事の請負人であるAから同工事の一部をなす本件機器の製造等を順次請け負った各下請負人に対する請負代金の支払も順次確実に行われることを予定して、本件請負契約が締結されたものとみるのが相当であって」、その合意は「本件代金の支払につき、被上告人が上記支払を受けることを停止条件とする旨を定めたものとはいえず、本件請負契約においては、被上告人が上記請負代金の支払を受けたときは、その時点で本件代金の支払期限が到来すること、また、被上告人が上記支払を受ける見込みがなくなったときは、その時点で本件代金の支払期限が到来することが合意されたものと解するのが相当である。被上告人が、本件入金リンク条項につき、本件機器の製造等に係る請負代金の支払を受けなければ、上告人に対して本件代金の支払をしなくてもよいという趣旨のものととらえていたことは、上記判断を左右するものではない。」

2 ｜ 期限

条件が将来実現するか否か不確実な事実なのに対して、将来実現するのが確実な事実を期限という。賃貸借契約において貸借の期間を定め、不動産の購入に際してのローン契約において借入の時期と返済の時期を定めるというのが典型的な例であるが、地震等の災害により被害が生じたときに援助や便宜供与をするという契約も、将来災害が生ずるのは確実であるという意味において（前掲最高裁平成22年10月14日判決参照）、期限付きのものということになる。期限は、債務の履行期（新民法166条、民法412条1項・3項、新民法412条2項）について問題になることが多いが、民法総則においては、一般的なことだけを定めている。

まず、「期限の到来の効果」として、「法律行為に始期を付したときは、そ

の法律行為の履行は、期限が到来するまで、これを請求することができない。」とし、「法律行為に終期を付したときは、その法律行為の効力は、期限が到来した時に消滅する。」と定める（民法135条）。

次に、「期限の利益及びその放棄」として、「期限は、債務者の利益のために定めたものと推定する。」とし、「期限の利益は、放棄することができる。ただし、これによって相手方の利益を害することはできない。」とする（民法136条）。これは、民法135条1項が、始期が来るまで、法律行為の履行を請求できないとすることの意味を述べるものであり、具体的には、弁済期が来るまで借金を返済する必要がなく、貸借期間が満了するまで借りた物を返還しないでいいが、その期限が到来する前に返済や返還をしてもいいということを意味する。しかし、消費貸借における利息や賃貸借における賃料収入は債権者の利益でもあるから、債務者が期限の利益を放棄しても、債権者の利益を害することはできない（残存期間に係る利息や賃料の支払い義務を当然に免れるわけではない。）とされている。期限の利益の放棄は、当事者の合意（契約）で定められることも多く、それを定める条項は「期限の利益喪失約款」と称される。期限の利益喪失約款が付されることが多いのは、借入金の返済を分割して行うこと（「割賦弁済」という。）を定めた契約においてであり、返済が1回（この回数は、事案に応じて2回あるいは3回とされることがある。）でも滞ったときは、その後の分割弁済についての期限の利益を失い、その時の残債務を一括して弁済するとされるのが通常である。また、同一の金融機関から複数の借入をしている場合に、そのうちの一つの借入の返済を怠ったときには、全ての借入金を一括して返済するという約束も有効である（最高裁平成18年4月18日判決・金融商事判例1242号10頁）。

さらに、「期限の利益の喪失」として、次の場合には、債務者は期限の利益を主張することができないとされている（民法137条）。

① 債務者が破産手続開始の決定を受けたとき。
② 債務者が担保を滅失させ、損傷させ、又は減少させたとき。
③ 債務者が担保を供する義務を負う場合において、これを供しないとき。

これらに該当するときは、期限が到来する前であっても、債権者は、債務

（義務）の履行を請求することができ、債務者は、その請求を受けた時から遅滞の責任を負うことになる（民法412条3項）。

　なお、期限には確定期限と不確定期限がある（民法412条1項、新民法412条2項参照）。確定期限というのは、到来する時が確定している期限のことであり、通常は年月日又は時刻で定められるが、契約をした日から1ヶ月とか、特定の人の何歳の誕生日というような定め方もある（期間の計算については第5章参照）。不確定期限というのは、「私が死んだとき」のように、到来することは確実だが、到来するか時が確定していない期限のことである。

3 ｜ 負担

　民法の用語としては、条件というのは将来発生することが不確実な事実であり、期限というのは将来発生することが確実な事実をいうものであるが、日常用語としての条件には、これら以外のものがある。例えば、①マンション購入時のローンの残額の肩代わりを条件としてマンションを贈与するとか、②親族の介護をすることを条件として遺産を贈与（遺贈）するとか、③文化遺産として保存することを条件として由緒ある自宅を寄附するとかいう場合の条件は、将来発生する事実によって贈与や寄附の効力を発生させたり、消滅させたりするものではない。ここで条件と表現されるのは、相手方に一定の義務を負担させるものであることから、条件と区別して「負担」と称される。

　民法は、前記の①を負担付贈与と称し、贈与に関する規定（549条～552条）のほか、その性質に反しない限り、双務契約に関する規定（主に売買に関する規定である。）を準用する（553条）とし、前記②を負担付遺贈と称して、「負担付遺贈を受けた者は、遺贈の目的の価額を超えない限度においてのみ、負担した義務を履行する責任を負う。受遺者が遺贈の放棄をしたときは、負担の利益を受けるべき者は、自ら受遺者となることができる。ただし、遺言者がその遺言に別段の意思を表示したときは、その意思に従う。」（1002条）としている。また、負担を負う者が地方公共団体の場合については、民法533条のほか、地方自治法96条1項が適用され、それを承認するときは、負担付寄附又は贈与（寄附というも贈与というも、その法律上の意味に違いはない。）として議会の議決が必要とされる。

負担は、それを履行することが当事者の債務であるから、その不履行は、債務不履行の責任を生じさせ、契約解除の理由となる。逆にいうと、それを履行しないことが、このような責任の原因又は契約の解除事由となるものが負担であるということになる（負担付遺贈の場合は相続人が家庭裁判所に解除の請求をすることができるとされている。民法1027条）。

　ちなみに、地方自治法238条の5第6項は次のように定めているが、これは法律が定める負担であり、法定附款の一つである。

「普通地方公共団体の長が一定の用途並びにその用途に供しなければならない期日及び期間を指定して普通財産を貸し付けた場合において、借受人が指定された期日を経過してもなおこれをその用途に供せず、又はこれをその用途に供した後指定された期間内にその用途を廃止したときは、当該普通地方公共団体の長は、その契約を解除することができる。」

第5章 期間の計算

I 期間計算の原則

　期間の計算方法は、法令若しくは裁判上の命令に特別の定めがある場合又は法律行為に別段の定めがある場合を除き、民法139条から143条の規定に従うことになる（民法138条）。地方自治法や公職選挙法等、期間の定めを置いている法令は無数にあるが、それが公法であるときも、特別の定めがある場合以外は、民法の規定に従うことになる。

II 期間の始期

1　初日不算入の原則

　「時間によって期間を定めたときは、その期間は、即時から起算する。」（民法139条）とされる。ここで、時間というのは、時の長さのことであり、その単位が時間の場合に限られず、秒や分の場合も含まれ、即時というは、それが開始する時刻のことである。
　次に、「日、週、月又は年によって期間を定めたときは、期間の初日は、算入しない。ただし、その期間が午前零時から始まるときは、この限りでない。」（民法140条）とされ、初日不算入の原則と称される。これは、1日（24時間）に満たない端数を切り捨てるということであるから、端数が生じない場合（午前零時から始まる場合）には初日が算入される。
　ところで、地方公共団体の議会の「招集は、開会の日前、都道府県及び市にあっては7日、町村にあっては3日までにこれを告示しなければならない。」のが原則であり（地方自治法101条7項）、普通地方公共団体の長は、毎会計年度予算を調製し、遅くとも年度開始前、都道府県及び指定都市にあっては30日、その他の市及び町村にあっては20日までに当該予算を議会に提

出するようにしなければならない（地方自治法211条1項）とされているように、遡る期間が定められている場合も少なくない。この場合の期間計算についても民法の規定に従うことになる結果、期限とされている日の前日から起算して所定の日数に達する日の前日までに、当該行為をしなければならない（当該行為と期限との間に所定の日数を確保しなければならない。）ことになる。また、地方公共団体の議会の議員の一般選挙又は長の任期満了による選挙は、任期が終了する日の前30日以内に行い、その選挙の日は、知事の選挙にあっては少なくとも17日前に、指定都市の長の選挙にあっては少なくとも14日前に、都道府県及び指定都市の議会の議員の選挙にあっては少なくとも9日前に、指定都市以外の市の議会の議員及び長の選挙にあっては少なくとも7日前に、町村の議会の議員及び長の選挙にあっては少なくとも5日前に、告示しなければならないとされるが（公職選挙法33条）、これらの場合においても、選挙又は告示をする日の前日から起算（逆算）して、これらの日数を計算することになる。

2　初日が算入される場合

　初日不算入の原則の例外として代表的なものには、法律の定めによるものとして、年齢の計算及び公選による職の任期があり、慣習（法の適用に関する通則法3条）によるものとして、雇用契約や公務員の任用等がある。

（1）　年齢の計算

　年齢の計算については、年齢計算に関する法律に特別の規定があり、そこでは、「年齢ハ出生ノ日ヨリ之ヲ起算ス」とされ、「その期間は、最後の週、月又は年においてその起算日に応当する日の前日に満了する。」と規定する民法143条の規定を準用するとされている。すなわち、年齢の計算においては、出生の日（誕生日）が初日に算入され、その日に応当する日の前日の終了をもって1年が経過することとなるのである。その結果、例えば、4月1日生まれの者は、その6年後の3月31日の満了をもって満6歳となり、その保護者は、その翌日（4月1日）「以後における最初の学年の初めから、満12歳に達した日の属する学年の終わりまで、これを小学校、義務教育学校の前期課程又は特別支援学校の小学部に就学させる義務を負う」（学校教育法

17条)ことになる。また、「年齢20歳をもって、成年とする」(民法4条)ということは、20歳の誕生日の翌日から成年となることを意味する(成年年齢を18歳とする民法の改正については第2章Ⅱ3(1)参照)。

(2) 公務員の任期

　国会議員、地方公共団体の議会の議員及び長の任期は、前任者の任期がその日前に満了しているときは、それぞれの選挙の日から起算され(選挙の日を含む。)、前任者の任期が満了していないときは、それが満了した日の翌日から起算される(公職選挙法256条～259条)。

　任期付き地方公務員についても、その任期は、特に定めない限り、採用を発令した日から起算される。これについての明文の規定はないが、発令の日から職務に従事し、勤務の対価としての給料又は報酬が支払われるという実務を考慮すれば当然のことであろう。なお、地方公務員についての任期を定める法律としては、地方公共団体の一般職の任期付職員の採用に関する法律、地方公共団体の一般職の任期付研究員の採用等に関する法律、地方公務員の育児休業等に関する法律があるが、地方公務員法自体もその22条1項、22条の2及び22条の3(22条の2、22条の3は令和2年(2020年)4月1日施行)に任期に関する規定を置いている。

(3) 行政処分

　一般廃棄物の収集又は運搬を業として行おうとする者は、市町村長の許可を受けなければならず、その許可は2年毎に更新を受けなければならないとされ(廃棄物の処理及び清掃に関する法律7条1項・2項、同法施行令4条の5)、一定の飲食店営業その他公衆衛生に与える影響が著しい営業を営もうとする者は、都道府県知事の許可を受けなければならず、その許可には5年を下らない有効期間を付けることができる(食品衛生法52条3項、平成30年法律46号による改正後は55条3項)とされる等、期間の定めがある行政処分は多数ある。これらの処分は、特に効力発生時期が明示されない限り、当該処分がなされた時から効力が発生するので、そこで示される期間については初日が算入されるものと解される。

Ⅱ　期間の満了（終期）

　日、週、月又は年によって期間を定めたときの期間が満了するのは、その期間の末日が終了したときである（民法141条）。ただし、「期間の末日が日曜日、国民の祝日に関する法律に規定する休日その他の休日に当たるときは、その日に取引をしない慣習がある場合に限り、期間は、その翌日に満了する。」（民法142条）のであるが、週休2日制が普及した現代にあっては、土曜日も「その他の休日」として「取引をしない慣習がある場合」に該当することが多いと思われる。また、業種によっては、週末に取引を行い、他の特定の曜日に取引を行わないとしていることもあり、このような業界にあっては、他の特定の曜日が「取引をしない慣習がある場合」に該当することもあろう。

　さらに、「週、月又は年によって期間を定めたときは、その期間は、暦に従って計算する。」（民法143条1項）のであるが、「週、月又は年の初めから期間を起算しないときは、その期間は、最後の週、月又は年においてその起算日に応当する日の前日に満了する。ただし、月又は年によって期間を定めた場合において、最後の月に応当する日がないときは、その月の末日に満了する。」（民法143条2項）とされる。この規定は、週についても月及び年と同じに取り扱っているが、1週間は、暦に従っても従わなくても7日であり、起算日に応当する日を考える必要がないので、週については意味がない。1月の日数は、年や月によって28日から31日の間で変動し、1年の日数も365日のことと366日のことがある。暦によって計算するというのは、この日数の差異を考慮しないということであり、月又は年によって期間を定めた場合においては、月又は年においてその起算日に応当する日の前日に満了するのが原則である。ただ、月又は年によっては、その月に起算日に応当する日がない場合（1月30日から1ヶ月としたときは、その1ヶ月後の2月には応当日がない。）があるので、その場合は、その月の末日に満了するものとされる。

　この原則に従うときは、月又は年によって利率が定められている利息又は遅延損害金について、その期間の途中で支払いがなされる場合に、1日当たりの額をどのように計算するかが問題となる。このことについて特別の定めがないときは、当該月又は年の日数を基礎とするしかないが、そうするとき

は、支払いの月又は年によって１日当たりの額が異なることが生じる。このことを考慮して、１日当たりの額を計算するときは、１月を30日とし、１年を365日とする旨の特約をするということも行われている。

第 6 章　時効

I　時効が認められる理由とその効力

　時効は、一定期間の経過による権利の取得及び消滅を認める制度であり、それが認められる根拠として、法律関係の安定のためには長期間継続した事実状態を保護することが必要であること、権利の上に眠っている者（権利行使を怠っている者）は法の保護に値しないこと、余りに古い過去の事実を立証することは困難であること（一定の期間が経過したことを法定証拠とすること）等があげられるのが通常である。

　時効の効力は、権利の取得又は消滅であるが、それはその起算点、すなわち、時効期間が開始した日にさかのぼって生ずる（民法144条）。また、「時効は、当事者（消滅時効にあっては、保証人、物上保証人、第三取得者その他権利の消滅について正当な利益を有する者を含む。）が援用しなければ、裁判所がこれによって裁判をすることができない。」（新民法145条）とされている。新民法145条の「当事者」の下の括弧書きは、従前の民法145条にはなかったものであり、この当事者の範囲についての解釈上の争いを解決するために加えられたものであるが、ここに例示されている者以外の「正当な利益を有する者」の範囲についての解釈論は残る（従前の判例は「直接利益を受ける者」という表現をしていたが、これを「正当な利益を有する者」と言い換えることによって、その意味が明らかになったわけではない。）。このことに関して、特殊な事例ではあるが、自然人が破産免責決定（破産法253条）を受けた場合、その債権は「債権者において訴えをもって履行を請求しその強制的実現を図ることができなくなり、右債権については……消滅時効の進行を観念することができない」し、破産手続終結によって主債務者が法人格を失った後は「会社の負担していた債務も消滅するものと解すべきであ」るから、それぞれの債務について時効消滅を観念する余地はないとして、保証人による主債務の時効消滅の主張を認めないとする判例（前者について最高裁平成11年11月9日判決・判例時報1695号66頁、後者について最高裁平成15年3月14日判決・判例時報1821号31頁）がある（なお、保

証人が保証債務についての消滅時効を援用することができるのは当然のことである。)。また、新民法145条の括弧書きは消滅時効についてのものであり、取得時効における当事者の範囲は、従前の判例がいう「直接利益を受ける者」に該当するか否かという判断に委ねられている。

なお、ここで「援用」というのは、時効によって権利を取得したこと又は債務が消滅したことを相手方に主張することであり、条文上は裁判所に対して行うようにみえるが、主張された方がそれを争わなければ裁判（訴訟）にならないし、争いがある場合は訴訟で主張するしかないのであるから、敢えて裁判外での主張を認めないという理由はない。

ところで、起算日にさかのぼって権利の取得及び消滅の効果が生ずるということと、援用が必要であるということの関係については、時効の完成に必要な期間が経過することによって実体法上の権利の得喪の効果が発生し、援用は訴訟法上の攻撃防御方法にすぎないという説（以下「実体法説」という。）と、その期間が経過しただけでは実体法上の権利の得喪の効果は生ぜず、援用がなされて初めてその効果が（さかのぼって）生ずるという説（以下「訴訟法説」という。）がある。直接の当事者間における限り、両説の違いは説明の仕方だけであるが、時効の完成に必要な期間が経過した後に、従前の権利者が当該権利を処分した場合において、時効による権利の得喪の利益を受ける者（以下「時効権利者」という。）と従前の権利者から権利を取得した者（以下「承継権利者」という。）のどちらの権利（利益）を優先するのかということについては、大きな違いが生ずる。すなわち、実体法説によるときは、時効の完成によって従前の権利は消滅する（取得時効については、それが完成したときは、その反射的効力として、従前の権利は消滅する。）のであるから、承継権利者が権利を取得することはあり得ない（無から有は生じない）ことになり、常に時効権利者の利益が優先することになる。これに対して、訴訟法説によるときは、従前の権利者の権利は完全に消滅しているわけではないから、承継権利者も権利を取得する余地があり、時効権利者との優劣は対抗要件によって決せられることになる。

判例は、時効により不動産の所有権を取得した者は、その登記がないときは、時効完成後に従前の権利者から所有権を取得し、その登記を経由した第三者に対して、その善意であると否とを問わず、対抗できない（最高裁昭和33年8月28日判決・民集12巻12号1936頁、最高裁昭和48年10月5日判決・判例時報

723号40頁）が、時効完成前に従前の権利者から所有権を取得し、その登記を経由した者に対しては、その登記以前からの占有の期間を主張して、所有権の取得を主張できる（最高裁昭和42年7月21日判決・判例時報493号32頁）とし、時効取得の登記がないために先に登記を経由した第三者に対抗できない場合であっても、その第三者が登記した後にさらに時効取得に必要な期間の占有をしたときは、登記がなくても当該第三者に対して所有権の取得を主張できる（最高裁昭和36年7月20日判決・民集15巻7号1903頁）としており、訴訟法説を採っているように思われる。そして、この説によるときは、時効の完成時期が重要な意味を有することになる結果、物の占有の開始時期（民法162条参照）や所有権以外の権利の行使の開始時期（民法163条参照）を確定することが必要となる（最高裁昭和35年7月27日・判例時報232号20頁）が、そうするときは、その時期が古ければ古いほど（占有等の期間が長期であればあるほど）、立証が難しいという問題が生ずる（この結果は、長期間継続した事実状態を保護するという時効制度の目的の一つに反する結果をもたらすことにもなる。）。

そして、取得時効について訴訟法説をとるのであれば、消滅時効においても同説によることとなる。消滅した債権の弁済は、非債弁済（民法705条）に該当しない限り、弁済を受けた者の不当利得（民法703条）となるはずであるが、時効については援用が必要である（援用しない限り、債権者に対抗できない。）とされる結果、時効が完成した債権についてなされた弁済は不当利得とはならない（このことについては、後記Ⅱで詳しく述べる。）。ただ、地方自治法236条1項が規定する債権（「公法上の債権」と称される。）については、同条2項が時効の援用を要しないと定めている（実体法上の権利が完全に消滅することを意味する。）ので、これに該当する債権について消滅時効が完成した後になされた弁済は不当利得となる。その意味で、ある債権が公法上のものに該当するか否かは大きな問題であるが、ここでは、法律又は条例の規定によって直接発生する債権及び行政処分の結果として発生する債権がこれに該当すると考えておけばよいであろう。

なお、消滅時効が完成した債権が譲渡されるということもあり得るが、この場合は、その債権譲渡の対抗要件（新民法467条1項）が具備されるまでに譲渡人に対して生じた事由をもって譲受人に対抗できる（新民法468条）のであるから、債務者が時効を援用することができるのは当然のことである。

Ⅱ 時効の利益の放棄と信義則

「時効の利益は、予め放棄することができない。」(民法146条)とされることの反対解釈として、時効完成後になされた時効利益の放棄は有効であると解されているが、利益の放棄である以上、利益があること(消滅時効が完成したこと)を知っていることが必要であるというのが論理的な帰結である。しかし、判例(最高裁昭和41年4月20日大法廷判決・判例時報442号12頁)は、消滅時効が完成したことを知らないで債務を承認した場合であっても、以後その債務について時効を援用することは、信義則に違反し、許されないとして、その理由を次のように述べる。

「債務者が、自己の負担する債務について時効が完成したのちに、債権者に対し債務の承認をした以上、時効完成の事実を知らなかつたときでも、爾後その債務についてその完成した消滅時効の援用をすることは許されないものと解するのが相当である。けだし、時効の完成後、債務者が債務の承認をすることは、時効による債務消滅の主張と相容れない行為であり、相手方においても債務者はもはや時効の援用をしない趣旨であると考えるであろうから、その後においては債務者に時効の援用を認めないものと解するのが、信義則に照らし、相当であるからである。また、かく解しても、永続した社会秩序の維持を目的とする時効制度の存在理由に反するものでもない。そして、この見地に立てば、前記のように、上告人は本件債務について時効が完成したのちこれを承認したというのであるから、もはや右債務について右時効の援用をすることは許されないといわざるをえない。」

この結果、消滅時効の期間満了後に債務の承認をした場合は、消滅時効の完成を知っていたときは時効利益の放棄となり、知らなかったときの時効の援用は信義則違反となり、いずれにしても消滅時効の効力を主張できないこととなるので、時効完成の知不知を論ずる意味はなくなった。ただし、消滅時効完成後に債務を承認した場合であっても、以後再び時効は進行するのであり、再度時効期間が満了したときは、それを援用できる(最高裁昭和45年5

月21日判決・判例時報595号50頁）のは当然のことであろう。

Ⅲ 時効の完成猶予及び更新

　時効は一定の期間の経過による法律効果であるから、その期間の中途に何らかの事実が発生した場合に、その事実をもって期間が中断するのか、中断の前後の期間が通算されるのか、中断後新たに期間が始まるのかが重要な意味をもつ。このことについて、従来は時効の中断及び停止として規定されていたが（従前の民法147条～154条まで及び161条）、債権法改正法は、これらの規定を全面的に改正し、更新（従来の中断に相当する。）及び完成の猶予（従来の停止に相当する。）に再構成したうえで、裁判上の請求等、強制執行等、仮差押え等、承認、催告、天災等及び協議という類型別に整理し、それぞれについて要件と効果を定めた。

1　裁判上の請求等による時効の完成猶予及び更新

　裁判上の請求等による時効の完成猶予について定める新民法147条1項は、「次に掲げる事由がある場合には、その事由が終了する（確定判決又は確定判決と同一の効力を有するものによって権利が確定することなくその事由が終了した場合にあっては、その終了の時から6箇月を経過する）までの間は、時効は、完成しない。」として、次の事由を掲げている。

①　裁判上の請求
②　支払督促
③　民事訴訟法275条1項の和解（即決和解）又は民事調停法若しくは家事事件手続法による調停
④　破産手続参加、再生手続参加又は更生手続参加

　すなわち、これらの手続きをすれば、その手続きが終了するまでは時効の完成が猶予され、これらの手続きにおいて確定判決又は確定判決と同一の効力を有するもの（民事執行法22条参照）によって権利が確定しない場合であっ

ても、それが終了してから6月の間は時効が完成しないとされたのである（これは、和解又は調停において相手方が出頭せず、又は整わない場合は1月以内に訴訟を提起しなければ、時効中断の効力を有しないとしていた従前の民法151条を大きく変更したものである。）。言い換えると、これらの手続きによって権利が確定せず、これらの手続継続中又はその終了後6月の期間が満了する前に時効期間が満了したときであっても、その時効が完成するのは、この6月の期間が満了した時となるということである。そして、これらの手続きによって権利が確定したときは、①から④の事由が終了したときから、新たに時効が進行を始めることになる（新民法147条2項。なお、新民法169条参照）。

　なお、この規定による完成猶予又は更新は、完成猶予又は更新の事由が生じた当事者及びその承継人の間においてのみ、その効力を有するものとされている（新民法153条1項）が、抵当権の目的物の提供者（物上保証人）については民法396条の趣旨により（最高裁平成7年3月10日判決・判例時報1525号59頁）、保証人については民法457条1項により、それぞれ、主たる債務者に生じた完成猶予又は更新の効力が及ぶものと解される。

2　強制執行等による時効の完成猶予及び更新

　強制執行等による時効の完成猶予について定める新民法148条1項は、「次に掲げる事由がある場合には、その事由が終了する（申立ての取下げ又は法律の規定に従わないことによる取消しによってその事由が終了した場合にあっては、その終了の時から6箇月を経過する）までの間は、時効は、完成しない。」として、次の事由を掲げている。

① 　強制執行
② 　担保権の実行
③ 　民事執行法195条に規定する担保権の実行としての競売の例による競売
④ 　民事執行法196条に規定する財産開示手続

　新民法147条1項が権利を確定するための手続きへの参加を定めるの対し、これらは、権利の行使そのものであり、それに時効の完成猶予の効果を

認めたものである。

　新民法148条2項は、「前項の場合には、時効は、同項各号に掲げる事由が終了した時から新たにその進行を始める。ただし、申立ての取下げ又は法律の規定に従わないことによる取消しによってその事由が終了した場合は、この限りでない。」としているが、このただし書きの意味は、申立ての取下げ又は法律の規定に従わないことによる取消しによってその事由が終了した場合にあっては、その終了の時から6月を経過するまでは時効が完成しないが、これらの手続継続中又はその終了後6月の期間が満了する前に時効期間が満了していたときは、この6月の期間が満了した時その時効が完成するということであり、新民法147条1項が定める「確定判決又は確定判決と同一の効力を有するものによって権利が確定することなくその事由が終了した場合」と同じ取扱いである。

　なお、このことによる時効の完成猶予又は更新は、完成猶予又は更新の事由が生じた当事者及びその承継人の間においてのみ、その効力を有するとされ（新民法153条1項。前記1参照）、上記①から④までの事由に係る手続きは、時効の利益を受ける者に対してしなければならず、それ以外の者に対してするときは、時効の利益を受ける者（当該事由が生じた当事者又はその承継人を含まない。最高裁令和元年9月19日判決・裁判所ウェブサイト）に対して通知した後でなければ、時効の完成猶予又は更新の効力を生じないとされている（新民法154条）。

3　仮差押え等による時効の完成猶予

　仮差押え等による時効の完成猶予について定める新民法149条は、「次に掲げる事由がある場合には、その事由が終了した時から6箇月を経過するまでの間は、時効は、完成しない。」として、次の事由を掲げている。

①　仮差押え
②　仮処分

　なお、このことによる時効の完成猶予は、完成猶予の事由が生じた当事者及びその承継人の間においてのみ、その効力を有するとされ（新民法153条2

第6章　時効

項。前記1参照）、上記①及び②の事由に係る手続きは、時効の利益を受ける者に対してしなければならず、それ以外の者に対してするときは、時効の利益を受ける者に対して通知した後でなければ、時効の完成猶予の効力を生じないとされているのは強制執行等による場合と同じである（新民法154条）。

4 ｜ 催告による時効の完成猶予

　催告による時効の完成猶予について定める新民法150条1項は、「催告があったときは、その時から6箇月を経過するまでの間は、時効は、完成しない。」としており、現行法153条が6月以内に裁判上の請求等をしなければ時効中断の効力を生じないとしているのとは異なっている（「時効は、完成しない。」の意味は前記1で述べた裁判上の請求等による時効の完成猶予と同じである。）。

　なお、新民法150条2項は、「催告によって時効の完成が猶予されている間にされた再度の催告は、前項の規定による時効の完成猶予の効力を有しない。」と定めるが、これは、これまでの通説を明文化したものであり、その考え方は、平成29年法律第45号で改正された地方自治法236条4項により時効の更新の効力を有する納入通知及び督促についても当てはまる。

　ところで、催告による時効の完成猶予は、完成猶予の事由が生じた当事者及びその承継人の間においてのみ、その効力を有する（新民法153条2項）のは、裁判上の請求等による場合（前記1から3参照）と同じであるが、催告が当事者間においてなされるものであることから生ずる若干の問題がある。すなわち、催告は債権者がする意思表示であり、「意思表示は、その通知が相手方に到達した時からその効力を生ずる。」（新民法97条1項。なお、従前の民法97条1項も同趣旨である。）のであり、「相手方が正当な理由なく意思表示の通知が到達することを妨げたときは、その通知は、通常到達すべきであった時に到達したものとみなす。」（新民法97条2項）とされ、不当な受領拒否を無意味なものとしている。さらに、「意思表示の相手方がその意思表示を受けた時に意思能力を有しなかったとき又は未成年者若しくは成年被後見人であったときは、その意思表示をもってその相手方に対抗することができない。」（新民法98条の2本文。なお従前の民法98条の2本文も同趣旨である。）とすることの例外として、次に掲げる者がその意思表示を知った後はこの限りではないとされている（新民法98条の2ただし書。詳しくは第4章Ⅱ2（3）参照）。

① 相手方の法定代理人
② 意思能力を回復し、又は行為能力者となった相手方

5 協議を行う旨の合意による時効の完成猶予

　権利の実現について当事者が協議している間に時効期間が満了するということは少なくない。現行法では、この場合にあっても時効を援用することは可能であり、信義則によって時効の援用が制限されることがあり得るだけである。また、地方自治法施行令171条の6は、強制徴収をすることができない債権（水道使用料等がこれに該当する。）についての履行延期の特約について定めているところ、履行延期の特約には債務の承認が含まれるので、それによって時効が更新される（後記6参照）が、弁済について協議しているだけでは、それが債務の存在を承認したうえでのことかどうかは、必ずしも明らかではなく（債務の存否についての協議もあり得る。）、時効が中断しないこともある。

　このようなことを踏まえ、新民法は、当事者間で自発的な紛争解決を促す仕組みとして、協議を行う旨の合意による時効の完成猶予について定めている。すなわち、新民法151条1項は「権利についての協議を行う旨の合意が書面でされたときは、次に掲げる時のいずれか早い時までの間は、時効は、完成しない。」とし、次に掲げる時として次の三つを掲げている。

① その合意があった時から1年を経過した時
② その合意において当事者が協議を行う期間（1年に満たないものに限る。）を定めたときは、その期間を経過した時
③ 当事者の一方から相手方に対して協議の続行を拒絶する旨の通知が書面でされたときは、その通知の時から6月を経過した時

　そして、この合意によって「時効の完成が猶予されている間にされた再度の同項の合意は、同項の規定による時効の完成猶予の効力を有する。ただし、その効力は、時効の完成が猶予されなかったとすれば時効が完成すべき時から通じて5年を超えることができない。」（新民法151条2項）とされている。すなわち、前記の①から③のいずれかの時までに、新たに協議を行う旨

の合意を行うことはできるが、それによって時効の完成が猶予されるのは、当初の協議を行う旨の合意がなかったとすれば時効が完成するはずの時から5年を経過するまでが限度なのである。

さらに、催告によって時効の完成が猶予されている間（本来の時効期間が経過し、その完成が猶予されている間）になされた協議を行う旨の合意は当該合意による時効の完成猶予の効力をせず、協議を行う旨の合意により時効の完成が猶予されている間にされた催告も、時効の完成猶予の効力を有しない（新民法151条3項）とされる。

なお、協議を行う旨の合意がその内容を記録した電磁的記録（電子的方式、磁気的方式その他人の知覚によっては認識することができない方式で作られる記録であって、電子計算機による情報処理の用に供されるものをいう。以下同じ。）によってされたときは、その合意は、書面によってされたものとみなされ（新民法151条4項）、前記③の通知も電磁的記録によることができる（同条5項）とされている。

なお、協議を行う旨の合意による時効の完成猶予は、完成猶予事由が生じた当事者及びその承継人の間においてのみ、その効力を有するものである（新民法153条2項。その効力が保証人等に及ぶことについては前記1参照）が、この規定は、自己が債権者のときだけでなく、国家賠償法や民法に基づく損害賠償事件における被害者との協議が長引いている際にも利用することができよう。

6 ┃ 権利の承認による時効の更新

権利の承認があったときに時効が更新されるのは従前の民法147条3号による時効の中断と同じ趣旨であるが、新民法152条の1項はその表現を分かり易くして、「時効は、権利の承認があったときは、その時から新たにその進行を始める。」とし、その2項で「前項の承認をするには、相手方の権利についての処分につき行為能力の制限を受けていないこと又は権限があることを要しない。」（未成年者又は成年被後見人でもいいことを意味する。）としたうえで、新民法153条3項で、承認による時効の更新は、「更新の事由が生じた当事者及びその承継人の間においてのみ、その効力を有する。」としている（その意味は、同条1項及び2項と同じであり、前記1を参照されたい。）。

7 | 未成年者又は成年被後見人と時効の完成猶予

　時効の完成を阻止するためには、裁判上の請求等、強制執行等、仮差押え等、催告又は協議を行う旨の合意をしなければならないが、これらの行為をするためには行為能力が必要とされ、未成年者又は成年被後見人はその能力を有しない。そこで、これらの者の利益を守るため、「時効の期間の満了前6箇月以内の間に未成年者又は成年被後見人に法定代理人がないときは、その未成年者若しくは成年被後見人が行為能力者となった時又は法定代理人が就職した時から6箇月を経過するまでの間は、その未成年者又は成年被後見人に対して、時効は、完成しない。」(民法158条1項)とされる。すなわち、時効の完成によって不利益を被る者が未成年者又は成年被後見人である場合において、時効の期間の満了前6月以内の間にこれらの者の利益を守ってくれる法定代理人が存在しないときは、これらの者が自分で自分の利益を守ることができるようになった時又は法定代理人が就任した時から6月を経過するまでは、これらの者に対する時効が完成しない(これらの者の権利は消滅しない)とされるのである。なお、この場合の6月は、期間計算の一般原則(民法140条)に従って、これらの者が行為能力者となった日の翌日から起算される。

　また、権利行使を怠っている者は法の保護に値しないことが時効の存在理由の一つであることは前記Iで述べたが、そうであるならば、他人の権利を行使すべき立場にある者が、その権利の行使を怠っている場合には、当該他人の権利は保護されなければならない。そこで、民法158条2項は、「未成年者又は成年被後見人がその財産を管理する父、母又は後見人に対して権利を有するときは、その未成年者若しくは成年被後見人が行為能力者となった時又は後任の法定代理人が就職した時から6箇月を経過するまでの間は、その権利について、時効は、完成しない。」として、父、母又は後見人の不作為によって未成年者又は成年被後見人の利益が損なわれることがないようにしている。

8 | 夫婦間の権利の時効及び相続財産に関する時効の完成猶予

　夫婦は、互いに協力し、助け合うものであり(民法752条参照)、婚姻が継

続している間それぞれの権利を主張し、義務の履行を請求することに困難を感じることも少なくない。このようなことを考慮して、「夫婦の一方が他の一方に対して有する権利については、婚姻の解消の時から6箇月を経過するまでの間は、時効は、完成しない。」(民法159条)とされる。

また、相続は、被相続人の死亡によって開始するが(民法882条)、相続財産について権限を有する者が当然に明らかであるとは限らないことから、「相続財産に関しては、相続人が確定した時、管理人が選任された時又は破産手続開始の決定があった時から6箇月を経過するまでの間は、時効は、完成しない。」(民法160条)とされる。

9　天災等による時効の完成猶予

天災等の避けることができない事由のために権利を行使することができないときに時効が完成しないという考え方は債権法改正法の前後を通じて変わらないが、新民法においては、時効の完成猶予及び更新という考え方に統一するとともに、時効が完成しない期間を2週間から3月に延長する改正がなされ、「時効の期間の満了の時に当たり、天災その他避けることのできない事変のため第147条第1項各号又は第148条第1項各号に掲げる事由に係る手続を行うことができないときは、その障害が消滅した時から3箇月を経過するまでの間は、時効は、完成しない。」(新民法161条)とされた。

IV　取得時効

物の所有権の取得時効について定める民法162条は、その1項で「20年間、所有の意思をもって、平穏に、かつ、公然と他人の物を占有した者は、その所有権を取得する。」とし、その2項で「10年間、所有の意思をもって、平穏に、かつ、公然と他人の物を占有した者は、その占有の開始の時に、善意であり、かつ、過失がなかったときは、その所有権を取得する。」としている。

すなわち、占有の開始の時に、善意かつ無過失であったかどうかを基準として、時効による所有権の取得に必要に期間が定められているのであり、両

者に共通の要件は、法文の順序によれば、①所有の意思をもった、②平穏かつ公然の、③他人の物の④占有となるが、②と④は一括して平穏かつ公然の占有の問題として論ずるのが普通である。

1 ▎ 所有の意思

　所有の意思については、民法186条1項が「占有者は所有の意思をもって」占有するものと推定するとしていることから、占有者の占有が所有意思をもった占有（自主占有）にあたらないことを理由として取得時効の成立を争う者は、その占有が所有の意思を有しない占有（他主占有）にあたることについての立証責任を負うことになる（最高裁昭和54年7月31日判決・判例時報942号39頁）。そして、占有における所有の意思の有無は、占有を取得した原因である事実によって外形的客観的に定められるべきものであるとされる。その結果、賃貸借が法律上効力を生じない場合にあっても、賃貸借により取得した占有は他主占有というべきであるから、行政庁の認可を受けていないことによってその効力が生じていない場合にあっても、その占有が賃貸借により取得したという事実によって民法186条による所有の意思の推定はくつがえされる（最高裁昭和45年6月18日判決・判例時報600号83頁）。ただ、最高裁平成8年11月12日判決（民集50巻10号2591頁）は、「被相続人の占有していた不動産につき、相続人が、被相続人の死亡により同人の占有を相続により承継しただけでなく、新たに当該不動産を事実上支配することによって占有を開始した場合において、その占有が所有の意思に基づくものであるときは、被相続人の占有が所有の意思のないものであったとしても、相続人は、独自の占有に基づく取得時効の成立を主張することができるものというべきである」とし、その立証の程度について、次のように述べている。

　「（一）占有者がその性質上所有の意思のないものとされる権原に基づき占有を取得した事実が証明されるか、又は（二）占有者が占有中、真の所有者であれば通常はとらない態度を示し、若しくは所有者であれば当然とるべき行動に出なかったなど、外形的客観的にみて占有者が他人の所有権を排斥して占有する意思を有していなかったものと解される事情（ちなみに、不動産占有者において、登記簿上の所有名義人に対して所有権移転登記手続を求めず、

又は右所有名義人に固定資産税が賦課されていることを知りながら自己が負担することを申し出ないといった事実が存在するとしても、これをもって直ちに右事情があるものと断ずることはできない。）が証明されて初めて、その所有の意思を否定することができるものというべきである。」

2 ｜ 平穏かつ公然の占有

平穏かつ公然の占有については、最高裁昭和41年4月15日判決（判例時報448号30頁）が次のように述べている（この判決は、「民法162条2項にいわゆる平穏」と表現しているが、同条1項における「平穏」と区別する理由はない。）。

「平穏の占有とは、占有者がその占有を取得し、または、保持するについて、暴行強迫などの違法強暴の行為を用いていない占有を指称するものであり、占有者が右のような強暴の行為を以て占有を取得し、または、保持しているものでない以上は、たとい、不動産所有者その他その占有の不法を主張する者から、異議をうけ、不動産の返還、右占有者名義の所有権移転登記の抹消手続方の請求をうけた事実があつても、これがためにその占有が民法162条2項にいわゆる平穏を失うにいたるものではないと解すべきである。」

また、「一定範囲の土地の占有を継続したというためには、その部分につき、客観的に明確な程度に排他的な支配状態を続けなければならない」（最高裁昭和46年3月30日判決・判例時報628号52頁）とされ、公然の占有というのは、「客観的に明確な程度に排他的な支配状態」のことであると解される。

3 ｜ 自己の物及び公共用財産

通常、時効取得の対象となるのは他人の物であるが、買主が売主に対して、売買契約による所有権の移転（売買契約が有効であれば、その契約の成立と同時に所有権は買主に移転しているはずである。第2編Ⅱ1参照）ではなく、時効による所有権の取得を主張することができるとするのが判例（最高裁昭和44年12月18日判決・判例時報582号57頁）であり、その理由が次のように述べられている。

「このような契約当事者においても、その物件を永続して占有するという事実状態を権利関係にまで高めようとする同条（注：民法162条）の適用を拒むべき理由はなく、このように解したとしても、その契約により発生すべきその余の法律関係については、その法律関係に相応する保護が与えられており、当事者間の権利義務関係を不当に害することにはならないからである。」

ところで、道路のような公共用財産（地方自治法238条4項参照）については、それが時効取得の対象となるとすれば、時効の完成によって、国又は地方公共団体の所有権が失われるとともに、それが果たしている機能が失われることになり、公共の福祉が損なわれるという事態が生ずる。そこで、判例（最高裁昭和51年12月24日判決・判例時報840号55頁）は、公共用財産について時効取得が成立する場合を次のように制限している。

「公共用財産が、長年の間事実上公の目的に供用されることなく放置され、公共用財産としての形態、機能を全く喪失し、その物のうえに他人の平穏かつ公然の占有が継続したが、そのため実際上公の目的が害されるようなこともなく、もはやその物を公共用財産として維持すべき理由がなくなつた場合には、右公共用財産については、黙示的に公用が廃止されたものとして、これについて取得時効の成立を妨げないものと解するのが相当である。」

4 取得時効の法的性質

所有権は、相続や売買等によって元の所有者から譲り受けて取得すること（「承継取得」という。）が多いが、物を製造した場合のように自らが最初に所有権を取得すること（「原始取得」という。）もある。そして、承継取得の場合には、承継できるための要件が定められていることがあり、その要件が整わない限り、当該所有権の移転は効力を生じないことになるが、時効による所有権の取得は原始取得であるから、承継取得であれば所有権の移転が認められない場合であっても時効取得は可能である。このことについては、農地の時効取得について、農地等の移転についての農業委員会の許可を必要とする農

地法3条は適用されないとする判例（最高裁昭和50年9月25日判決・判例時報794号66頁）がある。

5 ▎善意、無過失

　民法162条2項は、占有の開始の時に善意かつ無過失のときは、10年でその所有権を取得するとし、同法186条1項は「占有者は所有の意思をもって」占有するものと推定するとしているが、これはあくまでも「所有の意思」についての推定であり、占有開始時における善意・無過失が推定されるわけではないから、善意かつ無過失であったことは時効の完成を主張する者において立証しなければならない。過失の有無の認定については、次のように述べている判例（最高裁昭和46年3月9日判決・判例時報629号58頁）がある。

　「「相続人が、登記簿に基づいて実地に調査すれば、相続により取得した土地の範囲が甲地を含まないことを容易に知ることができたにもかかわらず、この調査をしなかつたために、甲地が相続した土地に含まれ、自己の所有に属すると信じて占有をはじめたときは、特段の事情のないかぎり、相続人は右占有のはじめにおいて無過失ではないと解するのが相当である。」ということは、当裁判所の判例とするところである（最高裁判所昭和42年（オ）第597号、同43年3月1日第二小法廷判決、民集22巻3号491頁）。ところで、農業委員会作成の図面または法務局備付の図面を閲覧し、それらに基づいて実地に調査をすれば、前記1番の1と1番の2との境界を比較的容易に了知し得たものであるのに、上告人は右図面等を閲覧したこともなく、また、自己の買い受けた1番の1の土地を実測したこともないのであるから、上告人が本件土地を占有するにあたつて自己の所有と信じたことには過失がなかつたとはいえない。」

6 ▎所有権以外の財産権の時効取得

　所有権以外の財産権を、自己のためにする意思をもって、平穏に、かつ、公然と行使する者は、民法162条の区別に従い20年又は10年を経過した後、その権利を取得するとされる（民法163条）。ここでいう所有権以外の財産権

には、賃借権（最高裁昭和62年6月5日判決・判例時報1260号7頁）等多数の判例がある。）や著作権（最高裁平成9年7月17日判決・民集51巻6号2714頁）が含まれる。後者の判例は著作物の複製権についてのものであり、通常の権利と異なる微妙な点があるので、その判示を抜粋して示す。

「時効取得の要件としての複製権の継続的な行使があるというためには、著作物の全部又は一部につきこれを複製する権利を専有する状態、すなわち外形的に著作権者と同様に複製権を独占的、排他的に行使する状態が継続されていることを要し、そのことについては取得時効の成立を主張する者が立証責任を負うものと解するのが相当である。

　他方、民法163条にいう「自己ノ為メニスル意思」は、財産権行使の原因たる事実によって外形的客観的に定められるものであって、準占有者がその性質上自己のためにする意思のないものとされる権原に基づいて財産権を行使しているときは、その財産権行使は右の意思を欠くものというべきである。」

7　取得時効の中断

　所有権の取得時効は、「占有者が任意にその占有を中止し、又は他人によってその占有を奪われたとき」は中断し、所有権以外の財産権の取得時効は、行使者が任意にその使用を中止し、又は他人によってその使用を妨げられたときは中断する（民法164条、165条）。

V　消滅時効

　消滅時効については、債権法改正法によって、従来職業別に設けられていた短期消滅時効（従前の民法170条～174条）が廃止されたほか、時効の起算点を「債権者が権利を行使することができることを知った時」（「主観的起算点」と称される。）と「権利を行使することができる時」（「客観的起算点」と称される。）とに分けられて、それぞれに応じた消滅時効の期間が定められ、人の生命又は身体の侵害による損害賠償請求権の消滅時効についての特例が設け

られた（新民法166～169条）。

1 ▎債権の消滅時効の期間

　債権の消滅時効の起算点及び時効が完成するまでの期間について新民法166条1項は、「債権は、次に掲げる場合には、時効によって消滅する。」とし、次の二つの場合を掲げている。

① 債権者が権利を行使することができることを知った時から5年間行使しないとき。
② 権利を行使することができる時から10年間行使しないとき。

　従前の民法166条1項は、「消滅時効は、権利を行使することができる時から進行する。」と定めており、この「権利を行使することができる時」の意味について、権利の行使について法的な障害（弁済期の定め等）がなくなった時とする説と事実上権利行使が期待可能になった時とする説が、裁判例においても学説においても分かれていた。この点については、新民法においても同じであり、従来どおり個別の事案についての裁判所の判断に委ねられることになった（第3編第1章Ⅱ1（1）参照）。また、主観的起算点については、債権者が債権の発生原因と債務者を知っただけでは足りず、自己が損害賠償請求権等の債権を有していることを知る必要があり、知ることができただけでは足りないとの解釈が有力である。結局のところ、新民法においては、職業別の短期消滅時効がなくなり、その代わりに主観的起算点から5年の消滅時効と客観的起算点から10年の消滅時効が定められたが、解釈上の論点が解消されたわけではない。

　なお、債務不履行による損害賠償請求権の消滅時効の起算点は、遅延損害賠償の場合であっても履行不能によるてん補賠償の場合であっても、本来の債権の履行を請求できる時であり、本来の履行請求権が時効消滅する前に生じた損害賠償請求権は、本来の債務の消滅時効が完成したときに時効消滅し、本来の履行請求権が時効消滅した後に、債務不履行による損害賠償請求権が生ずることはない（第3編第1章Ⅱ1（3）ⅰ参照）。

　ところで、短期消滅時効について定める従前の民法170条から174条が削

除されたので従来から民法の規定が適用されるとされていた公営の水道や病院、公立の保育所・幼稚園や学校に係る債権の消滅時効についても新民法166条1項が定める5年又は10年の消滅時効が適用されることとなる（経過措置については後記7参照）。

2 人の生命又は身体の侵害による損害賠償請求権の消滅時効

債権は、権利を行使することができる時（客観的起算点）から10年間行使しないときは時効により消滅するのであるが（新民法166条1項2号）、それが人の生命又は身体の侵害による損害賠償請求権であるときは、その期間は20年となる（新民法167条）。

また、不法行為一般についての客観的起算点による時効期間は20年（新民法724条2号）、主観的起算点による時効期間は3年（新民法724条1号）とされるが、人の生命又は身体を害する不法行為による損害賠償請求権の主観的起算点による時効期間は、法定代理人又はその法定代理人が損害及び加害者を知った時から5年とされている（新民法724条の2）。また、不法行為による損害賠償請求権について定める民法724条の20年というのは除斥期間であるとするのが判例（最高裁平成16年4月27日判決・判例時報1860号34頁）であるが、新民法724条は、それが時効であることを明文化した（完成猶予、更新の規定が適用されることを意味する。）。

3 定期金債権の消滅時効

年金や預金利息のように、一定の期間毎に一定の額の金銭その他の物の支給を受ける権利は「定期金債権」と称される。定期金債権には、一定の期間毎に一定の額の金銭その他の物の支給を受けることができるという基本的な権利（「基本権」という。）と各支払期毎に発生するその期の支払い分を請求する権利（「支分権」という。）とがある。

基本権は、支分権を行使することができることを知った時（主観的起算点である。）から10年間行使しないとき（新民法168条1項1号）又は支分権を行使することができる時（客観的起算点である。）から20年間行使しないとき（新民法168条1項2号）に消滅する。支分権は、基本権とは別の債権であるから、

それ自体として、債権の消滅時効の一般原則（新民法166条１項）に従う。そして、定期金債権の行使というのは定期金を受領することであるから、権利者において支払いがなされたことを自ら証明することは難しい（受領書（領収書）は債務者に渡されるものである。）。そこで、「定期金の債権者は、時効の更新の証拠を得るため、いつでも、その債務者に対して承認書の交付を求めることができる。」（新民法168条２項）とされている。

　なお、金銭債務の不履行に基づく損害賠償の額は、法定利率によって定められ（新民法419条１項）、利息の形で支払われるのが通常であるが、その損害賠償請求権は、本来の債権を基本権として発生する支分権ではない（本来の債務とは別個の債権である。）から、それには定期金債権の消滅時効の規定は適用されないと解されている。また、放送法によって受信契約の締結が強制されているNHKの受信料債権（一定の期間毎に発生する定期金である。）については、支分権を行使しないことによる基本権の時効消滅の規定（従前の民法168条１項前段）は適用されないとするのが判例（最高裁平成30年７月17日判決・判例時報2390号51頁）である。

4　判決で確定した債権の消滅時効

　時効が認められる理由の一つに余りに古い過去の事実を立証することは困難であること（一定の期間が経過したことを法定証拠とする。）があることは前記Ｉで述べたが、そうであるならば、確実な証拠があれば、その権利について時効による消滅を認める必要はないはずである。ただ、そうは言っても、余りに長期間にわたる権利の存続を認めることは債務者にとって酷な場合がある。そこで、新民法169条は、その１項で「確定判決又は確定判決と同一の効力を有するものによって確定した権利については、10年より短い時効期間の定めがあるものであっても、その時効期間は、10年とする。」とし、その２項で「前項の規定は、確定の時に弁済期の到来していない債権については、適用しない。」としている。

　様々な契約においては、主たる債務が履行されない場合に、主債務者に代わってその履行を約束する保証人が置かれていることが多いが、この場合における主たる債務と保証債務は、形式的には別々のものである。そして、主たる債務が判決等によって確定した場合の効力（時効期間が10年となること）

は保証債務にも及ぶが（最高裁昭和43年10月17日判決（判例時報540号34頁）等）、保証債務が確定した場合の効果は主債務には及ばない（大審院昭和20年9月10日判決・民集24巻82頁）とされており、後者には批判も多い。

5 公法上の債権の消滅時効

　地方自治法236条1項は、民法の一部を改正する法律の施行に伴う関係法律の整備に関する法律106条1項によって、「金銭の給付を目的とする普通地方公共団体の権利は、時効に関し他の法律に定めがあるものを除くほか、<u>これを行使できる時から</u>5年間行使しないときは、時効に<u>よって</u>消滅する。普通地方公共団体に対する権利で、金銭の給付を目的とするものについても、また同様とする。」と改正され（下線部が改正箇所である。）、その結果、同項が適用される債権（「公法上の債権」と称される。）の消滅時効の起算点は客観的起算点だけとなった。公法上の債権について主観的起算点が定められなかったことは、それが地方公共団体であっても、その相手方であっても、当該債権が発生したこと（権利を行使することができること）を債権者が知らないでいることはあり得ないということであろう。ちなみに、国民年金法に基づく障害年金について、厚生労働大臣が行う裁定は、発生要件の存否等を公権的に確認するものにすぎないのであって、受給権者は、裁定の請求をすることにより、同法の定めるところに従った内容の裁定を受けて障害年金の支給を受けられることとなるのであるから、裁定を受けていないことは、障害年金の支分権の消滅時効の進行を妨げるものではないというべきであり、当該障害年金に係る裁定を受ける前であっても、厚生年金保険法36条所定の支払期が到来した時から時効が進行するものと解するのが相当であるとする判例（最高裁平成29年10月17日判決・判例時報2360号3頁）がある。また、その徴収について地方税の滞納処分の例により処分することができるとされる下水道の使用料（地方自治法231条の3第3項、同法附則6条3号）の納入義務は、その使用の事実に基づいて生ずる（納入通知によって発生するものではない。）として、その消滅時効は下水道に排水をした時から進行するとした判決（東京高裁平成28年（行コ）319号同29年5月18日判決・判例集未搭載）がある。

　なお、確定判決又は確定判決と同一の効力を有するものによって確定した権利の消滅時効についての民法169条の定めは、地方自治法236条1項の

「他の法律に定めがあるもの」に該当すると解される。

　さらに、地方自治法236条4項は「法令の規定により普通地方公共団体がする納入の通知及び督促は、<u>時効の更新</u>の効力を有する。」と改正されている（下線部が改正箇所）ので、その債権が私法上のものであるか公法上のものであるかを問わず、一旦進行を開始した消滅時効の期間は、納入通知によって更新され、そこで指定された納期限の翌日から新たに進行を開始し、その日から5年の経過をもって満了することになる。また、その期間が満了する前に督促がなされた場合は、それが到達した翌日から新たに消滅時効の期間が進行を開始し、その日から5年が経過したときに、消滅時効が完成する（督促状で指定した期限は納入通知による納期限を変更するものではないから、更新された時効は督促状が到達した日の翌日から進行を始める。）。このことは、納入通知がなされないときは債権が発生した日の翌日から、納入通知がなされ、督促がなされないときは納入通知で指定した納期限の翌日から5年で消滅時効が完成することを意味する。

6 ｜ 債権以外の権利の消滅時効

　新民法166条2項は、「債権又は所有権以外の財産権は、権利を行使することができる時から20年間行使しないときは、時効によって消滅する。」と定める。これは従前の民法167条2項と同じ定めであり、債権については同条1項が適用され、所有権については時効による消滅がなく、それら以外の権利は20年の消滅時効にかかることを意味する。所有権以外の物権については、地役権については消滅時効についての特別の規定（新民法291条）があり、抵当権の消滅時効についても、債務者及び抵当権設定者との関係についてとそれ以外の者との関係についての特別の規定（民法396条、397条）があり、これら以外の権利については、存続期間が法定されていたり、占有の継続が要件とされたりしているので、時効による消滅を考える必要はない。そこで問題になるのは、債権を発生させる原因となる形成権である。

　債権を発生させる権利である形成権には、原状回復請求権等を発生させる解除権（新民法545条）、反対給付の返還請求権を発生させる詐害行為取消権（新民法424条）等があり、それを行使する権利は、それを行使した結果生じる権利とは別のものである。しかし、それは債権者が自らの意思だけで行使

することができるのであり、その目的は債権を発生させることであるから、形成権とその行使の結果生じる債権とは一体のものであり、形成権の消滅時効については、その行使の結果生じる債権についての規定が適用されるべきであるとされている（そうしないと、形成権について20年、それを行使した結果生じる債権について10年、合計30年が時効完成までの期間となる。）。判例（最高裁昭和42年7月20日判決・判例時報493号35頁）も、「借地法10条による買取請求権は、その行使により当事者間に建物その他地上物件につき売買契約が成立したのと同一の法律効果を発生せしめるものであるから、いわゆる形成権の一種に属するが、その消滅時効については民法167条1項を適用すべきものと解するのが相当である。」としている。そうすると、不当利得の返還義務を生じさせる給付又は支給決定の取消処分についても、それは「金銭の給付を目的とする普通地方公共団の権利」（地方自治法236条1項）を発生させるものとして、その処分自体の消滅時効が観念されることになる。そうするときは、処分として給付又は支給決定がなされた場合において、その処分に瑕疵があることを理由として取消しができるときは、その取消しをしなければ、具体的な返還請求権を行使することができないのであるが、消滅時効自体は、取消原因となる事由が発生したとき（瑕疵が後発のものである場合はその瑕疵が発生した時、それ以外は当該処分をした時）から進行することになる。

7 消滅時効に係る経過措置

　債権法改正法は、令和2年（2020年）4月1日（「施行日」という。）から施行されることになっており、新民法の規定は同日以後に適用されるのが原則であるが、改正法附則10条は、時効に関する経過措置を次のように定めている。

　　i　施行日前に債権が生じた場合（施行日以後に債権が生じた場合であって、その原因である法律行為が施行日前にされたときを含む。以下同じ。）におけるその債権の消滅時効の援用については、新民法145条の規定にかかわらず、なお従前の例による。
　　　ここで「施行日前に債権が生じた場合」に施行日前になされた法律行為を原因として、施行日以後に生じた債権が含まれるとする意味は、施

行日前になされた消費貸借契約や賃貸借契約に基づいて施行日以後に発生する返還金や賃料、施行日前になされた請負契約に基づく工事が施行日以後に完成して支払われる報酬、施行日前に締結された契約の不履行が施行日以後に生じた場合の損害賠償請求権やその解除に基づく原状回復請求権、さらには、施行日前に締結された電気、ガス、水の供給、電気通信役務の提供を受ける契約又は不動産の賃貸借契約等の長期継続契約（地方自治法234条の3）に基づいて支払われる対価等については、従前の民法の例によるということを意味する。

ⅱ 施行日前に従前の民法147条に規定する時効の中断の事由又は従前の民法158条から161条までに規定する時効の停止の事由が生じた場合におけるこれらの事由の効力については、なお従前の例による。

ⅲ 新民法151条の規定は、施行日前に権利についての協議を行う旨の合意が書面でされた場合（その合意の内容を記録した電磁的記録（新民法151条4項に規定する電磁的記録をいう。附則第33条2項において同じ。）によってされた場合を含む。）におけるその合意については、適用しない。

ⅳ 施行日前に債権が生じた場合におけるその債権の消滅時効の期間については、なお従前の例による。

第2編

物権

第1章 総則

I　物

1　権利義務の客体としての物

　物権というのは、物に対する権利であり、何人に対しても主張できる（他人の権利主張を排斥できる）ことに特徴がある（このことから、物権以外の権利で誰に対しても主張できる権利を「物権的請求権」又は「物権的権利」ということがあり、特定の者に対してのみ主張できる権利である「債権」（第3編第1章 I 1参照）と区別される。）。物権にはこのような性質があることから、民法175条は「物権は、この法律その他の法律に定めるもののほか、創設することができない。」としている。

　物権は、物に対する権利であるから、まず、物の意味を明らかにしなければならない。そこで、民法は、「「物」とは、有体物をいう。」と定め（85条）、物を、不動産（土地及びその定着物）と動産（不動産以外の物）に分類している（86条1項、2項）。なお、従前の民法86条3項は、無記名債権（証券（債権の成立を証する書面）上では権利者が特定されておらず、その証券の所有者が権利者とされる債権）は、動産とみなすとしているが、債権法改正法はこの規定を削除し、新民法520条の20において、記名式所持人払証券の規定（新民法520条の13～520条の18）は無記名証券に準用するとしている（第3編第1章 VII 3参照）。

　有体物というのは、その物が存在する空間に他の物が存在できない物（視覚、触覚で認識できる物）のことであり、この定義に該当しない電気、熱、光等のエネルギーや著作権、特許権等は、権利の客体となるが、物ではない。また、ヒトの体は有体物であるものの、それを権利の客体とすることは許されない（ヒトは権利の主体であって（民法3条1項）客体ではないし、その処分を目的とする法律行為は公序良俗違反（民法90条）となる。）から、ここでいう有体物には含まれないが、遺体（遺骨）は、ヒトとしての人格を失っているから、ここでの物に含まれる（献体の目的となる。）。なお、刑法は「他人の財物」を窃

取することを窃盗の罪としており（刑法235条）、かつては、電気が一定の容器に蓄電して管理可能であることを理由の一つとして、それが窃盗の目的である財物に含まれるとの解釈がなされたことがある（大審院明治36年5月21日判決・刑録9巻874頁）が、その後、窃盗について定める刑法36章に「この章の罪については、電気は、財物とみなす。」との規定（245条）が置かれ、立法的な解決がなされている。また、不動産のうち、土地については、筆毎に区画され、登記されて、特定されるのが通常であるが、このことについてはⅡ2（1）で詳しく述べる。

ところで、地方自治法は、地方公共団体の財産を公有財産、物品及び債権並びに基金に分類したうえで（237条）、不動産は公有財産に含まれるものとし（238条1項）、それを行政財産と普通財産に区分して、それぞれの管理及び処分等について規定する（238条3項～238条の7）。そして、地方公共団体の所有に属する動産で現金（これも動産である。）、公有財産に属するもの（238条1項2号に定める船舶、浮標、浮桟橋及び浮きドック並びに航空機がこれに該当する。）又は基金（241条1項）に属するもの以外のもの及び地方公共団体が使用するために保管する動産（都道府県警察が使用している国有財産（国有財産法2条1項）及び国有の物品（物品管理法2条1項）を除く。）を物品と定義して、その管理等についての規定（地方自治法239条）を置いている。この結果、美術館や博物館の収蔵品（展示品を含む。）や動物園の動物は物品として管理されることになる。なお、基金というのは、「特定の目的のために財産を維持し、資金を積み立て、又は定額の資金を運用するため」に設けられるものであり、そこには不動産も動産も含まれるが、それは特定の目的のために運用され、処分されるべきものであるから（地方自治法241条2項、3項）、一般の財産管理の範疇には含まれない。

2 主物と従物

物の所有者が、その物（「主物」という。）の常用に供するため、自己の所有に属する他の物をこれに附属させたときは、その附属させた物を従物とし、従物は、主物の処分に従うこととされている（民法87条）。これは、独立した物であっても、それが他の物（主物）の効用を発揮したり、維持したりするための役割を有するものである場合は、主物と一体のものとして処分（売

買、賃貸等）されるという社会通念を明文化したものである。具体的には、主物である住戸に附属する戸（ドア）、障子、襖、畳、風呂桶、セントラルヒーティング、上下水道の配管や電気の配線、据付け式の家具等の住戸と分離しては使用や利用をすることができないものが従物であるが、住戸とは別個に設置された（住戸から分離して移動することが可能な）エアコンや照明器具等については、必ずしも明らかでない場合がある。いずれにしても、従物は主物の処分に従うというのは当事者が特別の意思表示をしない場合の規定である（民法91条参照）から、具体的な取引において疑問が生じそうなときは、契約書に明記しておくことが重要である。ちなみに、ガソリンスタンドの店舗用建物に対する抵当権設定当時、建物内の設備と一部管によって連通する地下タンク、ノンスペース型計量機、洗車機などの諸設備を右建物の敷地上又は地下に近接して設置し、これらを右建物に付属させて経済的に一体としてその営業に使用していた等の事情がある場合について、これらの諸設備には、右建物の従物として抵当権の効力が及ぶとした判例（最高裁平成2年4月19日判決・判例時報1354号80頁）がある。

　また、土地及びその定着物は不動産とされるが、樹木については、立木ニ関スル法律（この法律名は通称であり、正式には「明治四十二年法律第二十二号」という。）が「一筆ノ土地又ハ一筆ノ土地ノ一部分ニ生立スル樹木ノ集団ニシテ其ノ所有者カ本法ニ依リ所有権保存ノ登記ヲ受ケタルモノ」を「立木」と定義し（1条）、それを独立の不動産とみなし、土地と分離して譲渡し、又は抵当権の目的とすることができる外、それが生立する土地の所有権又は地上権の処分は当該立木には及ばないとしている（2条）。そして、この法律による登記がなされていない樹木でも、それが生立する土地と分離して譲渡することができ、そのことを外部の者に知らしめる行為（「明認行為」という。）をしたときは、その譲渡を第三者に対抗することができるとするのが判例（大審院大正10年4月14日判決（民録27巻732頁）等）である。

　ところで、主物の所有者でない者（例えば借主）が主物に従物を附属させた場合の所有権の帰属及びその結果による損益の調整等については、民法239条から248条に定めがあるので、そのことについては該当の箇所（第3章Ⅱ）で述べる。

3 天然果実と法定果実

　天然果実というのは、物の用法に従い収取する産出物のことであり（民法88条1項）、天然果実は、その元物から分離する時に、これを収取する権利を有する者に帰属する（民法89条1項）。これに該当する代表的なものとして、土地に生育する野菜、草木（そこから得られる果実（果物、桑葉や茶葉等）を含む。）、山菜、野草等がある（土地や草木から分離しない状態でその果実を処分する場合には明認行為を行うことによって第三者に対抗できる（大審院大正5年9月20日判決・民録22輯1440頁）。土地の天然果実を収取する権利を有する者は、当該土地を使用する権利を有する者であるが、その者は、隣地の竹木の根が土地の境界を越えて進出してきたときは、その根を切り取ることができるとされている（民法233条2項）。

　物の使用の対価として受けるべき金銭その他の物を法定果実といい（民法88条2項）、法定果実は、これを収取する権利の存続期間に応じて、日割計算によりこれを取得する（民法89条2項）とされている。賃貸借における賃料はその代表的なものであるが、相続開始から遺産分割までの間に共同相続に係る不動産から生ずる賃料債権は、各共同相続人がその相続分に応じて分割単独債権として確定的に取得し、この賃料債権の帰属は、後にされた遺産分割の影響を受けないとした判例（最高裁平成17年9月8日判決・判例時報1913号62頁）がある。

II　物権の設定、移転及び物権変動の対抗要件

1 物権の設定、移転

　物権は、民法その他の法律に定めるもののほか、創設することができず（民法175条）、民法は、占有権、所有権、地上権、永小作権、地役権、留置権、先取特権、質権、抵当権についての規定を置いている（これらの権利については第2章以下において詳述する。）が、判例は、普通河川における流水利用権（最高裁昭和37年4月10日判決（民集16巻4号699頁）等）及び温泉専用権（大審院昭和15年9月18日判決・民集19巻1611頁）についても慣習法による物権の成立

第1章　総則

を認めている。

ところで、「物権の設定及び移転は、当事者の意思表示のみによって、その効力を生ずる。」（民法176条）とされる。これは、私的自治の原則により、当事者の意思表示の合致だけで契約が成立する（新民法521条、522条）という考え方と共通するものであり、贈与や売買のように債権債務関係を発生させる契約であっても（「債権契約」という。）、その契約が物権の変動を伴うものであるときは、その契約に物権変動の意思表示（「物権行為」という。）が含まれていると解するわけである。ただ、このように解するときは、債権契約における債務の履行時期と物権変動が生ずる時期の関係が問題になることがある。すなわち、通常の動産の売買のように、契約の成立と同時に目的物の引き渡し及び代金の支払いがなされるときは、そのときに物権変動（所有権の移転）の効果が発生することに問題はないが、不動産の売買においては契約の成立時期、代金の支払い時期、目的物の引き渡し時期が一致しないのが通例であり、このようなときには、物権変動の効果が何時生ずるかが明らかではない。これは、契約における同時履行の抗弁権（新民法533条）、危険負担（新民法536条）等とも密接に関係する問題であるが、最終的には、取引慣行と意思表示の解釈に委ねられることになるので、物権の変動時期（特に危険負担の移転時期）については契約書の記載が大きな意味をもつ（割賦販売法4条1項及び2項は、割賦販売業者は「所有権の移転に関する定めがあるときは、その内容」を明らかにする書面を相手方に交付しなければならないとしている。）。

2 ｜ 物権変動の対抗要件

意思表示のみで物権の設定及び移転の効力を生ずるというのは、直接の当事者間のことだけであり、第三者の権利義務に影響が生ずる場合は、別に考えなければならない。このことについて、民法は対抗という概念を用いて規定する。対抗というのは、相手方の権利主張を排斥することであり、対抗できないというのは、当該権利が自己のものだという主張ができないことを意味する。

（１）　不動産に関する物権変動の対抗要件
ⅰ　登記

　不動産については、民法177条が「不動産に関する物権の得喪及び変更は、不動産登記法（平成16年法律第123号）その他の登記に関する法律の定めるところに従いその登記をしなければ、第三者に対抗することができない。」と定めている。不動産についての登記簿は、磁気ディスクをもって調整される登記記録が記録された帳簿であり、１筆の土地又は１個の建物（区分所有権の客体である建物については１棟の建物）ごとに表題部及び権利部に区分して作成され、表題部には、表示に関する登記（不動産の同一性を示す事項）が記録され、権利部は甲区及び乙区に区分され、甲区には所有権の変動が、乙区には地上権、永小作権、地役権、先取特権、質権、抵当権、賃借権及び採石権の設定及び変動等が時の順序に従って記録されるほか、信託及び仮処分についても記録される（これらの記録を「権利に関する登記」という。）。「登記をしなければ、第三者に対抗することができない。」というのは、この権利に関する登記がなされなければ、第三者に対して、その権利が自己に帰属することを主張できないことを意味する。

　ここでの最初の問題は、権利を主張するために登記をしなければならない者（登記がなくても権利を主張できる者）は誰かということである。相続は、被相続人の権利義務を包括的に承継するものである（民法896条）ことから、相続による不動産の権利の取得は登記なくしてその権利を第三者に対抗することができるのであり、このことは、特定の遺産を特定の相続人に「相続させる」旨の遺言による法定相続分と異なる相続の場合についても同じとされていた（最高裁平成14年６月10日判決・判例時報1791号59頁）。しかし、新民法899条の２第１項は、「相続による権利の承継は、遺産の分割によるものかどうかにかかわらず、次条及び第901条の規定により算定した相続分を超える部分については、登記、登録その他の対抗要件を備えなければ、第三者に対抗することができない。」と定め、法定相続分（民法900条及び901条の規定により算定した相続分）を超える部分についての従来の扱いを変更し、この規定は令和元年（2019年）７月１日以降に開始する相続について適用されることになっている（相続法改正法附則２条１項）。

　なお、希ではあるが、売買等により所有権が移転しているにもかかわらず、新たな権利者が登記をしないことがある。この場合には、従前の権利者

が所有者として責任を問われ（民法717条1項ただし書、2項）、固定資産税や都市計画税の納税義務を負うこと（地上税法343条2項、702条）があるので、従前の権利者は新たな権利者に対して登記の引き取りを求めることができると解されている。

　次に問題になるのは、登記なくして対抗できない（権利を主張できない）第三者の範囲である。判例は、古くから（大審院明治41年12月15日判決・民録14輯1276頁）、この規定によって保護される第三者というのは、当事者もしくはその包括承継人以外の者で、不動産物権の得喪及び変更の登記欠缺を主張する正当の利益を有する者をいうとしていたが、最高裁昭和40年12月21日判決（判例時報438号28頁）が「民法177条にいう第三者については、一般的にはその善意・悪意を問わないものであるが、不動産登記法4条または5条（注：現行法の5条）のような明文に該当する事由がなくても、少なくともこれに類する程度の背信的悪意者は民法177条の第三者から除外さるべきである。」と判示したことを受けて、従前の「第三者とは正当の利益を有する者をいう」という表現に代えて、「背信的悪意者は第三者に含まれない」と表現されるようになっている。ただ、具体的な事案の判断においては、明治41年の判決も「同一の不動産に関し正当の権原に因らずして権利を主張し、あるいは不法行為に因り損害を加えた者は、第三者に含まれない」としていたのであり、両者の違いは、積極的な表現とするか消極的な表現とするかだけのように思われる。

　なお、特殊な登記として、登記申請に提出すべき情報のうちの特定のものを提供できないとき又は権利部に登記されている権利の設定、移転、変更又は消滅に関して請求権（始期付き又は停止条件付きのものその他将来確定することが見込まれるものを含む。）を保全しようとするときに認められる仮登記の制度があり（不動産登記法105条）、この仮登記に基づいて本登記をした場合は、当該本登記の順位は、当該仮登記の順位によるとされ（不動産登記法106条）、当該仮登記よりも前になされている登記に優先することになっている。

ii　土地の単位

　登記簿に関しては、公図の問題がある。登記所には、登記簿とは別に、「地図及び建物所在図を備え付けるものとする。」（不動産登記法14条1項）とされ、この「地図は、一筆又は二筆以上の土地ごとに作成し、各土地の区画を

明確にし、地番を表示するものとする。」(同条2項)とされているが、現実にはこの地図が作成されていないことが多く、この規定にかかわらず、「地図が備え付けられるまでの間、これに代えて、地図に準ずる図面を備え付けることができ」、この「地図に準ずる図面は、一筆又は二筆以上の土地ごとに土地の位置、形状及び地番を表示するものとする。」とされている(同条4項、5項)。この地図又は地図に準ずる図面の代表的なものが公図であり、土地の境界について争いがある場合に証拠として引用されることが多いが、その証明力について、次のように判示した判決(東京地裁昭和49年6月24日判決・判例時報762号48頁)がある。

「公図は土地台張の附属地図で、区割と地番を明らかにするために作成されたものであるから、面積の測定については必ずしも正確に現地の面積を反映しているとはいえないにしても、境界が直線であるか否か、あるいはいかなる線でどの方向に画されるかというような地形的なものは比較的正確なものということができるから、境界確定にあたって重要な資料と考えられる。したがって、公図と現況とを対照して境界をみる場合は、両者が一致するような線が境界としてより合理性があるということができる。」

なお、国土の実態を調査することを目的とする国土調査法に基づく地籍調査について、国土交通大臣、事業所管大臣又は都道府県知事は、その調査によって作成された地図及び簿冊を認証したとき(国土調査以外の測量及び調査によって作成された地図及び簿冊を国土調査の成果と同等以上の精度又は正確さを有すると認めたときを含む。)は、当該調査に係る土地の登記の事務をつかさどる登記所に、当該地図及び簿冊の写しを送付しなければならず、登記所は、当該地図及び簿冊に基づいて、土地の表示に関する登記及び所有権の登記名義人の氏名若しくは名称若しくは住所についての変更の登記若しくは更正の登記をしなければならず、その調査が土地の所有者の同意を得てなされたものであるときは、登記所は、その地図及び簿冊に基づいて分筆又は合筆の登記をしなければならないとされている(国土調査法19条2項・5項、20条、32条)。

このように、登記簿における土地の特定は筆をもってなされるのであり、筆と筆との境界(「筆界」という。)は登記所に備え付けられた公図に示され

る。しかし、公図は必ずしも現地の状況を正確に反映したものと限らず、具体的な境界が定かでないことが少なくない。このような場合に、隣地の所有者との合意によって境界が定められることがあるが、この場合においては、それが所定の手続きによって公図に反映されない限り、筆界とは認められず、当事者の合意による境界は、公図による境界によって現地における筆界を確定できない場合において、裁判所が筆界を確定するに際しての一つの資料となるにすぎない（最高裁昭和31年12月28日判決・民集10巻12号1639頁）。筆界の確定を求める訴えは筆界確定の訴えと称され、通常の訴訟と異なり、裁判所は訴えを棄却することはできず、必ず判決をもって境界を決定しなければならないが、その境界は当事者の主張に拘束されない。また、この訴訟によって決定されるのは筆界だけであり、所有権の範囲としての土地の境界が決定されるわけではないので、それについての争いがあるときは、所有権の範囲の確認をすることが必要であり、取得時効の主張も筆界とは無関係である。筆界と所有権の範囲や時効取得の範囲が異なるときは、図面をもってその範囲を特定し、筆界確定の訴えとは別に訴訟を提起することが必要である。なお、筆界が確定していないときは、法務局又は地方法務局に対して筆界特定の申請をすることができ、その申請があったときは筆界特定登記官が筆界の特定をし、その内容を公表することとなっており、その手続きの記録は訴訟における証拠資料となるが、裁判所はその結果に拘束されるわけではない（不動産登記法123条〜150条）。

　特殊な例ではあるが、土地の共有者のうちに境界確定の訴えを提起することに同調しない者がいる場合には、境界確定の訴えを提起しようとする共有者は、隣接する土地の所有者と訴えを提起することに同調しない者とを被告として訴えを提起することができるするのが判例（最高裁平成11年11月9日判決・判例時報1699号79頁）である。

（2）　動産に関する物権変動の対抗要件

　「動産に関する物権の譲渡は、その動産の引渡しがなければ、第三者に対抗することができない。」（民法178条）とされる。この規定によると「動産に関する物権の譲渡」全てに「動産の引渡し」が対抗要件となるようであるが、「動産の引渡し」というのは占有の移転のことであり、物権のうちでも占有権、留置権、質権については、占有が権利の発生又は存続の要件であ

り、先取特権は対抗要件を必要としないから、ここで問題になるのは所有権だけであると考えていい。また、動産であっても、倉荷証券や船荷証券によって表象される商品の処分はそれぞれの証券をもってすることが必要であり（商法605条、761条）、登記が必要な船舶（商法686条）及び建設機械（建設機械抵当法3条1項）、登録が必要な自動車（道路運送車両法4条）及び航空機（航空法3条）の所有権の移転は登記又は登録が対抗要件となる。

　ところで、占有というのは、物を現実に直接支配することであり、それを移転するということは、物理的な支配の移転を意味することに間違いない。しかし、占有権という場合の物に対する支配は自らが物理的に直接行うことに限られるものではなく、民法は、自らが直接取得する場合（180条）に加えて、代理人による取得（181条）を認め、その移転の方法として、現実の引渡し（182条1項）、簡易の引渡し（182条2項）、占有改定（183条）、指図による移転（184条）及び占有の性質の変更（185条）について定めている（占有に関するこれらの規定については、後記第2章Iで詳しく述べる）。そして、動産に関する物権の譲渡の対抗要件としての引渡しは、そのいずれでもよいとされているが、現実の引き渡し以外の方法による占有の移転は観念的なものであり、外形に現れないのが通常であることから、対抗要件としては、必ずしも十分ではない。また、動産については、「取引行為によって、平穏に、かつ、公然と動産の占有を始めた者は、善意であり、かつ、過失がないときは、即時にその動産について行使する権利を取得する。」（民法192条）という即時取得（「善意取得」ともいう。）の制度があり、自らが直接保持している場合以外には、この制度によって第三者の権利が優先することがある。

3 ｜ 混同による物権の消滅

　「同一物について所有権及び他の物権が同一人に帰属したときは、当該他の物権は、消滅する。ただし、その物又は当該他の物権が第三者の権利の目的であるときは、この限りでない。」（民法179条1項）とされ、「所有権以外の物権及びこれを目的とする他の権利が同一人に帰属したときは、当該他の権利は、消滅する。この場合においては、前項ただし書の規定を準用する。」とされる（民法179条2項）。これは、同一人に二つ以上の物権を帰属させておく必要がなくなったときは、従たる物権は消滅するというものであり、た

とえば、地上権を有する者が当該土地の所有権を取得した場合には当該地上権が消滅し、地上権の上に抵当権を有する者が当該地上権を取得した場合には当該抵当権が消滅するということを意味する。ただし、ここで消滅するとされる物権が、第三者の権利の目的となっているときのその物権（たとえば、抵当権の目的となっている地上権）は消滅せず、後順位の抵当権がある場合の先順位の抵当権者が当該土地の所有権を取得したときも、その抵当権は消滅しない。権利と義務が同一人に帰属することとなったときにそれらを存続させておく必要がなくなるのは、債権についても同様であり、混同による債権の消滅については民法520条にこれと同様の規定がある。

　また、占有権は、物に対する事実上の支配権であるから、常に他の権利と併存し、混同によって消滅することはない（民法179条3項）。

第2章 占有権

Ⅰ 占有権の取得

1 自己又は代理人による占有の取得

　占有というのは、物を現実に直接支配することであり、占有権というのはその物を占有する権利（物権である。）を意味するが、このことについて、「占有権の取得原因事実は、自己のためにする意思をもって物を所持することであるところ（民法180条）、ここでいう所持とは、社会通念上、その物がその人の事実的支配に属するものというべき客観的関係にあることを指すものと解される。」としたうえで、次のように述べて、道路法に基づく管理の事実だけでは、当該道路敷地を占有することにはならないとした原判決を破棄した判例（最高裁平成18年2月21日判決・判例時報1947号50頁）がある。

　「地方公共団体が、道路を一般交通の用に供するために管理しており、その管理の内容、態様によれば、社会通念上、当該道路が当該地方公共団体の事実的支配に属するものというべき客観的関係にあると認められる場合には、当該地方公共団体は、道路法上の道路管理権を有するか否かにかかわらず、自己のためにする意思をもって当該道路を所持するものということができるから、当該道路を構成する敷地について占有権を有するというべきである。」

　また、次のように判示して、労働組合に使用を認めた庁舎内の掲示板について、それを当該労働組合が占有しているとは言えないとした判例（最高裁昭和59年1月27日判決・労働判例425号30頁）がある。

　「庁舎管理者による庁舎等における広告物等の掲示の許可は、専ら庁舎等における広告物等の掲示等の方法によってする情報、意見等の伝達、

表明等の一般的禁止を特定の場合について解除するものであって、右許可の結果許可を受けた者は右のような伝達、表明等の行為のために指定された場所を使用することができることとなるが、それは、禁止を解除され、当該行為をする自由を回復した結果にすぎず、右許可を受けた者が右行為のために当該場所を使用するなんらの公法上又は私法上の権利を設定され又はこれを付与されるものではなく、また、右許可が国有財産法18条3項にいう行政財産の目的外使用の許可にもあたらないと解すべきことは、当裁判所の判例（最高裁昭和52年（オ）第500号同57年10月7日第一小法廷判決・民集36巻10号2091頁）とするところであ」る。

なお、占有というのは当該物に対する現実の支配を意味するものであるが、相続の場合には、相続人が相続財産である物を相続開始後（相続は死亡によって開始する。民法882条）直ちに自己の現実の支配下に置くことができないことが少なくない。このような場合について、判例（最高裁昭和44年10月30日判決・判例時報576号52頁）は、次のように述べて、占有の承継を認めている。

「被相続人の事実的支配の中にあつた物は、原則として、当然に、相続人の支配の中に承継されるとみるべきであるから、その結果として、占有権も承継され、被相続人が死亡して相続が開始するときは、特別の事情のないかぎり、従前その占有に属したものは、当然相続人の占有に移ると解すべきである。」

意思表示における代理の効果が本人に帰属するように（民法99条）、事実行為である占有についても、代理人によっても、それを取得し、維持することができる（民法181条）。ただ、この場合の代理人はあくまでも、本人のために当該物の占有という事実行為を行うものであるから、意思表示の場合と異なり、本人のためにする意思や本人のためにすることを示す必要はなく、客観的な占有の態様（性質）によって、その効果が本人に及ぶか否かが決せられる。代理人による占有は、代理占有又は間接占有若しくは他主占有と称せられ（本人による占有は、自主占有又は直接占有と称される。）、その典型的な例としては、法定代理人による占有のほか、不動産についての地上権者、借地権者及び借家人による占有や、動産についての賃貸借（レンタル）や使用貸借

における借受人やリース物件の使用者による占有をあげることができる。なお、これらの場合における本人は、所有者を始め、当該物を自己に返還すべきことを求めることができる者であり、本人が取得時効を援用する場合の占有の期間については代理占有の期間も含まれ、その始めにおける善意悪意については民法101条を類推適用して、代理人について判断することになる（大審院大正11年10月25日判決・民集1巻604頁）。代理占有においては、占有代理人も自己のために当該物を所持することが多いが、法人の代表者や従業員が法人のために行う所持は、当該法人の機関（手足）として行うものであり、これらの者に独自の占有は認められないのが原則であり（最高裁昭和32年2月15日判決・判例時報104号18頁、最高裁昭和35年4月7日判決・判例時報219号22頁）、借地上に建物を建設し、それを賃貸している場合も、当該借地を所持しているのは当該建物の所有者であり、当該建物の賃借人は当該所有者の機関である（賃貸は当該建物の使用収益の一つの形態であり、借地の転貸（民法612条）には当たらない。）と解されている。

　ここまで占有権、所持及び占有について述べてきたが、占有制度においては、「本権」という概念も重要である。本権というのは、占有することが法律上認められた権利（「占有すべき権利」ということもできる。）のことであり、代表的なものとしては、所有権、地上権、永小作権、賃借権、留置権がある。占有が事実状態を意味するのに対し、本権は、それを裏付ける法律上の根拠であり、占有者が必ずしも本権を有しておらず、本権を有する者が占有権を有していないことがある（たとえば、盗品を所持する窃盗犯は占有権を有し、その被害者（所有権を有する者）は占有権を有していない。）。そして、占有権を理由とする訴え（後記Ⅱ4参照）については、本権に関する理由に基づく裁判はできないことになっている（民法202条2項）。

2　占有の移転

　占有権の譲渡は、占有している物を現実に引渡すことによって行うのが原則であるが（民法182条1項）、これには幾つかの例外がある。

　① 「簡易の引渡し」と称されるものであり、譲受人又はその代理人が現に占有物を所持する場合には、当該物の占有を移転することなく、現に

占有権を有している者（代理占有における本人）から当該譲受人又はその代理人に対する占有権を譲渡する旨の意思表示と、当該譲受人又はその代理人による譲渡を受ける旨の意思表示だけで、行うものである（民法182条2項）。

② 「占有改定」と称されるものであり、自己が占有している物を以後本人のために占有する意思を表示したときは、本人は、これによって占有権を取得するというものである（民法183条）。これは、自己が所有し、占有している物を売り渡したうえで、引き続きその物を借り受けて使用する、いわゆるリースバックの場合が典型であるが、譲渡担保に供された動産を債務者が引き続き占有する場合においても、当該担保権者は占有改定によって占有を取得したことになり、第三者に対抗できるとされている（最高裁昭和62年11月10日判決（判例時報1268号34頁）等）。

③ 「指図による占有移転」と称されるものであり、代理人によって占有をする場合において、本人がその代理人に対して以後第三者のためにその物を占有することを命じ、その第三者がこれを承諾したときは、その第三者は、占有権を取得するというものである（民法184条）。賃貸している不動産を譲渡した場合に（賃借人の権利は借地借家法によって保護されていることが多い。）、譲渡人から賃借人にその旨の通知をし（債権譲渡についての新民法467条1項参照）、譲受人がそれを承諾するのはその典型的な例である（賃借人の承諾は必要ない。）。

3 ｜ 占有の性質の変更・占有の態様の推定・占有の承継

　占有は物に対する事実的な支配の状態を意味するものであり、それが誰のためになされているかは、客観的な態様によって判断される。すなわち、借主による占有は、それがどんなに長く継続したとしても、貸主のためのものであるという性質が変わることはないが、その場合であっても、その占有者が、自己に占有をさせた者に対して所有の意思があることを表示し、又は新たな権原により更に所有の意思をもって占有を始めたときは、自己のための占有を開始したことになる。これは、民法185条の反対解釈であるが、取得時効（民法162条）の起算点として重要な意味をもつ。

　また、「占有者は、所有の意思をもって、善意で、平穏に、かつ、公然と

占有をするものと推定」され、「前後の両時点において占有をした証拠があるときは、占有は、その間継続したものと推定」される（民法186条）が、これは、取得時効における立証の負担を軽減するためのものである。さらに、「占有者の承継人は、その選択に従い、自己の占有のみを主張し、又は自己の占有に前の占有者の占有を併せて主張することができる。」が、「前の占有者の占有を併せて主張する場合には、その瑕疵をも承継する。」（民法187条）とされるのも、取得時効が成立するのに必要な期間の計算において重要な意味を有する（第1編第6章Ⅳ参照）。

　これらのことについて、相続の場合には、①被相続人の占有が所有の意思のないものであったとしても、相続人は、独自の占有に基づく取得時効の成立を主張することができ、②相続人が独自の占有に基づく取得時効の成立を主張する場合を除き、一般的には、占有者は所有の意思で占有するものと推定されるから（民法186条1項）、被相続人の占有が自主占有（所有の意思をもってする占有を意味する。）に当たらないことを理由に取得時効の成立を争う者は、その占有が他主占有（所有の意思を有しない占有を意味する。）に当たることについての立証責任を負うが、③他主占有者の相続人が独自の占有に基づく取得時効の成立を主張する場合において、その占有が所有の意思に基づくものであるといい得るためには、取得時効の成立を争う相手方ではなく、占有者である当該相続人において、その事実的支配が外形的客観的にみて独自の所有の意思に基づくものと解される事情を自ら証明すべきであるとしたうえで、具体的な事案の判断として、相続人の自主占有を認めた判例（最高裁平成8年11月12日判決・民集50巻10号2591頁）がある。

Ⅱ　占有権の効力

　占有権は、現在の事実的支配の外形を保護し、社会の安定を維持するために認められたものであり、その効力として、民法は、①占有物について行使する権利の適法の推定（188条）、②善意の占有者による果実の取得（189条）、③悪意の占有者による果実の返還（190条）、④占有者による損害賠償（191条）、⑤占有者による費用の償還請求（196条）について定めるとともに、動産の物権変動について⑥即時取得（192条）、⑦盗品又は遺失物の回復（193

条、194条）、⑧占有を失った動物の回復（195条）について定め、さらに占有の訴え（占有訴権といい。）として（197条）、⑨占有保持の訴え（198条）、⑩占有保全の訴え（199条）、⑪占有回収の訴え（200条）と⑫それを行使できる期間（201条）及び⑬占有の訴えと本権との関係（202条）について定めている。以下、順次、その内容について述べる。

1 占有者の権利についての適法性の推定

「占有者が占有物について行使する権利は、適法に有するものと推定する。」（民法188条）とされる。推定というのは、相反する事実が証明されない限り、それを正しいとするということであるが、ここでの推定が成立するのは、占有者は占有物に対して適法な権利を有しているのが普通であるという社会的事実が認められるからである。そうだとするならば、物権の変動について登記や登録の制度によって登記や登録がなされている物については、この推定は働かないことになる。逆に、登記や登録の制度がある物については、登記や登録がなされているという事実によって、その物に対する権利の適法性が推定されるということになる。民法188条の推定は権利の適法性についてだけであり、対抗力については及ばないが、登記や登録がなされている物については、対抗力があることによって、権利の適法性が推定されることになる。

適法なものであると推定される占有物について行使する権利の代表的なものは所有権であるが、それ以外のものであっても、本権（前記Ⅰ1参照）は全て含まれる。ただ、この推定が働く相手方について、判例（最高裁昭和38年10月15日判決・判例時報361号46頁）は、「一般の場合には、登記簿上の不動産所有名義人は反証のない限りその不動産を所有するものと推定すべきである（昭和33年（オ）第214号同34年1月18日第一小法廷判決、民集13巻1頁）けれども、登記簿上の不動産の直接の前所有名義人が現所有名義人に対し当該所有権の移転を争う場合においては右の推定をなすべき限りでなく、現所有名義人が前所有名義人から所有権を取得したことを立証すべき責任を有するものと解するのが相当である。」といい、学説もこれを支持している。

また、この推定は、当該占有者の利益のためだけでなく、第三者の利益のためにも機能するので、債権者が債務者の占有する物（例えば賃借物やリース

物件）を差し押さえた場合には、それが債務者の所有するものであると推定されることになる（当該物が自己の所有するものであると主張する者は、そのこと（賃貸物又はリース物件であること）を立証しなければならない。）。

2 ｜ 占有者の権利と義務

（1） 果実の取得と返還

　自らが使用収益する権利があると信じて物を占有している者（善意の占有者といい、過失の有無を問わない。）は、当該物から生ずる天然果実及び法定果実を取得するとされ（民法88条、189条1項）、自らに使用収益する権利がないことを知りながら占有している者（悪意の占有者）は、その取得した果実を返還し、かつ、既に消費し、過失によって損傷し、又は収取を怠った果実の代価を償還する義務を負うとされている（民法190条1項）。

　これは、「占有者が占有物について行使する権利は、適法に有するものと推定する。」（民法188条）とされることの論理的帰結であるが、たとえ善意の占有者であっても、本権を有する者が現れた場合には、その取得した果実をその者に返還しなければならないのは当然のことであろう。しかし、占有者が自ら悪意であることを認めた場合は別として、あくまでも善意であることを主張するときは、訴訟によって決着をつけるしかない。このことについて、民法189条2項は、「善意の占有者が本権の訴えにおいて敗訴したときは、その訴えの提起の時から悪意の占有者とみなす。」とするので、その訴えが提起された時以降の果実を返還し、損害賠償をしなければならないことになる（最高裁昭和41年6月9日判決・裁判集民83号747頁）。なお、「法律上の原因なく他人の財産又は労務によって利益を受け、そのために他人に損失を及ぼした者」はその利益を返還しなければならないとされるが（民法703条、704条）、占有者の果実返還についての上記の規定は、この不当利得の特例を定めたものと解されている。また、暴行若しくは強迫又は隠匿によって占有をしている者については、悪意の占有者の返還義務について定める民法190条1項の規定が準用されるが（同条2項）、暴行若しくは強迫又は隠匿による占有であるか否かに関係なく、その占有が不法行為に該当するときは、不法行為の規定（民法709条）も適用される。

　ところで、妨害排除という観点からであるが、「隣地の竹木の枝が境界線

を越えるときは、その竹木の所有者に、その枝を切除させることができ」、「隣地の竹木の根が境界線を越えるときは、その根を切り取ることができる。」とされている（民法233条）。そして、境界線を越えたために切り取られた根（例えばタケノコ）の所有権は、切り取った者に属するとされるが、これも占有の効果ということができよう（土地に生育するものは当該土地の天然果実である。前記第1章Ⅰ3参照）。

（2） 占有者の損害賠償義務と費用の償還請求

　占有が本権に基づくものであるときは、占有者とその物の回復者（本権を有する者）との関係は、本権について定める法律及び契約によって定められる。民法が占有権の効力として定める占有者による損害賠償及び費用償還請求は、そのような法律又は契約が適用にならない場合についてのものである。

　まず、占有者による損害賠償義務については、「占有物が占有者の責めに帰すべき事由によって滅失し、又は損傷したときは、その回復者に対し、悪意の占有者はその損害の全部の賠償をする義務を負い、善意の占有者はその滅失又は損傷によって現に利益を受けている限度において賠償をする義務を負う。ただし、所有の意思のない占有者は、善意であるときであっても、全部の賠償をしなければならない。」（民法191条）とされる。ここで悪意の占有者、善意の占有者というのは、占有物から生ずる果実の取得権について（前記（1）参照）と同じであり、自らに占有する権利がないことを知っている（そうではないかと疑いを持っている場合を含む。）か否かによる区分である。ただし、所有の意思のない占有、すなわち、他人の物として占有している場合は、自分が占有している間に当該物について生じた滅失又は損傷の全部を賠償しなければならない。このただし書きに該当する典型的な例は他人の物を借りている場合であるが、使用貸借及び賃貸借については、「契約の本旨に反する使用又は収益によって生じた損害の賠償及び借主が支出した費用の償還は、貸主が返還を受けた時から1年以内に請求しなければならない。」（民法600条、621条）とされ、この「損害賠償の請求権については、貸主が返還を受けた時から1年を経過するまでの間は、時効は、完成しない。」（新民法600条2項、622条）という特別な規定（損害賠償請求権の時効について定める民法724条の特例）がある。なお、「賃借物件の損耗の発生は、賃貸借という契約

の本質上当然に予定されているものであるから、賃借人は、特約のない限り、通常損耗等についての原状回復義務を負わず、その補修費用を負担する義務も負わない。」とするのが判例（最高裁平成23年3月24日判決・判例時報2128号33頁）であり、これを受けて新民法621条は、賃借人の原状回復義務として次のように定めている。

「賃借人は、賃借物を受け取った後にこれに生じた損傷（通常の使用及び収益によって生じた賃借物の損耗並びに賃借物の経年変化を除く。以下この条において同じ。）がある場合において、賃貸借が終了したときは、その損傷を原状に復する義務を負う。ただし、その損傷が賃借人の責めに帰することができない事由によるものであるときは、この限りでない。」

占有者は、占有物を保存するのはもちろん、必要に応じてそれに改良を加えることもある。その占有物の返還を受けた者（「回復者」という。）は、この保存又は改良による利益を受けることになるが、その物が保存されたことによる利益は絶対的であるのに対し、改良されたことによる利益は、常に存在するとは限らないので、民法は、両者を分けて規定している。

まず、保存のために要した費用については、「占有者が占有物を返還する場合には、その物の保存のために支出した金額その他の必要費を回復者から償還させることができる。」のが原則であり、「占有者が果実を取得したときは、通常の必要費は、占有者の負担に帰する。」とされている（民法196条1項）。この場合においては、占有者の善意、悪意は問題にならず、果実には天然果実と法定果実がある（民法88条）が、法定果実には当該占有物を無償で使用したことによる利益が含まれる。

次に、改良のために要した費用については、「占有者が占有物の改良のために支出した金額その他の有益費については、その価格の増加が現存する場合に限り、回復者の選択に従い、その支出した金額又は増加額を償還させることができる。」のが原則であるが、占有者が悪意の場合は、「裁判所は、回復者の請求により、その償還について相当の期限を許与することができる。」とされている（民法196条2項）。この場合においても、占有者の善意、悪意は問題にしないのが原則であるが、占有物の返還と費用又は増加額の償還は同時履行の関係（民法295条、533条参照）になるので、占有者が悪意の場合

第2編・物権

第2章　占有権

は、占有物の返還を先にさせることを裁判所に求めることができるとされたものである。

3 ｜ 動産の物権変動

「物権の設定及び移転は、当事者の意思表示のみによって、その効力を生ずる。」（民法176条）とされ、「動産に関する物権の譲渡は、その動産の引渡しがなければ、第三者に対抗することができない。」（民法178条）とされる。この結果、動産については、物権の設定又は移転をすることの意思表示があり、目的物の引渡しがあれば、第三者に対抗することができることになる。ただ、この場合における意思表示は、当該物を処分する権限と行為能力を有する者によってなされることが必要であり、無権限者又は行為無能力者による意思表示によって物権変動の効果が生ずることはないし、制限行為能力者による意思表示は取り消されることがある（第1編第2章Ⅱ2及び3参照）。

（1） 即時取得

不動産については登記による権利の公示方法があり、動産にも登記や登録による権利の公示の制度を有するものがあり、これらの場合は、登記や登録が第三者に対する対抗要件となっている（前記第1章Ⅱ2参照）。そして、このような制度の対象とならない動産（この款において、単に「動産」と称する。）については、「占有者が占有物について行使する権利は、適法に有するものと推定する。」（民法188条）という占有一般についての原則を一歩進めて、「取引行為によって、平穏に、かつ、公然と動産の占有を始めた者は、善意であり、かつ、過失がないときは、即時にその動産について行使する権利を取得する。」（民法192条）とされる。

これは、「即時取得」あるいは「善意取得」と称されるものであり、この規定が適用される要件は次のとおりである。

① 目的となるのが動産であること
② 無権利者からの取得であること
　これは、即時取得の主張に対して、譲渡人が無権利者であることを抗弁とすることができないという意味であり、債務者の所有に属さない動産が強制競売に付された場合には、競落人はそれを即時取得するとされ

ている（最高裁昭和42年5月30日判決・判例時報486号39頁）。なお、権利者からの取得であれば、即時取得というまでもなく、通常の意思表示による権利の移転の問題として処理できる。

③　取引行為によること

即時取得は、取引の安全を保護するためのものである。ここで取引行為というのは、当該動産についての権利変動を生ずる行為であり、法律行為と同義である（弁済も含まれる。）。即時取得を主張するためには、当該取引行為自体が有効であることが必要であり、それに瑕疵（権利能力や行為能力の制限、意思表示や代理権の瑕疵）があることによってそれが無効とされ、又は取り消されたとき（第1編第4章Ⅳ参照）には、即時取得の効果は生じない。

④　譲受人が善意・無過失であること

占有者が権限を有することは民法188条によって推定されるから、譲受人は無過失の立証責任を負わないが、相当の注意をしたならば、譲渡人が無権利者であることを知ることができたときは、過失ありとされる（立証責任は、即時取得を否定する側にある。）。また、強制競売における競落人は、当該動産の所有者を確認するための調査をしなかったとしても過失があることにはならないとされる（最高裁昭和39年5月29日判決・判例時報378号22頁）。

⑤　占有が移転すること

即時取得は、占有の移転という外観の変化に対抗力を与えるものであるから、この占有の移転が外観上の占有状態に変化が表れない占有改定であるときは、即時取得の効力は生じない（最高裁昭和35年2月11日判決・判例時報214号21頁）。

⑥　占有の開始が平穏かつ公然であること

平穏かつ公然というのは、暴行若しくは強迫又は隠匿の反対概念である。

（2）　盗品又は遺失物の回復

即時取得は、占有の事実を尊重して、取引の安全性を確保しようとするものであるが、前主の占有が不法なものである場合には、新たに所有権を取得した者とのバランスを図ることが必要である。

第2章　占有権　　131

そこで、即時取得が成立する場合においても、その目的物が「盗品又は遺失物であるときは、被害者又は遺失者は、盗難又は遺失の時から2年間、占有者に対してその物の回復を請求することができる。」(民法193条)とされる。そして、この場合の占有者と回復者と関係については、民法191条、196条1項及び2項前段の規定が適用される(前記2(2)参照)が、占有者は、その取得に要した費用を回復者に請求することはできず、前主に対して不当利得の返還請求(民法703条)をすることになる。

　この盗品又は遺失物の回復についての規定は、盗品の被害者が即時取得の要件を具備しない占有者に対してその物の返還請求権を有することができることを当然の前提としたものである(最高裁昭和59年4月20日判決・判例時報1122号113頁)が、盗品又は遺失物について、占有者がそれを「競売若しくは公の市場において、又はその物と同種の物を販売する商人から、善意で買い受けたときは、被害者又は遺失者は、占有者が支払った代価を弁償しなければ、その物を回復することができない。」(民法194条)とされる。これは、本来の権利者(前主)の利益よりも取引の安全を保護することが重要である場合についての特例であり、盗品というのは窃盗又は強盗によって所持を奪われた物(詐欺や横領による物を含まない。)を、遺失物というのは占有者の意思によらないでその所持を離れた物であって盗品に該当しないものを意味する。ただ、盗品又は遺失物を古物商が「公の市場において又は同種の物を取り扱う営業者から善意で譲り受けた場合」又は質屋が「同種の物を取り扱う営業者から善意で質に取った場合」には、盗難又は遺失の時から1年以内であれば、被害者又は遺失主は、無償で回復することができるとされている(古物営業法20条、質屋営業法22条)。

(3) 動物の占有による権利の取得

　動物も動産として所有権の目的となり、野生の動物、すなわち所有者(飼い主)のいない動物を捕獲した者は、所有の意思をもってそれを占有することによってその所有権を取得する(民法239条1項)。しかし、その動物がその占有を離れたときは、その所有権を有する者の存在さえ定かでなくなる。このようなことを考慮して、民法は、その195条で「家畜以外の動物で他人が飼育していたものを占有する者は、その占有の開始の時に善意であり、かつ、その動物が飼主の占有を離れた時から1箇月以内に飼主から回復の請求

を受けなかったときは、その動物について行使する権利を取得する。」と定める。

　民法195条が対象とするのは「家畜以外の動物」であり、ここで「家畜」というのは、その地方においては自然に生育することなく、飼育されることが普通な動物を意味し、それには、農場等で飼育する動物だけでなく、動物園・水族館の動物やいわゆるペットとして飼育されている動物も含まれる（日本においては九官鳥は家畜であるというのが判例（大審院昭和7年2月16日判決・民集11巻138頁）である。）。そうすると、「家畜以外の動物で他人が飼育していたもの」というのは、野生に生育する動物を捕獲して飼育していたものと同じ意味だということになる。

　家畜以外の動物が飼主（占有者）の手元を離れた後（その原因が取引によると、当該動物の逃走や逸走によるものであるとを問わない。）、それが他人の占有するものであることを知らないで、その占有を開始した者（当該動物を取得又は捕獲した者）は、飼主の占有を離れてから1月以内であれば、当該飼主に返還しなければならないが、その期間を経過した後は、その所有権を取得することになる。

4 ┃ 占有の訴え

　近代法は、私人間の紛争の解決を国家の重要な機能の一つとした。このことは、現状を変更するためには、法定の手続きによって司法判断を求めることが必要であり、その手続きを経ないで現状を変更すること（「自力救済」という。）を禁止し、実力でした変更を元に戻すこと（原状回復）を国家に求める権利を認めることを意味する。

　占有の訴え（「占有訴権」ともいう。）は、物に対する事実上の支配状態を保護、維持するための実体法上の権利であり、自己のために占有する者だけでなく、他人のために占有する者（以下、両者を併せて「占有者」という。）にも認められる（民法197条）。占有を侵害した者に対する損害賠償請求も認められるが、その要件は不法行為の一般原則によることになる。

（1）　占有保持の訴え

　占有保持の訴えというのは、占有者が占有を妨害されたときに、その妨害

の停止を求める訴えであり、その妨害によって被った損害の賠償を請求することを含む（民法198条）。占有を奪取された場合については後述（3）の占有回収の訴えが用意されているので、ここでの占有の妨害というのは、占有の移転に至らない程度の妨害を意味する。具体的な例としては、隣地の工事等により家屋が倒壊しそうになる、占有している土地に土砂等を放置される、倒壊した隣地の樹木や建物が自己の所有地に放置される等をあげることができるが、断続的に道路法上の道路の交通を妨害したり、今にも道路の交通を妨害するかのような態度を示していた者に対して、道路管理者が提起した占有保持の訴えについて、次のように述べている判例（最高裁平成18年2月21日判決・判例時報1947号50頁）がある。

「占有権の取得原因事実は、自己のためにする意思をもって物を所持することであるところ（民法180条）、ここでいう所持とは、社会通念上、その物がその人の事実的支配に属するものというべき客観的関係にあることを指すものと解される（大審院昭和15年（オ）第1号同年10月24日判決・法律新聞4637号10頁参照）。

　そうすると、地方公共団体が、道路を一般交通の用に供するために管理しており、その管理の内容、態様によれば、社会通念上、当該道路が当該地方公共団体の事実的支配に属するものというべき客観的関係にあると認められる場合には、当該地方公共団体は、道路法上の道路管理権を有するか否かにかかわらず、自己のためにする意思をもって当該道路を所持するものということができるから、当該道路を構成する敷地について占有権を有するというべきである。」

占有保持の訴えにおいては、妨害の停止を求めることができるのであるが、そのための費用は、故意、過失の有無に関係なく、妨害者（妨害物の所有者又は管理者）において負担すべきであろう。また、妨害者は当該妨害物の所有権を放棄することによって、その責任を免れることはできない（このような理由による権利の放棄は権利の濫用となる。後記（5）参照）。ただ、損害賠償については、この場合にも過失責任の原則によるべきであり、故意、過失のない者に請求することはできないと考えられる（民法717条が適用になる場合は、請求権競合となる。）。

なお、「占有保持の訴えは、妨害の存する間又はその消滅した後一年以内に提起しなければならない。ただし、工事により占有物に損害を生じた場合において、その工事に着手した時から一年を経過し、又はその工事が完成したときは、これを提起することができない。」（民法201条1項）とされるのは、占有の訴えが現状を維持することを目的とするものから生ずる制約である。

（2） 占有保全の訴え

占有保全の訴えというのは、占有者がその占有を妨害されるおそれがあるときに、その妨害の予防を求める訴えであり、その妨害によって被るべき損害の賠償の担保を請求することを含むものである（民法199条）。

具体的には、他者の占有地に2度に渡って古材を運び込んだ以上、反対の事情がない限り、将来においても占有を妨害するおそれがあるとされ（東京地裁昭和31年11月29日判決・週刊法律新聞33号12頁）、雨樋のない建物からの雨水の散水又は流下が隣地及びそれを敷地とする居宅の占有を妨害するおそれがあるとされた（佐賀地裁昭和32年7月29日判決・判例時報123号1頁）例があり、隣地との間に断崖を設け、隣地を崩壊の危険にさらした場合等も占有を妨害するおそれがあるときに該当するであろう。

なお、「占有保全の訴えは、妨害の危険の存する間は、提起することができる。」（民法201条2項前段）とされるが、これは事柄の性質上、当然のことであろう。またこの場合において、工事により占有を妨害されるおそれがあるときは、「その工事に着手した時から1年を経過し、又はその工事が完成したときは、これを提起することができない。」とされる（民法201条2項、1項ただし書）。

（3） 占有回収の訴え

占有回収の訴えというのは、占有者がその占有を奪われたときに、その物の返還を求める訴えであり、それによる損害の賠償の請求を含むものである（民法200条1項）。

占有を奪われたというのは、元の占有者の意思に反して占有が移転されたということであり、現実に占有の移転がなされることが必要であり、それが占有の性質の変更（民法185条）による場合は該当しない（最高裁昭和34年1月

8日判決・民集13巻1号17頁）。また、「占有回収の訴えは、占有を侵奪した者の特定承継人に対して提起することができない。」（民法200条2項本文）とされるが、特定承継人というのは取引（契約）によって所有権を取得した者のことであり、この定めは取引の安全のためのものであるから「その承継人が侵奪の事実を知っていたときは、この限りでない。」（民法200条2項ただし書）とされる。ただし、ここで「侵奪の事実を知っていた」というのは文字通りの意味であり、単にその可能性を認識していたにすぎない場合を含まないとされる（最高裁昭和56年3月19日判決・民集35巻2号71頁）。

　なお、占有回収の訴えは、占有を奪われた時から1年以内に提起しなければならない（民法201条3項）とされるが、これは、たとえ奪った占有であっても、その状態が1年を超えて継続するときは、その状態を保護することが社会の平穏を維持することに繋がるとしたものであろう。これを逆に言えば、未だ保護すべき状態にない占有については、前占有者はそれを自力で取り戻すこと（盗品を保持して逃走中の犯人を追跡し、自己の占有を回復すること等）も可能であると考えられる（最高裁昭和59年4月20日判決（判例時報1122号113頁）参照）。

（4）　占有回収の訴えと本権の訴えとの関係

　占有の訴えを認めるということは、先ずは占有しているという事実を尊重すべきであるということであるから、たとえ、占有の妨害や占有の奪取が本権を有する者によってなされる、又はなされた場合であっても、占有者の利益が優先されることを意味する。すなわち、占有物について所有権その他の本権を有する者が、その権利に基づいて占有物の引き渡しを訴求し、自己に占有を移すことができるのは当然であるが、たとえ本権を有する者であっても、それ以外の方法で占有者の意思に反してその占有を自己に移すのは不法であり、不法に占有を奪われた者は、その侵奪者が（現占有者）が誰であっても、その返還を請求することができ、その請求に対して、侵奪者は本権を有することをもって抗弁とすることはできない（大審院大正8年4月8日判決（民録25輯657頁）参照）。ただ、本権を有する者は本権に基づいて当該物の返還を求めることができ（最高裁昭和59年4月20日判決・判例時報1122号113頁）、占有回収の訴えで敗訴しても、（それを返還した後で）本権に基づく引き渡し請求を提起することができるのは当然のことである。民法202条が、その1項

で「占有の訴えは本権の訴えを妨げず、また、本権の訴えは占有の訴えを妨げない。」とし、2項で「占有の訴えについては、本権に関する理由に基づいて裁判をすることができない。」としているのはこのことを意味する。

(5) 占有権の消滅

「占有権は、占有者が占有の意思を放棄し、又は占有物の所持を失うことによって消滅する。」(民法203条本文)が、占有物の所持を失った場合でも「占有者が占有回収の訴えを提起したとき」は、占有権は消滅しない(民法203条ただし書)。これは、占有権が「自己のためにする意思をもって物を所持することによって」取得される(民法180条)ものであることによる論理的な帰結である。ただ、占有者は占有物によって他人が損害を被った場合の責任を有することがあり(民法709条、717条1項・2項)、その責任を回避するために占有の意思を放棄し、又は占有物を放棄することは、権利の濫用(民法1条3項)として、許されない(事例判断としてではあるが、土地の管理責任を免れるために、所有権を放棄し、国に帰属させることは認められないとする判決(広島高裁松江支部平成28年12月21日判決・訟務月報64巻6号863頁)がある。)。

なお、民法203条ただし書「占有者が占有回収の訴えを提起したとき」の意味は、占有を奪われた者が、「占有回収の訴を提起して勝訴し、現実にその物の占有を回復したときは、右現実に占有しなかつた間も占有を失わず占有が継続していたものと擬制されると解するのが相当である。」とするのが判例(最高裁昭和44年12月2日判決・判例時報584号60頁)であり、これは、取得時効(民法162条)の成否について重要な意味をもつ。

また、「代理人によって占有をする場合には、占有権は、次に掲げる事由によって消滅する。」(民法204条1項)とされる一方、代理権が消滅しただけでは、占有権は消滅しないとされている(民法204条2項)。

① 本人が代理人に占有をさせる意思を放棄したこと。
② 代理人が本人に対して以後自己又は第三者のために占有物を所持する意思を表示したこと(このことが代理人による占有の奪取に該当しないことについては前記3参照)。
③ 代理人が占有物の所持を失ったこと。

第3章 所有権

I 所有権の意味

　財産権の絶対という思想は近代の自由主義国家における大原則であるが、このことについて、憲法29条は、その1項で「財産権は、これを侵してはならない。」としつつ、その2項で「財産権の内容は、公共の福祉に適合するやうに、法律でこれを定める。」としている。すなわち、財産権は絶対であるとしながら、他の基本的人権と同様、公共の福祉のためには制限されることがあり、その制限は法律で定めなければならないとされるのである。この規定を受けた代表的な法律が民法であり、その第2編第3章第1節は財産権の中核をなす所有権の内容及び範囲並びに相隣関係（土地の利用・調整）について定めている。

1　所有権の内容及び範囲

（1）　物権的請求権

　所有権の内容について、民法206条は、「所有者は、法令の制限内において、自由にその所有物の使用、収益及び処分をする権利を有する。」と定める。「法令の制限」としては、民法自体が相隣関係として209条から238条までに規定を置いているが、その外に公法上のものがある（代表的なものとして、所有権を移転し、又は抵当権を設定し、若しくは移転すること以外の私権の行使を禁止する道路法4条や農地を農地以外のものにするには許可が必要であるとする農地法4条がある。）。また、自由に権利を行使できるとされるが、それが権利の濫用になることがあってはならない（民法1条3項）のは当然のことである。

　ともあれ、法令の制限はあるとしても、所有権というのは「自由にその所有物の使用、収益及び処分をする権利」を意味し、その権利は誰に対しても行使（主張）できるもの（物権）である。このことは、その所有物の使用、収益又は処分をすることが妨げられている場合には、所有者において、その妨

害を排除し、所有権を行使できる状態に復することができることを意味する。民法は、占有権について占有の訴えとして3つの類型を定める（第2章Ⅱ4参照）だけで、所有権についての定めを置いていないが、所有権については、占有権に基づくよりも、より完全な形での物権的請求権が認められることに異論はない。

① 所有物返還請求権

　占有を失った所有者は、占有している者に対して、その物の返還を請求できる。ただ、この場合の所有者は、第三者対抗要件を備えていなければならず、不動産についての登記や一定の動産についての登録が必要とされることがあるが、不法行為者に対する請求の場合は、対抗要件は不要である。これに対して、この請求を受けた者は、自己に占有権があること（有効な貸借契約の存在等）を抗弁とすることができる。なお、相手方が即時取得又は取得時効によって所有権を取得している場合は、その反射的な効果として従前の権利は消滅しているので、従前の所有者がこの権利を行使することはできない。

　この返還請求は、相手方の費用で当該物を返還すべきことを求めるものであるが、返還について相手方の作為を要しない場合の費用は、返還を求める所有者が負担すべきであろう。また、相手方が占有している期間中に生じた費用の負担や損害賠償については、占有（民法189条～191条、196条）、不当利得（民法703条）、不法行為（民法709条）等の規定によることになる。

② 所有物妨害排除請求権

　占有の喪失以外の事由によって、所有物の使用、収益又は処分の自由が妨げられることがある。例えば、隣地に生育する樹木が自己の所有地に倒れたとき、隣地の掘削により自己の所有地が崩壊したとき、自己の所有地内の水路を埋め立てられたとき等は、その妨害状態を除去するよう請求することができる（所有物返還請求の場合は妨害物収去・土地明け渡し請求であるが、この場合は妨害物収去請求だけとなる。）。この場合も、その妨害を排除するための費用は相手方の負担とされるのであるが、そのことの故に（相手方に過大な費用負担を求めるものであるために）、この請求権の行使が権利の濫用であるとされることがある。ただ、妨害排除の請求が認

められない場合であっても、損害賠償の請求が認められる（原状回復は無理でも、金銭による損害の補填は可能である。）ことも多いであろう。

③　所有物妨害予防請求権

　前記の所有物返還請求権及び所有物妨害排除請求権は、いずれも所有権に対する侵害がなされた後に発生する権利であるが、そのような侵害が発生する可能性が高いときは、事前に予防する権利が認められてしかるべきである。このことについて、判例（大審院大正9年5月14日判決・民録26輯704頁）、要旨は次のように述べている。

　　「所有者の所有権に基づく物権的請求権は、他人の挙措によりて、事実上の状態が所有権の内容に適せざるに至りたる場合に、所有権の内容に適する状態を将来に向けて回復するを目的とするものなれば、所有権の内容に適せざる状態の存すること、即ち所有権の侵害せらるることをもってその発生要件となすは論なき所なれども、その侵害は現に継続して外形的に物の上に加えらるるものたるを要せず、加えられし侵害が将来さらに加えらるるのおそれある場合においても、所有権はなお侵害を脱せざるをもって、この場合においても所有者は物権的請求権を有し、当該侵害行為を将来に向けて禁止することを請求し得べきものとす」

（2）　土地

　土地所有権の範囲については、「土地の所有権は、法令の制限内において、その土地の上下に及ぶ。」（民法207条）とされ、ここでの「土地の上下」というのは一般に管理可能な地下及び空中を意味すると解されている。なお、この条文では、政令によっても土地の所有権を制限することができるように見えるが、法律に基づかない政令を制定することはできず（憲法73条6号本文）、財産権の内容は法律事項とされる（憲法29条2項）ので、政令によって独自の制限を設けることはできない。

①　土地の取引の単位

　所有権の目的としての土地の単位として「筆」がある。筆は、土地を適宜区分したものであり、それぞれに地番が付され、登記所に備え付け

られた地図によってその区画を知ることができる（不動産登記法14条、35条）。通常の取引は、筆を単位としてなされるが、1筆の一部であっても区画を明確にしてその目的とすることはできるし、実際に占有していた土地の部分が問題となる取得時効にあっては、1筆の一部について時効取得することもあり得る（この場合は、当該部分を分筆し、所有権の取得を登記しなければ第三者に対抗できない。）。

② 地下の利用

　地下の利用については、鉱業法が、鉱業権（登録を受けた一定の土地の区域（鉱区）において、登録を受けた鉱物及びこれと同種の鉱床中に存する他の鉱物を掘採し、及び取得する権利をいう。）を土地の所有権とは別個の物権として認めているほか、大深度地下の公共的使用に関する特別措置法が、①建築物の地下室及びその建設の用に通常供されることがない地下の深さ（地表から40メートルとされる。）と②当該地下の使用をしようとする地点において通常の建築物の基礎ぐいを支持することができる地盤（その地盤において建築物の基礎ぐいを支持することにより当該基礎ぐいが1平方メートル当たり2500キロニュートン以上の許容支持力を有することとなる地盤）に10メートルを加えた深さを比較して、いずれか深い方以上の深さの地下を「大深度地下」と定義し（同法2条1項、同法施行令1条・2条）、対象地域を限定したうえで、国土交通大臣等の認可を得て、そこで道路、河川、鉄道等の事業を行うことができるとしており、そこでは、該当する土地について、通常生ずる損害の補償はなされるものの、その所有者の同意を得ることは要件とされていない。

③ 空中の利用

　空中の利用については、都市計画法や建築基準法が一般的な制限を定めているほか、空港についての「告示で示された進入表面、転移表面又は水平表面（これらの投影面が一致する部分については、これらのうち最も低い表面とする。）の上に出る高さの建造物（その告示の際現に建造中である建造物の当該建造工事に係る部分を除く。）、植物その他の物件を設置し、植栽し、又は留置してはならない。」（航空法49条1項）とされている（通常生ずる損害の補償はなされる。）。

(3) 地下水

　地表を流れている水（表流水）は、常に変動し、同一性を有しておらず、管理することができないから、そのままでは（容器に収容しない限り）所有権の目的とはならない。河川の流水は河川管理者の許可を得て、占用することができるが（河川法23条）、これは流水が所有権の目的とならないことを前提とするものである。

　これに対し、土地から自然に湧出した水（湧出水）がその土地に浸潤して、まだ溝渠その他の水流に流出しない間は、当該土地の所有者が自由に使用することができるとされるが、その水を自分の土地に引いた後の流水の使用については、下流の土地の所有者の利益を保護するための制限を受けるとされ（大審院大正4年6月3日判決・民録21輯886頁）、他人の土地から湧出する流水を長年自分の田畑に灌漑する慣行があるときは、その田畑所有者に当該流水の使用権が生じ、水源地の所有者はそれを侵すことができないことは、一般に認められた慣習法であるとされる（大審院大正6年2月6日判決・民録23輯202頁）。

　土地を掘削して（井戸を掘って）、地下水を汲み上げた場合についても、湧出水についてと同じように考えることができるが、それが人為的な行為であることから生ずる問題がある。すなわち、新設の井戸の掘削が既存の井戸に悪影響を与えた場合に、新設の井戸の掘削者は、既存の井戸の所有者（利用者）に何らかの責任を負うか、後者は前者に対して井戸の掘削の差し止めや原状回復を求めることができるかが問題になる。河川法が適用又は準用される河川の流水の使用についての調整は河川管理者の権限であるが、地下水については、そもそも当該地下水の流れ道（地下水脈）を認識すること自体が容易ではなく、それを管理する者も存在しないという状況において、既得権利者の利益をどこまで保護すべきかを考えなければならない。このことについては、下級審ではあるが、近接する場所に井戸が存在することを知り、新たな井戸の掘削が既設の井戸に何らかの影響を与えることがあり得ると認識することができた者は、既設の井戸に汚染や枯渇等の悪い影響を当てることがないよう所用の調査をした上で適切な工法を選択する注意義務があるとした判決（東京高裁平成24年5月9日判決・判例時報2159号63頁）がある。

2 相隣関係（土地の利用・調整）

　相隣関係というのは、限りある国土において、隣接し合う土地を有効に活用するためになされる所有権の調整のことであり、所有権を土地に対する完全な支配と見たときには、隣地との関係における限界（相手方の行為を受忍すべき範囲）を意味する。民法が定める相隣関係の規定は、地上権者間又は地上権者と土地の所有者との間に準用されることについては明文の規定（民法267条）があるが、土地の賃借人と土地の所有者との間にも準用されるとする判例（民法213条についての最高裁昭和36年3月24日判決（判例時報254号18頁））がある。

　以下に述べるように、民法は種々の場合を想定した規定を置いているが、これらのいずれかの規定がそのまま当てはまらない場合においても、これらの規定の趣旨を根拠として、水道管やガス管等の敷設のための隣地使用権を認め、権利濫用の理論によって所有権に基づくこれらの設備の撤去請求を排斥した多数の判決例がある。なお、下水道法は、土地の所有者等に土地の下水を公共下水道に流入させるために必要な排水設備の設置を義務付けてる一方、その義務者は「他人の土地又は排水設備を使用しなければ下水を公共下水道に流入させることが困難であるときは、他人の土地に排水設備を設置し、又は他人の設置した排水設備を使用することができる。」として、その際の費用の負担や補償についての規定を置いている（同法10条、11条）が、これも広い意味の相隣関係である。

（1）　隣地の使用

　民法209条は、その1項で「土地の所有者は、境界又はその付近において障壁又は建物を築造し又は修繕するため必要な範囲内で、隣地の使用を請求することができる。ただし、隣人の承諾がなければ、その住家に立ち入ることはできない。」とし、その2項で「前項の場合において、隣人が損害を受けたときは、その償金を請求することができる。」と定める。

　障壁や建物を自らが占有する土地に建造したり、修理するための足場を作ったり、作業をするために、隣地に立ち入ることが必要な場合がある。相手方の承諾を得て、隣地に立ち入ることができるのは当然のことであるが、どうしても同意を得ることができない場合は、裁判所に訴えて、承諾に代わ

る判決（民法414条1項ただし書）を得ることができるというのが民法209条1項の意味である。ただし、住家に立ち入ることを認めるか否かは居住者の自由であり、裁判所に訴えることはできない。

（2） 公道に至るための他の土地の通行

　民法210条は、その1項で「他の土地に囲まれて公道に通じない土地の所有者は、公道に至るため、その土地を囲んでいる他の土地を通行することができる。」とし、その2項で「池沼、河川、水路若しくは海を通らなければ公道に至ることができないとき、又は崖があって土地と公道とに著しい高低差があるときも、前項と同様とする。」と定める。

　これらの規定によって認められる通行権は、袋地通行権あるいは囲繞地通行権と称せられ、通行地役権（民法280条）と共通するところがあるが、通行地役権は契約によって生ずるものであるのに対し、囲繞地通行権は、隣接する土地の存在とその周囲の状況によって当然に認められるという違いがある。この通行権が認められるためには、当該土地が他の土地に囲まれて公道に通じないか、池沼、河川、水路若しくは海を通らなければ公道に至ることができない状態にあることが必要であり、既存の通路が建物の新築や増築に際して必要とされる幅員に足りないということでは認められない（最高裁昭和37年3月15日判決・民集16巻3号556頁）。

　囲繞地通行権が認められる場合には、「通行権を有する者は、必要があるときは、通路を開設することができる。」（民法211条2項）が、その通行の場所及び方法は、その通行権を有する者のために必要であり、かつ、他の土地のために損害が最も少ないものを選ばなければならず（民法211条1項）、この「通行権を有する者は、その通行する他の土地の損害に対して償金を支払わなければならない。ただし、通路の開設のために生じた損害に対するものを除き、1年ごとにその償金を支払うことができる。」（民法212条）とされる。

　なお、従来公道に通じていた土地が分割された結果、「公道に通じない土地が生じたときは、その土地の所有者は、公道に至るため、他の分割者の所有地のみを通行することができる。この場合においては、償金を支払うことを要しない。」（民法213条1項）とされるが、これは、囲繞地を作り出した原因が土地の分割にある以上、そのことによる不利益を隣地の所有者に負わせることはできないということである。また、土地の一部の譲渡によって囲繞

地が作り出された場合には、無償でその土地の譲渡人の土地のみを通行することができるとされるのも（民法213条2項）、同じ理由である。

ところで、建築基準法は建築物の敷地について接道要件を定めているが、それと囲繞地通行権との関係について次のように判示した判例（最高裁平成11年7月13日判決・判例時報1687号75頁）がある。

> 「民法210条は、相隣接する土地の利用の調整を目的として、特定の土地がその利用に関する往来通行につき必要不可欠な公路に至る通路を欠き袋地に当たる場合に、囲繞地の所有者に対して袋地所有者が囲繞地を通行することを一定の範囲で受認すべき義務を課し、これによって、袋地の効用を全うさせようとするものである。一方、建築基準法43条1項本文は、主として避難又は通行の安全を期して、接道要件を定め、建築物の敷地につき公法上の規制を課している。このように、右各規定は、その趣旨、目的等を異にしており、単に特定の土地が接道要件を満たさないとの一事をもって、同土地の所有者のために隣接する他の土地につき接道要件を満たすべき内容の囲繞地通行権が当然に認められると解することはできない。」

また、建築基準法42条1項5号によるいわゆる位置指定道路については、そこを通行することについて日常生活上不可欠の利益を有する者は、その通行をその敷地の所有者によって妨害され、又は妨害されるおそれがあるときは、敷地所有者がその通行を受忍することによって通行者の通行利益を上回る著しい損害を被るなどの特段の事情のない限り、敷地所有者に対して右妨害行為の排除及び将来の妨害行為の禁止を求める権利（人格権的権利）を有するとする判例（最高裁平成9年12月18日判決・判例時報1625号41頁）がある。

（3） 自然水流に対する妨害の禁止

水が高地から低地に向かって流れるのは自然現象であり、これを妨げることは許されない。このことについて、民法214条は「土地の所有者は、隣地から水が自然に流れて来るのを妨げてはならない。」と定める。ここで「水が自然に流れて来る」というのは、表流水としてだけでなく、地下水として流れてくる場合を含むが、それは「自然に流れて来る」ものであるから、排

水のための設備が設けられた場合や盛土をしたために流れて来るようになった水は含まれない。

　上流からの水の流れを妨害することは上流の土地の所有権又は占有権を侵害することであり、低地に水が流れるような工事をし、設備を作ることは、低地の所有権又は占有権を侵害することとなるので、それぞれの権利に基づく妨害排除や損害賠償の請求をすることができることになる。

　ところで、「水流が天災その他避けることのできない事変により低地において閉塞(そく)したときは、高地の所有者は、自己の費用で、水流の障害を除去するため必要な工事をすることができる。」(民法215条)とされる。そして、この場合には、必要な限度で他人の土地に立ち入って、工事をすることができ、当該他人がそれを妨害するときは、妨害排除の裁判を起こすことができるものと解されている。なお、費用負担について、別段の慣習があるときは、その慣習に従うものとされる(民法217条)。

(4)　水流に関する工作物の修繕等

　民法216条は「他の土地に貯水、排水又は引水のために設けられた工作物の破壊又は閉塞により、自己の土地に損害が及び、又は及ぶおそれがある場合には、その土地の所有者は、当該他の土地の所有者に、工作物の修繕若しくは障害の除去をさせ、又は必要があるときは予防工事をさせることができる。」と定める。

　この工事の費用は、貯水、排水又は引水のために設けられた工作物が存する土地の所有者が負担するのが原則であるが(民法717条1項参照)、それとは異なる慣習があるときは、その慣習に従うものとされている(民法217条)。

(5)　水流の変更

　水は、自然の地形に従って上流から下流に下っていくものであり、その水流の属する土地又はそれに隣接する土地の利用者は、その水を利用して生活をしている。したがって、溝、堀その他の水流地の所有者であっても、「対岸の土地が他人の所有に属するときは、その水路又は幅員を変更してはならない。」(民法219条1項)とされ、「両岸の土地が水流地の所有者に属するときは、その所有者は、水路及び幅員を変更することができる。ただし、水流が隣地と交わる地点において、自然の水路に戻さなければならない。」(民法

219条2項)とされる。ただし、これらと異なる慣習があるときは、その慣習に従うことになる（民法219条3項）。

（6） 排水のための低地の通水

民法220条は、「高地の所有者は、その高地が浸水した場合にこれを乾かすため、又は自家用若しくは農工業用の余水を排出するため、公の水流又は下水道に至るまで、低地に水を通過させることができる。この場合においては、低地のために損害が最も少ない場所及び方法を選ばなければならない。」と定める。

これは排水のための水路等の通水用工作物がない場合の規定であり、それがある場合は、「土地の所有者は、その所有地の水を通過させるため、高地又は低地の所有者が設けた工作物を使用することができ」、「その利益を受ける割合に応じて、工作物の設置及び保存の費用を分担しなければならない。」（民法221条）とされる。

（7） 堰の設置及び使用

表流水を利用するときは、水流を堰き止めて、水を滞留させ、そこから取水することが多い。そこで、「水流地の所有者は、堰を設ける必要がある場合には、対岸の土地が他人の所有に属するときであっても、その堰を対岸に付着させて設けることができる。ただし、これによって生じた損害に対して償金を支払わなければならない。」（民法222条1項）とされ、「対岸の土地の所有者は、水流地の一部がその所有に属するときは、前項の堰を使用することができる。」とされる（民法222条2項）。後者の場合には、他人が設置した堰を使用する者は、その利益を受ける割合に応じて、工作物の設置及び保存の費用を分担しなければならない（民法222条3項）。

（8） 境界標

土地は筆毎に区分され、その境界は公図に示されるが、現実には、現地において境界を明らかにすることが必要である。そして、隣地の所有者と境界に争いがない場合は、その境界を明らかにするために境界標を設けることができ、そのために必要な測量の費用は、その土地の面積に応じて分担し、設置及び保存の費用は、両者が等しい割合で負担することとされ（民法223条、

224条)、その境界標は両者の共有と推定される（民法229条)。

　この境界標の設置等について、当事者間で合意がなされないときは、裁判所の判決を求めなければならないが、これは筆界の確定又は所有権の確認とは全く別の訴えであり、当事者で合意した境界が公図におけるそれと異なるときは、分筆や合筆の手続きによって公図に反映させることが必要であり、それがなされない限り、筆界としては認められない（最高裁昭和31年12月28日判決・民集10巻12号1639頁)。

(9)　囲障

　建物は、別の慣習がない限り、土地の境界線から50センチメートル以上離して築造しなければならない（民法234条1項、236条）とされるが、隣接して築造された2棟の建物の所有者が異なり、建物の間に空地があるときは、他の所有者と共同の費用で、その境界に囲障を設けることができ（民法225条1項)、その設置及び保存の費用は、相隣者が等しい割合で負担し（民法226条)、その囲障は両当事者の共有と推定される（民法229条)。これは、建物の所有者が異なるときの隣家との調整であり、当事者間の協議が整わないときは、その囲障は「板塀又は竹垣その他これらに類する材料のものであって、かつ、高さ2メートルのものでなければならない」（民法225条2項）が、一方の当事者が自己の費用で、これより良質の材料を使い、又は2メートルよりも高い囲障を作ることは妨げられない（民法227条)。囲障の設置、材料又は高さについての協議が整わないときは、隣家の所有者を相手方として囲障設置工事についての承諾又は妨害排除の訴えを起こすことになる。

　なお、この囲障の設置について、民法の規定と異なる慣習があるときは、その慣習に従うことになる（民法228条)。

(10)　境界線上の障壁・溝・堀の所有権

　境界線上に設けられた境界標、囲障、障壁、溝及び堀は、相隣者の共有に属するものと推定されるが（民法229条)、1棟の建物の一部を構成する境界線上の障壁は、当該建物の所有者の所有に属し、高さの異なる2棟の隣接する建物を隔てる障壁の高さが、低い建物の高さを超え、かつ防火壁でないときは、その障壁のうち低い建物を超える部分については高い建物の所有者の所有に属するものと推定され、それが防火壁であるときは共有に属するもの

と推定される（民法230条1項、2項）。なお、共有者は共有物の分割を請求することができるのが原則であるが、境界線上に設けられた境界標、囲障、障壁、溝及び堀については、その請求をすることができない（民法256条、257条）。

　また、障壁が共有である場合であっても、自己の費用で、その強度を増し、高さを増すことができるとされ、その高さを増した部分は、その工事をした者の単独の所有に属することになっているが、そのために隣人が損害を受けたときは、それを賠償しなければならない（民法231条、232条）。

(11)　竹木の枝の切除及び根の切取り

　隣地の竹木の枝が境界線を越えるときは、その竹木の所有者（占有者ではない。）に、その枝を切除させることができ（民法233条1項）、相手方がその要請に応じない場合は、相手方の費用で、第三者（業者）にそれを切除させること（代替執行）を裁判所に請求することができる（新民法414条1項）。なお、この場合には、切除の要請が権利の濫用（民法1条3項）となったり、損害賠償の請求（民法709条）だけが認められるということもあり得よう。

　隣地の竹木の根が境界線を越えるときは、その根を切り取り、自己のものとすることができるが（民法233条2項）、根を切り取ることが権利の濫用となったり、損害賠償の請求だけが認められることがあり得るのは枝の場合と同じである。

(12)　境界線付近の建築の制限

　建物の築造については、公道との接続、隣地との距離、建物の高さ等について建築基準法等の公法による種々の規制があるが、それとは別に、一般的なルールとして、異なる習慣がある場合を除いて、「建物を築造するには、境界線から50センチメートル以上の距離を保たなければならない。」（民法234条1項、236条）とし、この「規定に違反して建築をしようとする者があるときは、隣地の所有者は、その建築を中止させ、又は変更させることができる。ただし、建築に着手した時から1年を経過し、又はその建物が完成した後は、損害賠償の請求のみをすることができる。」とされる（民法234条2項）。

　また、土地の所有者（法文上は所有者とされているが、占有者も含まれる。）は、直接に雨水を隣地に注ぐ構造の屋根その他の工作物を設けてはならないとさ

れており（民法218条）、この規定に違反した場合においては、建築の中止又は変更の請求について定める民法234条2項の規定が準用されると解される。

なお、異なる習慣がある場合を除いて、境界線から1メートル未満の距離（窓又は縁側の最も隣地に近い点から垂直線によって境界線に至るまでを測定して算出する。）において他人の宅地を見通すことのできる窓又は縁側（ベランダを含む。次項において同じ。）を設ける者は、目隠しを付けなければならない（民法235条、236条）とされる。

(13) 境界線付近の掘削の制限

井戸、用水だめ、下水だめ又は肥料だめを掘るには境界線から2メートル以上、池、穴蔵又はし尿だめを掘るには境界線から1メートル以上の距離を保たなければならず、導水管を埋め、又は溝若しくは堀を掘るには、境界線からその深さの2分の1以上の距離（1メートルを超えることを要しない。）を保たなければならない（民法237条）。そして、境界線の付近においてこの工事をするときは、土砂の崩壊又は水若しくは汚液の漏出を防ぐため必要な注意をしなければならず（民法238条）、この義務に違反した場合に不法行為責任（民法709条）が生じることがあるのは当然のことであろう。

II 所有権の取得

現代社会における所有権の取得原因は、そのほとんどが取引行為（民法192条参照）と相続であるが、大量生産、大量消費時代の進展とともに、自分にとって所有する価値がなくなった物の処理が社会的に重要な意味を有するようになってきている。民法の所有権の取得に関する規定は、物が有用であり、何らかの価値があること（それを所有したいと欲する者の存在）を前提としており、所有権を放棄することは自由であるとしているように見えるが、物を所有するということには、個人的な利益だけでなく、公共的な意味もあり、それを放棄すること（物を捨てること）にも一定の制約があることを理解しなければならない。たとえば、廃棄物の処理及び清掃に関する法律16条は「何人も、みだりに廃棄物を捨ててはならない。」とし、その違反に対しては、廃棄物が産業廃棄物である場合は5年以下の懲役若しくは1000万円

以下の罰金又はその併科が、廃棄物が一般廃棄物である場合は3年以下の懲役又は300万円以下の罰金を定めている（廃棄物については同法2条に定義があり、不要物も含まれている。）。

　ともあれ、民法は、所有権の取得の原因として、動産の無主物先占、拾得、発見、付合、混和及び加工並びに無主の不動産の国庫帰属についての規定を置いている。

1　無主物先占

　野生の鳥獣、水生の魚介類等は動産であり、自然の状態においては、その所有者はいない。また、元の所有者が所有の意思を失って、放置した動産も所有者はいないことになる。このような所有者のない動産は、所有の意思をもって占有した者がその所有権を取得する（民法239条）。これは無主物先占による所有権の取得といわれるものであるが、その収取・捕獲については、動物の愛護及び管理に関する法律、鳥獣の保護及び管理並びに狩猟の適正化に関する法律、漁業法、河川法等による公法上の規制が存することが多い。ただ、公法上の規制に反して収取・捕獲をした場合には、刑罰が課されることがあるが、所有権の取得という私法上の効果には影響がないのが原則である（公法上の規制に違反した私法上の行為の効力如何というのは法律学における課題の一つである。）。

　なお、植物そのものやその果実は天然果実であるから、それを土地や植物から分離する時に収取する権利を有する者に帰属する（民法89条1項）ので、たとえ、分離した状態にあっても無主物ではない。その意味で、自然の状態にある山菜や木の実にも所有者がいることが多いが、慣習によって、特定の地域の住民が特定の山野において特定の産物を採取する権利を有することもあり、それは入会権と称される（民法263条参照）。

2　遺失物の拾得と埋蔵物の発見

　占有者の意思によらないでその占有を離れた物を遺失物といい、民法240条は、遺失物は、遺失物法の定めるところに従い公告をした後3か月以内にその所有者が判明しないときは、これを拾得した者がその所有権を取得する

第3章　所有権

とし、遺失物法は、「誤って占有した他人の物、他人の置き去った物及び逸走した家畜」を準遺失物と定義し、これに民法240条の規定を準用するとしている（同法2条1項、3条）。また、遺失物法は、物件の占有を始めること（他人の置き去った物にあっては、これを発見すること）を「拾得」と定義するほか、遺失物及び埋蔵物並びに準遺失物を「物件」と、物件の拾得をした者を「拾得者」と、物件の占有をしていた者（他に所有者その他の当該物件の回復の請求権を有する者があるときは、その者を含む。）を「遺失者」と、建築物その他の施設（車両、船舶、航空機その他の移動施設を含む。）であって、その管理に当たる者が常駐するものを「施設」と、施設の占有者を「施設占有者」と定義して（同法2条2項～6項）、種々の定めを置いている。

　まず、拾得者は、速やかに、拾得をした物件を遺失者に返還し、又は警察署長に提出しなければならないが（法令の規定によりその所持が禁止されている物に該当する物件及び犯罪の犯人が占有していたと認められる物件は、必ず警察署長に提出しなければならない。）、施設において物件（埋蔵物を除く。）の拾得をした拾得者（当該施設の施設占有者を除く。）は、速やかに、当該物件を当該施設の施設占有者に交付しなければならない（遺失物法4条1項、2項）。公の施設は、遺失物法がいう施設に該当することが多いと思われるが、物件の交付を受けた施設占有者は、拾得者の請求があったときは、物件の種類及び特徴や物件の交付を受けた日時等を記載した書面を交付しなければならず、それを遺失者に返還し、又は警察署長に提出するまでの間、善良な管理者の注意をもって取り扱わなければならないとされ、不特定かつ多数の者が利用する施設の施設占有者は、物件の交付を受け、又は自ら物件の拾得をしたときは、その施設を利用する者の見やすい場所に物件の種類及び特徴と物件の拾得の日時及び場所を掲示するか、それを記載した書面をその管理する場所に備え付け、かつ、これをいつでも関係者に自由に閲覧させなければならない（遺失物法14条～16条）。地方公共団体は、自己の所有に属しない現金又は有価証券を保管することができないのが原則であるが、警察署長又は地方公共団体における施設占有者による遺失物又は準遺失物としての保管は、遺失物法に基づくものであり、その例外である（地方自治法235条の4第2項）。

　警察署長は、提出を受けた物件を遺失者に返還する（遺失物法6条）のは当然であるが、提出を受けた物件の遺失者を知ることができず、又はその所在を知ることができないときは、3月間（埋蔵物にあっては、6月間）、物件の種

類及び特徴及び物件の拾得の日時及び場所を公告しなければならないが、通常は、書面を警察署に備え付けることをもって公告に代えている（遺失物法7条1項〜4項）。そして、この公告をした後3月（埋蔵物にあっては、6月間）以内にその所有者が判明しないときは、これを拾得した者がその所有権を取得することになる。

　埋蔵物が発見された場合も、前記の公告期間が経過したときは、発見者がその所有権を取得するのであるが、他人の所有する物の中から発見された埋蔵物については、これを発見した者及びその他人が等しい割合でその所有権を取得することになる（民法241条）。ただ、埋蔵物として提出された物件が文化財と認められ、その所有者が判明しないものの所有権は、当該文化財の発見された土地を管轄する都道府県（国の機関又は独立行政法人国立文化財機構が埋蔵文化財の調査のための土地の発掘により発見したものは国）に帰属することになっている（文化財保護法104条1項、105条1項）。

3 ｜ 付合及び混和

　取引においては、従物は主物の処分に従うとされるが（民法87条2項）、取引によらない所有権の帰属については、「不動産の所有者は、その不動産に従として付合した物の所有権を取得する。ただし、権原によってその物を附属させた他人の権利を妨げない。」（民法242条）とされ、「所有者を異にする数個の動産が、付合により、損傷しなければ分離することができなくなったときは、その合成物の所有権は、主たる動産の所有者に帰属する。分離するのに過分の費用を要するときも、同様とする。」（民法243条）とされている。

　まず、不動産については、それと一体化するように付け加えられた従物（通常は動産であろうが、主従の関係がある限り不動産でも差し支えない。）の所有権は当該不動産の所有者に帰属するのが原則である。たとえば、土地に播かれた種子、植え付けられた苗木や樹木、改良や増改築された建物の部分、建物に施設された水道管等、社会通念上分離できない状態となった物がこれに該当する（建物の造作は従物であるが、建物に付合しているわけではない。前記第1章Ⅰ2参照）。付合による所有権の帰属の例外は、権限を有する者が付属させた物であり、これは、権限によって付属させた者の所有にとどまる。この権限というのは、他人の不動産に物を付合させて、その不動産を利用する権限のこ

とであり、地上権、永小作権、賃借権等が該当するが、その権限の具体的な範囲は契約によって定められることが多い（特に建物の賃借権の場合）。

次に、動産については、二つ以上の物が損傷しなければ分離することができなくなったとき又は分離するのに過分の費用を要することになったときに付合したこととなり、その合成物の所有権は主たる動産の所有者に帰属し、付合した動産について主従の区別をすることができないときは、付合の時における価格の割合で、その合成物を共有することになる（民法243条、244条）。また、結合して一体となるのではなく、所有者を異にする物が混じりあうこと（「混和」という。）によって識別できなくなった場合（液体、気体、穀物等について生じる。）にも、主従の区別ができるときは主たる物の所有者がその所有権を取得し、それができないときは、混和したときにおける価格の割合で、その合成物を共有することになる（245条）。

4 加工

糸から布を造り、布から衣服を作ったり、木材から家具や置物を作成し、土や岩から陶器や磁器を製作する等、動産を加工して（民法246条は「工作を加えた」と表現する。）製品を作ることは多い。これらの場合には、原材料の所有権を取得したうえで、それを加工することが多いであろうが、所有権を取得することなく、他人の動産を加工して制作した物（製品）の所有権は、その材料となった動産の所有者に帰属するのが原則であり、その加工によって生じた価格が材料の価格を著しく超えるときは、その加工をした者が製品の所有権を取得するとされる（民法246条1項）。また、その加工が他人の材料に加工をした者の材料を加えることによってなされた場合は、その価格に加工によって生じた価格を加えたものが他人の材料の価格を超えるときに限り、加工した者がその製品の所有権を取得する（民法246条2項）。

5 付合、混和又は加工の効果

付合及び混和（前記3参照）並びに加工（前記4参照）は、その結果として生じた合成物、混和物又は加工物について新たな所有権を生じさせることになるが、それは、結果として従前の所有権が消滅することを意味する。そし

て、このときは、付合、混和又は加工の対象となった物について存する他の権利（占有を要件としない権利である先取特権及び抵当権がこれに該当する。）も、消滅することになる（民法247条1項）。しかし、他の権利の目的であった物の所有者が新たに生じた合成物、混和物又は加工物の単独所有者となったときは、その物について存する他の権利は以後その合成物、混和物又は加工物について存し、その物の所有者が合成物等の共有者となったときは、その物について存する他の権利は以後その持分について存することになる（民法247条2項）。

また、付合、混和又は加工の結果、所有権又は他の権利を失うことによって損失を受けた者は、不当利得の規定（民法703条、704条）に従い、その償金を請求することができる（民法248条）のは当然であろう。

6 無主の不動産

空き地や空き家の存在が社会問題となっているが、「所有者のない不動産は、国庫に帰属する。」（民法239条2項）。とされる。空き地や空き家であることによって直ちに「所有者のない不動産」に該当するわけではないし、所有者が不明であるといっても、その存在自体が不明な場合もあれば、所在（住居）が不明なだけな場合もある。その意味では、海底火山の噴火によって形成された新島のような特殊な物を除けば、ここでいう所有者のない不動産に該当する物は存在しないといってもいいであろう。ただ、相続人が存在しなかったり、相続人の全員が相続を放棄した場合は、所有者のない不動産が生じる可能性はあるが（民法959条）、この場合にも、相続財産の管理人は、相続債権者又は受遺者、相続人若しくは特別縁故者が存在しないことを確認したうえで（民法957条〜958条の2）、その不動産を換価し、その換価代金を国庫に納入することを要求されるのが通例であり、不動産そのものが国庫に帰属することは極めて希である。

不動産の所有者がその所有権を放棄した場合は「所有者のない不動産」が生じるはずであるが、このことについては、土地の所有者であり、登記上の所有名義人である原告が、当該土地の所有権を放棄する旨の意思表示をしたことにより、その所有権を喪失し、当該土地は所有者のない不動産となった結果、民法239条2項により、国がその所有権を取得したことになるとし

て、放棄を原因とする国への所有権移転登記手続を求めた訴訟において、その所有権放棄は、当該土地の維持管理責任を国に転嫁するためであるから、権利の濫用であるとして、請求を棄却した判決（広島高裁松江支部平成28年（ネ）51号同年12月21日判決・訟務月報64巻6号863頁）がある。

III 共有

　物権は、物に対する権利であり、何人に対しても主張できることに特徴がある（前記第1章第1節1（1）参照）。所有権は、その代表的なものであり、一個の権利主体が一つの物に対する全面的な支配権を有する（憲法29条1項、民法206条及び207条参照）のが通常であるが、権利主体相互の関係又は物の性質によって、複数の権利主体が一つの物に対する所有権を有することがある。これを共有といい、それぞれの権利主体は単独で一つの物に対する所有権を有するが、その権利の行使については他の権利者との関係による制限があると説明され、あるいはそれぞれの権利主体が有する所有権は一つの所有権の一部（分割されない一つの物の割合的所有）であると説明されるが、説明の仕方によって、実体法の解釈に違いが生じるわけではない。

1　共有の内部関係

（1）　共有持分の割合

　共有持分の割合は、法律の規定（民法241条ただし書、244条、245条、900条〜904条の2等）又は当事者の意思表示によって定まるが、それが不明の場合は「相等しいもの」と推定される（民法250条）。

　共有は、一つの物に対する所有権の帰属主体が複数存在する状態であるから、その帰属主体である共有者の一人の所有権が消滅したときは、その者の持分は他の共有者に帰属することになる。共有者の所有権が消滅する事由は、持分の放棄又は死亡して相続人がないときであるが（民法255条）、持分の放棄は意思表示によってなされ（民法519条参照）、相続の場合は、家庭裁判所への申述による相続の放棄の手続きが必要である（民法938条、家事事件手続法201条）。ただ、相続については、相続を放棄した者は初めから相続人と

ならなかったものとみなされ（民法939条）、初めから共有関係が生じなかったものとなるので、放棄した者の持分が共同相続人に帰属するわけではない。相続人のないときというのは、相続人のあることが不明で（知れている全ての相続人が相続を放棄した場合を含む。）、法人である相続財産の管理人による一定の手続きを経て権利を主張する者の不存在が確定した場合（民法951条～958条の2）のことである。

（2） 共有物の利用関係

共有物については、共有者の間で使用収益の方法や取り分についての合意がなされているのが通常であるが、その合意がない場合は、その使用収益は持分に応じてすることができる（民法249条）。

また、共有物に変更を加えるときは、他の共有者全員の同意を得なければならないが（民法251条）、管理に関する事項は、各共有者の持分の価格に従い、その過半数で決めることができ、それが保存行為であれば、各共有者が単独ですることができる（民法252条）。

さらに、共有物の管理の費用は、各共有者が、その持分に応じて支払い、その他共有物に関する負担を負い、1年以内にこの義務を履行しない共有者があるときは、他の共有者は、相当の償金を支払ってその者の持分を取得することができる（民法253条）。

そして、共有者の一人が共有物について他の共有者に対して有する債権は、当該他の共有者からその持分を取得した者（特定承継人）に対しても行使することができるとされる（民法254条）。このことに関して、建物の区分所有等に関する法律は、建物の区分所有者が共用部分（区分所有者の共有に属する。同法11条1項）、建物の敷地若しくは共用部分以外の建物の附属施設につき他の区分所有者に対して有する債権又は規約若しくは集会の決議に基づき他の区分所有者に対して有する債権は、債務者たる区分所有者の特定承継人に対しても行うことができると定めている（同法7条1項、8条）。

なお、共有者の一人が他の共有者に対して共有に関する債権（共有物の変更や管理に関する債権）を有するときは、当該共有物を分割する際に、当該債務者に帰属すべき共有物の部分をもって、その弁済に充てることができ、債権者は、その弁済を受けるため債務者に帰属すべき共有物の部分を売却する必要があるときは、その売却を請求することができるとされている（民法259

条)。債務者がこの請求に応じないときは、判決を得て、債務者の費用でそれを売却することになる。

2 共有物の分割

(1) 分割の自由と分割の禁止

　共有を生じた原因が共有者間における共通の目的を達成することにある場合（組合についての民法668条、676条2項（新民法676条3項）、境界標等についての民法229条、257条、遺産についての民法907条3項、908条）等を除いて、各共有者は、いつでも共有物の分割を請求することができる（民法256条1項本文）。ただし、5年を超えない期間内は分割をしない旨の契約をすることができ、この契約を更新して、この期間を更新の時から5年を越えない期間延長することもできる（民法256条1項ただし書）。この契約は、各共有者に分割しないという債務を負わせるものであるから、民法254条の債権として（前記1（2）参照）、共有持分の特定承継人に対しても効力を有するが、共有者の1人が破産した場合（破産法52条）及び更生会社となった場合（会社更生法60条）は、その効力を失う。また、共有物が不動産であるときは、その旨の登記（不動産登記法59条6号）がなければ第三者に対抗できない。

(2) 分割の方法

　共有物の分割は、共有者全員の協議によって行うことができるのは当然であるが、協議が調わないときは、その分割を裁判所に請求することができ、その請求を受けた裁判所は、共有物の現物を分割することができないとき、又は分割によってその価格を著しく減少させるおそれがあるときは、その競売を命ずることができる（民法258条）。この裁判においては、裁判所は、当事者の主張に拘束されない。

　なお、共有物について権利を有する者及び各共有者の債権者は、自己の費用で、分割に参加することができ、この参加の請求があったにもかかわらず、その請求をした者を参加させないで分割をしたときは、その分割は、その請求をした者に対抗することができない（民法260条）とされるが、分割の協議をする際に、これらの者に通知する必要はない。

（3） 分割の効果

　共有物の分割は、共有者間における持分の交換又は売買と同じであることから、各共有者は、他の共有者が分割によって取得した物について、売主と同じく、その持分に応じて担保の責任を負う（民法261条、新民法561条～567条、570条、572条）。また、分割の効果は遡及しないのが原則であるが、遺産については、第三者の権利を害さない範囲で相続開始の時に遡って効力が生じる（民法909条）。ただ、この場合にあっても、法定相続分を超える部分の相続を第三者に対抗するためには、登記や通知等の対抗要件を備えることが必要である（新民法899条の2。第5編第3章1参照）。

　なお、分割が完了したときは、各分割者は、その取得した物に関する証書を保存しなければならず、共有者の全員又はそのうちの数人に分割した物に関する証書は、その物の最大の部分を取得した者（最大の部分を取得した者がないときは、分割者間の協議で定め、協議が調わないときは、裁判所が指定する。）が保存しなければならず、証書の保存者は、他の分割者の請求に応じて、その証書を使用させなければならないとされている（民法262条）。

3 ｜ 準共有

　民法の共有に関する規定は、数人で所有権以外の財産権を有する場合（この状態を「準共有」という。）について準用される（民法264条本文）。その財産権の代表的なものとしては、地上権、永小作権、地役権、抵当権等の民法が定めるもののほか、株式、特許権、著作権、意匠権、実用新案権、商標権、鉱業権、漁業権、水利権、温泉権等があり、契約上の権利である債権についても準共有が成立する。ただ、これらの場合にあっても、法令に特別の定めがあるときは、その定めに従うのは当然のことであり（民法264条ただし書）、民法自身も不可分債権及び連帯債権についての特別の規定（新民法428条、429条、431条～435条の2）を置いているし（第3編第1章Ⅲ2及び3参照）、それぞれの権利について定める法律に特別の定めが置かれていることが多い。

第4章 地上権

　地上権というのは、他人の土地において工作物又は竹木を所有するため、その土地を使用する権利のことである（民法265条）。所有権は、法令の制限内において、自由にその所有物の使用、収益及び処分をする権利を意味するが（民法206条）、権利の行使が法令の制限内に限られるのは全ての権利に共通する大原則であるし、工作物又は竹木を所有するというのは土地における使用収益そのものであるから、地上権者は、所有者の有する権利のうち、それを処分する以外のほとんど全ての権利を行使できることになる。道路法4条は、「道路を構成する敷地、支壁その他の物件については、私権を行使することができない。但し、所有権を移転し、又は抵当権を設定し、若しくは移転することを妨げない。」と定めるが、地上権が設定された土地について所有者が行使できる権利は、この但し書が定めるものとほとんど同じことになる。また、地上権は物権であるから、設定者に対してその登記を請求することができ、同一の土地について所有権又は抵当権を取得した者との優先関係関係は対抗要件を具備した順番で決まる（民法177条）。

　このように、地上権は所有権にも匹敵する強力な権利であることから、所有権相互の関係の調整を目的とする民法209条から238条までの相隣関係についての規定は、「地上権者間又は地上権者と土地の所有者との間について準用」される（民法267条本文）が、境界線上の工作物を共有であると推定する民法229条の規定が準用されるのは、それが地上権の設定後に設けられた場合に限られる（民法267条ただし書）。また、地代を支払って竹木を所有する関係は、永小作権と共通するので、地代の減免、永小作権の放棄、永小作権の消滅請求についての民法274条から276条までの規定が準用され、それ以外の地代に関する事項については、その性質に反しない限り、民法の賃貸借に関する規定（民法312条～315条、新民法316条、民法614条）が準用される（民法266条）。

　地上権は、契約によって設定され（この契約を「設定行為」という。）、使用目的、地代、存続期間、期間満了時の取り扱い等を自由に定めることができる（契約自由の原則はこの場合にも適用される。）のであるが、民法はいくつかの補足

的な規定を置いている（なお、抵当権の実行によって設定したものとみなされる地上権（「法定地上権」という。）については後記第10章Ⅱ2参照）。

　まず、設定行為で地上権の存続期間を定めなかった場合については、民法268条が、その1項で「別段の慣習がないときは、地上権者は、いつでもその権利を放棄することができる。ただし、地代を支払うべきときは、1年前に予告をし、又は期限の到来していない1年分の地代を支払わなければならない。」とし、その2項で、地上権者がその権利を放棄しないときは、「裁判所は、当事者の請求により、20年以上50年以下の範囲内において、工作物又は竹木の種類及び状況その他地上権の設定当時の事情を考慮して、その存続期間を定める。」としている。なお、これらの規定は、設定行為で地上権の存続期間を定めなかった場合についてのものであり、設定行為で50年を超える存続期間を定めることを禁止しているわけではない（永小作権についての民法278条参照）。

　次に、地上権が消滅した時の原状回復について、地上権者は、別段の慣習がないときは、「その権利が消滅した時に、土地を原状に復してその工作物及び竹木を収去することができる。ただし、土地の所有者が時価相当額を提供してこれを買い取る旨を通知したときは、地上権者は、正当な理由がなければ、これを拒むことができない。」（民法269条）とされる。

　ところで、地上権による土地の利用は、土地を無償又は有償で借りることによっても可能であり、無償での借地については、使用貸借についての規定（新民法593条～600条）が、有償での借地については賃貸借の規定（新民法601条～622条の2）が、それぞれ適用される。ただ、地上権の場合にあっては、地上権者の権利として登記を請求できるのに対して、賃借権の登記をすることができるのは賃貸人が同意したときに限られ（不動産登記法3条8号）、使用貸借については登記の方法がないという点において、これらの間には大きな違いがある。しかし、借地借家法は、建物の所有を目的とする地上権と賃借権（賃貸借契約による借主の権利）とを一括して「借地権」と定義し、借地権については、登記がなくても、当該土地の上に借地権者が登記されている建物を所有するときは、それをもって第三者に対抗できるとする（同法10条）ほか、地代の変更、借地権の存続期間の更新、借地権が消滅した時の建物買取請求権等についての詳細な規定を置いているので、建物の所有を目的とするものである限り、民法の地上権に関する規定は、あまり意味のないものとなって

いる。

　土地の所有権は、法令の制限内において、その土地の上下に及ぶ（民法207条）のであるが、その「地下又は空間は、工作物を所有するため、上下の範囲を定めて地上権の目的とすることができる。この場合においては、設定行為で、地上権の行使のためにその土地の使用に制限を加えることができる。」とされ（民法269条の2第1項）、この地上権は、「第三者がその土地の使用又は収益をする権利を有する場合においても、その権利又はこれを目的とする権利を有するすべての者の承諾があるときは、設定することができる。この場合において、土地の使用又は収益をする権利を有する者は、その地上権の行使を妨げることができない。」とされている（民法269条の2第2項）。通常の土地利用に影響を及ぼすことが想定されないような深さの地下の利用については大深度地下の公共的使用に関する特別措置法が制定され、土地の所有者の同意を不要とする利用について定めている（前記第3章Ⅰ1（2）参照）が、民法が定める地下又は空間を目的とする地上権は、土地の所有者等の承諾を得て設定するものであり、その適用範囲に制限はない。契約自由の原則から、所有権による支配権が及ぶ範囲内の土地について、どのような利用を認めるかは所有者の自由であるにも関わらず、敢えてこの地上権が法定されているのは、登記によって第三者対抗要件を備えることができるようにするためである。その意味で、地下鉄の敷設、上下水道やガス等の導管や電線の設置等のように、長期間にわたって当該土地の地下又は空中を利用しなければならないときには、地上権が重要な意味をもつことになる。

第 5 章 永小作権

　永小作権というのは、小作料（土地の使用料）を支払って他人の土地において耕作又は牧畜をする権利のことであり、この権利を有する者を永小作人という（民法270条）。

　永小作権は、土地の所有者と永小作人との契約によって設定され（この契約を設定行為というのは地上権の場合と同じである。）、設定行為で禁じられていない限り、永小作人は、その権利を他人に譲り渡し、又はその権利の存続期間内において耕作若しくは牧畜のため土地を賃貸することができる（民法272条）が、その土地に対して、回復することのできない損害を生ずべき変更を加えることはできない（民法271条）。

　永小作人は、不可抗力により収益について損失を受けたときであっても、小作料の免除又は減額を請求することができない（民法274条）が、不可抗力によって、引き続き3年以上全く収益を得ず、又は5年以上小作料より少ない収益を得たときは、その権利を放棄することができる（民法275条）。これに対して、永小作人が引き続き2年以上小作料の支払を怠ったときは、土地の所有者は、永小作権の消滅を請求することができる（民法276条）。

　永小作権の存続期間は、20年以上50年以下とされ、設定行為で50年より長い期間を定めたときであっても、その期間は、50年に制限されるが、更新の時から50年を超えない範囲で、その期間を更新することができ、設定行為で永小作権の存続期間を定めなかったときは、その期間は、別段の慣習がある場合を除き、30年とされる（民法278条）。

　永小作権者は、別段の慣習がないときは、その権利が消滅した時に、土地を原状に復してその工作物及び竹木を収去することができる。ただし、土地の所有者が時価相当額を提供してこれを買い取る旨を通知したときは、永小作権者は、正当な理由がなければ、これを拒むことができないのは地上権と同じである（民法269条、279条）。

　なお、永小作権は、それが物権であることを除けば、賃貸借と共通するものであることから、永小作人の義務については、上記で述べたもののほか、その性質に反しない限り、賃貸借に関する規定が準用される（民法273条）。

第6章 地役権

　地役権は、要役地（地役権者の土地であって、他人の土地から便益を受けるものをいう。）の所有者と承役地（地役権者以外の者の土地であって、要役地の便益に供されるものをいう。）の所有者との契約（この契約を「設定行為」という。）によって設定されるものであり、設定行為で定めた目的に従って、承役地を要役地の便益のために利用することができる物権であり、その利用の範囲は、公の秩序に関する法令に抵触しない限り、承役地の上だけでなく、地下及び空中に及ぶ（民法280条、206条、207条）。その意味では、地上権と類似するところがあるが、地役権は、土地と土地の関係において設定されるものであり、地上権は当該土地単独での利用に着目したものであるところに違いがある。また、物権の創設は法律に定めるものに限られるところ、地役権についての定めには「設定行為に別段の定めがあるときは、この限りでない」とされるものがあり（民法281条1項、285条1項）、この別段の定めはいずれも登記事項とされ（不動産登記法11条1項）、登記がなければ第三者に対抗できない（民法177条）。

　地役権は、要役地のために存するものであり、いわば要役地の従物たる地位にあることから、設定行為に別段の定めがある場合を除いて、要役地の所有権とともに移転し、又は要役地について存する地上権や借地権等の他の権利の目的となり、要役地から分離して譲り渡し、又は他の権利の目的とすることができない（民法281条）。また、地役権は要役地の便益のために存することから、土地の共有者の一人は、その持分につき、その土地のために又はその土地について存する地役権を消滅させることができず（民法282条1項）、要役地が分割され、又はその一部が譲渡された場合の地役権は、当該地役権による便益をうけることとなっていない分割又は譲渡後の土地の部分を除く各部について存する（民法282条2項）。

　地役権についても時効取得の一般原則が適用されるが、その性質から、地役権の時効取得は、継続的に行使され、かつ、外形上認識することができるものに限られる（民法283条）。そして、土地の共有者の一人が時効によって地役権を取得したときは、他の共有者も、これを取得し（準共有となる。）、共有者に対する時効の更新は、地役権を行使する各共有者に対してしなけれ

ば、その効力を生じないし、地役権を行使する共有者が数人ある場合には、その一人について時効の完成猶予の事由があっても、時効は、各共有者のために進行するものとされている（民法284条1項、新民法284条2項、3項）。なお、時効取得の要件である「継続的に行使され、かつ、外形上認識することができる」というのは、要役地の所有者が継続的に行っている行為（通行や取水等）が権利の行使としてのものであること（承役地の所有者が好意で黙認している場合は含まれない。）が外観から明らかであることを意味する（相隣関係における囲繞地通行権（民法210条）とは異なる。）。また、取得時効が完成した場合にあっても、その登記が必要なことは他の物権の場合と同じであるが、「継続的に行使され、かつ、外形上認識することができる」状態が継続している限り、明認方法が施されているのと同様であるから、登記がなくても第三者に対抗できるものと解されている。

　用水地役権については、設定行為に別段の定めがあるときを除いて、承役地における水量が要役地及び承役地の需要に比して不足するときは、その各土地の需要に応じて、まずこれを生活用に供し、その残余を他の用途に供するものとされるが、同一の承役地について数個の用水地役権を設定したときは、後の地役権者は、前の地役権者の水の使用を妨げてはならない（民法285条）のは物権の効力として当然のことであろう。

　地役権の行使のために工作物（水路や通路等）を設けることが必要なことが少なくないが、設定行為又は設定後の契約により、承役地の所有者が自己の費用で地役権の行使のために工作物を設け、又はその修繕をする義務を負担したときは、承役地の所有者の特定承継人も、その義務を負担するが、承役地の所有者は、いつでも、地役権に必要な土地の部分の所有権を放棄して地役権者に移転し、その義務を免れることができる（民法286条、287条）。また、承役地の所有者は、地役権の行使を妨げない範囲内において、その行使のために承役地の上に設けられた工作物を使用することができるが、この場合には、承役地の所有者は、その利益を受ける割合に応じて、工作物の設置及び保存の費用を分担しなければならないとされる（民法288条）。

　地役権を第三者に対抗するためには登記が必要であるが、その登記がなされている場合であっても、承役地の占有者が取得時効に必要な要件を具備する占有をしたときは、地役権が消滅する（民法289条）。この場合の占有は、地役権が存しない形で「平穏に、かつ、公然と」（民法162条各項）なされる

ことが必要であり、所定の期間の満了によって地役権のない土地の所有権が取得されること（自己の土地についても時効取得を主張できることについて第1編第6章Ⅳ3参照）の反射として、地役権が消滅するのであり、地役権自体が時効によって消滅するわけではない。これを地役権の消滅時効というのは、ミスリーディングな表現であるが、ともあれ、民法290条は「地役権の消滅時効は、地役権者がその権利を行使することによって中断する。」と定める。新民法は、消滅時効の中断に代えて完成猶予と更新という考え方を採用したのであるが（第1編第6章Ⅲ参照）、同条が従前のまま維持されているのは、ここでいう消滅時効が新民法166条2項が定める消滅時効とは意味が異なることによる。すなわち、ここで中断というのは、地役権が消滅するために必要とされる占有（地役権が存しない土地として時効取得するためにに必要な占有）の期間が途切れることを意味するのである。

　地役権は、債権又は所有権以外の財産権であるから、権利を行使できる時から20年間行使しないときは時効によって消滅する（従前の民法167条2項、新民法166条2項）のであるが、この期間は、継続的でなく行使される地役権については最後の行使の時から起算し、継続的に行使される地役権についてはその行使を妨げる事実が生じた時から起算される（民法291条）。

　さらに、要役地が数人の共有に属する場合において、その一人のために時効の完成猶予又は更新があるときは、その完成猶予又は更新は、他の共有者のためにも、その効力を生じ（民法292条）、地役権者がその権利の一部を行使しないときは、その部分のみが時効によって消滅する（民法293条）のは、地役権が要役地の従たる地位にあることから認められる効果である（民法87条2項参照）。

第7章 留置権

　他人の物の占有者は、その占有が不法行為によって始まった場合を除いて、その物に関して生じた債権を有するときは、その債権全部の弁済を受けるまで、その物を留置すること（引渡しを拒むこと）ができる（民法295条1項本文、2項、296条）。これは、同時履行の抗弁権（民法533条）と同じく、債権者と債務者との公平の観点から認められた履行拒絶の権能であるから、当事者が主張しない限り、裁判において斟酌されることはないし、これに基づいて債務の履行を求めることはできない。留置権は、その物に関して債権が生じたという事実に基づいて当然に発生する権利であり、その目的となる債権には、売り渡した物に対する代金債権、賃借人が支出した賃借家屋の必要費及び有益費（造作買取代金債権は含まれないとするのが判例（最高裁昭和29年1月14日判決・判例タイムズ38号51頁）である。）、仮登記担保を設定した者の清算金支払請求権等があり、その相手方は当該債権の債務者に限られない（物権とされる所以である。）。なお、留置権は、その債権が弁済期にないときには行使できない（民法295条1項ただし書）とされるのは、それが公平の観点から認められるものである以上、当然のことである。

　留置権者は、留置物から生ずる果実を収取し、他の債権者に先立って、まず債権の利息に充当し、なお残余があるときは元本に充当することができる（民法297条）のであるが、留置物から生ずる果実には、法定果実（民法88条2項）が含まれ、留置権者が自ら使用したときは、その使用の対価相当分もこれに準じて充当するか、不当利得として所有者に返還することになる。

　なお、留置権者は、留置物について競売の申立をすることができるが（民事執行法195条）、配当要求はできず（民事執行法51条1項、133条）、留置物が不動産の場合にその買受人から弁済を受けることができるだけである（民事執行法59条4項、188条）。動産である留置物について競売を申し立てるためには、当該留置物を執行官に提出しなければならず（民事執行法190条1項1号）、それは当該留置物の占有すなわち留置権を失うことを意味するから（動産の競売のために提出された留置物は、執行官が留置権者のために占有するとの説もある。）、債権を回収するために留置権による競売を申し立てることの意味はないが、

留置物が不動産であると動産であるとに関係なく、他の債権者の申立てによる競売の場合は、買受人に対して留置権を主張できる（民事執行法59条1項参照）。なお、留置物が国税又は地方税の滞納処分によって換価されたときは、その留置権によって担保されていた債権が優先的に弁済される（国税徴収法21条、地方税法14条の15）。

留置権者は、善良な管理者の注意をもって、留置物を占有しなければならず、所有者（法律は債務者としているが、留置権は債務者以外の者が所有する物についても成立する。）の承諾を得なければ、留置物を使用し、賃貸し、又は担保に供することができない（その物の保存に必要な使用はできる。）とされ、留置権者がこれに違反したときは、債務者は、留置権の消滅を請求することができる（民法298条）。この請求権は形成権であり、留置権者に対する意思表示によって効果が生ずるが、留置権者がその効果を承認しないときは、訴訟によることになる。

留置権者は、留置物について必要費を支出したときは、所有者にその償還をさせることができ、有益費を支出したときは、これによる価格の増加が現存する場合に限り、所有者の選択に従い、その支出した金額又は増価額を償還させることができるが、有益費については、裁判所は、所有者の請求により、その償還について相当の期限を許与することができる（民法299条）。

留置権の行使は、債権の消滅時効の進行を妨げない（民法300条）とされるが、これは物の留置が債権の行使（履行の請求）を意味しないことによるものである。債務者又は所有者は、相当の担保を供して、留置権の消滅を請求することができる（民法301条）のは、留置権が担保としての機能を有することから生ずる結果である。

留置権は、留置権者が留置物の占有を失うことによって、消滅する（民法302条本文）。留置権者が留置物を賃貸し、又は質権の目的としたときは、賃借人又は質権者が留置権者の占有代理人となるのであって、留置権者はその占有を失うわけではないが、所有者の承諾を得ないでこれらの行為をしたときは、所有者は留置権の消滅を請求することができる（民法298条2項、3項、302条ただし書）。

第8章 先取特権

　先取特権は、民法、借地借家法、商法等の法律の規定によって認められるものであり、先取特権者は、その債務者の財産について、他の債権者に先立って自己の債権の弁済を受ける権利を有し、その払渡し又は引渡しの前に差押えをすることによって、その目的物の売却、賃貸、滅失又は損傷によって債務者が受けるべき金銭（その目的物につき設定した物権の対価を含む。）その他の物に対しても、行使することができる（民法303条、304条）。そして、債権の全部について弁済を受けるまで、目的物の全部についてその権利を行使できるのは留置権と同じである（民法305条、296条）。

　民法が定める先取特権は、大きく、債務者の総財産を目的とするもの（「一般の先取特権」という。）と特定の財産を目的とするもの（「特別の先取特権」という。）に分けられ、特別の先取特権は、さらに、特定の動産を目的とするもの（「動産の先取特権」という。）と特定の不動産を目的とするもの（「不動産の先取特権」という。）に分けられる。一般の先取特権は、共益の費用、雇用関係によって生じた債権、葬式の費用及び日用品の供給によって生じた債権の4種であり（民法306条以下）、これらが認められる根拠はそれぞれの債権自体の特殊性にある。一般の先取特権は、その目的となる債務者の総財産について一般債権者に優先し（特別の先取特権には遅れる。）、不動産についても登記を必要としない（民法329条2項、336条）。

　動産の先取特権は、不動産の賃貸借、旅館の宿泊、旅客又は荷物の運輸、動産の保存、動産の売買、種苗又は肥料（蚕種又は蚕の飼養に供した桑葉を含む。）の供給、農業の労務及び工業の労務から生じた債権の8種であり（民法311条以下）、必ずしもその目的物の占有を要件としないものの、それが第三者に引き渡されたときは、その動産について行使できないが（民法333条）、不動産の賃貸借、旅館の宿泊、旅客又は荷物の運輸の先取特権には即時取得の規定が準用され（民法319条）、第三者の所有する物にも先取特権が成立する。

　不動産の先取特権は、不動産の保存、不動産の工事及び不動産の売買から生じた債権の3種であって（民法325条以下）、いずれも目的の動産又は不動産と特別な関係にあることから認められたものであるが、その効力を保存す

るためには登記が必要であり（民法337条、338条、340条）、登記をした不動産の保存及び不動産の工事の先取特権は既存の抵当権に優先する（民法339条）。そして、抵当権消滅請求について定める民法383条は不動産の先取特権に準用される（民法341条）。

なお、一般の先取特権のうちの登記をしたもの及び共益の費用の先取特権、特別の先取特権のうち、不動産の保存及び不動産の工事並びに地方団体の徴収金の法定納期限等（地方税法1条1項14号、14条の9第1項・2項参照）以前からある不動産の賃貸借及び不動産の売買の先取特権は、地方団体の徴収金に優先して配当を受けることができる（地方税法14条の13、14条の14）。

第 9 章　質権

I　総則

　質権は、債権者とその目的となる物の所有者（その者が債務者でない場合の所有者を「物上保証人」という。）との間の契約（「設定行為」という。）によって成立する物権であり、質権者は、債権の担保として債務者又は物上保証人から受け取った物を占有し（留置的効力）、かつ、その物について他の債権者に先立って自己の債権の弁済を受ける権利（優先弁済権）を有する（民法342条）。そのため、質権は、譲り渡すことができない物をその目的とすることができず（民法343条）、質権の設定は、債権者にその目的物を引き渡すことによって、その効力を生ずる（民法344条）。そして、この引渡しは現実になされることが必要であり、質権設定者に自己に代わって質物の占有をさせること（占有改定）はできない（民法345条）が、簡易の引渡し（民法182条2項）又は指図による占有移転（民法184条）によることは禁止されていない。

　優先弁済権の範囲（質権の被担保債権の範囲）は、設定行為に別段の定めがない限り、被担保債権の元本、利息、違約金、質権の実行の費用、質物の保存の費用及び債務の不履行又は質物の隠れた瑕疵によって生じた損害の賠償金であり、留置的効力として、質権者は、これらの債権の弁済を受けるまでは、質物を留置することができるが、自己に対して優先権を有する債権者（先取特権者、抵当権者等がある。）に対抗することはできない（民法346条、347条）。なお、納税者又は納税義務者が質権が設定されている財産を譲り受け、それが地方税の滞納処分によって換価されたときは、その質権によって担保されている債権は地方団体の徴収金に優先して配当を受ける（地方税法14条の11、14条の12）。

　質権者は、その権利の存続期間内において、自己の責任で、質物について、転質をすることができるが、転質をしたことによって生じた損失については、不可抗力によるものであっても、その責任を負う（民法348条）。

　ところで、質権設定者は、設定行為又は債務の弁済期前の契約において、

質権者に弁済として質物の所有権を取得させ、その他法律に定める方法によらないで質物を処分させることを約することができない（民法349条）。この条文における主語は質権設定者であるが、これは、質権者が債務者（場合によっては質物の提供者も含まれる。）に対する優位的な地位を利用して、このような契約（債務が弁済されない場合に債権者が当該質権の目的物の所有権を取得することを内容とするものを「流質契約」という。）をさせることを禁止するというのが法意である。この規定は商行為によって生じた債権を担保するための質権については適用しない（商法515条）とされる外、質屋営業法に基づいて都道府県公安委員会の許可を受けた質屋は約款で流質契約を定めて営業をすることが認められている。また、法律に定める質物を処分する方法としては、動産についての民法354条、債権についての366条の外、抵当不動産についての民事執行法による競売（民法361条）等がある。

　質権は、留置的効力を有する点において留置権と共通することから、留置権に関する民法296条から300条までの規定が準用され、優先弁済権を有する点において先取特権と共通することから物上代位に関する民法304条が準用される（民法350条）。

　さらに、他人の債務を担保するため質権を設定する関係は、他人の債務を保証する関係に類似することから、質権の設定者は、当該他人の債務を弁済し、又は質権の実行によって質物の所有権を失ったときは、保証債務に関する規定（新民法459条〜465条の5、474条、499条〜502条）に従い、債務者（当該他人）に対して求償権を有する（民法351条）。

Ⅱ　動産質

　動産質は、質物の引き渡しによって成立するが（民法344条）、それを第三者に対抗するためには、継続して質物を占有しなければならない（民法352条）。そして、質権者が占有を失ったときは、第三者対抗力もなくなるので、その質物を回復するためには占有回収の訴え（民法200条）によるしかなく（民法353条）、盗品又は遺失物の回収の方法（民法193条）によることはできない。

　動産質権者は、その債権の弁済を受けないときは、正当な理由がある場合

に限り、あらかじめ債務者に通知したうえで、鑑定人の評価に従い質物をもって直ちに弁済に充てることを裁判所に請求することができる（民法354条）。これは、質権であっても、その被担保債権の弁済を受けるためには競売によるのが原則であるが（民事執行法190条）、目的物が動産であることを考慮して簡易な方法を認めたものである。なお、これよりも簡便な方法として、債務の弁済期が経過した後の契約によって、質権者に弁済として質物の所有権を取得させること（代物弁済）ができるが、当該債権の額に比較して質物の価格が余りに高いときは、公序良俗違反（民法90条）の問題が生ずる。

同一の動産について数個の質権が設定されたときは、その質権の順位は、設定の前後によるとされるが（民法355条）、質権の成立のためには、質物の引き渡しが必要であるから、優先順位は引き渡しの順によることになる。なお、質権は占有の移転が効力発生要件であるが、占有代理人に対する指図による占有移転によるときは、一人の占有代理人が同一の物を複数の者のために占有することが可能である。

III 不動産質

不動産質権者は、質権の目的である不動産の用法に従い、その使用及び収益をすることができるが、管理の費用を支払い、その他不動産に関する負担を負わなければならず、その債権の利息を請求することができない（民法356条～358条）。ただし、設定行為に別段の定めがあるとき、又は担保不動産収益執行（不動産から生じる収益を被担保債権の弁済に充てる方法による不動産担保権の実行）の開始があったときは、それぞれに定めるところによる（民法359条）。

不動産質権の存続期間は、10年を超えることができず、設定行為でこれより長い期間を定めたときであっても、その期間は、10年とされるが、更新の時から10年を超えない範囲で更新することができる（民法360条）。

不動産質は、質権者が目的不動産の用法に従い、その使用及び収益をすることができる点において抵当権とは異なるが、目的物が不動産であること及び優先弁済権を有することにおいては抵当権と共通するので、その性質に反しない限り、民法の抵当権の規定が準用される（民法361条）。

Ⅳ　権利質

　権利質の目的は、不動産及び動産を除く財産権（譲渡可能なものに限る。）であるが、それが無体物であることから、その性質に反しない限り、民法342条から361条の規定を準用するとされている（362条）。

　権利質に特有のものとしては、債権を目的とする質権の設定（現に発生していない債権を目的とするものを含む。）は、債権の譲渡の対抗要件について定める民法467条の規定に従い、第三債務者にその質権の設定を通知し、又は第三債務者がこれを承諾しなければ、これをもって第三債務者その他の第三者に対抗することができないこと（新民法364条）に加えて、質権者は、質権の目的である債権（債権の目的物が金銭であるときは、自己の債権額に対応する部分に限る。）を直接に取り立てることができ、その債権の弁済期が質権者の債権の弁済期前に到来したときは、質権者は、第三債務者にその弁済をすべき金額を供託させることができ、質権は、その供託金について存在するとされる（民法366条1項～3項）。また、質権の目的である債権の目的物が金銭でないときは、質権者は、弁済として受けた物について質権を有することになる（民法366条4項）。

第10章　抵当権

I　総則

　抵当権は、債権者とその目的となる不動産の所有者（この不動産を「抵当不動産」といい、その者が債務者でない場合の所有者を「物上保証人」という。）との間の契約（「設定行為」という。）によって成立する物権であり、抵当権者は、抵当不動産について、他の債権者に先立って自己の債権の弁済を受ける権利（優先弁済権）を有する（民法369条1項）。また、抵当権は、質権と異なり、目的物の占有の移転を必要としないことから、地上権及び永小作権も抵当権の目的とすることができる（民法369条2項。民法398条は、この場合には、地上権者及び永小作権者がその権利を放棄しても抵当権者に対抗できないとする。）外、種々の企業施設を財団として把握して、それに抵当権を設定することを可能とする法律が多数制定されている（工場抵当法、鉄道抵当法、観光施設財団抵当法等）。

　ともあれ、民法が定める抵当権の効力は、抵当不動産とされた土地の上に存する建物を除き、抵当不動産に付加して一体となっている物（民法370条参照）に及ぶが、設定行為に別段の定めがある場合（不動産登記法88条1項参照）及び債務者が付加した行為が詐害行為取消請求の対象となる場合（新民法424条3項）は、この限りでないとされる（新民法370条）。また、抵当権は、その担保する債権について不履行があったときは、その後に抵当不動産から生じた天然果実及び法定果実にも及ぶ（民法88条、371条）。

　さらに、抵当権者は、債権の全部の弁済を受けるまでは、抵当不動産の全部についてその権利を行使することができ（抵当権の不可分性）、抵当権は、その払渡し又は引渡しの前に差押えをすることによって、その目的物につき設定した物権の対価、その売却、賃貸、滅失又は損傷によって債務者が受けるべき金銭その他の物に対しても、行使することができ（物上代位）、他人の債務を担保するため抵当権を設定した者は、その債務を弁済し、又は抵当権の実行によって抵当不動産の所有権を失ったときは、保証債務に関する規定に従い、債務者に対して求償権を有する（物上保証人の求償権）とされている

（民法372条、296条、304条、351条）。

　なお、抵当権の被担保債権に元本が含まれるのは当然であるが、利息その他の定期金を請求する権利を有するときは、その満期となった最後の2年分についてのみ、その抵当権を行使することができ、それ以前の定期金についても抵当権を行使するときは、満期後に特別の登記（不動産登記法88条1項）をしなければならず、抵当権者が債務の不履行によって生じた損害の賠償を請求する権利を有する場合におけるその最後の2年分についても同様であるが、利息その他の定期金と通算して2年分を超えることができない（民法375条）ことになっている。

II　抵当権の効力

1　抵当権の順位、処分、代価の配当等

　抵当権は物権であるから、登記をすることによって第三者に対抗でき（民法177条）、同一の不動産について数個の抵当権が設定されたときは、その抵当権の順位は、登記の前後によることになる（民法373条）。また、この抵当権の順位は、各抵当権者の合意と利害関係を有する者の承諾によって変更することができるが、その登記をしなければ、効力を生じない（民法374条）。

　抵当権は物権であり、抵当不動産の交換価値を把握するものであるから、抵当権者は、その抵当権を他の債権の担保とし、又は同一の債務者に対する他の債権者の利益のためにその抵当権若しくはその順位を譲渡し、若しくは放棄することができる。この場合において、抵当権者が数人のためにその抵当権の処分をしたときは、その処分の利益を受ける者の権利の順位は、抵当権の登記にした付記の前後によることになる（民法376条）。そして、この場合には、新民法467条の規定に従い、主たる債務者に抵当権の処分を通知し、又は主たる債務者がこれを承諾しなければ（これらの通知又は承諾は確定日付ある証書（民法施行法5条）によってすることが必要である。）、これをもって主たる債務者、保証人、抵当権設定者及びこれらの者の承継人に対抗することができず、主たる債務者がこの通知を受け、又は承諾をしたときは、抵当権の処分の利益を受ける者の承諾を得ないでした弁済は、その受益者に対抗する

ことができない（民法377条）。

　債権者が同一の債権の担保として数個の不動産につき抵当権を有する場合がある。この場合、同時に当該数個の不動産の代価を配当すべきときは、その各不動産の価額に応じて、その債権の負担が按分され、ある不動産の代価のみを配当すべきときは、その代価から債権の全部の弁済を受けることができる（民法392条1項、2項前段）。そして、債権全部の弁済を受けた債権は消滅し、他の不動産についての抵当権も消滅するはずであるが、当該ある不動産について次順位の抵当権者がある場合は、次順位の抵当権者は、当該他の不動産について、先順位抵当権者が按分して弁済を受けることができる金額を限度として、先順位抵当権者に代位して抵当権を行使することができることになっている（民法392条2項後段）。そして、この代位によって抵当権を行使する者は、その抵当権の登記にその代位を付記することによって、第三者に対抗することができる（民法393条、177条）。

　抵当権者は、抵当不動産の代価から優先的に弁済を受けることができ、それによって弁済を受けることができない部分についてのみ、抵当権が設定されていない財産から弁済を受けることができるのが原則であるが、その財産の換価が抵当権の実行よりも先になされるときは、その代価からも弁済を受けることができる（民法394条1項、2項前段）。ただ、このことを徹底するときは、抵当権者に過剰な利益を与えることにもなるので、他の各債権者は、抵当権者への抵当不動産からの弁済を優先させるため、抵当権者に配当すべき金額の供託を請求することができることになっている（民法394条2項後段）。

　ところで、抵当権の実行は抵当不動産を競売することによってなされ（民事執行法180条）、その競売において債務者及び抵当権設定者は買受けの申出をすることができない（民事執行法68条、188条）のであるが、抵当不動産を取得した第三取得者は、買受人となることができる（民法390条）。また、抵当不動産の第三取得者は、抵当不動産について必要費又は有益費を支出したときは、民法196条が定める必要費と有益費の区別に従い、抵当不動産の代価から、他の債権者より先にその償還を受けることができる（民法391条）。

2 ｜ 抵当不動産の利用

　抵当権は、抵当不動産の交換価値を把握するものであるから、抵当不動産

の所有者は抵当権設定後においても自由に使用、収益できるが、抵当権が実行される（抵当不動産が競売される）と、その権利は競落人に対抗できないことになる。また、第三者に使用、収益の権利（この権利を「用益権」という。）を与えていた場合においては、当該用益権と抵当権との対抗関係によって、当該用益権者と競落人との優先関係が決まる。すなわち、それが物権である場合は、先に登記した方が優先するのが原則であり、留置権及び先取特権について例外があることはそれぞれの箇所で述べたが、実務上大きな意味を有する例外は、建物所有を目的とする地上権又は借地権であり、その土地の上に借地権者が登記されている建物を所有しているとき及び建物の引渡しがなされた借家権は、当該権利の登記がなくても、その後に設定された抵当権の権利者に対抗することができるとされている（借地借家法10条1項、31条1項。第4章参照）。

なお、登記をした賃貸借は、その登記前に登記をした抵当権を有するすべての者が同意をし、かつ、その同意の登記があるときは、その同意をした抵当権者に対抗することができ、抵当権者がその同意をするには、その抵当権を目的とする権利を有する者その他抵当権者の同意によって不利益を受けるべき者の承諾を得なければならないとされている（民法387条）。

ところで、実務上大きな問題となるものの一つに法定地上権がある。すなわち、民法388条は、「土地及びその上に存する建物が同一の所有者に属する場合において、その土地又は建物につき抵当権が設定され、その実行により所有者を異にするに至ったときは、その建物について、地上権が設定されたものとみなす。この場合において、地代は、当事者の請求により、裁判所が定める。」とし、この規定によって設定されたものとみなされる地上権は「法定地上権」と称される（民事執行法81条及び国税徴収法127条は差押えによる競売又は公売の場合における法定地上権の成立について定めている。）。法定地上権が設定される第1の要件は、土地及びその上に存する建物が同一の所有者に属することであり、第2の要件は、その土地又は建物について抵当権が設定されることであり、第3の要件は、その実行（競売）の結果、土地と建物の所有者が別々になることである。第1の要件である土地及びその上に存する建物が同一の所有者に属することの基準時は抵当権が設定される時であり、第2の要件の抵当権の設定は、土地だけ又は建物だけについてなされることがあり、土地及び建物の双方についてなされることがある（抵当権者が同一である

ことは必要ない。）。第3の要件に該当する場合には、土地又は建物のいずれかが競売の対象とならない（抵当権設定者が所有権を維持する）とき並びに土地及び建物が同時に競売の対象となってそれぞれの競落人が異なるときがある。この法定地上権は、契約によって設定した場合と同様、登記をしなければ第三者に対抗できない。

なお、抵当権の設定後に抵当地に建物が築造されたときは、法定地上権が成立しないので、抵当権者は、土地とともにその建物を競売し、その土地の代価から優先して弁済を受けることができる（民法389条1項）。これは、当該建物の敷地についての権利が競落人に対抗できず、その所有者は、当該建物を収去して、土地を明け渡す義務を負うことになるという結果を避けるためのものであり、当該建物の所有者には、その建物の代価が支払われる。このため、その建物の所有者が抵当地を占有するについて抵当権者に対抗することができる権利（当該抵当権の設定登記に先立って登記がなされた地上権又は成立した借地権がある。）を有する場合には、その建物を競売することはできない（民法389条2項）。

ところで、抵当権者に対抗することができない賃貸借により抵当権の目的である建物の使用又は収益をする者であって次に掲げるもの（「抵当建物使用者」という。）は、その建物の競売における買受人の買受けの時から6月を経過するまでは、その建物を買受人に引き渡すことを要しないとされている（民法395条1項）。

① 競売手続の開始前から使用又は収益をする者
② 強制管理又は担保不動産収益執行の管理人が競売手続の開始後にした賃貸借により使用又は収益をする者

ただし、買受人の買受けの時より後に同項の建物の使用をしたことの対価について、買受人が抵当建物使用者に対し相当の期間を定めてその1月分以上の支払の催告をし、その相当の期間内に履行がない場合には、引き渡さなくてはならない（民法395条2項）。

Ⅲ 抵当権の消滅

　抵当不動産について所有権又は地上権を買い受けた第三者が、抵当権者の請求に応じてその抵当権者にその代価を弁済したときは、抵当権は、その第三者のために消滅する（民法378条）のであるが、民法は、この外に、抵当権抹消請求についての定めを置いている。

　まず、抵当権消滅請求は、抵当権の実行としての競売による差押えの効力が発生する前に、抵当不動産の第三取得者が、登記をした各債権者に対し、次に掲げる書面を送付することによって開始される（民法379条、382条、383条）。

① 　取得の原因及び年月日、譲渡人及び取得者の氏名及び住所並びに抵当不動産の性質、所在及び代価その他取得者の負担を記載した書面
② 　抵当不動産に関する登記事項証明書（現に効力を有する登記事項のすべてを証明したものに限る。）
③ 　債権者が２箇月以内に抵当権を実行して競売の申立てをしないときは、抵当不動産の第三取得者が①の代価又は特に指定した金額を債権の順位に従って弁済し又は供託すべき旨を記載した書面

　　　前記の書面の送付を受けた債権者は、次に掲げる場合に該当するときは、抵当不動産の第三取得者が前記③の書面に記載した代価又は金額を承諾したものとみなされる（民法384条）。

④ 　その債権者が前記①から③に掲げる書面の送付を受けた後２月以内に抵当権を実行して競売の申立てをしないとき。
⑤ 　その債権者が④の競売の申立てを取り下げたとき。
⑥ 　④の競売の申立てを却下する旨の決定が確定したとき。
⑦ 　④の競売の申立てに基づく競売の手続を取り消す旨の決定（民事執行法188条において準用する同法63条３項若しくは68条の３第３項の規定又は同法183条１項５号の謄本が提出された場合における同条２項の規定による決定を除く。）が確定したとき。

　前記①から③の書面の送付を受けた債権者は、前記④の競売の申立てをす

るときは、その期間内に、債務者及び抵当不動産の譲渡人にその旨を通知しなければならず（民法385条）、登記をしたすべての債権者が抵当不動産の第三取得者の提供した代価又は金額を承諾し、かつ、抵当不動産の第三取得者がその承諾を得た代価又は金額を払い渡し又は供託したときは、抵当権は、消滅する（民法386条）。

　この抵当権消滅請求は、抵当不動産の第三取得者に限って認められた制度であり、主たる債務者、保証人及びこれらの者の承継人は、抵当権消滅請求をすることができず（民法380条）、抵当不動産の停止条件付第三取得者は、その停止条件の成否が未定である間は、抵当権消滅請求をすることができない（民法381条）。なお、抵当不動産の第三取得者が買主であり、その不動産について契約の内容に適合しない抵当権の登記があるときは、買主は、抵当権消滅請求の手続が終わるまで、その代金の支払を拒むことができ、売主は、買主に対し、遅滞なく抵当権消滅請求をすべき旨を請求することができるとされている（新民法577条1項）。

　ところで、抵当権は債権の担保として設定されるものであるから、債務者及び抵当権設定者に対しては、その担保する債権と同時でなければ、時効によって消滅しない（民法396条）のが原則であるが、判例（最高裁平成30年2月23日判決・判例時報2378号3頁）は、その被担保債権が破産法による免責許可の決定の効力を受ける場合は、当該債務は自然債務（第3編第1章Ⅱ1参照）となるから、当該債務については消滅時効の進行を観念できないとしたうえで、「抵当権は、民法167条2項の「債権又は所有権以外の財産権」に当たる」として、「抵当権の被担保債権が免責許可の決定の効力を受ける場合には、民法396条は適用されず、債務者及び抵当権設定者に対する関係においても、当該抵当権自体が同法167条2項所定の所定の20年の消滅時効にかかると解するのが相当である。」としている（この判例がいう民法167条2項は、新民法166条2項と同旨である。）。また、債務者又は抵当権設定者でない者が抵当不動産について取得時効に必要な要件を具備する占有をしたときは、抵当権は、これによって消滅する（民法397条）。なお、地上権又は永小作権を抵当権の目的とした地上権者又は永小作人は、その権利を放棄しても、その消滅を抵当権者に対抗することはできない（民法398条）。

Ⅳ　根抵当

1　根抵当権の被担保債権

　通常の抵当権は、それが設定されるときに被担保債権が確定していることを要するのに対して、根抵当権は、一定の範囲に属する不特定の債権を極度額の限度において担保するために設定されることに特徴がある（民法398条の2第1項）。

　根抵当権の被担保債権及び極度額は、設定行為によって定められ、登記されなければならない（不動産登記法88条2項）が、その被担保債権とすることができる債権は、債務者との特定の継続的取引契約によって生ずるものその他債務者との一定の種類の取引によって生ずるもの（民法398条の2第2項）並びに特定の原因に基づいて債務者との間に継続して生ずる債権、手形上若しくは小切手上の請求権又は電子記録債権（電子記録債権法2条1項に規定する電子記録債権をいう。）である（新民法398条の2第3項）。この被担保債権は、債権者と債務者との間において定型的、類型的に継続して行われる取引によって生ずる債権であって、その額が個々の取引毎に変動するのが通常であるが、抵当不動産から優先的に弁済をうけることができるのは、根抵当権が実行される時点において確定した元本並びに利息その他の定期金及び債務の不履行によって生じた損害の賠償の全部であり、その額は極度額を限度とされる（民法398条の3第1項）。ただ、債務者との取引によらないで取得する手形上若しくは小切手上の請求権又は電子記録債権を根抵当権の担保すべき債権とした場合においては、次の事由があったときは、その前に取得したもの（その後に取得したものであっても、その事由を知らないで取得したものは含まれる。）についてのみ、その根抵当権を行使することができる（新民法398条の3第2項）。

① 債務者の支払の停止
② 債務者についての破産手続開始、再生手続開始、更正手続開始又は特別清算開始の申立て
③ 抵当不動産に対する競売の申立て又は滞納処分による差押え

根抵当権が共有されている場合は、その共有者は、それぞれその債権額の割合に応じて弁済を受けるのが原則であるが、元本の確定前に、これと異なる割合を定め、又はある者が他の者に先立って弁済を受けるべきことを定めたときは、その定めに従う（民法398条の14）。

なお、元本の確定前であれば、設定契約を変更することによって、後順位の抵当権者その他の第三者の承諾を得ることなしに、根抵当権の担保すべき債権の範囲又は債務者を変更をすることができるが、元本の確定前にその登記をしなかったときは、その変更はしなかったものとみなされる（民法398条の4）。ただし、根抵当権の極度額は、元本の確定前であっても、利害関係を有する者の承諾を得なければ、変更することができない（民法398条の5）。

2 ｜ 共同根抵当

　数個の不動産について根抵当が設定できることは通常の抵当権と同じであるが、その場合は、その設定と同時に同一の債権の担保として数個の不動産につき根抵当権が設定された旨の登記をした場合に限り、民法392条及び393条が定める通常の共同抵当の場合と同じ方法（前記Ⅱ1参照）で、優先弁済を受けることができる（民法398条の16）。そして、その登記がされている根抵当権の担保すべき債権の範囲、債務者若しくは極度額の変更又はその譲渡若しくは一部譲渡は、その根抵当権が設定されているすべての不動産について登記をしなければ、その効力を生じず、その担保すべき元本は、一個の不動産についてのみ確定すべき事由が生じた場合においても、確定する（民法398条の17）。

　数個の不動産について根抵当が設定されている場合において、それについて共同根抵当の登記がなされていないときは、数個の不動産につき根抵当権を有する者は、各不動産の代価について、各極度額に至るまで優先権を行使することができる（民法398条の18）とされ、この根抵当は累積根抵当と称される。

3 ｜ 根抵当権の元本の確定

　根抵当権は、一定の範囲に属する不特定の債権すなわち変動する債権を被

担保債権とするものであるから、それを実行する（優先的に弁済を受ける）ためには、被担保債権の額が確定していることが必要である（それが確定した後は通常の抵当権と同じ扱いになる。）。根抵当権が担保すべき元本の確定すべき期日（「確定期日」という。）は設定行為で定められるのが原則であるが、その定めは、元本の確定前であれば、後順位の抵当権者その他の第三者の承諾を得ることなしに、変更することができる。ただし、この変更は、従前の確定期日から5年以内でなければならず、その変更は、従前の確定期日よりも前に登記しなければ効力を有しない（民法398条の6）。

設定行為に確定期日の定めがない場合、根抵当権設定者は、根抵当権の設定の時から3年を経過したとき、担保すべき元本の確定を請求することができ、担保すべき元本は、その請求の時から2週間を経過することによって確定する。一方、根抵当権者は、いつでも、担保すべき元本の確定を請求することができ、担保すべき元本は、その請求の時に確定する（民法398条の19）。

設定行為に確定期日の定めがなく、根抵当権設定者又は根抵当権者からの確定請求がない場合であっても、次の事由が生じたときは、根抵当権の被担保債権の元本は確定する（民法398条の20第1項）。

① 根抵当権者が抵当不動産について競売若しくは担保不動産収益執行又は372条において準用する304条の規定による差押えを申し立てたとき。ただし、競売手続若しくは担保不動産収益執行手続の開始又は差押えがあったときに限る。
② 根抵当権者が抵当不動産に対して滞納処分による差押えをしたとき。
③ 根抵当権者が抵当不動産に対する競売手続の開始又は滞納処分による差押えがあったことを知った時（税務署長等は、滞納処分による差押えをしたときは、抵当権者にその旨を通知しなければならない。国税徴収法55条1号、地方税法68条6項等）から2週間を経過したとき。
④ 債務者又は根抵当権設定者が破産手続開始の決定を受けたとき。

ただし、③の競売手続の開始若しくは差押え又は④の破産手続開始の決定の効力が消滅した場合は、元本が確定したものとしてその根抵当権又はこれを目的とする権利を取得した者があるときを除いて、担保すべき元本は確定しなかったものとみなされる（民法398条の20第2項）。

4 元本の確定前の根抵当権者の交代

元本が確定すると、一定の範囲に属する不特定の債権を担保するという根抵当権の特殊性が失われるので、その後の取り扱いは通常の抵当権と同じになるが、それまでの間は、不特定の債権を担保するという根抵当権の特殊性に応じた処理が必要となる。

(1) 被担保債権の譲渡等

元本の確定前に被担保債権の譲渡等がなされても、その譲受人等は、その根抵当権を行使できないことについて、次のように規定されている（民法398条の7第1項・2項、新民法398条の7第3項・4項）。

① 元本の確定前に根抵当権者から債権を取得した者又は債務者のために若しくは債務者に代わって弁済をした者は、その債権について根抵当権を行使することができない。
② 元本の確定前に債務の引受けがあったときは、根抵当権者は、引受人の債務について、その根抵当権を行使することができない。
③ 元本の確定前に免責的債務引受があった場合における債権者は、民法472条の4第1項の規定による抵当権の移転と異なり、根抵当権を引受人が負担する債務に移すことができない。
④ 元本の確定前に、債権者の交替又は債務者の交替による更改があった場合における更改前の債権者は、新民法518条1項の規定による抵当権の移転と異なり、根抵当権を更改後の債務に移すことができない。

(2) 相続

根抵当権者又は債務者について相続が開始したときの根抵当権による被担保債権については、次のように定められている（民法398条の8）。

① 元本の確定前に根抵当権者について相続が開始したときは、根抵当権は、相続開始の時に存する債権のほか、相続人と根抵当権設定者との合意により定めた相続人が相続の開始後に取得する債権を担保する。また、元本の確定前にその債務者について相続が開始したときは、根抵当

権は、相続開始の時に存する債務のほか、根抵当権者と根抵当権設定者との合意により定めた相続人が相続の開始後に負担する債務を担保する。これらの場合においては、後順位の抵当権者その他の第三者の承諾は不要である。

② 相続人と根抵当権設定者又は相続人と根抵当権設定者との合意についての登記が、相続の開始後6月以内になされないときは、担保すべき元本は、相続開始の時に確定したものとみなされる。

(3) 根抵当権者又は債務者の合併

根抵当権者又は債務者の合併の場合については、次のように定められている（民法398条の9）。

① 元本の確定前に根抵当権者について合併があったときは、根抵当権は、合併の時に存する債権のほか、合併後存続する法人又は合併によって設立された法人が合併後に取得する債権を担保する。

② 元本の確定前にその債務者について合併があったときは、根抵当権は、合併の時に存する債務のほか、合併後存続する法人又は合併によって設立された法人が合併後に負担する債務を担保する。

③ ①及び②の場合、根抵当権設定者は、担保すべき元本の確定を請求することができ（②の場合において、その債務者が根抵当権設定者であるときを除く。）、この請求があったときは、担保すべき元本は、合併の時に確定したものとみなされる。ただし、この請求をすることができるのは、根抵当権設定者が合併のあったことを知った日から2週間以内、合併の日から1箇月以内に限られる。

(4) 根抵当権者又は債務者の会社分割

根抵当権者又は債務者の会社分割があった場合については、次のように定められている（民法398条の10）。

① 元本の確定前に根抵当権者を分割をする会社とする分割があったときは、根抵当権は、分割の時に存する債権のほか、分割をした会社及び分割により設立された会社又は当該分割をした会社がその事業に関して有する権利義務の全部又は一部を当該会社から承継した会社が分割後に取

得する債権を担保する。
② 元本の確定前にその債務者を分割をする会社とする分割があったときは、根抵当権は、分割の時に存する債務のほか、分割をした会社及び分割により設立された会社又は当該分割をした会社がその事業に関して有する権利義務の全部又は一部を当該会社から承継した会社が分割後に負担する債務を担保する。
③ ①及び②の場合、根抵当権設定者は、担保すべき元本の確定を請求することができ（②の場合において、その債務者が根抵当権設定者であるときを除く。）、この請求があったときは、担保すべき元本は、会社分割の時に確定したものとみなされる。ただし、この請求をすることができるのは、根抵当権設定者が会社分割のあったことを知った日から2週間以内、会社分割の日から1月以内に限られる。

5 元本確定前の根抵当権の処分

　元本の確定前においては、根抵当権者は、同一の債務者に対する他の債権者の利益のためにその抵当権若しくはその順位を譲渡し、又は放棄することができず、その根抵当権を他の債権の担保とすることだけができる（民法398条の11第1項、376条1項）。そして、その根抵当権を他の債権の担保とする場合には、主たる債務者に抵当権の処分を通知し、又は主たる債務者がこれを承諾しなければ、これをもって主たる債務者、保証人、抵当権設定者及びこれらの者の承継人に対抗することができない（民法377条1項、新民法467条）のは通常の抵当権の場合と同じである。ただ、主たる債務者は、その通知を受け、又は承諾をした場合であっても、元本確定前に弁済をしたときは、それをもって当該根抵当権の処分の利益を受ける者に対抗することができることになっている（民法398条の11第2項、377条2項）。

　元本の確定前においては、根抵当権者は、根抵当権設定者の承諾を得て、その根抵当権を譲り渡すことができ、根抵当権の共有者は、他の共有者の同意及び根抵当権設定者の承諾を得て、その権利を譲り渡すことができる（民法398条の12第1項、398条の14第2項）。また、根抵当権者は、根抵当権設定者及びその根抵当権を目的とする権利を有する者の承諾を得て、その根抵当権を2個の根抵当権に分割して、その一方を譲り渡すこともできるが、分割前

の根抵当権を目的とする根抵当権者の権利は、譲り渡した根抵当権について消滅する（民法398条の12第2項、3項）。さらに、根抵当権者は、根抵当権設定者の承諾を得て、その根抵当権の一部譲渡（譲渡人が譲受人と根抵当権を共有するときに、これを分割しないで譲り渡すことをいう。）をすることができる（民法398条の13）。そして、抵当権の順位の譲渡又は放棄を受けた根抵当権者が、その根抵当権の譲渡又は一部譲渡をしたときは、譲受人は、その順位の譲渡又は放棄の利益を受ける（民法398条の15）。

6 根抵当権の極度額の減額請求及び消滅請求

　根抵当権の元本、すなわち被担保債権が確定した後は、通常の抵当権との違いはなくなるはずであるが、根抵当権に特有のものとして、極度額の減額請求及び消滅請求がある。

（1）　根抵当権の極度額の減額請求

　元本の確定後において、根抵当権設定者は、その根抵当権の極度額を、現に存する債務の額と以後2年間に生ずべき利息その他の定期金及び債務の不履行による損害賠償の額とを加えた額に減額することを請求することができ、登記がなされている共同根抵当権についての極度額の減額の請求は、そのうちの一個の不動産についてすれば足りることになっている（民法398条の21）。この請求は、形成権の行使であるから、請求したことによって減額の効果が生じるが、根抵当権者がそれを認めないときは、配当異議の訴え（民事執行法90条）等によって裁判所の判断を求めることになる。

（2）　根抵当権の消滅請求

　元本の確定後において現に存する債務の額が根抵当権の極度額を超えるときは、他人の債務を担保するためその根抵当権を設定した者又は抵当不動産について所有権、地上権、永小作権若しくは第三者に対抗することができる賃借権を取得した第三者は、その極度額に相当する金額を払い渡し又は供託して（この払渡し又は供託は、弁済の効力を有する。）、その根抵当権の消滅請求をすることができ、この根抵当権が登記がなされている共同根抵当権であるときは、1個の不動産について消滅請求がなされることによって、すべての不

動産についての抵当権が消滅する（民法398条の22第1項、2項）。

　なお、主たる債務者、保証人及びこれらの者の承継人はこの消滅請求をすることができず、抵当不動産の停止条件付第三取得者は、その停止条件の成否が未定である間は、この消滅請求をすることができないことは通常の抵当権の場合と同じである（民法398条の22第3項、380条、381条）。

第11章 仮登記担保及び譲渡担保

　金銭債権の履行を確保するための制度として、民法が定めるのは第7章〜第10章で述べた留置権、先取特権、質権及び抵当権（これらを総称して「担保物権」という。）であるが、留置権は別として、それ以外のものは、その換価手続きが複雑であるとして、取引実務において、より簡便な方法を編み出されてきた。その代表的なものが仮登記担保及び譲渡担保であり、仮登記担保については、実務と裁判例が積み重ねたものを「仮登記担保契約に関する法律」（以下「仮登記担保法」という。）として実定法化されているが、譲渡担保については、未だに、その多くの部分が判例に委ねられている。

I　仮登記担保

　仮登記担保契約というのは、金銭債務の不履行があるときは債権者に債務者又は第三者（以下、「債務者等」という。）に属する所有権その他の権利の移転等をすることを目的としてされた代物弁済の予約、停止条件付代物弁済契約その他の契約で、その契約による権利について仮登記（これを「担保仮登記」という。）又は仮登録のできるもののことであり、仮登記担保法は、土地又は建物（同法は、これらを一括して「土地等」と表現している。）の所有権の移転を目的とする場合について詳細な規定を置き、それを土地等の所有権以外の権利（先取特権、質権、抵当権及び企業担保権を除く。）の取得を目的とする仮登記担保契約に準用するとしている（仮登記担保法20条）。以下、仮登記担保法について、その概要を述べる。

　仮登記担保契約の最大の特徴は、清算期間が経過した時の土地等の価額がその時の債権等（その時の債権及び債務者等が負担すべき費用で債権者が代わつて負担したもの）の額を超えるときは、債権者はその超える額に相当する金銭（「清算金」という。）を債務者等に支払わなければならない（仮登記担保法3条1項）ことにある。債権者が土地等の所有権を取得するためには、予約を完結する意思を表示した日、停止条件が成就した日その他のその契約において所有権

を移転するものとされている日以後に、債権者が清算金の見積額（清算金がないと認めるときは、その旨）をその契約の相手方である債務者又は第三者（「債務者等」という。）に通知しなければならず、その通知が債務者等に到達した日から2月を経過しなければ（この期間を「清算期間」という。）、その所有権の移転の効力は生じない（仮登記担保法2条1項）。なお、清算金の支払いと所有権移転の登記及び引渡しとは同時履行の関係にある（仮登記担保法3条2項、民法533条）。

　清算金の支払を目的とする債権については、清算期間が経過するまでは、譲渡その他の処分をすることができず（仮登記担保法6条1項）、債権者は、清算金の支払を目的とする債権につき差押え又は仮差押えの執行があつたときは、清算期間が経過した後、清算金を債務履行地の供託所に供託して、その限度において債務を免れることができる（仮登記担保法7条1項）。なお、債権者は、後になって清算金の額が自分が通知した清算金の見積額に満たないことを主張することができず、担保仮登記後に登記（仮登記を含む。）された先取特権、質権又は抵当権を有する者（以下、「後順位抵当権者等」という。）又は後順位の担保仮登記の権利者は、清算金の額が前項の見積額を超えることを主張することができないとされ（仮登記担保法8条）、清算期間が経過した時の土地等の価額がその時の債権等の額に満たないときは、債権は、反対の特約がない限り、その価額の限度において消滅する（仮登記担保法9条）。一方、債務者等は、清算期間が経過した時から5年が経過したとき又は第三者が所有権を取得したときを除いて、清算金の支払の債務の弁済を受けるまで（清算期間中を含む。）は、債権等の額（債権が消滅しなかつたものとすれば、債務者が支払うべき債権等の額をいう。）に相当する金銭を債権者に提供して、土地等の所有権の受戻しを請求することができる（仮登記担保法11条）。これは、清算金の額に不満のある債務者等が、債権等の額を支払うことによって債務を消滅させ、その効果として仮登記担保権を消滅させることができることを意味する。

　土地及びその上にある建物が同一の所有者に属する場合において、その土地につき担保仮登記がされたときは、その仮登記に基づく本登記がされる場合につき、その建物の所有を目的として土地の賃貸借がされたものとみなされ、その存続期間及び借賃は、当事者の請求により、裁判所が定めるものとされる（仮登記担保法10条）が、これは抵当権における法定地上権（民法388条）

と同じ趣旨である（第10章Ⅱ2参照）。

　後順位抵当権者等は、清算期間内は、当該抵当物権によつて担保される債権の弁済期の到来前であつても、土地等の競売を請求することができる（仮登記担保法12条）。その一方、担保仮登記がされている土地等に対する強制競売、担保権の実行としての競売又は企業担保権の実行手続（「強制競売等」という。）においては、その担保仮登記に係る権利を抵当権とみなし、その担保仮登記のされた時にその抵当権の設定の登記がされたものとみなして、その担保仮登記の権利者は、その債権の弁済を受けることができる（仮登記担保法13条）。

　担保仮登記がされている土地等につき強制競売等の開始の決定があつた場合において、その決定が清算金の支払の債務の弁済前（清算金がないときは、清算期間の経過前）にされた申立てに基づくときは、担保仮登記の権利者は、その仮登記に基づく本登記の請求をすることができず、強制競売等が行われたときは、担保仮登記に係る権利はその土地等の売却によって消滅する（仮登記担保法15条1項、16条）が、その決定が清算金の支払の債務の弁済後（清算金がないときは、清算期間の経過後）にされた申立てに基づくときは、担保仮登記の権利者は、その土地等の所有権の取得をもって差押債権者に対抗することができる（仮登記担保法15条2項）。

Ⅱ　譲渡担保

　一般に譲渡担保と称されるのは、「金銭の支払いを目的とする債権を担保する目的で債務者又は第三者（「譲渡担保権設定者」という。）が債権者に財産を譲渡すること」であり（国税徴収法24条1項参照）、その定義や担保権実行の方法等について定めた法律はないが、このことについてのリーディングケースとされる最高裁昭和46年3月25日判決（判例時報625号50頁参照）は、その要件について次のように述べている。

> 「貸金債権担保のため債務者所有の不動産につき譲渡担保形式の契約を締結し、債務者が弁済期に債務を弁済すれば不動産は債務者に返還するが、弁済をしないときは右不動産を債務の弁済の代わりに確定的に自己

の所有に帰せしめるとの合意のもとに、自己のため所有権移転登記を経由した債権者は、債務者が弁済期に債務の弁済をしない場合においては、目的不動産を換価処分し、またはこれを適正に評価することによって具体化する右物件の価額から、自己の債権額を差し引き、なお残額があるときは、これに相当する金銭を清算金として債務者に支払うことを要するのである。そして、この担保目的実現の手段として、債務者に対し右不動産の引渡ないし明渡を求める訴を提起した場合に、債務者が右清算金の支払と引換えにその履行をなすべき旨を主張したときは、特段の事情のある場合を除き、債権者の右請求は、債務者への清算金の支払と引換えにのみ認容されるべきものと解するのが相当である。」

譲渡担保については、この判例を初めとする判例の積み重ねにより、大要、次の理論が成立している。

① 帰属清算型（債権者が目的物の帰属主体となり、その価額を適正に評価して、被担保債権の額との差額を債務者に支払うものをいう。）が原則であり、その場合は、債権者がその義務を履行しない間は、譲渡担保権設定者は、被担保債権の元利金を弁済して、担保物件を受け戻すことができる。

② 処分属清算型（債権者が目的物を処分して、その換価代金から被担保債権の元利金を差し引いた額を債務者に支払うものをいう。）の場合は、担保物件の換価（その取得者が対抗要件を備えることを含む。）が完了するまでの間は、譲渡担保権設定者は、被担保債権の元利金を弁済して、それを受け戻すことができる。

③ 帰属清算型の場合、清算金の有無及びその額は、債権者が譲渡担保設定者に対し清算金の支払い若しくはその提供をした時若しくは担保物件の適正評価額が被担保債権の額を上回らない旨を通知した時又は債権者が担保物件を処分した時を基準として確定される。

④ 被担保債権の額が担保物件の適正価額と同等以上の場合には、被担保債権の弁済期の到来と同時に担保物件の所有権は確定的に債権者に帰属する（譲渡担保権設定者は、被担保債権の元利金を弁済して、それを受け戻すことはできない。）。

⑤ 先順位の担保権が設定されている担保物件については、担保物件の価

額から先順位の被担保債権額（先順位の担保権が根抵当権の場合は極度額）を控除して、清算金の有無及びその額を算定すべきである。
⑥　譲渡担保権者は、占有改定による引渡しによっても第三者に対抗できる。

　ところで、譲渡担保について正面から定めた法律がないことは前述のとおりであるが、国税徴収法（地方税の滞納処分は同法の例によるものとされ、税以外の歳入についても地方税の滞納処分の例による又は国税の滞納処分の例によるとされているものは多い。）24条は、滞納者が譲渡担保権を設定している財産（「譲渡担保財産」という。）があるときは、滞納者の財産について滞納処分をしてもなお徴収すべき国税に不足するときは、譲渡担保財産から滞納となっている国税を徴収できるとしたうえで、その手続きについて定めている。なお、この場合における譲渡担保債権と国税との優先関係は、抵当権の場合（国税徴収法16条、地方税法14条の10）と同じく、それが設定された時期と国税の法定納期限等（「等」の意味については、国税徴収法15条1項及び地方税法14条の9第1項参照）の先後によって決められる。

第3編

債　権

第1章 総則

I 債権の目的

1 債権の意味

　債権というのは、特定の者に対して、特定のことを請求できる権利のことであり、何人に対しても主張できる（他人の権利主張を排斥できる）権利である物権（第2編第1章I1参照）と区別される。

　債権の発生原因は、当事者（債務者）の意思に関係がないもの（これを「事件」という。）と当事者双方（債権者及び債務者）の意思によるもの（契約）に分けることができ、前者に該当するものとして事務管理、不当利得及び不法行為が、後者に該当するものして贈与、売買、交換、消費貸借、賃貸借、雇用、請負、委任（準委任）、寄託、組合、終身定期金及び和解が、それぞれ、民法に規定されている。

　債権は、金銭に見積もることができないものであっても、その目的とすることができる（民法399条）とされるが、民法が定める契約による権利は、物の引き渡し又は金銭の支払いを請求する権利、役務の提供を請求する権利その他の権利に分けることができ、贈与、売買、交換、消費貸借、賃貸借、寄託及び終身定期金の契約は物の引き渡し又は金銭の支払いを請求する権利の原因となり、雇用は役務の提供及びその対価としての金銭の支払いを請求する権利の原因となり、請負は仕事の完成及びその結果に対する対価としての金銭の支払いを請求する権利の原因となるが、委任（準委任）、組合及び和解は、具体的な契約内容によっていずれともなり得る。そして、直接には金銭に見積もることができない債権であっても、契約が履行されないときは債務不履行責任が発生し（民法416条1項、新民法416条2項）、それは損害賠償として金銭に換算される（民法417条）のであるから、結局のところ、すべての債権は最終的には金銭に見積もることができるということもできる。

　民法は、物の引き渡し又は金銭の支払いを請求する権利についての通則を

債権総則として定めた上で、契約については、各契約に通ずる原則を総則とし、それぞれの契約の類型毎に個別の定め（「契約各論」といい、そこで定められている契約の類型に該当するものを「典型契約」又は「有名契約」といい、その類型に当てはまらないものを「非典型契約」又は「無名契約」という。）を置き、事件については、通則を置かずに、個別に規定している。

2 ｜ 特定物を引き渡す場合の注意義務

　債権の目的が特定物の引渡しであるときは、債務者は、その引渡しをするまで、契約その他の債権の発生原因及び取引上の社会通念に照らして定まる善良な管理者の注意をもって、その物を保存しなければならないとされる（新民法400条）。これは、従前の民法400条が単に「善良な管理者の注意をもって、その物を保存しなければならない。」とするだけであり、これでは「善良な管理者の注意」の意味が不明確であるという批判があったことから、それが「契約その他の債権の発生原因及び取引上の社会通念に照らして定まる」ことを明記したものである。そして、この善良な管理者の注意義務があるのは、「その引渡しをするまで」であり、債権者が債務の履行を受けることを拒み、又は受けることができない場合は、履行の提供をした時以降、自己の財産に対するのと同一の注意をもって、その物を保存すれば足りることになっている（民法413条1項）。

　債権の目的が特定物の引渡しである場合に、契約その他の債権の発生原因及び取引上の社会通念に照らしてその引渡しをすべき時の品質を定めることができないときは、その物を引き渡すべき時の現状で引き渡せば足りる（新民法483条）。また、引渡し債務が贈与契約に基づくものである場合は、その物を贈与の目的として特定した時の状態で引き渡し、又は移転することを約したものと推定され、使用貸借についても同様とされる（新民法551条1項、596条）。なお、これらの物を引き渡すまでは、善良な管理者の注意をもって、その物を保存しなければならない（新民法400条）のは、当然のことである。また、債務者は、占有の効力として、保存している間の果実を取得することができるが（民法189条1項）、売買契約においては、売主が果実を取得できる反面、買主はそれまでに代金の支払い期限が到来する場合であっても引渡しを受ける日まで利息を支払う必要がないとされる（民法575条）。

第1章　総則

3 債権の目的の特定

(1) 種類債権

　債権の目的物を種類のみで指定した場合において、法律行為の性質又は当事者の意思によってその品質を定めることができないときは、債務者は、中等の品質を有する物を給付しなければならないが、債務者が物の給付をするのに必要な行為を完了し、又は債権者の同意を得てその給付すべき物を指定したときは、以後その物が債権の目的物となる（民法401条）結果、その保存については、特定物に対すると同じ義務（前記2参照）を負うことになる。通常、債務者が物の給付をするのに必要な行為を完了し、又は債権者の同意を得てその給付すべき物を指定するのは、引き渡しをすべき時又はそれに近接した時であるが、この規定は、給付すべき物が特定することによって、当該物の滅失等による履行不能が生じ、危険負担（新民法536条。後記第2章Ⅰ2参照）が問題となることがあることを意味する。

(2) 選択債権

　債権の目的が数個の給付の中から選択によって定まるときは、特約がない限り、債務者は、相手方に対する意思表示によってそれを選択することができるが、一度選択した時は、相手方の承諾を得なければ、それを変更することはできない（民法406条、407条）。

　債権が弁済期にある場合において、相手方から相当の期間を定めて催告をしても、選択権を有する当事者（通常は債務者である。）がその期間内に給付すべき物を選択をしないときは、相手方が選択することができる（民法408条）。選択を第三者に委ねている場合には、その選択は、債権者又は債務者に対する意思表示によって行い、第三者が選択をすることができず、又は選択をする意思を有しないときは、債務者がその選択を行うことになるが（民法409条）、債務者も行わないときは、債権者が行うことができる。この選択は、債権の発生の時にさかのぼってその効力を生ずるが、第三者の権利を害することはできないとされ（民法411条）、第三者との優劣は対抗要件を具備した時期によって判断されることになる。

　ところで、従前の民法は、不能であることを約束する契約（「原始的不能な契約」と称される。）が無効であることを当然のこととしていたが、新民法は、

その412条の2において、「債務の履行が契約その他の債務の発生原因及び取引上の社会通念に照らして不能であるときは、債権者は、その債務の履行を請求することができない。」として、契約自体が無効であるという考え方をとらないこととした。これに伴って、従前の民法410条は全面的に改正され、「債権の目的である給付の中に不能のものがある場合において、その不能が選択権を有する者の過失によるものであるときは、債権は、その残存するものについて存在する。」(新民法410条)とされた。この結果、選択権を有する者の過失（条文上は過失だけであるが、故意も含まれる。）によらないで不能となった場合は、その者は不能となった債権を選択して、その履行義務を免れることができることになったが、この場合は、反対給付を受けることもできない（原始的不能な契約を締結したことの責任については後記Ⅱ1（1）で述べるが、不能となったことについて責任を有する者がある場合には、その者に損害賠償請求（民法709条）をすることができる。）。

(3) 金銭債権

債権の目的物が金銭であるときは、特定の種類の通貨の給付を目的としたときを除いて、債務者は、その選択に従い、各種の通貨で弁済をすることができるが、その通貨が弁済期に強制通用の効力を失っているときは、他の通貨で弁済をしなければならない（民法402条）。また、債権の額を外国の通貨で指定したときは、債務者は、履行地における為替相場により、日本の通貨で弁済をすることができることになっている（民法403条）。

ところで、金銭債権については、利息の定めがあることが多いが、それがないときの利率は、その利息が生じた最初の時点における法定利率によることとされ、法定利率は、年3パーセントとされている（新民法404条1項、2項）。ただ、近年の著しい市中金利の低下等の状況を踏まえ、この法定利率は、法務省令で定めるところにより、3年を1期とし、1期ごとに、次により変動するものとされた（新民法404条3項〜5項）。

① 各期における法定利率は、法定利率に変動があった期のうち直近のもの（以下「直近変動期」という。）における基準割合と当期における基準割合との差に相当する割合（その割合に1パーセント未満の端数があるときは、これを切り捨てる。）を直近変動期における法定利率に加算し、又は減算

した割合とする。
② ①の「基準割合」は、法務省令で定めるところにより、各期の初日の属する年の6年前の年の1月から前々年の12月までの各月における短期貸付けの平均利率（当該各月において銀行が新たに行った貸付け（貸付期間が1年未満のものに限る。）に係る利率の平均をいう。）の合計を60で除して計算した割合（その割合に0.1パーセント未満の端数があるときは、これを切り捨てる。）として法務大臣が告示する。
③ ①により法定利率に初めて変動があるまでの各期における法定利率は、2020年4月1日以後の最初の期における基準割合と当期における基準割合との差に相当する割合（その割合に1パーセント未満の端数があるときは、これを切り捨てる。）を年3パーセントに加算し、又は減算した割合とする（改正法附則15条2項）。

この法定利率の規定の改正に併せて商法514条が削除され、商行為によって生じた債権についても新民法の規定が適用されることとなったほか、債務不履行による損害賠償の場合について適用されるべき法定利率及び将来取得する利益についての中間利息の控除についても特別の規定が必要となり、それぞれ、新民法419条1項、417条の2で措置されている。この法定利率は、債権法改正法の施行の日である2020年4月1日以後に利息が生じた場合に適用され、それよりも前に生じた利息については従前の民法の定めによることになっている（同法附則15条1項）。

なお、利息の支払が1年分以上延滞した場合において、債権者が催告をしても、債務者がその利息を支払わないときは、債権者は、これを元本に組み入れることができる（民法405条）のは、従前と同じである。そして、この利息には遅延損害金が含まれる一方、遅延損害金自体を催告によって履行遅滞とすること（民法412条3項）はできないと解されている。

Ⅱ 債権の効力

1 債務不履行の責任等

(1) 債務の本旨

　債権は、債権者が債務者に対して、特定のことを請求できる権利であるから、その権利が実現されなかったとき（義務が履行されなかったとき）は、裁判所に訴えることによってそれを強制的に実現することができるのが原則であるし（新民法414条1項）、債務者の損害賠償責任（新民法415条）を追及することができるとともに、その権利が第三者によって侵害されたときは、不法行為責任（民法709条）を追及できる。ただ、消滅時効が完成した債権や免責許可の決定を受けた債権は、その履行を強制し、又はその不履行を理由とする損害賠償を求めることができず、それを履行するか否かは専ら債務者の自由意思にかかっていることから「自然債務」と称される。

　ところで、債務の履行責任を追及する場合に問題となるのは、当該具体的な場面において債務者の責任を追及する根拠となる債務（「債務の本旨」という。）を確定することであり、そのための判断規範として、新民法は「契約その他の債務の発生原因及び取引上の社会通念」という概念を導入している（新民法95条1項、400条、412条の2第1項、415条1項、478条、483条、504条2項、541条、548条の2第2項等）が、このことに関しては、従来の民法下においても、次のように考えられていた。

① 雇用契約についての最高裁平成30年7月19日判決（判例タイムズ1459号30頁）

「雇用契約においてある手当が時間外労働等に対する対価として支払われるものとされているか否かは、雇用契約に係る契約書等の記載内容のほか、具体的事案に応じ、使用者の労働者に対する当該手当や割増賃金に関する説明の内容、労働者の実際の労働時間等の勤務状況などの事情を考慮して判断すべきである。」

② 請負工事請負約款についての最高裁平成26年12月19日判決（判例時報2447号27頁）

「一般に、約款は、国民一般が当然に遵守義務を負う法令とは異なり、契約の一方当事者が多くの相手方に対し同一条件の内容の契約を成立させるためにあらかじめ示した意思表示であり、これを前提とする契約が成立した場合、この約款の文言等が明確でなく、その解釈、適用範囲等が問題になった場合には、当該約款を抽象的な規範として捉えて解釈するのではなく、あくまでも約款を前提に当事者間で成立した契約における条項の解釈として行うべきであり、そこでは、当事者間において当該約款によりどのような内容の意思の合致があったのか、すなわち契約における意思表示の内容は何かをみていく必要がある。その際、第一次的には、当事者が合致した内心の意思は何かが問題となるが、この点については、明確でなくあるいは争いがある場合には、約款を含む契約条項の文言を基に、当事者の合理的意思解釈を行っていくべきであろう。」（千葉勝美裁判官の補足意見）

（2） 債務遅滞・履行の強制・受領遅滞

　権利の行使について期限が付いているときは、その期限が到来するまでその請求をすることはできない（民法135条1項。第1編第4章Ⅴ2参照）。そして、債務の履行について確定期限があるときは、債務者は、その期限の到来した時から遅滞の責任を負い（民法412条1項）、債務の履行について不確定期限があるときは、債務者は、その期限の到来した後に履行の請求を受けた時又はその期限の到来したことを知った時のいずれか早い時から遅滞の責任を負い（新民法412条2項）、債務の履行について期限を定めなかったときは、債務者は、履行の請求を受けた時から遅滞の責任を負う（民法412条3項）ことになる。これに関しては、次の判例があるが、期限の定めがないということは、いつでも請求できるということでもあるから、消滅時効の起算点に関する限りは、次の①と②には違いがないことになる（第1編第6章Ⅴ1・5参照）。

①　期限の定めのない債権とされたもの
　　不当利得返還請求権（大審院昭和2年12月26日判決・法律新聞2806号15頁）
　　安全配慮義務違反による損害賠償請求権（最高裁昭和55年12月18日判決・判例時報992号44頁）
　　自動車の運行によって生命又は身体を害された者の保険会社への直接

請求（最高裁昭和61年10月9日判決・判例時報1236号65頁）及び政府への損害填補の請求（最高裁平成17年6月2日判決・判例時報1900号119頁）
② 債権発生の原因である事件発生時に期限が到来する債権とされたもの
不法行為による損害賠償請求権（最高裁昭和37年9月4日判決・判例タイムズ139号51頁）及びそれを請求するための弁護士費用（最高裁昭和58年9月6日判決・判例時報1092号34頁）

なお、債務の履行が契約その他の債務の発生原因及び取引上の社会通念に照らして不能であるときは、債権者は、その債務の履行を請求することができないのは仕方がないが、契約に基づく債務の履行がその契約の成立の時に不能（原始的不能）であったとしても、契約（約束）をしたこと自体は事実である。そこで、債務者がその債務を履行しないことに変わりはないので、債権者は、その履行を求めることはできないが、その履行の不能によって生じた損害の賠償を請求することができるとされている（新民法412条の2、民法415条）。また、債務者がその債務について遅滞の責任を負っている間に、当事者双方の責めに帰することができない事由によって、その債務の履行が不能となったときは、その履行が不能となったことの責任は、債務者が負わなければならない（新民法413条の2第1項、415条）。

履行遅滞に陥っているにもかかわらず、債務者が任意に債務の履行をしないときには、債権者が裁判所に訴えてその実現を図ることができる。その方法としては、民事執行法その他強制執行の手続に関する法令の規定に従い、直接強制、代替執行、間接強制その他の方法があるが、債務者が任意に履行しなければ意味のない債務（芸術品の作成、著作物の創作、発明・発見等がある。）については、その履行を強制する手段はない（新民法414条1項）。履行を強制する手段がない場合は、損害賠償を請求するしかないが、履行を強制した場合においても、損害がある限り、その賠償を請求することができる（新民法415条2項）のは当然のことであろう。

ところで、債権者には、債務者による債務の履行に協力する義務がある（民法1条2項）。そして、債権者が債務の履行を受けることを拒み、又は受けることができない場合において、その債務の目的が特定物の引渡しであるときは、債務者は、履行の提供をした時からその引渡しをするまで、自己の財産に対するのと同一の注意をもって、その物を保存すれば足り（新民法413条

1項)、履行の提供があった時以後に当事者双方の責めに帰することができない事由によってその債務の履行が不能となったときは、その履行の不能は、債権者の責めに帰すべき事由によるものとみなされる（新民法413条の2第2項）。この結果、債権者は履行不能を理由とする契約の解除ができず（新民法542条、543条）、債務者は反対給付を受ける権利を失わない（新民法536条2項）ことになる。また、債権者が債務の履行を受けることを拒み、又は受けることができないことによって、その履行の費用が増加したときは、その増加額は、債権者が負担しなければならない（新民法413条2項）。

（3） 損害賠償

債務が履行されないときや履行不能（契約その他の債務の発生原因及び取引上の社会通念に照らして判断される。）の場合は、その損害が補填されなければならないが、民法は、その要件、方法、範囲等について詳細に定めている。

　i　債務不履行による損害賠償

債務者がその債務の本旨に従った履行をしないとき又は債務の履行が不能であるとき（いずれも、債務が履行されないという意味では同じであり、両者を併せて「債務不履行」という。）は、債権者は、これによって生じた損害の賠償を請求することができるのが原則であるが、その債務の不履行が契約その他の債務の発生原因及び取引上の社会通念に照らして債務者の責めに帰することができない事由によるものであることを立証したときは、債務者は賠償責任を負わない（新民法415条1項）。ここで、「契約その他の債務の発生原因及び取引上の社会通念に照らして」債務者の責任の有無を判断するべきとされていることに関しては、従前の民法415条の事案であるが、前記（1）で引用した判例がある。

債務の不履行に対する損害賠償の請求は、これによって通常生ずべき損害の賠償をさせることをその目的とするが、特別の事情によって生じた損害であっても、当事者がその事情を予見すべきであったときは、債権者は、その賠償を請求することができる（新民法416条）。この賠償の範囲についての考え方は、従前の民法においても同様であったが、特別の事情によって生じた損害についての規定の仕方が、従前は「当事者がその事情を予見し、又は予見することができたとき」として、当事者の主観に依存するかの如くであっ

たのが、新民法においては「予見すべきであった」という規範的な表現に改められている。この結果、現実に予見していた事情であっても、「予見すべきであった」とは言えない場合もありそうであるが、実際に予見していたにもかかわらず、「予見すべきであった」とは言えないとされることはないであろう。

　債権者が債務不履行による損害賠償の請求をすることができる場合であっても、次に掲げるときは、債務の履行に代わる損害賠償の請求（「てん補賠償」請求という。）をすることができる（新民法415条2項）。

ア　債務の履行が不能であるとき。
イ　債務者がその債務の履行を拒絶する意思を明確に表示したとき。
ウ　債務が契約によって生じたものである場合において、その契約が解除され、又は債務の不履行による契約の解除権が発生したとき。

　上記のアは、当該債務の履行期の前後を問わないということであり、イも、その意思表示がなされた時期を問わないということである。ウは、契約を解除しても（自らの債務を消滅させて）、させなくても（自らの債務は存続する）、てん補賠償の請求ができることを意味する。なお、金銭債務については不可抗力をもって抗弁とすることができず（民法419条3項）、損害賠償は金銭でなされる（民法417条）ので、てん補賠償が意味を持つのは、金銭の支払い以外の債務（物の引渡し等）についてである。なお、この場合において、債権者が反対給付をすべき債務を負担しているときは、その債務は消滅しない（契約を解除したときを除く。）ので、その債務とてん補賠償債務は同時履行の関係にあり、反対債務が金銭の支払いであるときは、相殺（民法505条）も可能である。また、契約を解除して自己の債務を免れたときは、それによる利益を償還することが必要である。

　なお、債務不履行による損害賠償請求権は、本来の履行請求権の拡張（遅延損害賠償の場合）又は内容の変更（履行不能によるてん補賠償の場合）であり、法律的には本来の履行請求権と同一性を有するから、その消滅時効の起算点は本来の債務の履行を請求できる時であり、本来の履行請求権が時効消滅する前に生じた損害賠償請求権は、本来の債務の消滅時効が完成したときに時効消滅し、本来の履行請求権が時効消滅した後に、債務不履行による損害賠

償請求権が生ずることはない。このことについては、本来の履行請求権が時効消滅した後に履行不能となった場合に損害賠償請求権が生ずることはなく（大審院大正8年10月29日判決・民録25輯1854頁）、契約の解除に基づく原状回復義務の履行不能による損害賠償請求権の消滅時効は、契約解除の時から進行し（最高裁昭和35年11月1日判決・判例タイムズ114号33頁）、契約に基づく債務の履行不能による損害賠償請求権の消滅時効は、本来の債務の履行を請求することができる時から進行する（最高裁平成10年4月24日判決・判例タイムズ990号135頁）とする判例がある。

ⅱ 損害賠償の額

損害賠償は、金銭をもってその額を定めるのが原則であり、金銭以外によるときはその旨の合意が必要である（民法417条）。

人の生命又は身体の侵害による損害賠償（新民法167条、724条の2参照）における逸失利益等の算定にあっては、将来において取得すべき利益や負担すべき費用を現在価格に引き直すことが必要となる。この場合において控除すべき利息相当額については、その損害賠償の請求権が生じた時点における法定利率（新民法404条）によって、計算することとされた（新民法417条の2、722条1項）。ただ、これは、利息相当額を控除するときの規定であり、現実に利息相当額を控除するか否かは裁判所の判断によることになり、この中間利息の控除の計算に際してライプニッツ方式（複利計算）とホフマン方式（単利計算）のいずれによるかも裁判所の裁量に委ねられているが、ほとんどの場合は、ライプニッツ方式による中間利息の控除がなされている。また、この控除における計算の基礎となるのは損害賠償の請求権が生じた時点における法定利率とされ、法定利率が変動することから（前記Ⅰ3（3）参照）、損害賠償の請求権が生じた時点が何時であるかが、消滅時効の起算点と併せて問題になる。

ところで、債務の不履行又はこれによる損害の発生若しくは拡大に関して債権者に過失があったときは、裁判所は、これを考慮して、損害賠償の責任及びその額を定める（新民法418条）とされ、これを過失相殺というが、不法行為による損害賠償の場合にそれをするか否かが裁判所の裁量に委ねられている（民法722条2項）のと異なっている。

金銭の給付を目的とする債務の不履行については、その損害賠償の額は、

債務者が遅滞の責任を負った最初の時点における法定利率によって定めるのが原則であり、約定利率が法定利率を超えるときに、約定利率によることになる（新民法419条1項）が、これについても中間利息の控除の場合と同じく、基準時の問題がある。ただ、この損害賠償については、債権者は、損害の証明をすることを要せず、債務者は、不可抗力をもって抗弁とすることができない（民法419条2項、3項）ことは従前と同じである。

　また、当事者は、債務の不履行について損害賠償の額を予定することができる（新民法420条1項）のであるが、裁判所はその額を増減できないとする従前の規定が削除されており、社会通念を超える額は減額されることがあることが明確にされた。この賠償額の予定は、履行の請求又は解除権の行使を妨げず、違約金は、賠償額の予定と推定され（民法420条2項、3項）、これが当事者が金銭でないものを損害の賠償に充てるべき旨を予定した場合について準用される（民法421条）のは従前と同じである。

ⅲ　損害賠償による代位と代償請求権

　損害賠償による代位というのは、債務者が、債権者に対して、損害賠償として、その債権の目的である物又は権利の価額の全部の支払いをしたときに、その物又は権利について当然に債権者に代位する（民法422条）ことである。これによって、寄託や貸借によって返還義務を負っている債務者がその義務を履行できないことにより債権者に生じた損害の全部を賠償したときには、その目的物を損傷した者に損害賠償の請求（民法709条）をし、窃取した者や拾得した者にその物の返還を請求すること（民法193条）ができることになる。

　また、債務の履行が不能であるときは、債権者は、その債務の履行を請求することができない（新民法412条の2第1項）が、債務者に対するてん補賠償請求（新民法415条2項1号）によっても補填されない損害があるときに、債務者が、その債務の履行が不能となったのと同一の原因により、債務の目的物の代償である権利又は利益（保険金請求権、第三者に対する損害賠償請求権等）を取得したときは、債務者に対し、その受けた損害の額を限度として、その権利の移転又はその利益の償還を請求することができる（新民法422条の2。この請求を「代償請求」という。）。そして、この請求権と債務者に対するてん補賠償請求権のいずれを行使するかは債権者の選択に委ねられている。

(4) 経過措置

　債権法改正法は、令和2年（2020年）4月1日（「施行日」という。）から施行されることになっており、新民法の規定は同日以後に適用されるのが原則であるが、同法附則17条は、債務不履行の責任等に関する経過措置を次のように定めている。

　まず、施行日前に債務が生じた場合（施行日以後に債務が生じた場合であって、その原因である法律行為が施行日前にされたときを含む。）におけるその債務不履行の責任等については、履行期についての412条2項（以下、この説明における条文は全て新民法のそれである。）、履行不能についての412条の2、受領遅滞についての413条、履行遅滞中又は受領遅滞中の履行不能と帰責事由についての413条の2、債務不履行による損害賠償についての415条、特別の事情による損害賠償の範囲についての416条2項、過失相殺についての418条及び代償請求についての422条の2の規定は適用されず、従前の例によることとされる。ここで注意が必要なのは、施行日以後に債務が生じた場合であって、その原因である法律行為が施行日前にされたものの意味であり、これに含まれるものには、施行日前になされた消費貸借契約や賃貸借契約に基づいて施行日以後に発生する返還金や賃料、施行日前になされた請負契約に基づく工事が施行日以後に完成して支払われる報酬、施行日前に締結された契約の不履行が施行日以後に生じた場合の損害賠償請求権やその解除に基づく原状回復請求権、さらには、施行日前に締結された電気、ガス、水の供給、電気通信役務の提供を受ける契約又は不動産の賃貸借契約等の長期継続契約（地方自治法234条の3）に基づいて支払われる対価等がある。

　次に、債務不履行の責任等の外に、新民法の規定によらず、なお従前の例によるとされるのは、施行日前に債務者が遅滞の責任を負った場合における遅延損害金を生ずべき債権に係る法定利率及び損害賠償の額の予定に係る合意（金銭でないものを損害の賠償に充てるべき旨の予定に係る合意を含む。）である（新民法419条1項、420条1項、421条関係）。

　さらに、中間利息の控除について定める新民法417条の2の規定は、施行日前に生じた将来において取得すべき利益又は負担すべき費用についての損害賠償請求権については、適用されないことになっている。

2 債権者代位権

　債権者代位権について、従前の民法には新民法423条1項及び2項に相当する規定が置かれていただけであったが、新民法においては、これまでの判例と実務を踏まえて規定が整備された。なお、この規定の整備に併せて、地方税法も改正され、新民法の債権者代位権の規定が地方税並びにその督促手数料、延滞金、過少申告加算税、不申告加算税、重加算税及び滞納処分費（「地方団体の徴収金」という。）に準用されることとされた（地方税法20条の7）。

　まず、新民法423条は、債権者代位権の要件として、その1項及び2項で、債権者は、自己の債権を保全するため必要があるときは、一身に専属する権利及び差押えを禁じられた権利を除いて、債務者に属する権利（これを「被代位権利」という。）を行使することができるが、それができるのは、その債権の期限が到来した後に限られる（保存行為は期限到来前でもできる。）とし、その3項で、その債権が強制執行により実現することのできないものであるときは、被代位権利を代位行使することはできないとしている。

　代位行使の範囲は、被代位権利の目的が可分であるときは、自己の債権の額の限度においてだけである（新民法423条の2）。債権者は、被代位権利を行使する場合において、被代位権利が金銭の支払又は動産の引渡しを目的とするものであるときは、相手方（被代位権利の債務者）に対し、その支払又は引渡しを自己に対してすることを求めることができるが、相手方が被代位権利の債権者に対してその支払又は引渡しをしたときは、被代位権利は消滅する（新民法423条の3）。すなわち、相手方は、代位した債権者と本来の債権者（代位された債務者）のどちらに対して履行するかの選択権を有するわけである。

　債権者代位権は、債務者に代わって債務者の権利を行使するものであるから、それを行使された相手方は、債務者に対して主張することができる抗弁をもって、債権者に対抗することができる（新民法423条の4）のは当然である。また、債権者が被代位権利を行使した場合であっても、債務者は、その権利を失う訳ではないから、被代位権利について、自ら取立てその他の処分をすることを妨げられないし、相手方も、被代位権利について、債務者に対して履行をすることを妨げられない（新民法423条の5）。

　ただ、債権者が提起した被代位権利の行使に係る訴えの既判力は債務者に及ぶ（民事訴訟法115条1項2号）から、債権者が被代位権利の行使に係る訴え

を提起したときは、遅滞なく、債務者に対し、訴訟告知をしなければならず（新民法423条の6）、この訴訟告知は、代位訴訟を追行するための要件であると解される。訴訟告知というのは、当該訴訟の結果について利害関係を有する者に対して、訴訟が提起されていることを知らせる（告知する）ことであり（民事訴訟法53条）、告知を受けた者は、その訴訟に補助参加して自己の利益を守り（同法42条、45条）、又は当事者として自己の権利を主張して訴訟行為をすることができる（同法47条1項、52条1項）。そして、訴訟告知を受けた者については、その訴訟に参加した場合はもちろん、参加しなくても、その判決の効力が及ぶ（同法46条、53条4項）。

ところで、従来から、法定の債権者代位権の流用として、判例によって認められてきた登記又は登録の請求権を保全するための債権者代位権の問題がある。これについては、新民法423条の7として、「登記又は登録をしなければ権利の得喪及び変更を第三者に対抗することができない財産を譲り受けた者は、その譲渡人が第三者に対して有する登記手続又は登録手続をすべきことを請求する権利を行使しないときは、その権利を行使することができる。この場合においては、前3条の規定を準用する。」として、判例理論が明文化された。

なお、債権法改正法の施行日である令和2年（2020年）4月1日よりも前に被代位権利が生じた場合における債権者代位権については従前の例によることとされ、登記手続又は登録手続については、新民法423条の7の規定は適用されず（同法附則18条）、従前の判例理論によることになる。

3 詐害行為取消権

（1） 詐害行為取消請求の要件

詐害行為取消権については、従前の民法には新民法424条1項及び2項に相当する規定が置かれていただけであったが、新民法においては、これまでの判例と実務を踏まえて規定が整備された。なお、この規定の整備に併せて、地方税法も改正され、新民法の詐害行為取消権の規定が地方団体の徴収金に準用されることとされた（地方税法20条の7）。ただ、詐害行為が債権法改正法の施行日である令和2年（2020年）4月1日よりも前になされた場合における詐害行為取消権については従前の例によることになっている（債権

法改正法附則19条）。

　まず、債権者は、債務者が債権者を害することを知ってした財産権を目的とする行為（法律行為に限らず、法定追認となる行為（新民法125条）、時効の更新事由としての債務の承認（新民法152条）、弁済（新民法473条）等を含む。）の取消しを裁判所に請求することができるが、その行為（これを「詐害行為」という。）によって害される債権はその行為よりも前の原因に基づいて生じたもの（遅延損害金は詐害行為よりも後に発生したものも含まれる。）であることが必要であり、その行為によって利益を受けた者（これを「受益者」という。）がその行為の時において債権者を害することを知らなかったとき及びその債権が強制執行により実現することのできないものであるときは、詐害行為取消請求をすることができないとされる（新民法424条）。これは従前の判例を明文化して整理しただけであり、そこに新しいものはないが、従前の議論を踏まえて、幾つかの特則が設けられている。

　特則の1は、相当の対価を得てした財産の処分行為の特則であり、債務者が、その有する財産を処分する行為をした場合において、受益者から相当の対価を取得しているときは債権者取消請求をすることができないことを原則とし、債権者は、次に掲げる要件のいずれにも該当する場合に限り、その行為について、詐害行為取消請求をすることができるとされた（新民法424条の2。破産法161条1項と同旨であるが、同条2項の準用又は類推適用の可否については解釈に委ねられている。）。

① その行為が、不動産の金銭への換価その他の当該処分による財産の種類の変更により、債務者において隠匿、無償の供与その他の債権者を害することとなる処分（「隠匿等の処分」という。）をするおそれを現に生じさせるものであること。
② 債務者が、その行為の当時、対価として取得した金銭その他の財産について、隠匿等の処分をする意思を有していたこと。
③ 受益者が、その行為の当時、債務者が隠匿等の処分をする意思を有していたことを知っていたこと。

　特則の2は、特定の債権者に対する担保の供与等の特則であり、債務者がした既存の債務についての担保の供与又は債務の消滅に関する行為について

は債権者取消請求をすることができないことを前提として、債権者は、次に掲げる要件のいずれかに該当する場合に限り、詐害行為取消請求をすることができるとされた（新民法424条の3第1項。破産法162条1項と同旨である。）。ただし、債務者がした債務の消滅に関する行為であって、受益者の受けた給付の価額がその行為によって消滅した債務の額より過大であるもの（このようなことが生じる代表的なケースとして代物弁済や譲渡担保がある。）については、債権者は、これらの要件に該当しないときでも、その消滅した債務の額に相当する部分以外の部分について、詐害行為取消請求をすることができる（新民法424条の4）ことになっている（破産法160条2項と同旨である。）。

④　その行為が、債務者が支払不能（債務者が、支払能力を欠くために、その債務のうち弁済期にあるものにつき、一般的かつ継続的に弁済することができない状態をいう。）の時に行われたものであること。
⑤　その行為が、債務者と受益者とが通謀して他の債権者を害する意図をもって行われたものであること。
　　また、既存の債務についての担保の供与又は債務の消滅に関する行為が、債務者の義務に属せず、又はその時期が債務者の義務に属しないものである場合において、次に掲げる要件のいずれにも該当するときは、前記④又は⑤の要件に該当しなくても、債権者は、その行為について、詐害行為取消請求をすることができる（新民法424条の3第2項）とされている（破産法162条1項2号と同旨である。）。
⑥　その行為が、債務者が支払不能になる前30日以内に行われたものであること。
⑦　その行為が、債務者と受益者とが通謀して他の債権者を害する意図をもって行われたものであること。

特則の3は、転得者に対する詐害行為取消請求についてであり、債権者は、受益者に対して詐害行為取消請求をすることができる場合において、受益者に移転した財産を転得した者があるときは、次に定める場合に限り、その転得者に対しても、詐害行為取消請求をすることができるとされた（新民法424条の5）。なお、この改正に併せて、転得者に対する否認権について定める破産法170条1項が改正されている。

⑧　その転得者が受益者から転得した者である場合において、その転得者が、転得の当時、債務者がした行為が債権者を害することを知っていたとき。

⑨　その転得者が他の転得者から転得した者である場合において、その転得者及びその前に転得した全ての転得者が、それぞれの転得の当時、債務者がした行為が債権者を害することを知っていたとき。

（2）　詐害行為取消権の行使の方法等

　債権者は、詐害行為取消請求において、債務者がした行為の取消しとともに、その行為によって受益者又は転得者に移転した財産の返還を請求することができ、受益者又は転得者がその財産の返還をすることが困難であるときは、債権者は、その価額の償還を請求することができる（新民法424条の6）。

　そして、債権者は、受益者又は転得者に対して財産の返還を請求する場合において、その返還の請求が金銭の支払又は動産の引渡しを求めるものであるときは、受益者に対してその支払又は引渡しを、転得者に対してその引渡しを、それぞれ、自己に対してすることを求めることができ、この場合に、受益者又は転得者は、債権者に対してその支払又は引渡しをしたときは、債務者に対してその支払又は引渡しをすることを要しない（新民法424条の9第1項）のは、債権者代位におけると同じである。また、受益者又は転得者に対して価額の償還を請求する場合においても、債権者は、自己に対して償還することを求めることができ、この場合も、受益者又は転得者は、債権者に対してその償還をしたときは、債務者に対してその償還をすることを要しない（新民法424条の9第2項）。

　詐害行為取消請求に係る訴えにおける被告は、受益者に対する訴えの場合は受益者であり、転得者に対する訴えの場合は転得者である（新民法424条の7第1項）が、債権者は、詐害行為取消請求に係る訴えを提起したときは、遅滞なく、債務者に対し、訴訟告知をしなければならない（新民法424条の7第2項）とされるのは、債権者代位訴訟の場合と同じ趣旨である。

　なお、債務者がした詐害行為の目的が可分であるとき又は財産の返還に代えて価額の償還を請求するときの詐害行為取消請求における取消しの範囲は、自己の債権の額の限度に限ることとされる（新民法424条の8）が、これは、債権者は自己の権利の範囲を超えて権利の行使をすることができない

ということであり、債権の額を上回る給付をうけた受益者が、その上回る部分についてだけ詐害行為取消請求を受けること（新民法424条の4）と共通する。

（3）　詐害行為取消権の行使の効果

　詐害行為取消請求を認容する確定判決は、債務者及びその全ての債権者に対してもその効力を有する（新民法425条）ので、債務者に返還された財産又は財産に代わる金銭は、債務者の一般財産となり、詐害行為取消請求をした債権者以外の債権者（取り消された行為の受益者を含む。）であっても、それを差し押さえること等によって、そこから弁済を受けることができる。ただし、詐害行為取消請求をした債権者が金銭又は動産を取得した（新民法424条の9）ときは、当該債権者は、債務者に対する債権をもってその返還債務と相殺し（民法505条1項）、又は留置権を行使すること（民法295条）によって、事実上、優先弁済を受けることができる。

　債務者がした財産の処分に関する行為（債務の消滅に関する行為を除く。）が取り消されたときは、受益者は、債務者に対し、その財産を取得するためにした反対給付の返還を請求することができ、債務者がその反対給付の返還をすることが困難であるときは、受益者は、その価額の償還を請求することができる（新民法425条の2）。また、債務者がした債務の消滅に関する行為が取り消された場合（受益者の受けた給付の価額がその行為によって消滅した債務の額より過大であることを理由として取り消された場合（新民法424条の4）を除く。）において、受益者が債務者から受けた給付を返還し、又はその価額を償還したときは、受益者の債務者に対する債権が消滅しなかったことになる（新民法425条の3）のは当然のことである。

　ところで、債務者がした行為が転得者に対する詐害行為取消請求によって取り消されたときは、その転得者は、次に掲げる区分に応じ、その前者から財産を取得するためにした反対給付又はその前者から財産を取得することによって消滅した債権の価額を限度として、債務者に対して、それぞれに定める権利を行使することができる（新民法425条の4）こととされている。

①　財産の処分に関する行為（債務の消滅に関する行為を除く。）が取り消された場合は、受益者がその財産を取得するためにした反対給付の債務者

に対する返還請求権又はその価額の償還請求権
② 債務の消滅に関する行為が取り消された場合（受益者の受けた給付の価額がその行為によって消滅した債務の額より過大であることを理由として取り消された場合を除く。）は、受益者が債務者から受けた給付を返還し、又はその価額を償還したことによって現状に復した受益者の債務者に対する債権

（4） 詐害行為取消権の出訴期間の制限

　詐害行為取消請求に係る訴えは、債務者が債権者を害することを知って行為をしたことを債権者が知った時から2年を経過したとき又は行為の時から10年を経過したときは、提起することができない（新民法426条）。この期間は除斥期間であり、時効に関する規定の適用はないが、「債権者が知った時」の意味については、消滅時効における「債権者が権利を行使することができることを知った時」についてと同じ問題（第1編第6章Ⅴ1参照）。が残されている。

Ⅲ　多数当事者の債権及び債務

1　総則

　数人で所有権以外の財産権を有する場合（この状態を「準共有」という。）については、法令に特別の定めがあるときを除いて、民法の共有に関する規定（249条〜263条）が準用される（民法264条）が、所有権以外の財産権の代表的なものである債権（その裏返しである債務）については、民法自体が特別な規定を置いているので、共有の規定が準用される余地はほとんどない。
　すなわち、民法は、債権・債務を性質によって分類し、性質上可分であるものを分割債権及び分割債務とし、性質上不可分であるものを不可分債権及び不可分債務とする一方、性質上は可分であるものの、法令の規定又は当事者の意思表示によって、数人が連帯して債権を有し、又は債務を負うこととなった場合（前者の債権を「連帯債権」と、後者の債務を「連帯債務」という。）について特別の定めをする。なお、連帯してという意味は、債権については、各

債権者が債務者に対して当該債権の全部又は一部の履行の請求（催告を含む。）と受領をすることができ、その効力が全ての債権者に及ぶ（催告を受けた債務の消滅時効の完成が猶予され、弁済を受けた債務が消滅する）ことを意味し、債務については、各債務者が債権者に対して当該債務の全部を履行する義務を負い、全部又は一部の履行がなされたときは、その効力が全ての債務者に及ぶ（当該債務が消滅する）ことを意味する。

　ところで、その性質上可分である債権・債務については、数人の債権者又は債務者がある場合において、別段の意思表示がないときは、各債権者又は各債務者は、それぞれ等しい割合で権利を有し、又は義務を負う（民法427条）とされる。これは、「共有物の持分は、相等しいものと推定する。」という民法250条と同じ趣旨であるが、同条が適用される共有物は分割される（民法256条）まで、各共有者の単独所有とならないのに対し、準共有の債権・債務は、その性質上分割できるものであれば、当然に分割され、各債権者又は各債務者は、何らの手続きを要せずに、単独で分割された債権・債務の当事者となることを意味する。言い換えれば、分割可能な債権・債務を準共有とする（連帯債権又は連帯債務とする）ためには、特別の合意が必要だということである（後記3及び4参照）。

　ここで問題となるのは、性質上可分である債権・債務とは何かということであるが、その代表的なものは、金銭の支払いを目的とするものである。すなわち、債権の目的物が金銭であるときは、各種の通貨で支払うことができる（民法402条1項）のであり、その通貨の量（金額）は観念的なものであるから、それは常に分割可能とされる。通常は、このことが問題になることはほとんどないが、複数の相続人が債権債務を相続したときには、各相続人が単独で権利を行使できる範囲や債務を弁済すべき相続人は誰かという形で紛争になることがある。従来、被相続人に属していた金銭の支払いを目的とする債権債務は、相続の開始と同時に、各相続人の相続分に応じて当然に分割され、相手方又は第三者に対する対抗要件は必要ないと解されていたのであるが、最高裁は、平成28年12月19日の決定（判例時報2333号68頁）において、それが被相続人の有する金融機関（銀行等）に対する普通預金債権又は株式会社ゆうちょ銀行に対する通常貯金債権若しくは定期貯金債権である場合は、相続人の間で当然に分割されることはなく、遺産分割（民法907条）の対象となるとした。

この判例を受けて、相続法改正法は、民法に909条の2として、次の条文を追加した（第5編第3章Ⅲ参照）。

　「各共同相続人は、遺産に属する預貯金債権のうち相続開始の時の債権額の3分の1に第900条及び第901条の規定により算定した当該共同相続人の相続分を乗じた額（標準的な当面の必要生計費、平均的な葬式の費用の額その他の事情を勘案して預貯金債権の債務者ごとに法務省令で定める額を限度とする。）については、単独でその権利を行使することができる。この場合において、当該権利の行使をした預貯金債権については、当該共同相続人が遺産の一部の分割によりこれを取得したものとみなす。」

　また、相続人が複数の場合において、法定相続分を超えて債権を承継した相続人は、当該債権に係る遺言の内容（遺産の分割により当該債権を承継した場合にあっては、当該債権に係る遺産の分割の内容）を明らかにして債務者にその承継の通知をすることによって、その債権の取得を債務者及び第三者に対抗することができる（新民法899条の2第2項、民法467条）。これに対して、被相続人が相続開始の時において有していた債務の債権者は、遺言による相続分の指定がされた場合であっても、その債権者が共同相続人の一人に対してその指定された相続分に応じた債務の承継を承認したときを除いて、各共同相続人に対し、法定相続分に応じてその権利を行使することができる（新民法902条の2）とされている。

　なお、相続人が2人以上あるときの被相続人の地方団体の徴収金の納付又は納入の義務は、それぞれの相続人に分割されるのであるが、その義務の範囲や徴収の手続きについては民法と異なる特別の規定（地方税法9条、9条の2）がある。また、遺産である賃貸不動産について相続が開始された後に発生した賃料は、遺産とは別個の財産であり、各共同相続人がその不動産の相続分に応じて分割単独債権として確定的に取得し、後にされた遺産分割の影響を受けないとされる（最高裁平成17年9月8日判決・判例時報1913号62頁）。

2　不可分債権及び不可分債務

　数人の債権者がある債権で、その性質上不可分であるもの（不可分債権）と

しては、複数の債権者（「不可分債権者」という。）が、単一の物（付合又は混和して主従の区別ができなくなった物を含む。第2編第3章Ⅱ参照）について、その引渡しを求める権利や、使用・収益をする権利が典型的である。そして、不可分債権については、不可分債権者の一人の行為又は一人について生じた事由は、その効力を受けることを承諾した他の不可分債権者及び債務者以外には、その効力を生じない（新民法428条、435条の2）のが原則であり、これを「相対的効力の原則」という。これに対して、不可分債権者の一人の行為又は一人について生じた事由の効力が他の不可分債権者に及ぶものを「絶対的効力」といい、不可分債権者による履行の請求等、不可分債権者の一人との間の更改又は免除及び不可分債権者の一人との間の相殺の効力について、それぞれ次のように定められている。

　まず、不可分債権者による履行の請求等については、各債権者は、全ての債権者のために全部又は一部の履行を請求することができ、債務者は、全ての債権者のために各債権者に対して履行をすることができる（新民法428条、432条）。この結果、不可分債権者の一人がなした催告又は裁判上の請求によって、その債権全部について時効の完成が猶予されることになる（新民法147条1項、150条参照）し、履行期限の定めがないときは、いずれかの債権者の請求によって期限が到来する（民法412条3項）ことになる。このことに対応して、債務者が一人の債権者に対して履行をしたときは、その効果は全ての債権者に及ぶ（新民法428条、432条後段）とされる。なお、従前の民法428条（新民法432条と同旨である。）に関するものであるが、共有家屋の明渡請求権は性質上の不可分債権であるとして、各共有者は自己に対して家屋全部を明渡すこと（これを「全共有者のために」という。）を請求することができるとする判例（最高裁昭和42年8月25日判決・判例時報496号34頁）がある。

　次に、不可分債権者の一人と債務者との間に更改（新民法513条）又は免除（民法519条）があった場合においても、他の不可分債権者は、債務の全部の履行を請求することができるが、この場合においては、その一人の不可分債権者がその権利を失わなければ分与されるべき利益を債務者に償還しなければならない（新民法429条）とされる。

　さらに、債務者が不可分債権者の一人に対して債権を有する場合において、その債務者が相殺を援用したときは、その相殺は、他の連帯債権者に対しても、その効力を生ずる（新民法428条、434条）のは、一人の債権者に対す

る履行の効果が全ての債権者に及ぶことから生ずる当然の帰結であろう。

　なお、不可分債権が可分債権となったときは、各債権者は自己が権利を有する部分についてのみ履行を請求することができる（民法431条）のも当然のことである。

　ところで、債務の目的がその性質上不可分である場合において、数人の債務者があるとき（具体的なものとして、不動産の共有者が有する所有権移転登記義務や建物収去土地明け渡し義務、親権者の子に対する監護及び教育の義務等がある。）は、混同が絶対効を有する旨の規定（新民法440条）を除いて、連帯債務（これについては後記4で述べる。）についての規定が準用され（新民法430条）、不可分債務が可分債務となったときは、不可分債権についてと同様、各債務者はその負担部分についてのみ履行の責任を負うことになる（民法431条）。

　なお、債権法改正法の施行日である令和2年（2020年）4月1日よりも前に生じた不可分債権及び不可分債務（その原因である法律行為が同日よりも前になされたものを含む。）については、従前の例によることとされる（同法附則20条1項）。

3 ｜ 連帯債権

　債権の目的がその性質上可分であっても、法令に規定がある場合はもちろん、当事者の合意（契約自由の原則）によって、それを連帯して行使することを定めることができることは、これまでも当然のこととされていたのであるが、そのことについて定めた法律はなかった。新民法は、従来の学説や判決例を踏まえて、連帯債権を明文化し、その具体的な内容を定めた。連帯債権の実例は少ないが、賃貸人の転借人に対する賃料請求権と転貸人の転借人に対する賃料請求権（民法613条1項）が連帯債権類似の関係にあるとした裁判例（東京地裁平成14年12月27日判決・判例時報1822号68頁）がある。なお、債権法改正法の施行日である令和2年（2020年）4月1日よりも前に生じた性質上可分である債権（その原因である法律行為が同日よりも前になされたものを含む。）については、連帯債権についての新民法432条から435条の2までの規定は適用しないとされている（同法附則20条3項）。

　連帯債権については、不可分債権についてと同様、連帯債権者の一人の行為又は一人について生じた事由は、その効力を受けることを承諾した他の連

帯債権者及び債務者以外には、その効力を生じない（新民法435条の2）ことを原則とし、一人の行為又は一人について生じた事由に絶対的効力が認められる場合についての規定を置くというスタイルがとられているが、その内容については不可分債権と若干異なっている。

　まず、不可分債権についてと同様に絶対的効力が認められるのは、次の事由である（それぞれの効力については前記2参照）。

① 　各連帯債権者がした債務の全部又は一部の履行の請求（新民法432条前段）。
② 　債務者が、連帯債権者の一人に対してした履行（新民法432条後段）。
③ 　債務者が連帯債権者の一人に対して債権を有する場合において、その債務者が援用した相殺（新民法434条）。

次に、不可分債権の場合には認められないが、連帯債権の場合には絶対的効力が認められる事由は、次のとおりである。

④ 　連帯債権者の一人と債務者との間における更改又は免除。このときは、その連帯債権者がその権利を失わなければ分与されるべき利益に係る部分については、他の連帯債権者は、履行を請求することができない（新民法433条）。
⑤ 　連帯債権者の一人と債務者との間の混同。このときは、債務者は、弁済をしたものとみなされる（新民法435条）。

　このように、絶対的効力が認められる事由について、不可分債権と連帯債権に違いがあるのは、後者の方が債権者相互間の結び付きが強いこと（連帯債権は性質上可分であるにも関わらず、法律の規定又は当事者の意思によって連帯とされたこと）によるものであろう。

4　連帯債務

（1）　連帯債務者の一人について生じた事由の他の連帯債務者に対する効力

　連帯債務については、従前の民法にも規定があったが、その定義は明文化されていなかった。新民法は、それが性質上は可分債務であるものについて、法令の規定又は当事者の意思表示によって数人が連帯して責任を負うこととされたものであること（前記1参照）を明らかにしたうえで、種々のことを定めているが、性質上の不可分債務についても、混同が絶対効を有する旨の規定（新民法440条）を除いて、連帯債務に関する規定を準用するとしている（新民法430条）。連帯債務は、法令の規定によるもの（民法719条は共同不法行為者の責任が連帯責任であることを定めている。）以外は、当事者の意思表示、すなわち契約によって生じるものであるから、その場合は、連帯債務者の一人について生じた事由の他の連帯債務者に対する効力の範囲も契約で拡大したり、縮小したりすることができる（新民法441条ただし書）。ただ、債権法改正法の施行日である令和2年（2020年）4月1日よりも前に生じた連帯債務（その原因である法律行為が同日よりも前になされたものを含む。）については、従前の例によることとされている（同法附則20条2項）。

　連帯債務については、「債権者は、その連帯債務者の一人に対し、又は同時に若しくは順次に全ての連帯債務者に対し、全部又は一部の履行を請求することができる」（新民法436条）のであるから、各債務者が債権者に対して当該債務の全部又は一部の履行をしたときは、履行された債務は消滅し、「連帯債務者の一人について法律行為の無効又は取消しの原因があっても、他の連帯債務者の債務は、その効力を妨げられない。」（新民法437条）とされ、履行以外の連帯債務者の一人について生じた事由は、その効力を受けることを承諾した他の連帯債務者以外には、その効力を生じない（新民法441条）とされる（これらの規定は、地方団体の徴収金を連帯して納付し、又は納入する義務について準用される。地方税法10条、10条の2）。なお、新民法441条が定める相対効の原則については、次の例外（絶対効が生じる場合）がある。

　①　連帯債務者の一人と債権者との更改。このときは、債権は、全ての連帯債務者の利益のために消滅する（新民法438条）。

② 債権者に対して債権を有する連帯債務者が援用した相殺。相殺された債権は、全ての連帯債務者の利益のために消滅する（新民法439条１項）。
③ 債権者に対して債権を有する連帯債務者が相殺を援用しない間は、その連帯債務者の負担部分の限度において、他の連帯債務者は、債権者に対して債務の履行を拒むことができる（新民法439条２項）。
④ 連帯債務者の一人と債権者との間の混同。このときは、その連帯債務者は、弁済をしたものとみなされる（新民法440条）。

　なお、従前の民法は、連帯債務者の一人に対する履行の請求（434条）及び免除（437条）並びに連帯債務者の一人のために完成した時効（民法439条）も絶対効を有することとしていたが、新民法は、これらの規定を削除した（上記の絶対効と相対効の規定（③を除く。）は、新民法458条によって連帯保証人についても準用される。）。この結果、債権回収という実務の面からみるときは、消滅時効の完成を阻止するための請求が絶対効を有しないこととなったことが重要であり、連帯債務（例えば、共同企業体（JV）との請負契約）や連帯保証についての契約においては、全ての債務者のために履行の請求等の意思表示を受領する権限を有する者を明らかにしておくことが有用である。
　ところで、同一の損害が不法行為と債務不履行によって発生する場合においてそれぞれの責任を負う者（債務者である。）が別異であるとき、又は複数の加害者による不法行為（民法719条）のように、目的が同一である債務（その履行によって満足すべき目的が一つである債務）を複数の者が負担するものであって、不可分債務にも連帯債務に該当しない債務を不真正連帯債務と称して、債務者の一人による行為は、当該債権を満足させる行為（弁済や相殺）を除いて、他の債務者には効力を及ぼさないと解されている。従前の民法には、このことについての明文の規定は存しなかったが、多数当事者の債権及び債務についての規定を整備した新民法においても、これについての定めはなされなかった（新民法における連帯債務の規定を適用すべしとする有力な学説がある。）。

（２）　連帯債務者相互の関係

　連帯債務というのは数人で一つの債務を負担する関係であるから、連帯債務者相互の間（連帯債務の内部関係）においては、その債務についての負担割

合（この割合による負担を「負担部分」という。）が決まっているのが普通である。一方、その内部関係に関係なく、債権者に対しては各連帯債務者がその債務の全部の履行をする責任を有しているので、連帯債務者の一人がその債務の全部又は一部の履行、すなわち弁済をすることも多い（この弁済は債務そのものの履行に代わる給付（代物弁済等）によってなされることもある。）。そして、連帯債務者の一人が弁済をし、又は代物弁済等によって共同の免責を得た（債務が消滅した）ときは、その免責を得た額が自己の負担部分を超えていなくても、その免責を得るために支出した財産の額（履行に代わる給付をしたときは、その給付をした財産の額が共同の免責を得た額を超える場合にあっても、その免責を得た額を限度とする。）について、他の連帯債務者に対し、それぞれの負担部分に応じた額の求償をすることができ、この求償には、弁済その他免責があった日以後の法定利息（法定利率（新民法404条）で計算した利息の額）及び避けることができなかった費用その他の損害の賠償が含まれる（新民法442条）。

　ただ、共同の免責を受けた連帯債務者が他の連帯債務者があることを知っていたときの求償については、一定の制限がある。その1は、その連帯債務者が他の連帯債務者に通知をしないで弁済をし、その他自己の財産をもって共同の免責を得た場合についてであり、この場合は、求償を受けた他の連帯債務者が債権者に対抗することができる事由を有していたときは、その負担部分について、その事由をもってその免責を得た連帯債務者に対抗する（求償に応じない）ことができ、その事由が相殺であるときは、求償を受けられなかった連帯債務者は、債権者に対し、相殺によって消滅すべきであった債務の履行を請求することができる（新民法443条1項）ことである。その2は、共同の免責を得たことを他の連帯債務者に通知することを怠ったため、他の連帯債務者が善意で弁済その他自己の財産をもって免責を得るための行為をしたときは、当該他の連帯債務者は、その免責を得るための行為を有効であったものとみなして、求償を拒否することができる（新民法443条2項）ことである。ただし、連帯債務者の1人が弁済をし、そのことを他の連帯債務者に通知していなかった場合において、他の連帯債務者が事前の通知をしないで弁済をしたときは、当該他の連帯債務者は、先に弁済した連帯債務者に対して、自己の弁済が有効なことを主張すること（求償を求めること）ができない（最高裁昭和57年12月17日判決・判例時報1065号133頁）。

　弁済等によって債務を消滅させた（共同の免責を得た）連帯債務者は、他の

連帯債務者に求償できるのが原則であるが、それは他の連帯債務者の負担部分を限度とする。この結果、求償に応ずべき連帯債務者の中に求償に応ずる資力のない者がいるときは、その者の負担部分については、弁済等をした連帯債務者（この者を「求償者」という。）が負担せざるを得ないこととなり、連帯債務者間の衡平を欠くこととなる。このような結果を避けるため、「連帯債務者の中に償還をする資力のない者があるときは、その償還をすることができない部分は、求償者及び他の資力のある者の間で、各自の負担部分に応じて分割して負担する。」（新民法444条1項）のが原則であり、この場合に、「求償者及び他の資力のある者がいずれも負担部分を有しない者であるときは、その償還をすることができない部分は、求償者及び他の資力のある者の間で、等しい割合で分割して負担する。」（新民法444条2項）とされる。ただし、いずれの場合においても、「償還を受けることができないことについて求償者に過失があるときは、他の連帯債務者に対して分担を請求することができない。」（新民法444条3項）のは、事前に他の連帯債務者に対する通知をしないで弁済等をした連帯債務者の求償権が制限されるのと同じである。なお、地方税についても、上記の連帯債務者相互の関係についての規定が準用されることになっている（地方税法10条）。

　ところで、新民法においては、連帯債務者の一人に対する免除及び連帯債務者の一人のために完成した時効の効力が他の連帯債務者に及ばないこととされたことは前述した（前記（1）参照）ところであるが、そのことに関連して、免除又は時効の完成によって債権者に対する債務が消滅した連帯債務者の一人に対しても、求償者は、その負担部分に応じ額の求償権を行使することができる（新民法445条）とされた。このことは、連帯債務者である以上、自分一人だけが債権者から利益を受けることができない（抜け駆けができない）ことと、連帯債務者相互間において負担部分を明確にしておくことが重要であることを意味する。

5 　保証債務

（1）　総則

　債権法改正法は、保証債務についてかなり大幅な改正をしているが、新民法が適用になるのは、債権法改正法が施行される令和2年（2020年）4月1

日以降に締結される契約についてであり、その前に締結されたものについては、従前の例によることとなっている（同法附則21条）。

ⅰ 債権者、保証人及び主たる債務者

　保証というのは、主たる債務者がその債務を履行しないときに、その履行をする責任（「保証債務」という。）のことであり、その責任を負う者を「保証人」といい、その旨の契約（「保証契約」という。）は、債権者と保証人との間で書面によってなされなければ効力を生じない（民法446条1項、2項）。したがって、主たる債務者と保証人の間でなされた保証委託契約が無効であっても、そのことは保証契約の効力に影響を与えない。また、保証契約は、主たる債務が存在することが前提であるから、そのことに錯誤がある保証契約は無効である（最高裁平成14年7月11日判決・判例時報1805号56頁）が、信用保証協会がした保証について、主債務者が反社会的勢力であること（最高裁平成28年1月12日判決・判例時報2328号60頁）又は中小企業者の実体を有しないこと（最高裁平成28年12月19日判決・判例時報2327号21頁）は、そのことが判明したときの処理が保証契約に定められていない以上、要素の錯誤には該当しないとされている（第1編第4章Ⅱ1（3）参照）。なお、保証契約は、その内容を記録した電磁的記録（電子的方式、磁気的方式その他人の知覚によっては認識することができない方式で作られる記録であって、電子計算機による情報処理の用に供されるものをいう。新民法151条4項）によってしたときも、書面でしたものとみなされる（新民法446条3項）。なお、数人の保証人がある場合には、それらの保証人が各別の行為により債務を負担したときであっても、特別の合意がない限り、それぞれの債務は分割債務とされ、各保証人が等しい割合で義務を負うことになる（民法427条、456条）。

　保証債務の範囲は、主たる債務に関する利息、違約金、損害賠償その他の債務に従たるすべてのものに及ぶ（民法447条1項）が、保証人の負担が債務の目的又は態様において主たる債務より重いときは、その負担は主たる債務の限度に減縮され、主たる債務の目的又は態様が保証契約の締結後に加重されても、それによって保証人の負担が加重されることはない（新民法448条。これを「保証債務の付従性」という。）。ただ、保証契約は、主たる債務を発生させる契約とは別個の契約であるから、そこで保証債務についてのみの違約金又は損害賠償の額を約定することができるし（民法447条2項）、行為能

力の制限によって取り消すことができる債務を保証した者は、保証契約の時においてその取消しの原因を知っていたときは、主たる債務の不履行の場合又はその債務の取消しの場合においてこれと同一の目的を有する独立の債務を負担したものと推定される（民法449条）。このことは、未成年者が借り入れた奨学金の返還について保証した保護者は、たとえその借り入れ契約が取り消された（民法5条2項、120条1項）としても、自己の債務としてそれを返還しなければならないことを意味する。

債務者が保証人を立てる義務を負う場合には、債権者が保証人を指名した場合を除いて、その保証人は、①行為能力者であり、かつ②弁済をする資力を有する者でなければならず、後に②の要件を欠くに至ったときは、債権者は、改めて前記二つの要件を具備する者をもってこれに代えることを請求することができる（民法450条）一方、債務者は、これらの要件を具備する保証人を立てることができないときは、他の担保を供してこれに代えることができる（民法451条）。

ところで、保証人は、主たる債務者がその債務を履行しないときに、その履行をする責任を負うのであるから、債権者からその債務の履行の請求を受けたときは、主たる債務者が破産手続開始の決定を受けたとき、又はその行方が知れないときを除いて、まず主たる債務者に催告をすべき旨を請求することができるとされており（民法452条）、これを「催告の抗弁」という。そして、催告の抗弁にしたがって、債権者が主たる債務者に催告をした後であっても、保証人が主たる債務者に弁済をする資力があり、かつ、執行が容易であることを証明したときは、債権者は、まず主たる債務者の財産について執行をしなければならないこととされており（民法453条）、これを「検索の抗弁」という。催告の抗弁又は検索の抗弁がなされたにもかかわらず、債権者が主たる債務者に対する催告又は執行をすることを怠ったために主たる債務者から全部の弁済を得られなかったときは、保証人は、債権者が直ちに催告又は執行をすれば弁済を得ることができた限度において、その義務を免れる（民法455条）。

主たる債務者と連帯して債務を負担した保証人（「連帯保証人」という。）は、催告の抗弁権及び検索の抗弁権のいずれも有しない（民法454条）。また、連帯保証人について生じた事由のうち、更改、相殺及び混同は絶対効を有する（主たる債務者に効力が及ぶ）が、それ以外は、特別の合意をした債権者と連帯

保証人の間を除いて、相対効にとどまる（新民法458条による438条、439条1項、440条、441条の準用）。これは、連帯債務の場合と同じであり（ただし、新民法439条2項は準用されないので、連帯保証人が相殺可能な債権を有していても、主たる債務者は履行を留保できない。）、特に時効の完成猶予及び更新については注意が必要である。

　主たる債務者に対する履行の請求その他の事由による時効の完成猶予及び更新（新民法147条〜152条）は、保証人に対しても、その効力を生ずるが、保証人は、主たる債務者が主張することができる抗弁をもって債権者に対抗することができ（新民法457条1項、2項）、主たる債務者が債権者に対して相殺権、取消権又は解除権を有するときは、これらの権利の行使によって主たる債務者がその債務を免れるべき限度において、保証人は、債権者に対して債務の履行を拒むことができる（新民法457条3項）。

　保証人は、主たる債務者の動向を当然に知ることができるわけではなく、債権者からの予期せざる請求を受けることがある。そのような事態を防ぐため、新民法は債権者に二つの義務を負わせることとした。その1は、主たる債務の履行状況に関する情報の提供義務であり、その2は、主たる債務者が期限の利益を喪失した場合における情報の提供義務である。

　まず、主たる債務の履行状況に関する情報の提供義務というのは、債務者の委託を受けて保証をした保証人から請求があったときは、債権者（法人や事業者に限られず、個人の債権者も含む。）は、保証人に対し、遅滞なく、主たる債務の元本及び主たる債務に関する利息、違約金、損害賠償その他その債務に従たる全てのものについての不履行の有無並びにこれらの残額及びそのうち弁済期が到来しているものの額に関する情報を提供しなければならないというものである（新民法458条の2）が、この義務に違反した場合のペナルティは法定されていない。

　次に、主たる債務者が期限の利益を喪失した場合における情報の提供義務というのは、主たる債務者が期限の利益を有する場合において、その利益を喪失したときは、債権者は、保証人（委託を受けた保証人に限られないが、法人を含まない。）に対し、その利益の喪失を知った時から2月以内に、その旨を通知しなければならず、この通知をしなかったときは、債権者は、保証人に対し、主たる債務者が期限の利益を喪失した時からその通知を現にするまでに生じた遅延損害金（期限の利益を喪失しなかったとしても生ずべきものを除く。）に

係る保証債務の履行を請求することができない（通知をした後に生じたものは請求できる。）というものである。

　ⅱ　保証人と主たる債務者の関係
　保証人が主たる債務者の委託を受けて保証をしたか否かにかかわらず、保証人による弁済は、正当な利益を有する第三者の弁済として有効であり、その弁済に係る主たる債務者の債務は消滅する（新民法473条、474条1項・2項本文）。そして、その弁済をした保証人は債権者に代位して、債権の効力及び担保として債権者が主たる債務者に対して有していた一切の権利を行使することができる（新民法499条、501条1項）。ただし、保証人の一人が他の保証人に対して債権者に代位する場合は、自己の権利に基づいて当該他の保証人に対して求償できる範囲内、すなわち保証人間における自己の負担部分を除いた範囲内でのみ、債権者の権利を行使することができる（新民法501条2項）ことになっている。
　このように、保証人は、弁済について正当な利益を有する第三者として債権者に代位することが認められる（この代位については、後記Ⅵ1（3）で詳しく述べる。）のであるが、保証人の主たる債務者に対する求償については、上記のことに加えて、次のことが定められている。

①　委託を受けた保証人の求償権の範囲
　　主たる債務者の委託を受けて保証をした保証人が、主たる債務者に代わって弁済その他自己の財産をもって債務を消滅させる行為（「債務の消滅行為」という。）をしたときは、その保証人は、主たる債務者に対し、そのために支出した財産の額（その財産の額がその債務の消滅行為によって消滅した主たる債務の額を超える場合にあっては、その消滅した額）の求償権を有し、この求償の対象には、弁済その他免責があった日（債務の消滅行為をした日）以後の法定利息及び避けることができなかった費用その他の損害の賠償が含まれる（新民法459条、民法442条2項）。この場合は、債権者の権利を代位行使する場合よりも求償権の範囲が広いことになるが、この求償権の行使によっては、主たる債務についての担保権の行使はできない。
　　なお、保証人が主たる債務者にあらかじめ通知しないで債務の消滅行

為をしたときは、主たる債務者は、債権者に対抗することができた事由をもってその保証人に対抗すること（償還を拒むこと）ができるが、その対抗の事由が相殺であるときは、その保証人は、債権者に対し、相殺によって消滅すべきであった債務の履行を請求することができる（新民法463条1項）。また、主たる債務者が債務の消滅行為をしたことを保証人に通知することを怠ったため、その保証人が善意で債務の消滅行為をしたときは、その保証人は、自己がした債務の消滅行為を有効であったものとみなし、主たる債務者に求償することができる（新民法463条2項）。これとは逆に、保証人が債務の消滅行為をした後に主たる債務者が債務の消滅行為をした場合において、保証人が債務の消滅行為をしたことを主たる債務者に通知することを怠ったため、主たる債務者が善意で債務の消滅行為をしたものであるときは、主たる債務者は、その債務の消滅行為を有効であったものとみなすこと、すなわち、保証人からの求償を拒むことができる（新民法463条3項）。

② 保証人が弁済期前に弁済等をした場合の求償権

　　主たる債務者の委託を受けた保証人が主たる債務の弁済期前に債務の消滅行為をしたときは、その保証人は、主たる債務者に対し、主たる債務者が当該消滅行為をした当時利益を受けた限度において求償権を有するが、この求償権は、主たる債務の弁済期以後でなければ、これを行使することができない（新民法459条の2第1項前段、3項）。また、主たる債務者が債務の消滅行為の日以前に相殺の原因を有していたことを主張するときは、保証人は、債権者に対し、その相殺によって消滅すべきであった債務の履行を請求することができる（新民法459条の2第1項後段）。なお、主たる債務者の委託を受けて保証をした保証人が求償する場合の求償の範囲には、主たる債務の弁済期以後の法定利息及びその弁済期以後に債務の消滅行為をしたとしても避けることができなかった費用その他の損害の賠償が含まれる（新民法459条の2第2項）。

③ 委託を受けた保証人の事前の求償権

　　主たる債務者の委託を受けて保証をした保証人は、次の場合には、主たる債務者に対して、あらかじめ、求償権を行使することができる（新民法460条）。

（ⅰ）　主たる債務者が破産手続開始の決定を受け、かつ、債権者がその破産財団の配当に加入しないとき。
　（ⅱ）　債務が弁済期にあるとき。ただし、保証契約の後に債権者が主たる債務者に許与した期限は、保証人に対抗することができない（その期限が到来していないことをもって、弁済期未到来とすることはできない。）。
　（ⅲ）　保証人が過失なく債権者に弁済をすべき旨の裁判の言渡しを受けたとき。
　あらかじめ求償権を行使することができる場合に該当して、主たる債務者が保証人に対して償還をする（求償に応じる）場合において、債権者が全部の弁済を受けない間（債務が消滅しない間）は、主たる債務者は、保証人に担保を供させ、又は保証人に対して自己に免責を得させることを請求することができるほか、主たる債務者は、償還すべき額について、供託をし、担保を供し、又は保証人に免責を得させて、その償還の義務を免れることができる（新民法461条）。

④　委託を受けない保証人の求償権
　主たる債務者の委託を受けないで保証をした保証人が弁済等によって主たる債務を消滅させたときは、当該消滅行為をした当時に主たる債務者が利益を受けた限度において、求償権を有し、主たる債務者が求償の日以前に相殺の原因を有していたことを主張するときは、保証人は、債権者に対し、その相殺によって消滅すべきであった債務の履行を請求することができる（新民法462条1項、459条の2第1項）。ただ、保証人による主たる債務を消滅させる行為が弁済期前になされたときであっても、それによる求償は弁済期以後でなければできない（新民法462条3項、459条の2第3項）。

⑤　主たる債務者の意思に反して保証をした者の求償権
　主たる債務者の意思に反して保証をした保証人が弁済等によって主たる債務を消滅させたときは、主たる債務者が現に利益を受けている限度において求償権を有し、主たる債務者が債務の消滅行為の日以前に相殺の原因を有していたことを主張するときは、保証人は、債権者に対し、その相殺によって消滅すべきであった債務の履行を請求することができる（民法462条2項）。ただ、保証人による主たる債務を消滅させる行為

が弁済期前になされたときであっても、それによる求償は弁済期以後でなければできない（新民法462条3項、459条の2第3項）。

　iii　連帯債務又は不可分債務の保証人の求償権及び共同保証人間の求償権
　連帯債務者又は不可分債務者の一人のために保証をした者が債務の消滅行為をしたときは、その一人に対して求償できるのは当然であるが、他の債務者に対しては、当該他の債務者の負担部分のみについて求償権を有する（民法464条）とされるが、これは連帯債務者又は不可分債務者の内部関係を反映したものである。
　また、数人の保証人がある場合において、そのうちの一人の保証人が、主たる債務が不可分であるため又は各保証人が全額を弁済すべき旨の特約があるため、その全額又は自己の負担部分を超える額を弁済したときは、保証人相互間の関係が連帯債務の関係に類似することから、連帯債務者相互の関係についての新民法442条から444条までを準用するとされている（民法465条。その内容については前記4（2）参照）。さらに、この場合を除いて、互いに連帯しない保証人の一人が全額又は自己の負担部分を超える額を弁済したときについては、新民法462条が準用される（民法465条2項）結果、主たる債務者の委託を受けないで保証をした場合の新民法462条1項及び459条の2第1項並びに主たる債務者の意思に反して保証をした場合の新民法462条2項が準用されるとともに、これらの保証に基づく弁済が主たる債務の弁済期前になされたときの新民法462条3項及び459条の2第3項が準用されることになる（その具体的な内容については、前記②及び④参照）。

（2）　個人根保証契約

　一定の範囲に属する不特定の債務を主たる債務とする保証契約（「根保証契約」という。）であって保証人が法人でないもの（「個人根保証契約」という。）は、書面で、保証債務全額の限度額（「極度額」という。）を定めてしなければならず、その保証人は、主たる債務の元本、主たる債務に関する利息、違約金、損害賠償その他その債務に従たる全てのもの及びその保証債務について約定された違約金又は損害賠償の額について、その全部に係る極度額を限度として、その履行をする責任を負う（新民法465条の2、民法446条2項）。この規定は、新民法が新たに設けたものであり、これによって、書面によらない

もの及び極度額を定めていないものは効力が生じないこととなった。従来から、不動産の賃貸借等について賃料や原状回復義務に係る債務を主たる債務とする保証が広く行われており、「施行日前に締結された保証契約に係る保証債務については、なお従前の例による。」（債権法改正法附則21条1項）のであるが、施行日すなわち令和2年（2020年）4月1日以降にこのような債務を主債務として保証契約を締結するときは、必ず、主たる債務の元本、主たる債務に関する利息、違約金、損害賠償その他その債務に従たる全てのもの及びその保証債務について約定された違約金又は損害賠償の額の全部に係る極度額を定めることが必要となる。また、この契約を電磁的記録（電子的方式、磁気的方式その他人の知覚によっては認識することができない方式で作られる記録であって、電子計算機による情報処理の用に供されるものをいう。新民法151条4項）によってしたときは、書面でしたものとみなされる（新民法465条の2第3項、446条3項）。なお、抵当権の設定によって行う根保証については、第2編第10章Ⅳで詳しく述べた。

　ところで、根保証契約は、一定の範囲に属する不特定の債務を主たる債務とする保証契約であるから、そこで担保されるべき債務の確定が何時、どのようにしてなされるかが重要である。まず、個人根保証契約であってその主たる債務の範囲に金銭の貸渡し又は手形の割引を受けることによって負担する債務（「貸金等債務」という。）が含まれるもの（「個人貸金等根保証契約」という。）について、主たる債務の元本の確定すべき期日（「元本確定期日」という。）がその個人貸金等根保証契約の締結の日から5年を経過する日より後の日と定められているときは、その元本確定期日の定めを無効とし、個人貸金等根保証契約において元本確定期日の定めがない場合（元本確定期日の定めが無効である場合を含む。）には、その元本確定期日は、その個人貸金等根保証契約の締結の日から3年を経過する日とされる（契約で元本確定期日を定めるときは、当該契約締結の日から5年以内の日を定めることが必須である。）。そして、個人貸金等根保証契約における元本確定期日の変更をする場合において、変更後の元本確定期日がその変更をした日から5年を経過する日より後の日となるときは、その元本確定期日の変更は効力を生じないが、元本確定期日の前2箇月以内に元本確定期日の変更をする場合において、変更後の元本確定期日が変更前の元本確定期日から5年以内の日となるときは、その変更は有効である。また、個人貸金等根保証契約における元本確定期日の定め及びその変更

(その個人貸金等根保証契約の締結の日から３年以内の日を元本確定期日とする旨の定め及び元本確定期日より前の日を変更後の元本確定期日とする変更を除く。）は、書面（電磁的記録を含む。）でしなければならない（新民法465条の３、446条２項・３項）。

そして、個人根保証契約における主たる債務の元本は、次の場合に確定することとされている（新民法465条の４第１項）。

① 債権者が、保証人の財産について、金銭の支払を目的とする債権についての強制執行又は担保権の実行を申し立てたとき。
② 保証人が破産手続開始の決定を受けたとき。
③ 主たる債務者又は保証人が死亡したとき。

さらに、個人貸金等根保証契約における主たる債務の元本は、前記の場合のほか、次の場合にも確定することとされている（新民法465条の４第２項）。

④ 債権者が、主たる債務者の財産について、金銭の支払を目的とする債権についての強制執行又は担保権の実行を申し立て、強制執行又は担保権の実行の手続の開始があったとき。
⑤ 主たる債務者が破産手続開始の決定を受けたとき。

また、極度額の定めがないとき及び元本確定期日の定めがないとき等について、個人の保証人が不測の損害を被ることを防ぐために、次のことが定められている（新民法465条の５）。

まず、極度額の定めがないときについて、保証人が法人である根保証契約において、その根保証契約の保証人の主たる債務者に対する求償権に係る債務を主たる債務とする保証契約（保証人が法人である場合を除く。）は、その効力を生じないとされる。次に、元本確定期日の定めがないとき、又は元本確定期日の定め若しくはその変更が個人根保証契約の元本確定期日についての規定（第465条の３第１項又は第３項の規定）を適用するとすればその効力を生じないものであるときについて、保証人が法人である根保証契約であってその主たる債務の範囲に貸金等債務が含まれるもの（保証人が法人であるものを除く。）において、その根保証契約の保証人の主たる債務者に対する求償権に係る債務を主たる債務とする保証契約（保証人が法人であるものを除く。）は、

第３編・債権

第１章 総則 233

その効力を生じず、主たる債務の範囲にその求償権に係る債務が含まれる根保証契約も、無効とされる。

（3） 事業に係る債務についての保証契約の特則

　従来、十分な資力や収益力又は担保を有しない中小零細事業者や新規に事業を立ち上げようとする者が融資を受けるために、経営者等の個人による保証が必要とされることが多く、結果的に保証人が経済的に破綻する等の問題が生ずることも少なくなかった。この問題に対処するため、新民法は、事業に係る債務についての保証契約の特則として次のことを定めた。

　まず、事業に係る債務についての保証契約は必ず公正証書によらなければならないとして、その内容及び方法について次のように定められている（新民法465条の6～8）。

① 　事業のために負担した貸金等債務を主たる債務とする保証契約又は主たる債務の範囲に事業のために負担する貸金等債務が含まれる根保証契約は、その契約の締結に先立ち、その締結の日前1月以内に作成された公正証書で保証人になろうとする者が保証債務を履行する意思を表示していなければ、その効力を生じない。

　　この公正証書を作成するには、次に掲げる方式に従わなければならない。

（i）　保証人になろうとする者が、次のイ又はロに掲げる契約の区分に応じ、それぞれ当該イ又はロに定める事項を公証人に口授すること（「口授」というのは、口頭で述べることを意味する。）。

　イ　保証契約（ロに掲げるものを除く。）　主たる債務の債権者及び債務者、主たる債務の元本、主たる債務に関する利息、違約金、損害賠償その他その債務に従たる全てのものの定めの有無及びその内容並びに主たる債務者がその債務を履行しないときには、その債務の全額について履行する意思（保証人になろうとする者が主たる債務者と連帯して債務を負担しようとするものである場合には、債権者が主たる債務者に対して催告をしたかどうか、主たる債務者がその債務を履行することができるかどうか、又は他に保証人があるかどうかにかかわらず、その全額について履行する意思）を有していること。

ロ　根保証契約　主たる債務の債権者及び債務者、主たる債務の範囲、根保証契約における極度額、元本確定期日の定めの有無及びその内容並びに主たる債務者がその債務を履行しないときには、極度額の限度において元本確定期日又は新民法465条の4第1項各号若しくは第2項各号に掲げる事由その他の元本を確定すべき事由が生ずる時までに生ずべき主たる債務の元本及び主たる債務に関する利息、違約金、損害賠償その他その債務に従たる全てのものの全額について履行する意思（保証人になろうとする者が主たる債務者と連帯して債務を負担しようとするものである場合には、債権者が主たる債務者に対して催告をしたかどうか、主たる債務者がその債務を履行することができるかどうか、又は他に保証人があるかどうかにかかわらず、その全額について履行する意思）を有していること。

(ⅱ)　公証人が、保証人になろうとする者の口述を筆記し、これを保証人になろうとする者に読み聞かせ、又は閲覧させること。

(ⅲ)　保証人になろうとする者が、筆記の正確なことを承認した後、署名し、印を押すこと。ただし、保証人になろうとする者が署名することができない場合は、公証人がその事由を付記して、署名に代えることができる。

(ⅳ)　公証人が、その証書は前記（ⅰ）～（ⅲ）に掲げる方式に従って作ったものである旨を付記して、これに署名し、印を押すこと。

②　前記①の保証契約又は根保証契約の保証人になろうとする者が口がきけない者である場合には、公証人の前で、前記①（ⅰ）のイ又はロに掲げる契約の区分に応じ、それぞれ当該イ又はロに定める事項を通訳人の通訳により申述し、又は自書して、口授に代えなければならない。この場合における（ⅱ）の適用については、「口述」とあるのは、「通訳人の通訳による申述又は自書」と読み替えられる。

　また、保証契約又は根保証契約の保証人になろうとする者が耳が聞こえない者である場合には、公証人は、筆記した内容を通訳人の通訳により保証人になろうとする者に伝えて、読み聞かせに代えることができる。

　そして、公証人は、これらの方式に従って公正証書を作ったときは、その旨をその証書に付記しなければならない。

③ 上記の①及び②は、事業のために負担した貸金等債務を主たる債務とする保証契約若しくは主たる債務の範囲に事業のために負担する貸金等債務が含まれる根保証契約の保証人の主たる債務者に対する求償権に係る債務を主たる債務とする保証契約又は主たる債務の範囲にその求償権に係る債務が含まれる根保証契約についても、同様とする。

④ ただし、上記①〜③は、保証人になろうとする者が法人である場合又は次に該当する者である場合には適用されない（新民法465条の6第3項、465条の8第2項、465条の9）。

（ⅰ） 主たる債務者が法人である場合のその理事、取締役、執行役又はこれらに準ずる者

（ⅱ） 主たる債務者が法人である場合の次に掲げる者

イ 主たる債務者の総株主の議決権（株主総会において決議をすることができる事項の全部につき議決権を行使することができない株式についての議決権を除く。以下この号において同じ。）の過半数を有する者

ロ 主たる債務者の総株主の議決権の過半数を他の株式会社が有する場合における当該他の株式会社の総株主の議決権の過半数を有する者

ハ 主たる債務者の総株主の議決権の過半数を他の株式会社及び当該他の株式会社の総株主の議決権の過半数を有する者が有する場合における当該他の株式会社の総株主の議決権の過半数を有する者

ニ 株式会社以外の法人が主たる債務者である場合におけるイ、ロ又はハに掲げる者に準ずる者

（ⅲ） 主たる債務者（法人であるものを除く。以下この号において同じ。）と共同して事業を行う者又は主たる債務者が行う事業に現に従事している主たる債務者の配偶者

さらに、保証人が予期せざる債務を負担することがないように、主たる債務者は、契約締結時に情報を提供しなければならないとして、次のように定められている（新民法465条の10第1項）。

「主たる債務者は、事業のために負担する債務を主たる債務とする保証又は主たる債務の範囲に事業のために負担する債務が含まれる根保証の委

託をするときは、委託を受ける者（法人を除く。）に対し、次に掲げる事項に関する情報を提供しなければならない。

　（ⅰ）　財産及び収支の状況
　（ⅱ）　主たる債務以外に負担している債務の有無並びにその額及び履行状況
　（ⅲ）　主たる債務の担保として他に提供し、又は提供しようとするものがあるときは、その旨及びその内容」

　そして、主たる債務者が上記の情報を提供せず、又は事実と異なる情報を提供したために委託を受けた者がその事項について誤認をし、それによって保証契約の申込み又はその承諾の意思表示をした場合において、主たる債務者がその事項に関して情報を提供せず又は事実と異なる情報を提供したことを債権者が知り又は知ることができたときは、保証人は、保証契約を取り消すことができる（新民法465条の10第2項）とされる。

Ⅳ　債権の譲渡

1　債権の譲渡性と譲渡制限

　債権というのは、特定の者（債務者）に対して、特定のことを請求できる権利であるが、これを債務の面から言うと、特定の者（債権者）に対して、特定のことをする義務ということになる。債権が譲渡されるということは、債権者が交代するということであるから、債権者が交代したら意味がなくなるもの（扶養を受ける権利（民法881条）、労働者の災害補償を受ける権利（労働基準法83条2項））や、それが債務者の意思と関係なくなされることができない場合（賃借権の譲渡（民法612条1項）、雇用契約における労使の権利（民法625条、労働基準法24条1項）等）については、許されないことになる。逆に、債務者の意思を無視しても差し支えないときは、それが可能となる。

　このことについて、従来、債権は、その性質がこれを許さないときを除いて、譲り渡すことができる（民法466条1項）としつつ、当事者が反対の意思を表示した場合には、譲受人が善意無過失の場合を除いて、その譲渡は無効

である（誰でもその効力を否定できる）とされていた（従前の民法466条2項）。しかし、新民法は、この譲渡制限の意思表示の絶対的な効力（「物権的効力」と称される。）を否定し、従前の466条2項を改正し、「当事者が債権の譲渡を禁止し、又は制限する旨の意思表示（以下「譲渡制限の意思表示」という。）をしたときであっても、債権の譲渡は、その効力を妨げられない。」とした。そのうえで、譲渡制限の意思表示（契約で定められるのが通常である。）がなされている場合には、「譲渡制限の意思表示がされたことを知り、又は重大な過失によって知らなかった譲受人その他の第三者に対しては、債務者は、その債務の履行を拒むことができ、かつ、譲渡人に対する弁済その他の債務を消滅させる事由をもってその第三者に対抗することができる。」とした（新民法466条3項）。その一方、債務者が債務を履行しない場合には、当該債権の譲受人が、当該債務者に対して、相当の期間を定めて、譲渡人に対してその債務を履行することを催告し、その期間内に履行がないときは、その債務者は譲受人に対する履行を拒み、又は譲渡人に対する事由をもって譲受人に対抗することはできないとしている（新民法466条4項）。すなわち、譲渡制限の意思表示がされたことを知り、又は重大な過失によって知らなかった譲受人その他の第三者（以下、単に「悪意者」という。）に対して譲渡がなされた場合には、その譲渡は有効であるものの、債務者は、本来の債権者である譲渡人に履行して、債務が消滅したことを譲受人に対抗することができるとされると同時に、譲受人に債務を履行することもできる（この場合にも債務は消滅する。）。ただ、悪意者に対する譲渡も有効であるから、当該債権について二重譲渡がなされた場合の譲受人の間の優先関係は対抗要件（新民法467条）を具備した時期の先後によって決まり、悪意者が先に対抗要件を備えたときは当該悪意者が当該債権を確定的に取得することになるが、それは悪意者を善意者とするものではないから、その対抗要件が債務者の承諾以外のものであるときは、債務者は、債権者（譲渡人）に対して履行することもできるのである。

　また、債権の譲渡は、その意思表示の時に債権が現に発生していることは必要ではなく、債権を譲渡する旨の意思表示がなされた時に債権が現に発生していないとき（この債権を「将来債権」という。）は、譲受人は、その債権が発生したときに、それを当然に取得する（新民法466条の6第1項・2項）。この場合において、当該債権譲渡についての対抗要件が具備される時（「対抗要件具備時」という。）までに譲渡制限の意思表示がされたときは、譲受人その他

の第三者はそのことを知っていたものとみなされて、新民法466条3項、466条の5第1項の規定が適用される（新民法466条の6第3項）。

　このように、譲渡制限の意思表示の物権的効力は否定されたのであるが、預金口座又は貯金口座に係る預金又は貯金に係る債権（「預貯金債権」という。）については、譲渡制限の意思表示は、それがなされたことを知り、又は重大な過失によって知らなかった譲受人その他の第三者（金融機関の預貯金にかかる約款に譲渡制限が記載されているのは一般に知られている。）に対しても対抗することができる（新民法466条の5第1項）とされ、従前通り、譲渡制限の物権的効力が維持されている。しかし、この場合であっても、預貯金債権に対する強制執行をした差押債権者に対しては、譲渡制限の効力は認められない（新民法466条の5第2項）。

　従来、請負や委任のように、報酬の支払時期が仕事の目的物の引渡しと同時（民法633条）又は事務の終了後（民法648条2項）である契約においては（これらの契約にあっても、報酬債権自体はその締結と同時に発生しており、弁済期が到来していないだけである。）、債権譲渡禁止の特約を付けることが多かったのであるが、この改正によって、それは悪意者に対する抗弁事由としての意味を有するだけとなった。また、これを債権回収という立場からみるときは、譲渡制限の意思表示がされた債権であっても、差し押さえることが可能になったことを意味し、譲渡制限の意思表示がされた債権を差し押えた場合は、差押債権者がたとえ悪意者であっても、債務者に当該債権の本旨に従った履行（新民法415条1項参照）を請求できる（新民法466条の4第1項）のであるが、その差押えが悪意者が譲り受けた債権に対するものであるときは、債務者は、その債務の履行を拒むことができ、かつ、譲渡人に対する弁済その他の債務を消滅させる事由をもって差押債権者に対抗することができる（新民法466条の4第2項）とされている。

　なお、債務者は、譲渡制限の意思表示がされた金銭の給付を目的とする債権が譲渡されたときは、その債権の全額に相当する金銭を債務の履行地（債務の履行地が債権者の現在の住所により定まる場合にあっては、譲渡人の現在の住所を含む。）の供託所に供託することができ、供託をしたときは、遅滞なく、譲渡人及び譲受人に供託の通知をしなければならず、供託をした金銭は、譲受人に限り、還付を請求することができることとなっている（新民法466条の2）。この場合において、譲渡人について破産手続開始の決定があったときは、譲

受人（譲渡制限の意思表示がされた金銭の給付を目的とする債権の全額を譲り受けた者であって、その債権の譲渡を債務者その他の第三者に対抗することができるものに限る。）は、譲渡制限の意思表示がされたことを知り、又は重大な過失によって知らなかったときであっても、債務者にその債権の全額に相当する金銭を債務の履行地の供託所に供託させることができ、供託をした債務者は、遅滞なく、譲渡人及び譲受人に供託の通知をしなければならず、供託をした金銭は、譲受人に限り、還付を請求することができることとなっている（新民法466条の3、466条の2第2項・3項）。

ところで、債権（現に発生していない債権を含む。）の譲渡の債務者その他の第三者に対する対抗要件は、譲渡人が債務者に通知をし、又は債務者が承諾をすることであるが（新民法467条1項）、債務者以外の第三者に対しては、その通知又は承諾は、確定日付のある証書によってしたものでなければならない（民法467条2項）。そして、この場合における債務者の承諾は、譲受人に対して当該債務を履行することの承諾の意味を含むことが多いと思われ、その時は、譲受人が悪意者であっても、債権者（譲渡人）に対して履行することはできないことになる。ここで、確定日付のある証書というのは、公正証書に記載された日付、官公署で記載した日付、内容証明郵便の認証に際して記載された日付等を意味する（民法施行法5条）。なお、債権譲渡の予約をしたことを確定日付のある証書によって債務者に通知し、又はその予約について債務者が承諾をしていても、当該予約を完結させたときは、改めてその旨の通知をしなければ、その債権譲渡の効力を第三者に対抗することはできない（最高裁平成13年11月27日判決（判例時報1768号70頁）参照）。

また、債権の相続については対抗要件を必要としないというのが従来の考え方であったが、相続法改正法は、遺言又は遺産の分割によって法定相続分を超える債権を取得した相続人は、当該債権に係る遺言の内容（遺産の分割により当該債権を承継した場合にあっては、当該債権に係る遺産の分割の内容）を明らかにして、債務者にその承継の通知をしなければ、その法定相続分を超える部分の相続を債務者及び第三者に対抗できないこととした（新民法899条の2第2項。第5編第3章I参照）。

ところで、債権法改正法が施行される令和2年（2020年）4月1日前に債権の譲渡の原因である法律行為がなされた場合におけるその債権の譲渡については、債権の譲渡性、譲渡制限、債権譲渡の対抗要件等について定める新

民法466条から469条までの規定にかかわらず、従前の例によることになっている（債権法改正法附則22条）。

2 譲渡された債権についての債務者の抗弁権

債権の譲渡は、債権者が一方的に行うものであるから、そのことによって債務者の義務の範囲が影響を受けることがあってはならない。このことについて、新民法468条1項は、「債務者は、対抗要件具備時までに譲渡人に対して生じた事由をもって譲受人に対抗することができる。」と定める。この対抗することができる事由の典型的なものとしては、弁済期の定め（民法412条1項）、同時履行の抗弁（新民法533条、民法633条等）がある。

また、譲受人に対抗することができる事由が相殺である場合については、債務者は、対抗要件具備時より前に取得した譲渡人に対する債権による相殺をもって譲受人に対抗することができる（新民法469条1項）ほか、債務者が対抗要件具備時より後に取得した譲渡人に対する債権（他人の譲渡人に対する債権を除く。）であっても、その債権が次に掲げるものであれば、その債権による相殺をもって譲受人に対抗することができる（新民法469条2項）。

① 対抗要件具備時より前の原因に基づいて生じた債権
② ①のほか、譲受人の取得した債権の発生原因である契約に基づいて生じた債権

さらに、譲渡制限の意思表示がなされた債権については、次の特則がある。すなわち、その債権が譲渡された場合において、譲受人その他の第三者が悪意者であることを理由として、債務者がその債務の履行を拒むときに、相当の期間を定めて譲渡人への履行の催告がなされたとき（新民法466条4項）には、その相当の期間を経過した時までに譲渡人に対して生じた事由をもって譲受人に対抗することができ、譲渡人について破産手続開始の決定があったときには、譲受人から供託の請求を受けた時（新民法466条の3）までに譲渡人に対して生じた事由をもって譲受人に対抗することができるとされる（新民法468条2項）。また、この場合における相殺については、債務者の譲渡人に対する債権であって、履行の催告の際に定められた相当期間が経過した

時（新民法466条4項）よりも前に取得したもの又は供託の請求を受けた時（新民法466条の3）よりも後に取得した債権（他人の譲渡人に対する債権を除く。）で前記①又は②に該当するものによる相殺ができる（新民法469条3項）。

なお、債権法改正法が施行される令和2年（2020年）4月1日前に債権の譲渡の原因である法律行為がなされた場合におけるその債権の譲渡については、債務者の抗弁について定める新民法468条及び債務者の相殺権について定める新民法469条の規定にかかわらず、従前の例によることになっている（債権法改正法附則22条）。

V 債務の引受け

1 併存的債務引受

債権譲渡ができるのであれば、債務を引き受けることもできるはずである。新民法は、規定のなかった債務引受について、併存的債務引受と免責的債務引受に分けて規定した。なお、この債務引受に関する新民法470条から472条の4までの規定は、債権法改正法が施行される令和2年（2020年）4月1日前に締結された債務の引受けに関する契約については適用されないことになっている（債権法改正法附則23条）。

併存的債務引受というのは、引受人が、債務者と連帯して、債務者が債権者に対して負担する債務と同一の内容の債務を負担するものであり、債権者又は債務者と引受人となる者との契約によってなされる（新民法470条1項、2項、3項前段）。併存的債務引受が債務者と引受人となる者との契約による場合は、債権者が引受人となる者に対して承諾をした時に効力を生じ（新民法470条3項後段）、第三者のためにする契約に関する規定（新民法537条～539条）に従うこととされる（新民法470条4項）。

併存的債務引受における引受人は、併存的債務引受により負担した自己の債務について、その効力が生じた時に債務者が主張することができた抗弁をもって債権者に対抗することができ、債務者が債権者に対して取消権又は解除権を有するときは、引受人は、これらの権利の行使によって債務者がその債務を免れるべき限度において、債権者に対して債務の履行を拒むことがで

きる（新民法471条）。

2 免責的債務引受

　免責的債務引受というのは、引受人が債務者が債権者に対して負担する債務と同一の内容の債務を負担し、債務者が自己の債務を免れるものをいい、債権者又は債務者と引受人となる者との契約でなされるが、債権者と引受人となる者との契約による場合の効力は、債権者が債務者に対してその契約をした旨を通知した時に生じ、債務者と引受人となる者が契約による場合は、債権者が引受人となる者に対して承諾をすることが必要である（新民法472条）。

　免責的債務引受においては、引受人は、免責的債務引受により負担した自己の債務について、その効力が生じた時に債務者が主張することができた抗弁をもって債権者に対抗することができ、債務者が債権者に対して取消権又は解除権を有するときは、引受人は、免責的債務引受がなければこれらの権利の行使によって債務者がその債務を免れることができた限度において、債権者に対して債務の履行を拒むことができる（新民法472条の2）のは併存的債務引受の場合と同じであるが、免責的債務引受の引受人は、債務者に対して求償権を取得しない（新民法472条の3）。

　ところで、債権者は、免責的債務引受の目的である債務の担保として設定された担保権を引受人が負担する債務に移すことができるが、引受人以外の者（債務者を含む。）がこれを設定した場合には、その承諾を得なければならず（後順位の担保権者の承諾は不要である。）、免責的債務引受の契約の効力が生ずる前、又はそれと同時に引受人に対して通知しなければならない（新民法472条の4第1項、2項）。免責的債務引受の目的である債務の保証人についても、保証人の書面（電磁的記録を含む。）による承諾を得るとともに、引受人に通知することによって、その保証を継続させることができる（新民法472条の4第3項～5項）。

Ⅵ 債権の消滅

1 弁済

(1) 総則

債権法改正法は、弁済について、従前の実務や理論を踏まえた種々の改正をしているが、債権法改正法が施行される令和2年（2020年）4月1日よりも前になされた弁済の充当のほか、同日よりも前に生じた債務の弁済については従前の例によることとしている（債権法改正法附則25条）。

　ⅰ　弁済の意味と弁済者

　債務の本旨に従った履行（新民法415条1項参照）を弁済といい、新民法473条は「債務者が債権者に対して債務の弁済をしたときは、その債権は、消滅する。」と定めるが、これは従来から当然のこととされていたことを明文化したものである。また、債務の本旨に従った履行であるか否かは「契約その他の債務の発生原因及び取引上の社会通念に照らして」判断される（前記第1章Ⅱ1（1）参照）。

　また、弁済をすることができる者（債務者に限られず、第三者も含まれ、「弁済者」と称される。）が、債権者との間で、債務者の負担した給付に代えて他の給付をすることにより債務を消滅させる旨（「代物弁済」という。）の契約をした場合において、その弁済者が当該他の給付をしたときは、その給付によって債務は消滅する（新民法473条、482条）とされるが、債権者が承諾しているのであるから、当然のことであろう。

　弁済は、その債務の性質が第三者の弁済を許さないとき、又は債務者及び債権者が第三者の弁済を禁止し、若しくは制限する旨の合意をしたときを除いて、第三者もすることができる（新民法474条1項、4項）。そして、第三者も弁済をすることができる場合においても、弁済をするについて正当な利益を有する者でない第三者は債務者又は債権者の意思に反して弁済をすることができないのが原則であるが、債権者が債務者の意思に反することを知らなかったとしても、その弁済は有効であるし、債権者が弁済をする第三者が債務者の委託を受けて弁済をすることを知っていたときはその弁済を拒否できない（新民法474条2項、3項）。なお、税については、納税者又は特別徴収義

務者のために納付できる第三者についての制限はない（地方税法20条の6第1項、国税通則法41条）。

弁済をするについて正当な利益を有する者の代表的なものとして、保証人及び物上保証人があるが、保証人については、委託の有無による弁済の前後における求償の制度が法定されており（前記Ⅲ5（1）ⅱ参照）、物上保証人又は抵当不動産の第三取得者が弁済した場合には保証人が保証した場合と同様の求償権を有することとされている（民法351条・372条、最高裁昭和42年9月29日判決（判例時報498号29頁））。また、抵当不動産の第三取得者については、抵当権の登記をした債権者に対する抵当不動産の代価又は特に指定した金額の弁済又は供託する旨の申し出による抵当権消滅請求の制度が法定されている（民法383条、384条）。一方、債権が差し押さえられた場合は、当該債権の債権者はその取立てが禁止され、当該債権の債務者（第三債務者という。）はその債権者への弁済が禁止される（民事執行法145条1項）。そして、第三債務者が自己の債権者に弁済をしたときは、差押債権者は、その受けた損害の限度において更に弁済をすべき旨を第三債務者に請求することができる（新民法481条1項）ので、その第三債務者は、二重に支払いをしなければならないことになる。そして、第三債務者が二重に支払いをした場合には、その第三債務者は、その弁済した額について、当該弁済に係る自己の債権者に求償することができる（民法481条2項）。

債務者が債務の履行をしないときは損害賠償責任を負う（前記第1章Ⅱ1（3）参照）のであるが、債務者は、弁済の提供の時から、債務を履行しないことによって生ずべき責任を免れる（新民法492条）。この弁済の提供は、債務の本旨に従って現実にしなければならない（その場所や時間等については後記ⅱ参照）のであるが、債権者があらかじめその受領を拒み、又は債務の履行について債権者の行為を要するときは、弁済の準備をしたことを通知して、その受領の催告をすることによって、その責任を免れることができる（民法493条）。

ⅱ　弁済の方法

弁済は、債務の本旨に従ってなさなければならず、それは契約その他の債務の発生原因及び取引上の社会通念に照らして（前記第1章Ⅱ1（1）参照）判断されるべきものであるが、民法は、いくつかの場合について、当事者の意

思を補充する規定を置く。

その1は代物弁済についてであり、弁済者が、債権者との間で、債務者の負担した給付に代えて他の給付をすることにより債務を消滅させる旨の契約をした場合において、その弁済者が当該他の給付（代物弁済）をしたときは、その給付は、弁済と同一の効力を有するとされる（新民法482条）。この契約は、従前の給付の内容について重要な変更をし、従前の債務を消滅させるものである（新民法513条1項1号）が、他の給付がなされるまでは、従前の債務も存続するという特約をすることも可能である。なお、この契約は有償契約であることが通常であるから、これには売買に関する規定が準用される（民法559条）。

その2は債権の目的が特定物の引渡しである場合についてであり、この場合において、契約その他の債権の発生原因及び取引上の社会通念に照らしてその引渡しをすべき時の品質を定めることができないときは、弁済者は、その引渡しをすべき時の現状でその物を引き渡さなければならないとされる（新民法483条）。

その3は弁済の場所についてであり、別異の合意がない限り、特定物の引渡しは債権発生の時にその物が存在した場所において、その他の弁済は債権者の現在の住所において、しなければならないとされる（民法484条1項）。弁済の場所は義務履行地として裁判管轄を定める基準となり（民事訴訟法5条1号）、弁済の目的物の供託所を決定する（供託法1条）という意味においても重要であるが、合意がある場合は当然として、明示の合意がないときにあっても、取引上の社会通念（慣行）があるときは、それに従うことになる。例えば、労働者の給料（賃金）債権にあっては、その就労場所で支払うとする黙示の合意あるいは慣行が認められるのが通常であろう。

その4は取引時間についてであり、法令又は慣習により取引時間の定めがあるときは、その取引時間内に限り、弁済をし、又は弁済の請求をすることができることが明定された（新民法484条2項）。これは、従前から取引上の社会通念に照らして認められていたことが明定されたものであるが、これによって、履行期限である日の取引時間が経過した後に弁済したときは、履行遅滞の責任（民法412条1項、3項、新民法412条2項）が生ずることが明確になった。

その5は弁済の費用についてであり、特約がない限り、債務者は弁済の費

用を負担しなければならないが、債権者が住所の移転その他の行為によって弁済の費用を増加させたときは、その増加額は、債権者が負担しなければならないとされる（民法485条）。

　iii　弁済の効力

　弁済をする者は、弁済と引換えに、弁済を受領する者に対して受取証書の交付を請求することができ（新民法486条）、この両者は同時履行の関係にある（新民法533条）。また、債権に関する証書がある場合において、弁済をした者が全部の弁済をしたときは、その証書の返還を請求することができる（新民法487条）。

　ところで、弁済をした者が弁済として他人の物を引き渡しても債務は消滅せず、その弁済をした者は、更に有効な弁済をしなければ、その物を取り戻すことができない（新民法475条）。このことは、双務契約において、債務者の所有に属さない特定物の権利の移転を目的とする債務については、債務者はその権利を取得して債権者に移転する義務を負うこと（民法559条、新民法561条）と軌を一にするものである。これに関しては、債権者が弁済として受領した物を善意で消費し、又は譲り渡したときは、その弁済は有効とする（債務は消滅する）という例外（新民法476条前段）があるが、その場合にあっても、当該他人の所有権が消滅するわけではないから、債権者が当該他人から賠償の請求を受けることがあり（債務者に引き渡す義務はないが、当該他人からの返還請求には応じなければならないのが原則である。第2編第3章Ⅰ1（1）参照）、債権者がそれに応じたときは、弁済をした者に対して求償をすることができる（新民法476条後段）とされている。ただ、債務者が弁済として他人の物を引き渡したときは、それが動産であれば、債権者に即時取得（民法192条）が成立するのが通常であり、この場合には、即時取得の反射的効力として当該他人の所有権が消滅し、債務者がその消滅についての不法行為責任（民法709条）を負うことがある。

　金銭の支払いを目的とする債務については、債権者の預金又は貯金の口座に対する払込みによって弁済をすることが多いが、この場合に弁済の効力が生ずるのは、債権者がその預金又は貯金に係る債権の債務者に対してその払込みに係る金額の払戻しを請求する権利を取得した時（債権者名義の口座に入金が記録された時）である（新民法477条）。

第1章　総則

なお、受領権者（債権者及び法令の規定又は当事者の意思表示によって弁済を受領する権限を付与された第三者をいう。）以外の者であって取引上の社会通念に照らして受領権者としての外観を有するものに対してした弁済は、その弁済をした者が善意であり、かつ、過失がなかったとき（表見代理（第1編第4章Ⅲ3参照）が成立することが多いであろう。）に限り、有効であり、債務は消滅する（新民法478条）。この場合には、その債権者は、その弁済を受けた者に不当利得の返還を請求することになる（民法703条）。そして、弁済が有効とならない場合においても、受領権者以外の者に対してした弁済によって債権者が利益を受けた場合は、その限度で債務は消滅する（新民法479条）。

　　ⅳ　弁済の充当
　債務者が同一の債権者に対して同種の給付を目的とする債務を負担する場合において、弁済として提供された給付が全ての債務を消滅させるのに足りないときに、どの債務のどの部分を消滅させるかは、弁済をする者と弁済を受領する者との間の合意により決まるのは当然であるが、その合意がないときには、次によることとされている（新民法490条）。

①　同種の給付を目的とする数個の債務がある場合（新民法488条）
　　債務者が同一の債権者に対して同種の給付を目的とする数個の債務を負担する場合において、弁済として提供した給付が全ての債務を消滅させるのに足りないとき（②の場合を除く。）は、弁済をする者は、給付の時に、その弁済を充当すべき債務を指定することができるが、その指定がされないときは、弁済を受領する者は、その受領の時に、その弁済を充当すべき債務を指定することができる。ただし、弁済をする者は、弁済を受領する者がした充当の指定に対して直ちに異議を述べ、それと異なる充当を指定することができる。そして、弁済をする者及び弁済を受領する者がいずれも充当の指定をしないときは、次に定めるところによる。
　　ア　債務の中に弁済期にあるものと弁済期にないものとがあるときは、弁済期にあるものに先に充当する。
　　イ　全ての債務が弁済期にあるとき、又は弁済期にないときは、債務者のために弁済の利益が多いものに先に充当する。

ウ　債務者のために弁済の利益が相等しいときは、弁済期が先に到来したもの又は先に到来すべきものに先に充当する。
　　エ　前記イ及びウで決められないときは、各債務の額に応じて充当する。
②　元本、利息及び費用を支払うべき場合（新民法489条）
　　債務者が1個又は数個の債務について元本のほか利息及び費用を支払うべき場合（債務者が数個の債務を負担する場合にあっては、同一の債権者に対して同種の給付を目的とする数個の債務を負担するときに限る。）において、弁済をする者がその債務の全部を消滅させるのに足りない給付をしたときは、これを順次に費用、利息及び元本に充当する。この場合において、費用、利息又は元本のいずれかの全てを消滅させるのに足りない給付がされたときは、前記①を準用して、充当の順番を定める。
③　数個の給付をすべき場合の充当（新民法491条）
　　1個の債務の弁済として数個の給付をすべき場合において、弁済をする者がその債務の全部を消滅させるのに足りない給付をしたときは、前記①及び②によって充当の順番を定める。

　なお、地方税については、本税と延滞金がある場合に一部納付があったときは、まず本税に充当されることだけが法定されている（地方税法20条の9第2項）ので、2以上の税があるときは、納付する者がいずれに充当するかを指定し、それがないときは税務官署において指定することになる。

(2)　弁済の目的物の供託

　弁済者は、次に掲げる場合には、債権者のために弁済の目的物を供託することができ、弁済者が供託をした時に、その債権は、消滅する（新民法494条）。

①　弁済の提供をした場合において、債権者がその受領を拒んだとき。
②　債権者が弁済を受領することができないとき。
③　弁済者が過失なくして債権者を確知することができないとき。

　なお、弁済者は、次に掲げる場合には、裁判所の許可を得て、弁済の目的物を競売に付し、その代金を供託することができる（新民法497条）。

④　その物が供託に適しないとき。
⑤　その物について滅失、損傷その他の事由による価格の低落のおそれがあるとき。
⑥　その物の保存について過分の費用を要するとき。
⑦　前記④〜⑥の場合のほか、その物を供託することが困難な事情があるとき。

　そして、供託は、債務の履行地の供託所（供託法1条）にしなければならず、供託をした者は、遅滞なく、債権者に供託の通知をしなければならない（民法495条1項、3項）。債権者は、その権利を証明して、供託された弁済の目的物又はその代金（「供託物」という。）の還付を請求することができる（新民法498条1項、供託法8条1項）のであるが、この場合において、債権者が反対給付をなすべき場合においては、供託者の書面又は裁判、公正証書その他の公正の書面によってその給付があったことを証明しなければならない（新民法498条2項、供託法10条）。
　ところで、債権者が供託を受諾せず、又は供託を有効と宣告した判決が確定しない間は、弁済者は、供託物を取り戻すことができ、この場合においては、供託をしなかったものとみなされるが、供託によって質権又は抵当権が消滅した場合には、供託物を取り戻すことはできない（民法496条）。また、供託者は、供託が錯誤によること又は供託の原因が消滅したことを証明したときは、供託物を取り戻すことができる（供託法8条2項）。
　なお、上述の供託の効果、供託場所及び供託の通知に関する規定（新民法494条、民法495条1項・3項）は、地方税法又はそれに基づく条例の規定により、債権者、納税者、特別徴収義務者その他の者に金銭その他の物を交付し、又は引き渡すべき場合に準用される（地方税法20条の8）。

(3)　弁済による代位

　債務者のために弁済をした者は、債権者に代位して、債権の効力及び担保としてその債権者が有していた一切の権利を行使することができるが、弁済をするについて正当な利益を有する者以外の者が代位について債務者その他の第三者にその代位を対抗するためには、債務者に通知し、又は債務者が承諾すること（第三者に対する関係では確定日付ある証書によらなければならない。）が

必要とされる（新民法467条、499条、500条、501条1項）。ただ、代位による権利の行使は、債権者に代位した者が自己の権利に基づいて債務者に対して求償をすることができる範囲内（保証人の一人が他の保証人に対して債権者に代位する場合には、自己の権利に基づいて当該他の保証人に対して求償をすることができる範囲内）に限られる（新民法501条2項）。

また、債権者に代位する権利の行使は、次によらなければならない（新民法501条3項）。

① 第三取得者（債務者から担保の目的となっている財産を譲り受けた者をいう。）は、保証人及び物上保証人に対して債権者に代位しない。
② 第三取得者の一人は、各財産の価格に応じて、他の第三取得者に対して債権者に代位する。
③ 物上保証人の一人は、各財産の価格に応じて、他の物上保証人に対して債権者に代位する。
④ 保証人と物上保証人との間においては、その数に応じて、債権者に代位する。ただし、物上保証人が数人あるときは、保証人の負担部分を除いた残額について、各財産の価格に応じて、債権者に代位する。
⑤ 第三取得者から担保の目的となっている財産を譲り受けた者は、第三取得者とみなして前記①及び②によることとし、物上保証人から担保の目的となっている財産を譲り受けた者は、物上保証人とみなして前記①、③又は④によることとする。

さらに、債権の一部について代位弁済があったときは、代位者は、債権者の同意を得て、その弁済をした価額に応じて、債権者とともにその権利を行使することができるが、この場合においても、債権者は、単独でその権利を行使することができ、その債権の担保の目的となっている財産の売却代金その他の当該権利の行使によって得られる金銭について、代位者が行使する権利に優先して弁済を受けることができる。また、代位者が債権者とともに権利を行使できる場合においても、債務の不履行による契約の解除は、債権者のみがすることができ、債権者が契約の解除をしたときは、代位者に対し、その弁済をした価額及びその利息を償還しなければならない（新民法502条）。

ところで、代位弁済によって全部の弁済を受けた債権者は、債権に関する

証書及び自己の占有する担保物を代位者に交付しなければならず、債権の一部について代位弁済があった場合には、債権者は、債権に関する証書にその代位を記入し、かつ、自己の占有する担保物の保存を代位者に監督させなければならない（民法503条）。また、弁済をするについて正当な利益を有する者（「代位権者」という。）がある場合において、取引上の社会通念に照らして合理的な理由があると認められないにもかかわらず、債権者が故意又は過失によってその担保を喪失し、又は減少させたときは、その代位権者（物上保証人である代位権者から担保の目的となっている財産を譲り受けた第三者及びその特定承継人を含む。）は、代位をするに当たって担保の喪失又は減少によって償還を受けることができなくなる限度において、その責任を免れる（新民法504条）。

2　相殺

（1）　相殺の意味

　二人が互いに同種の目的を有する債務を負担する場合（お互いに金銭を交付すべき債務を負担する場合が最も一般的である。）には、債務の性質がこれを許さないときを除いて、双方の債務が弁済期にあるときは、各債務者は、その対当額について相殺によってその債務を免れることができる（民法505条1項）。当事者が相殺を禁止し、又は制限する旨の意思表示をした場合には、当事者間において相殺できないのは当然のことであるが、その意思表示を知り、又は重大な過失によって知らなかった第三者（民法474条参照）に対しても、相殺の禁止又は制限を対抗することができる（新民法505条2項）。

　相殺は、当事者の一方から相手方に対する意思表示によって行い（契約による相殺も可能である。）、その意思表示は、双方の債務が互いに相殺に適するようになった時に遡って、確定的にその効力を生ずるので、その意思表示には、条件又は期限を付することができないし（民法506条）、付しても意味がない。双方の債務が互いに相殺に適するようになった時というのは、相殺される債権（相殺する者の債務であり、「受働債権」と称される。）と相殺に供する債権（相殺する者の債権であり、「自働債権」と称される。）の双方の弁済期が到来している時を意味し、弁済期未到来の受働債権について期限の利益を放棄し（民法136条）、それ以前に弁済期が到来している自働債権と相殺し、又は弁済

期未到来の自働債権について弁済期を繰り上げて（法律又は契約の根拠が必要である。）、それ以前に弁済期が到来している受働債権（弁済期の定めがないものを含む。前記Ⅱ１（２）参照）と相殺することも可能である。

　なお、相殺は、双方の債務の履行地が異なるときであっても、その旨の意思表示をするだけで効力が生ずるが、そのことによって相手方に損害が生じたときは、相殺をした者は、その損害を賠償しなければならない（民法507条）。

　また、相殺は、当事者の公平をも目的とするものであるから、時効によって消滅した債権がその消滅以前に相殺に適する状態（「相殺適状」という。）になっていた場合には、その債権者は、相殺をすることができるとされる（民法508条）。

　ところで、債権法改正法は、相殺について、次のものは従前の例によるとしている（同法附則26条）。

① 債権法改正法が施行される令和２年（2020年）４月１日（以下、「施行日」という。）前にされた従前の民法505条２項に規定する相殺禁止の意思表示
② 施行日前に債権が生じた場合におけるその債権を受働債権とする相殺（新民法509条は適用されない。）。
③ 施行日前の原因に基づいて債権が生じた場合におけるその債権を自働債権とする相殺（差押えを受けた債権を受働債権とするものに限る。）（新民法511条は適用されない。）。
④ 施行日前に相殺の意思表示がされた場合におけるその相殺の充当（新民法512条及び512条の２は適用されない。）。

（２）　相殺できない債権

　前記（１）の要件が満たされている場合にあっても、相殺することが許されないものがある。その１は、相殺が悪意による不法行為に基づく損害賠償の債務又はそれ以外であっても人の生命又は身体の侵害による損害賠償の債務であり、これは、現実に弁済がなされることが必要であることから、その債務者は相殺によって損害賠償の債務を免れることはできない（新民法509条本文）。ただ、その損害賠償請求権が第三者に譲渡された場合は、そのよう

な制限をする必要がないので、その譲渡を受けることによって債権者となった者に対しては、相殺することができる（新民法509条ただし書）。従来は、不法行為による損害賠償債務一般について相殺が禁止されていたのであるが、新民法はその禁止の要件を緩和したものである。

　その2は、差押禁止債権を受働債権とする相殺である（民法510条）。一般的に差押禁止債権を定めるのは民事執行法152条であり、そこでは次のように規定されている。まず、次の債権については、その4分の3に相当する部分（その額が標準的な世帯の必要生計費を勘案して政令で定める額を超えるときについて政令で定める額に相当する部分）は差し押えてはならない（同条1項）。

① 債務者が国及び地方公共団体以外の者から生計を維持するために支給を受ける継続的給付に係る債権
② 給料、賃金、俸給、退職年金及び賞与並びにこれらの性質を有する給与に係る債権（なお、最高裁昭和44年12月18日判決（判例時報581号3頁）は、過払い賃金の不当利得返還請求権を自働債権とし、その後の賃金請求権を受働債権とする相殺は、過払いと合理的に密接した時期になされ、かつ労働者の経済生活の安定を脅かすおそれのないときは労働基準法24条1項に違反しないとする。）

　ただ、退職手当及びその性質を有する給与に係る債権については、その4分の3に相当する部分までの差押えが禁止され、それに対する特例はない（同条2項）。なお、夫婦間の協力及び扶助の義務として定められた定期金債権等を請求するための差押えの場合における禁止の範囲は、債権の4分の3ではなく2分の1とされる（同条3項）。

　その3は、差押えを受けた債権を受働債権とする相殺の禁止であり、差押えを受けた債権の第三債務者は、差押え後に取得した債権による相殺をもって差押債権者に対抗することができないのが原則であるが、差押え後に取得した債権（他人から取得したものを除く。）であっても、それが差押え前の原因に基づいて生じたものである場合（差押え前に締結された契約に基づく保証債務を履行したことによる求償債権等）は、その債権による相殺をすることができる（新民法511条）。

（3） 相殺における充当

　相殺は、債権を満足させることによってそれに対応する債務を消滅させるものであるという意味において弁済と同じであるから、弁済についてと同様、充当（消滅させる債務の順番）の問題がある。

　まず、債権者が債務者に対して有する1個又は数個の債権と、債権者が債務者に対して負担する1個又は数個の債務について、債権者が相殺の意思表示をした場合において、当事者が別段の合意をしなかったときは、債権者の有する債権とその負担する債務は、相殺に適するようになった時期の順序に従って、その対当額について相殺によって消滅する（新民法512条1項）。この場合において、相殺をする債権者の有する債権（自働債権）がその負担する債務（受働債権）の全部を消滅させるのに足りないときは、当事者が別段の合意をしない限り、次に掲げるところにより（新民法512条2項による488条4項2号～4号及び489条2項の準用）、受働債権が自働債権の全部を消滅させるのに足りないときも、これに準じて相殺することになっている（新民法512条3項）。

① 債権者が数個の債務を負担するとき（後記②の場合を除く。）はⓐ全ての債務が弁済期にあるとき、又は弁済期にないときは、債務者のために弁済の利益が多いものを先に、ⓑ債務者のために弁済の利益が相等しいときは、弁済期が先に到来したもの又は先に到来すべきものを先に、ⓒこれらの事項が相等しいときは、各債務の額に応じて相殺する。
② 債権者が負担する1個又は数個の債務について元本のほか利息及び費用を支払うべきときは、ⓓ費用、利息及び元本の順で相殺し、ⓔ費用、利息又は元本のいずれかの全てを消滅させるのに足りないときは前記①のⓐ～ⓒによって相殺する。

　さらに、債権者が債務者に対して有する債権に、1個の債権の弁済として数個の給付をすべきものがある場合における相殺及び債権者が債務者に対して負担する債務に、1個の債務の弁済として数個の給付をすべきものがある場合における相殺については、新民法512条が準用される（新民法512条の2）。

第1章　総則

（4） 地方公共団体の債権債務の相殺

　地方公共団体においては、「一会計年度における一切の収入及び支出は、すべてこれを歳入歳出予算に編入しなければならない。」（地方自治法210条）とされている（これを「総計予算主義」という。）ので、相殺される債権又は債務（現実の金銭の授受がなされない債権債務）であっても、当該債権は歳入予算に、当該債務は歳出予算に計上しなければならない。そして、それが自働債権であれば、調定をしたうえで、納入通知において受働債権を特定して、相殺する旨の意思表示を行い、受働債権であれば、支出負担行為をしたうえで、支出命令において相殺された（現実に支出する必要がない）旨を明示して、することになろう。

　なお、相殺禁止については、地方税法20条の9が「地方団体の徴収金と地方団体に対する債権で金銭の給付を目的とするものとは、法律の別段の規定によらなければ、相殺することができない。還付金に係る債権と地方団体に対する債権で金銭の給付を目的とするものについても、また同様とする。」と定めている。ここで、地方団体というのは道府県及び市町村を意味し、都及び特別区を含まないが、都には道府県に関する規定が準用され、特別区には市町村に関する規定が準用される（地方税法1条1項1号、2項）ほか、地方公共団体の組合のうち、都道府県が加入するものには都道府県に関する法令の規定が、市及び特別区が加入するものには市に関する法令の規定が、その他のものには法令の町村に関する規定が準用される（地方自治法292条）ので、結果的には全ての地方公共団体を意味することになる。なお、地方団体の徴収金というのは、地方税並びにその督促手数料、延滞金、過少申告加算税、不申告加算税、重加算税及び滞納処分費のことである（地方税法1条14号）。

　ところで、地方公共団体が負う債務には社会政策的観点からなされる給付があり、これは対象者に対して現実に支給されることが必要であるから、それについての相殺は許されない。しかし、その給付を受ける一方で当然に負担すべき経費を納付しないという状態があるときに、それを放置しておくことは、負担と受益の公平という観点からは問題である。そこで、児童手当と保育料（児童手当法22条）、児童扶養手当における手当と過払い金（児童扶養手当法31条）、生活保護における不正受給とそれにかかる徴収金（生活保護法78条）については、実質的に相殺と同じ機能を果たす調整の制度が設けられている。

3 | 更改

　債権譲渡や免責的債務引受は債権者や債務者の変更をもたらすが、その債権及び債務の内容は従前と同じであるのに対して、更改は、当事者が従前の債務に代えて、新たな債務であって次に掲げるものを発生させる契約であり、これによって従前の債務は消滅する（新民法513条）。

① 従前の給付の内容について重要な変更をするもの
② 従前の債務者が第三者と交替するもの
③ 従前の債権者が第三者と交替するもの

　債務者の交替による更改は、債権者と更改後に債務者となる者とが契約をし、債権者が更改前の債務者に対してその契約をした旨を通知した時に効力を生じ、更改後の債務者は、更改前の債務者に対して求償権を取得しないとされる（新民法514条）。その効果は、引受人（更改後の債務者）の抗弁権（新民法472条の2）を除き、免責的債務引受の場合（新民法472条1項、472条の3）と同じである。従前の民法514条は、更改前の債務者の意思に反する更改はできないとしていたのに対し、新民法においては、更改前の債務者はそれを拒むことができないことになっている。

　債権者の交替による更改は、更改前の債権者、更改後に債権者となる者及び債務者の契約によってすることができるが、第三者に対抗するためには、この契約は確定日付のある証書によってしなければならない（新民法515条）。この第三者対抗要件は、債権譲渡の場合（民法467条2項）と同じ趣旨である。

　なお、債権者（債権者の交替による更改にあっては、更改前の債権者）は、更改前の債務の目的の限度において、その債務の担保として設定された質権又は抵当権を更改後の債務に移すことができるが、第三者がこれを設定した場合には、その承諾を得なければならない（新民法518条1項）。また、この質権又は抵当権の移転は、あらかじめ又は同時に更改の相手方（債権者の交替による更改にあっては、債務者）に対してする意思表示によってしなければならない（新民法518条2項）。

4　免除及び混同

　債権者が債務者に対して債務を免除する意思を表示したときは、その債権は消滅し（民法519条）、債権及び債務が同一人に帰属したときも、その債権は消滅する（民法520条）。ただし、その債権について、質権が設定され、又は差押えがなされている場合は、その債権は消滅しないし（民法520条ただし書参照）、連帯債権者又は連帯債務者の一人について免除又は混同が生じた場合の関係については特別の規定があるので、該当箇所（前記Ⅲ3及び4）を参照されたい。

　なお、地方公共団体の権利を放棄するためには、法令又は条例に特別の定めがあるほか、議会の議決が必要であり（地方自治法96条1項10号）、この権利には債権も含まれるとされ、その放棄は、放棄する具体的な債権を条例に明記した場合以外は、民法510条の趣旨に従い、執行機関による相手方に対する意思表示が必要である（最高裁平成24年4月20日判決・判例時報2168号35頁及び45頁）。

Ⅶ　有価証券

　新民法は、第3編第1章第7節の表題を「有価証券」と題するが、そこには有価証券の定義がない。有価証券というのは、財産的価値のある権利を表象する証券であって、その権利の移転、行使が証券をもってなされることを要するものであるとされており、代表的なものとしては次に掲げるものがある（金融商品取引法2条1項参照）。ただ、これらについては、それぞれの性質に応じて特別の法律（会社法、商法、手形法、小切手法、国債に関する法律等）が定められていることが多い。

　　株券、国債証券、地方債証券、社債券、出資証券、投資信託の受益証券、貸付信託の受益証券、特定目的信託の受益証券、受益証券発行信託の受益証券、約束手形、為替手形、小切手、郵便為替、貨物引換証、船荷証券、倉庫証券、社債利札、商品券、交通機関の乗車券、プリペイドカード、ポイントカード

なお、借用証書、受取証書、送り状は、権利の行使が必ずしも証券をもってすることが必要とされないものであることから「証拠証券」と称され、荷物預り証、下足札、預金証書、キャッシュカードは、債務者がその所持人に弁済すれば、その所持人が真の権利者でなくても、その責任を免れることから「免責証券」と称され、郵便切手、収入印紙、証紙は、証券自体が特定の金銭的価値を有することから「金券」と称され、いずれも有価証券には該当しない。

従前の民法においては、無記名債権は動産とみなすという86条3項のほか、469条から473条に指図債権等に関する規定が置かれていたが、必ずしも他の有価証券に関する法律の規定と調和がとれたものとは言い難いところがあった。そこで、新民法においては、これらの規定を全て削除し、新たに有価証券に関する規定を整備したのであるが、個別の法律に規定されている有価証券については、それぞれの法律の定めに従うのは当然のことであり、新民法の規定は、適用されるべき法律の規定がない場合に適用されるものである。

有価証券の意味と実例については前述したが、新民法は、これを指図証券、記名式所持人払証券、その他の記名証券及び無記名証券に分けて規定する。

1 指図証券

指図証券というのは、証券に権利者として記載された者またはその者が裏書によって指図する者を権利者とする有価証券のことであり、指図証券の譲渡は、その証券に譲渡の裏書をして譲受人に交付しなければ、その効力を生じない（新民法520条の2）。そして、この譲渡については、その指図証券の性質に応じ、手形法中裏書の方式に関する規定を準用する（新民法520条の3）とされるが、そこで準用される手形法は、その13条で裏書きの方式として次のように定めている。

① 裏書は為替手形又は之と結合したる紙片（補箋）に之を記載し裏書人署名することを要す
② 裏書は被裏書人を指定せずして之を為し又は単に裏書人の署名のみを

以て之を為すことを得（白地式裏書）此の後の場合に於ては裏書は為替手形の裏面又は補箋に之を為すに非ざれば其の効力を有せず

　指図証券の所持人が裏書の連続によりその権利を証明するときは、その所持人は、証券上の権利を適法に有するものと推定される（新民法520条の4）が、裏書が連続するというのは、証券に権利者として記載された者が権利を譲渡する相手方（手形法13条2項でいう「被裏書人」である。）を指定して署名をし、被裏書人がさらに次の被裏書人を指定して署名をするということが繰り返されて、最終の所持者が最後の被裏書人として指定されていることを意味する。

　そして、何らかの事由により指図証券の占有を失った者がある場合において、その所持人が裏書の連続によってその権利を証明するときは、その所持人は、悪意又は重大な過失によりその証券を取得したときを除いて、その証券を返還する義務を負わない（新民法520条の5）のは、動産の即時取得（民法192条）と同じ趣旨であり、指図債権の善意取得と称される。

　また、指図証券の債務者は、その証券に記載した事項及びその証券の性質から当然に生ずる結果を除き、その証券の譲渡前の債権者に対抗することができた事由をもって善意の譲受人に対抗することができない（新民法520条の6）のであるが、手形については、「裏書は単純なることを要す。裏書に附したる条件はこれを記載せざるものと看做す。」（手形法12条1項）とされている。

　上記の新民法520条の2～520条の6までの規定は、指図証券を目的とする質権の設定について準用される（新民法520条の7）。

　指図証券の弁済は、債務者の現在の住所においてしなければならず（新民法520条の8）、その債務者は、その債務の履行について期限の定めがあるときであっても、その期限が到来した後に所持人がその証券を提示してその履行の請求をした時から遅滞の責任を負うとされるのは（新民法520条の9）、履行期限が定められていない通常の債権についてと同じ取扱い（民法412条3項）である。また、指図証券の債務者は、弁済に際して、その証券の所持人並びにその署名及び押印の真偽を調査する権利を有するが、その義務を負わない（新民法520条の10本文）のは流通性を重視する有価証券の特徴であるが、その権利を行使しないことについて、債務者に悪意又は重大な過失があるとき

は、その弁済は、無効とされる（新民法520条の10ただし書）。

　指図証券を喪失したときは、非訟事件手続法100条に規定する公示催告手続によってその指図証券を無効とすることができる（新民法520条の11）。また、金銭その他の物又は有価証券の給付を目的とする指図証券を喪失した場合において、その所持人が非訟事件手続法114条に規定する公示催告の申立てをしたときは、その債務者に、その債務の目的物を供託させ、又は相当の担保を供してその指図証券の趣旨に従い履行をさせることができる（新民法520条の12）。

2　記名式所持人払証券

　記名式所持人払証券（債権者を指名する記載がされている証券であって、その所持人に弁済をすべき旨が付記されているものをいう。）の譲渡は、その証券を交付しなければ、その効力を生じない（新民法520条の13）。

　記名式所持人払証券の所持人は、証券上の権利を適法に有するものと推定され（新民法520条の14）、その所持人は、悪意又は重大な過失によりその証券を取得したときを除いて、その記名式所持人払証券の占有を失った者に対して、その証券を返還する義務を負わない（新民法520条の15）。

　また、記名式所持人払証券の債務者は、その証券に記載した事項及びその証券の性質から当然に生ずる結果を除き、その証券の譲渡前の債権者に対抗することができた事由をもって善意の譲受人に対抗することができない（新民法520条の16）。

　なお、記名式所持人払証券を目的とする質権の設定については、指図証券の譲渡等について定める新民法520条の13から16までの規定が準用され（新民法520条の17）、記名式所持人払証券の提示と履行等については、指図証券についての新520条の8から12までの規定が準用される（新民法520条の18）。

3　その他の記名証券及び無記名証券

　債権者を指名する記載がされている証券であって指図証券及び記名式所持人払証券以外のものは、債権の譲渡又はこれを目的とする質権の設定に関する方式に従い、かつ、その効力をもってのみ、譲渡し、又は質権の目的とす

ることができ、その喪失及びその場合の権利行使方法については新民法520条の11及び12の規定が準用され（新民法520条の19）、無記名証券（証券に権利者の記載されていない有価証券で、証券の正当な所持人を権利者とする有価証券）については、記名式所持人払証券についての新民法520条の13から18の規定が準用される（新民法520条の20）。

第2章 契約

I 総則

1 契約の成立

(1) 契約の自由

　近代国家においては、個人の尊重、法の下の平等、思想・良心の自由、財産権の不可侵が保証されるのが通常であり、日本もその例外ではない。その結果、個人の意思決定の自由の発露である契約自由の原則が認められ、「何人も、法令に特別の定めがある場合を除き、契約をするかどうかを自由に決定することができ」、「契約の当事者は、法令の制限内において、契約の内容を自由に決定することができる。」（新民法521条）ことになる。

　ところで、契約締結の自由の例外を定める法律には、供給者（事業者）側に契約の締結を義務づけるものとして電気通信事業法25条や水道法15条があるが、同じ公益事業であっても電気事業やガス事業については、契約の締結を直接義務付ける法律の規定はない。さらに、需要者側に契約の締結を義務付けるものとしては、NHKとの受信契約について定める放送法64条1項がある。なお、契約締結の義務が認められない場合であっても、契約を確実に締結できるものと信頼して、契約が締結された場合に必要となる手配を進めていた者がおり、その信頼を与えた者がそのことを予見していたときは、信義衡平の原則に照らして、その信頼には法的保護が与えられなければならず、その信頼に基づく行為によって支出された費用を補てんする等の代償的措置を講じないで、契約の締結を拒否した場合には不法行為責任が生ずるとした判例（最高裁平成18年9月4日判決・判例時報1949号30頁）がある。これは、契約締結上の過失として、不法行為の成否の問題として論じられるものである（後記第5章 II 2参照）が、契約の成立過程の問題としても重要である。

　また、契約内容の自由の例外を定める法律には、公序良俗違反の意思表示を無効とする民法90条のほか、借地借家法16条・21条・30条・37条、建設

業法19条、消費者契約法9条、労働基準法13条、私的独占の禁止及び公正取引の確保に関する法律19条（2条9項）等がある。

（2） 申込みと承諾

　契約は、契約の内容を示してその締結を申し入れる意思表示（これを契約の「申込み」という。）に対して相手方が承諾をしたときに成立する（新民法522条1項）。申込みは、相手方の承諾によって契約を成立させるものであるから、その内容は当事者の権利と義務を一義的に明らかにするものでなければならないし、契約を成立させるか否かの決定権を相手方に与えるものでなければならない。すなわち、当事者の権利と義務の内容を交渉で決める趣旨の申入れ、又は契約をするか否かの決定権を留保した上での申入れ（これを契約の「誘因」という。）は、契約の申込みとはならないのである。

　契約は、その申込み及びそれに対する承諾だけで成立し、何らの方式（様式）を必要としないのが原則であるが（新民法522条2項）、民法自らが保証契約についての例外を定める（446条2項・3項、新民法465条の6）ほか、建設業法19条、借地借家法22条・38条、電気事業法2条の14やガス事業法14条等が例外を定めている。

　なお、地方公共団体が当事者となる私法上の契約（民法が適用される契約）は一般競争入札又は指名競争入札（両者を併せて「競争入札」という。）によることが原則であり、それによるときは、予定価格の制限の範囲内の価格をもって申込みをした者のうち最低の価格をもって申込みをした者以外の者を契約の相手方とすることができる場合（地方自治法施行令167条の10、167条の10の2が定める場合に限られる。）を除いて、契約の目的に応じ、予定価格の制限の範囲内で最高又は最低の価格をもって申込みをした者を契約の相手方とするものとするとされている（地方自治法234条1項〜3項）。競争入札を行う場合は、先ずその旨の公告を行い、その後、入札、開札、落札者（最高価格又は最適価格入札者）の決定をし、契約を締結することになるが、この場合における公告は契約の誘因であり、入札が申込みである。契約条件の大綱は公告の段階で明らかにされているが、当該地方公共団体の財務規則等で契約書又は契約内容を記録した電磁的記録を作成することとされている場合には、権限のある者が契約書に記名押印し、又は電磁的記録に一定の措置を講じなければ、当該契約は確定しないとされている（地方自治法234条5項）。ちなみに、競争

入札に参加する者に入札保証金を納付させた場合は、落札者が契約を締結しないときは、その者の納付に係る入札保証金（地方自治法施行令167条の7及び167条の13の定めるところによりその納付に代えて提供された担保を含む。）は、当該普通地方公共団体に帰属するものとされている（地方自治法234条4項）。

　ところで、契約の申込みに際して、回答すべき期間を定めることがある。この申込みに対して回答するか否かは、申込みを受けた者の自由であるが、申込み者は、その申込みを撤回をする権利を留保したときを除いて、その期間内はその申込みを撤回することができず、その期間内に申込者が承諾の通知を受けなかったとき（新民法97条1項参照）は、その申込の効力が失われる（新民法523条）。ただ、申込者は、遅延した承諾を新たな申込みとみなして（新民法524条）、それを承諾することによって契約を成立させることができる。従前は、承諾の通知が期間内に到着しなかった場合においても、通常の場合にはその期間内に到達すべき時に発送したものであることを知ることができるとき（郵便物の消印等があれば、知ることができることになる。）は、申込者は、遅滞なく、相手方に対してその延着の通知を発しなければならず、この延着の通知を怠ったときは、承諾の通知は期間内に到達したものとみなすとしていた（従前の民法522条）のに対して、新民法は到達主義（新民法97条1項）を徹底したのである。

　申込みが承諾の期間を定めないでなされた場合は、撤回をする権利を留保したときを除いて、申込者が承諾の通知を受けるのに相当な期間を経過するまでは、撤回することができない（新民法525条1項）ので、承諾の期間を明示しない申込みについては、撤回の可否を巡って争いが生ずることがあり得る。ただ、申込みが対話中になされたときは、その対話が継続している間は、いつでも撤回することができ、対話が継続している間に申込者が承諾の通知を受けなかったときは、その申込みは、その効力を失う（新民法525条2項、3項本文）。なお、申込者が対話の終了後もその申込みが効力を失わない旨を表示した場合は、その申込みが効力を失わない（新民法525条3項ただし書）のは当然のことであるが、この場合にあっても、承諾の期間を明示しないときは、そのことによる紛争が予想される。ちなみに、地方公共団体が当事者となる契約については、議会の議決を得なければならない場合があり（地方自治法96条1項5号）、それに該当する契約を確定する前に仮契約を締結することがあるが、このときも、一定の期間内に議会の議決を得られないとき

は、当該仮契約が失効することを定めておくことが適当であろう。

　なお、申込者が申込みの通知を発した後に死亡し、意思能力を有しない常況にある者となり、又は行為能力の制限を受けた場合（第1編第2章Ⅱ2及び3参照）において、申込者がその事実が生じたとすればその申込みは効力を有しない旨の意思を表示していたとき、又はその相手方が承諾の通知を発するまでにその事実が生じたことを知ったときは、その申込みは、その効力を有しないとされる（新民法526条）。このことは、申込者がそのような意思表示をしていないとき（これが通常であろう。）には、承諾の通知を発した後であれば、それが到達する前に申込者がこのような状態になったことを相手方が知ったとしても、契約が成立することを意味する。なお、申込みに対する承諾の通知をした者が、通知をした後に死亡したとしても、そのことによる影響が生じることはない（相続人がその地位を相続する。）。

　ところで、申込者の意思表示又は取引上の慣習により承諾の通知を必要としない場合には、契約は、承諾の意思表示と認めるべき事実があった時に成立する（新民法527条）とされる。継続的な取引に際して、基本契約書を締結した上で、個別の注文（申込みである。）に対しては、一々承諾の回答をしないで、注文を受けた物について、発送の準備を整えたり、それを発送した時に個別の契約が成立するとしていることは多い（物の特定については民法401条2項参照）が、近年盛んに行われているインターネットやテレビ等による通信販売においても、このような慣習が成立しているものと考えられる。

　また、申込みを受けた者が、その申込みに条件を付し、その他変更を加えたうえで、それを承諾するという意思表示をすることは珍しくない。このときは、その申込みを拒絶したうえで、新たな申込みをしたものとみなされ（民法528条）、前記の申込みに関する規定が適用される。

（3）　懸賞広告

　懸賞広告というのは、指定した行為をした者に一定の報酬を与える旨の広告であり、その広告をした者を「懸賞広告者」といい、懸賞広告者は、その行為をした者がその広告を知っていたかどうかにかかわらず、その者に対してその報酬を与える義務を負う（新民法529条）。そして、広告中に異なる意思を表示したときを除いて、その行為をした者が数人あるときは、最初にその行為をした者のみが報酬を受ける権利を有し、数人が同時にその行為をし

た場合には、各自が等しい割合で（報酬がその性質上分割に適しないとき、又は広告において一人のみがこれを受けるものとしたときは、抽選で定める一人が）報酬を受ける権利を有する（民法531条）。

指定した行為をする期間を定めてした懸賞広告は、その広告において撤回をする権利を留保したときを除いて、それを撤回することができないが、その期間内に指定した行為を完了する者がないときは、その効力を失う（新民法529条の2）。また、指定した行為をする期間を定めないで広告をした懸賞広告者は、その指定した行為を完了する者がない間は、その広告中に撤回をしない旨を表示したときを除いて、それを撤回することができる（新民法529条の3）。そして、広告の撤回は、前の広告と同一の方法による場合は、これを知らない者に対しても、その効力を有するが、前の広告と異なる方法によった場合には、その効力が及ぶのは、これを知った者に対してだけである（新民法530条）。

広告に定めた行為をした者が数人ある場合において、その優等者のみに報酬を与えるべき広告を「優等懸賞広告」といい、これは応募の期間を定めたときに限り、その効力を有する（民法532条1項）。この場合において、応募者中いずれの者の行為が優等であるかは、広告中に定めた者が判定し、広告中に判定をする者を定めなかったときは懸賞広告者が判定するのであるが、応募者は、この判定に対して異議を述べることができない（民法532条2項、3項）。地方公共団体における契約について、コンペ又はプロポーザルと称される方式によることがある。これは、契約を希望する者から、その契約によって達成しようとする意図や専門性、独創性、芸術性、能力等を判断できる資料を提出させ、最も優れたものを提出した者を契約の相手方とし（契約の相手方とすること自体が報酬となる。）、又はその者に報酬を与えるものであり、優等懸賞広告に該当する。

2 ｜ 契約の効力

契約には、当事者の双方が権利を有し、それに対応する義務（債務）を負うもの（買主が特定の物の所有権の移転請求権を有し、その対価として代金の支払い債務を負う一方、売主が当該物の所有権を移転する債務を負い、その対価として代金の支払い請求権を有する売買が典型的である。）と一方の当事者のみが義務を負い、他

方が権利のみを有するもの（贈与が典型的である。）があり、前者を「双務契約」と後者を「片務契約」という。

　双務契約においては、お互いの債務が対価関係にあるので、公平の観点から、当事者の一方は、相手方が自分の債務（債務の履行に代わる損害賠償（新民法412条の2、民法415条2項）を含む。前記第1章Ⅱ1参照）の履行を提供するまでは、自己の債務の履行を拒むことができる（新民法533条本文）。そして、一方の当事者が給付訴訟を起こしたときは、相手方はこの権利（「同時履行の抗弁権」という。）を行使することができ、裁判所は、当該一方の当事者の債務の履行と引き換えに相手方に債務の履行を命ずることになる（これを「引換給付判決」という。）。しかし、同時履行の抗弁は、当事者の間の公平の観点から認められるものであるから、相手方の債務が弁済期にないときは認められない（新民法533条ただし書）。ただ、水道の供給契約のように、継続的な供給に対して、一定の期間ごとに使用量を計測し、それに応じた料金を請求することとなっている場合（料金後払いの場合）は、継続的な供給と期間毎の支払いが対価関係にあるので、料金の不払いが継続しており、将来の支払いも見込まれない場合には、当該期間における料金の弁済期が未到来であっても、その供給を停止することができると解される（もっとも、この場合には水道法15条1項の給水拒否の正当な理由も認められるであろう。）。

　双務契約において、当事者双方の責めに帰することができない事由によって、一方の当事者が債務を履行することができなくなった（履行不能になった）ときは、他方の当事者（当該債務の債権者である。）は自己の債務（相手方の債務に対する反対給付である。）の履行を拒むことができる（新民法536条1項）。なお、その債務を履行することができなくなった事由が債権者の責めに帰すべきものであるときは、債権者は反対給付の履行を拒むことができないが、債務者が自己の債務を免れたことによって利益を得たときは、これを債権者に償還しなければならない（新民法536条2項）。ただ、債務を履行することができなくなったということは、その債務が履行されないということである（新民法は履行不能を債務不履行の一つの態様として捉えている。）から、そのことについて責を負わない債権者は当該契約を解除することができ（新民法542条、543条）、それによって自己の債務の履行責任を免れることができる。なお、相手方の責に帰すべき事由によって履行不能となった場合の他方当事者は、債務不履行による損害賠償を請求することができる（新民法415条。第3編第1章

Ⅱ1参照)。

　ところで、契約は、自らの利益のためだけでなく、第三者のために締結されることがある。これを「第三者のためにする契約」と称し、契約により当事者の一方（債務者）が第三者（当該契約成立の時に現に存せず、又は第三者が特定していなくても差し支えない。）に対してある給付をすることを約したときは、その第三者は、債務者に対して直接にその給付を請求する権利を有し、この権利は、その第三者が債務者に対してその契約による利益を享受する意思を表示した時に発生する（民法537条1項、新民法537条2項・3項）。そして、この第三者の権利が発生した後は、第三者のためにする契約をした当事者は、これを変更し、又は消滅させることができず（民法538条1項）、債務者がその第三者に対する債務を履行しなくても、当該第三者のためにする契約の相手方（当該契約における債権者である。）は、その第三者の承諾を得なければ、契約を解除することができない（新民法538条2項）。なお、当該第三者のためにする契約において、債務者が当該契約の相手方に対する抗弁事由を有するときは、それをもって、受益者である第三者に対抗することができる（民法539条）。

　さらに、契約の当事者の一方が第三者との間で契約上の地位を譲渡する旨の合意をした場合において、その契約の相手方がその譲渡を承諾したときは、その当事者の契約上の地位は、その第三者に移転する（新民法539条の2）。債権譲渡（民法466条1項）や債務引受（新民法470条、472条）は、契約から生ずる個別の債権や債務を移転させるものであり、更改（新民法513条、民法514条1項、515条1項）は新たな債権債務を生じさせるものであるのに対し、契約上の地位の移転は従前の債権者又は債務者の地位をそのまま移転させ、譲渡を受けた者がそのまま従前の契約における譲渡人の契約当事者としての地位を包括的に承継することに意味がある。この場合に、譲渡人が当該契約から離脱するか、何らかの保証をする地位にたつか、譲渡の対価をどうするか等は、譲渡人及び譲受人との契約又は相手方を含めた三者の合意によって決められることになる。なお、不動産が譲渡された場合における当該不動産の賃貸人の地位の移転（新民法605条の2、605条の3）、会社分割が行われた場合の労働契約上の地位の移転（会社分割に伴う労働契約の承継等に関する法律3条）については明文で特例が定められており、雇用契約上の使用者の権利は労働者の承諾を得なければ第三者に譲渡できないとの特例（民法625条1

項）がある。

3 ｜ 契約の解除

　契約又は法律の規定により当事者の一方が解除権を有するときは、その解除は、相手方に対する意思表示によって行い、この意思表示は、撤回することができない（民法540条）。そして、解除には、催告による解除と催告をしない解除（「無催告解除」という。）があるが、債務の不履行が債権者の責めに帰すべき事由によるものであるときの債権者は、いずれによる解除もできない（新民法543条）。

　まず、催告による解除というのは、債務者に対して、相当の期間を定めてその履行の催告をし、その期間を経過した時における債務の不履行がその契約及び取引上の社会通念に照らして軽微でない場合に行う解除である（新民法541条）。次に、無催告解除というのは、履行の催告をしないで行う契約の解除のことであるが、それには契約の全部を解除するものと一部を解除するものがある。契約の全部を解除することができる場合としては、次の場合が定められている（新民法542条1項）。なお、ここで注意が必要なのは、履行が不能であるときというのは、それが原始的であるか後発的であるかに関係なく（新民法412条の2。第3編第1章Ⅰ3（2）参照）、いずれも解除事由とされていることである。

① 債務の全部の履行が不能であるとき。
② 債務者がその債務の全部の履行を拒絶する意思を明確に表示したとき。
③ 債務の一部の履行が不能である場合又は債務者がその債務の一部の履行を拒絶する意思を明確に表示した場合において、残存する部分のみでは契約をした目的を達することができないとき。
④ 契約の性質又は当事者の意思表示により、特定の日時又は一定の期間内に履行をしなければ契約をした目的を達することができない場合において、債務者が履行をしないでその時期を経過したとき。
⑤ 前記①～④に掲げる場合のほか、債務者がその債務の履行をせず、債権者が新民法541条の催告をしても契約をした目的を達するのに足りる

履行がされる見込みがないことが明らかであるとき。

また、次の場合には、契約の全部ではなく、その一部を催告することなく、直ちに解除することができることになっている（新民法542条2項）。

⑥　債務の一部の履行が不能であるとき。

⑦　債務者がその債務の一部の履行を拒絶する意思を明確に表示したとき。

なお、債務の不履行が債権者の責めに帰すべき事由によるものであるときは、債権者は、契約を解除できず（新民法543条）、反対給付の履行を拒むことができないが、債務者が自己の債務を免れたことによって利益を得たときは、債務者は、これを債権者に償還しなければならない（新民法536条2項）。

不可分債権若しくは不可分債務又は連帯債権若しくは連帯債務については、そのうちの一人の行為又は一人に生じた事由は他の者に効力を及ばないのが原則である（第1章Ⅲ2～4参照）が、特に解除については、「当事者の一方が数人ある場合には、契約の解除は、その全員から又はその全員に対してのみ、することができる。」（民法544条1項）とされる。従来は、連帯債務者に対する履行の請求は絶対効を有するとされていた（従前の民法434条）が、新民法においては相対効とされている（新民法435条の2、441条）ので、不可分債務又は連帯債務について解除の要件としての履行遅滞の効果を及ぼす履行の請求（新民法412条2項、3項）は債務者全員に対して行うことが必要となった。なお、この場合において、解除権が当事者のうちの一人について消滅したとき（混同（民法520条）等によって生ずることがある。）は、他の者についても消滅する（民法544条2項）。

解除権を行使しても、損害賠償の請求をすることはできるが、契約が解除されたときは、各当事者は、その相手方を原状に復させる義務を負い、それが金銭の返還であるときは、その受領の時から利息を付さなければならず、金銭以外の物の返還であるときは、その受領の時以後に生じた果実をも返還しなければならない（この原状回復の義務は同時履行の関係にある。新民法533条、民法546条）。ただし、契約の解除による原状回復は、それによって生じた新たな債権債務であるから、それによって、第三者の権利を害することができない（民法545条1項ただし書）のは当然のことであるが、原状回復により取得した権利と第三者の権利の優先関係は対抗要件を具備した時期の先後で決ま

る。なお、契約解除に基づく原状回復義務の履行不能によるてん補賠償請求権の消滅時効は契約解除の時から進行すると解されている（最高裁昭和35年11月1日判決・判例時報242号29頁）。

ところで、次の場合には解除権が消滅するとされている。

① 催告による解除権の消滅（民法547条）であり、「解除権の行使について期間の定めがないときは、相手方は、解除権を有する者に対し、相当の期間を定めて、その期間内に解除をするかどうかを確答すべき旨の催告をすることができる。この場合において、その期間内に解除の通知を受けないときは、解除権は、消滅する。」とされる。
② 解除権者の故意による目的物の損傷等による解除権の消滅（新民法548条）であり、「解除権を有する者が故意若しくは過失によって契約の目的物を著しく損傷し、若しくは返還することができなくなったとき、又は加工若しくは改造によってこれを他の種類の物に変えたときは、解除権は、消滅する。ただし、解除権を有する者がその解除権を有することを知らなかったときは、この限りでない。」とされる。

なお、債権法改正法が施行される令和2年（2020年）4月1日前に締結された契約の解除については、新民法541条から543条まで、545条3項及び548条の規定にかかわらず、従前の例によることとなっている（債権法改正法附則32条）。

4 ｜ 定型約款

(1) 定型取引と定型約款

契約は、当事者の合意（申込みと承諾）によって成立する（新民法522条1項）のであるが、この原則は、両方の当事者が社会的、経済的に自由で平等な立場にあることを前提として初めて貫徹することができる。労働契約における労働条件の決定は、「労働者と使用者が、対等の立場において決定すべきものである。」（労働基準法2条1項）とされ、建設工事の請負契約について、その「当事者は、各々の対等な立場における合意に基いて公正な契約を締結し」なければならない（建設業法18条）等の立法例もあるが、これは、交渉

の現実において、当事者の力関係に不均衡があることを直視して、あるべき契約締結の方法を定めたものである。しかし、このような立法の対象となっていない取引においても、契約の締結を望むときには、相手方が提示した案をそのまま承諾するか、それを拒否する（契約を断念する）かの二者択一をせざるを得ないことが少なくない。また、相手方が提示した案を受諾した場合においても、後日その契約内容が一方的に変更され、変更後の内容に基づいた債務の履行（多くの場合は金銭の支払いである。）を迫られることもある。このような実態を踏まえて制定されたのが定型約款に関する規定である。

　定型約款というのは、定型取引（ある特定の者（「定型約款準備者」という。）が不特定多数の者を相手方として行う取引であって、その内容の全部又は一部が画一的であることがその双方にとって合理的なものをいう。）において、その契約の内容とすることを目的として定型約款準備者により準備された条項の総体のことである（新民法548条の2第1項括弧書き）。この定義から、定型取引というのは、相手方の個性に着目した取引（労働契約や特定の事業者間における取引）ではなく、その取引の客観的態様や一般的な認識（社会通念）に照らして、不特定多数の人々に平等な条件で提供されるべき財やサービス（電気、通信、旅客や貨物の運送等が代表的なものである。）の取引のことであり、相手方によって条件が異なる取引は含まれないことが分かる。そして、定型約款は、定型取引における契約の内容となるものであるから、個別に内容を決定するためのひな形（代表的なものに公共工事標準請負約款がある。）や交渉をスムーズに振興するために作成されるたたき台、個別の取引については別個に交渉することを予定した基本契約（合意）はこれに含まれないことになる。

　なお、法律が改正された場合は、改正後の規定は改正法が施行された日から適用されるのが原則であるが、定型約款についての新民法548条の2から548条の4までの規定は、従前の民法の規定によって生じた効力を妨げないものの、債権法改正法が施行される令和2年（2020年）4月1日前に締結された定型取引に係る契約についても適用されることとされている（同法附則33条1項）。

（2）　定型取引の合意と定型約款の個別条項についての合意

　定型取引を行うことの合意をした者は、次のときには、定型約款の個別の条項についても合意をしたものとみなされる（新民法548条の2第1項）。

第2章　契約

①　定型約款を契約の内容とする旨の合意をしたとき。
②　定型約款準備者があらかじめその定型約款を契約の内容とする旨を相手方に表示していたとき。

　ここで定型取引を行うことの合意をした者というのは、定型約款の内容を承認した者という意味ではなく（その詳細を認識していることも必要ない。）、その取引が定型取引であることを認めた者という意味である。このことは、契約の申込み自体が定型契約に基づいて行われる取引（私法上の契約によって利用関係が設定されるとされる公の施設（公営の水道施設等）の利用が代表的なものである。）や定型取引としてなされることが一般に承認されている取引（個別の取引毎に契約条件が異なることが想定されていない取引であり、定型約款準備者において相手方の個性を把握する必要のない取引（コンピューターの汎用ソフトに関する取引が典型である。）について契約の申込みをした者は、これに該当することを意味する（法の適用に関する通則法3条、民法92条参照）。

　定型約款の個別の条項が定型取引を行うことの合意をした者を拘束するのは前記の①又は②の場合であるが、現実には、①が問題になることは比較的少なく、②の「表示していた」の意味が問題になることが多いものと思われる。このことについては、民法が定型約款に関する規定を定めたことに伴い、鉄道営業法18条の2、軌道法27条の2、航空法134条の3、道路運送法87条、海上運送法32条の2、道路整備特別措置法55条の2、電気通信事業法167条の2は、それぞれの法律が適用される取引に関して民法548条の2第1項の規定を適用する場合においては、同項第2号中「表示していた」とあるのは、「表示し、又は公表していた」とすると定めている。なお、表示と公表の違いは必ずしも明確ではないが、表示は特定の相手方に対して行うものであり、公表は一般に知らせるものであるということができよう。そうすると、このような特別の立法措置がとられていない取引にあっては、申込みを受けた際に、定型約款が契約の内容となる旨をその申込者に表示することが必要になるものと解される。また、定型約款に基づいて申込みをする旨の書式が定められている場合に、その書式によって申込みがなされたときは①に該当することはもちろん、そうでなくとも②に該当することになろう。さらに、上記①又は②に該当しても、定型約款の個別の条項のうち、相手方の権利を制限し、又は相手方の義務を加重する条項であって、その定型

取引の態様及びその実情並びに取引上の社会通念に照らして信義誠実の原則（民法1条2項）に反して相手方の利益を一方的に害すると認められるものについては、合意をしなかったものとみなされる（新民法548条の2第2項）が、そもそも、このような条項は公序良俗違反として効力が否定されるべきものである（民法90条）。

(3) 定型約款の内容の開示

　定型取引を行い、又は行おうとする定型約款準備者は、定型取引の合意の前又は定型取引合意の後相当の期間内に相手方から請求があった場合には、遅滞なく、相当の方法でその定型約款の内容を示さなければならないが、定型約款準備者が既に相手方に対して定型約款を記載した書面を交付し、又はこれを記録した電磁的記録を提供していたときは、この例外となる（新民法548条の3第1項）。また、一時的な通信障害が発生した場合その他正当な事由があって、定型約款の内容を示すことができない場合を除いて、定型約款準備者が定型取引合意の前になされたこの請求を拒んだときは、当該定型約款は効力を有しない（新民法548条の3第2項）。ただ、定型約款が効力を有しないということは契約が成立しないということであるから、相手方はその定型契約に基づく義務を負担することはないものの、権利を取得することもないということであり、定型約款準備者はそこで定める財やサービスを提供する必要がないことを意味するので、そのことにより生ずる不利益は定型約款準備者だけに生ずるわけではない。

　定型約款に関して最も大きな問題は、いったん契約が成立した後に、定型約款準備者がその内容を変更できるか、できるとしてその効力が及ぶ範囲はどこまでかということである。このことについて、次に掲げる場合には、変更後の定型約款の条項について合意があったものとみなし、個別に相手方と合意をすることなく契約の内容を変更することができる（新民法548条の4第1項）ことになっている。

① 定型約款の変更が、相手方の一般の利益に適合するとき。
② 定型約款の変更が、契約をした目的に反せず、かつ、変更の必要性、変更後の内容の相当性、定型約款の変更をすることがある旨の定めの有無及びその内容その他の変更に係る事情に照らして合理的なものである

とき。

　この場合において、定型約款準備者は、変更後の定型約款の効力発生時期を定め、かつ、定型約款を変更する旨及び変更後の定型約款の内容並びにその効力発生時期をインターネットの利用その他の適切な方法により周知しなければならず（新民法548条の4第2項）、前記②による定型約款の変更は、その効力発生時期が到来するまでに周知をしなければ、その効力を生じない（新民法548条の4第3項）。なお、改正後の定型約款が信義誠実の原則（民法1条2項）に反して相手方の利益を一方的に害すると認められる場合は、前記①又は②のいずれにも該当することはあり得ない（行政官庁による約款の認可の制度は、このことを制度的に担保しようとするものである。）ので、この定型約款の変更については新民法548条の2第2項の規定を適用するまでもなく（新民法548条の4第4項）、その効力は認められない。

（4）　定型契約による契約の締結が法定されている場合

　新民法が定める定型契約についての規定は、あくまでも契約自由の原則が適用される民法上（私法上）の契約についてのものであり、個別の法律が契約の締結について定めている取引については、当該法律が適用され、そこに規定されている事項については、民法の規定が適用される余地はない。例えば、電気、ガス及び水道の末端需用者に対する供給は定型取引に該当する典型的なものであると考えられるが、これらの事業における取引については、それぞれの事業に関する法律が次のように定めているので、その取引については該当する法律の規定が優先して適用されることになる。

　まず、電気及びガスの小売供給契約については、小売電気事業者等及びガス小売事業者等は小売供給を受けようとする者に対して料金その他の供給条件の説明をするとともに必要な書面を交付しなければならず、契約が成立した場合はその内容を記載した書面を交付するものとしたうえで、これらの書面の交付に替えて電子情報処理組織を使用する方法その他の情報通信の技術を利用する方法を利用することができるとしている（電気事業法2条の13・2条の14、ガス事業法14条・15条）。したがって、これらの事業の小売供給契約については、新民法548条の2第1項及び548条の3を適用する余地がなく、約款の内容が信義誠実の原則に反する場合についての新民法548条の2第2

項及び契約締結後の契約変更についての新民法548条の4の規定だけが適用されることになる。

次に、水道事業については、事業者は、先ず、次の要件を満たすように料金、給水装置工事の費用の負担区分その他の供給条件についての供給規程を定めなければならないとされている（水道法14条1項）。

① 料金が、能率的な経営の下における適正な原価に照らし公正妥当なものであること。
② 料金が、定率又は定額をもつて明確に定められていること。
③ 水道事業者及び水道の需要者の責任に関する事項並びに給水装置工事の費用の負担区分及びその額の算出方法が、適正かつ明確に定められていること。
④ 特定の者に対して不当な差別的取扱いをするものでないこと。
⑤ 貯水槽水道（水道事業の用に供する水道及び専用水道以外の水道であつて、水道事業の用に供する水道から供給を受ける水のみを水源とするものをいう。）が設置される場合においては、貯水槽水道に関し、水道事業者及び当該貯水槽水道の設置者の責任に関する事項が、適正かつ明確に定められていること。

この供給規程は、地方公共団体が事業者の場合は条例で定められ（地方公営企業法4条、地方自治法225条・228条1項）、それ以外の場合は厚生労働大臣の認可を受けなければならず（水道法7条4項7号、14条5項）、水道事業者は、その実施の日までにそれを一般に周知させる措置をとったうえで（水道法14条4項）、給水契約の申入れを受けたときは、正当な理由がなければ、これを拒んではならない（水道法15条1項）とされる。また、「地方公営企業の管理者は、当該地方公営企業の業務の執行として供給契約を締結する場合、使用料に関する事項については、条例で定められたところに従ってこれを締結する義務があるものといわなければならない。」とするのが判例（最高裁昭和60年7月16日判決・判例時報1174号58頁）である。したがって、公営の水道の供給契約については、定型契約についての新民法548条の2～548条の4のいずれの規定も適用される余地がないこととなる。なお、給水条例を改正することよって、居住地域による料金格差を拡大したことが地方自治法244条3項

の禁止する不当な差別に当たり許されないとした判例（最高裁平成18年7月14日判決・判例時報1947号45頁）がある。

II　贈与

　贈与というのは、当事者の一方（「贈与者」という。）がある財産を無償で相手方（「受贈者」という。）に与える意思を表示し、受贈者がそれを受諾をすることによって効力を生ずる契約であり（新民法549条）、贈与者のみが義務を負い、受贈者はそれに対応する義務を負わない典型的な片務契約かつ無償契約である。このことから、書面によらない贈与は、履行の終わった部分を除いて、各当事者が解除をすることができることになっている（新民法550条）。また、定期的に一定の財産を与えることを目的とする贈与（これを「定期贈与」という。）は、贈与者又は受贈者の死亡によって効力がなくなる（民法552条）ので、贈与者の義務も受贈者の権利も相続の対象にならない（たとえば、学費や生活費を定期的に贈与するという約束は、贈与者又は受贈者の死亡によって効力を失う。）。なお、贈与者の死亡によって効力を生ずる贈与については、その性質に反しない限り、遺贈に関する規定が準用される（民法554条。第5編第7章III参照）。

　贈与者は、贈与の目的である物又は権利を、贈与の目的として特定した時（特定する権限が原則として贈与者にあることについては、民法406条〜409条及び新民法410条参照）の状態で引き渡し、又は移転することを約したものと推定される（新民法551条）。推定されるということは、別の合意があるときは、それに従うということである。

　贈与は片務契約であるが、贈与者において、受贈者に一定の義務（これを「負担」という。）を課すことがある。この義務は、受贈者が承諾しなければ効力が生じないのは当然のことであるが、それを受け入れたときは、負担付贈与（これは双務契約である。）として成立する。負担付贈与における贈与と負担は、必ずしも対価関係にある（価値が等しい）わけではないが、相互に義務を負うものであるから、贈与者は、受贈者に課した負担の限度において、売主と同じ担保の責任（新民法561条〜570条、572条）を負うとされ（民法551条2項）、贈与について前述したことを除き、その性質に反しない限り、双務契

約に関する規定（新民法533条、536条等）が準用される（民法553条）。したがって、受贈者がその負担を履行しないときは、贈与者は、債務不履行を理由として贈与契約を解除することができる（新民法541条、542条）ことになる。

ところで、地方公共団体が贈与者又は受贈者となる場合については、その内部統制の観点からする特別の定めがある。

その第1は、地方公共団体が贈与者となる場合についてであり、「普通地方公共団体は、その公益上必要がある場合においては、寄附又は補助をすることができる。」（地方自治法232条の2）とされており、これを逆に言えば、公益上必要がない場合は寄附又は補助をすることができないということである。なお、ここでは寄附又は補助が別のものであるかのような表現がなされているが、いずれも無償で財産権（多くの場合は金銭）を与えるものであり、民法における贈与に該当する（交付金、負担金等の名称を使用している場合も同じである。）。国においては、補助金等に係る予算の執行の適正化に関する法律があり、補助金について公法的な規制をしていることから、国が行う補助金の交付に係る行為は行政処分であるとされているが、地方公共団体に関しては、条例で特別の規定をしている場合は別として、私法上の取引であるとされる。ともあれ、寄附又は補助をすることができる「公益上の必要」の有無については多数の判例（破産した第三セクターに対する補助金が問題とされた最高裁平成17年11月10日判決（判例時報1921号36頁）は、その代表的なものである。）がある。また、「地方公共団体は、法令の規定に基づき経費の負担区分が定められている事務について、他の地方公共団体に対し、当該事務の処理に要する経費の負担を転嫁し、その他地方公共団体相互の間における経費の負担区分をみだすようなことをしてはならない。」（地方財政法28条の2）とされており、町が町内の駐在所に配備するためのミニパトカーを県に寄附したことを違法とする判例（最高裁平成8年4月26日判決・判例時報1566号33頁）がある。

特別の定めの第2は、地方公共団体が受贈者となる場合についてであり、負担付の寄附又は贈与を受けることについては、議会が議決をしなければならないとされる（地方自治法96条1項9号）。なお、ここでは寄附又は贈与が別のものであるかのような表現がなされているが、寄附というも、贈与というも無償で（対価を支払わないで）財産権を取得することは同じであり、いずれも民法上の贈与に該当する。福祉のために役立ててほしいとか、地域振興のために使用してほしいというような要望であれば、それは負担とはならない

第2章 契約　279

が（このようなものは「指定寄附」と称され、負担付寄附（贈与）と区別されている。）、対象物を歴史的遺産として保存するとか、当該金銭を保育施設の建設に充てるとかいうような具体的な義務を負うもの（それが履行されないときに債務不履行責任が生ずるもの）は、負担付きのものとして議決の対象となる。また、地方財政法は、「国（国の地方行政機関及び裁判所法（昭和22年法律第59号）第2条に規定する下級裁判所を含む。）は地方公共団体又はその住民に対し、地方公共団体は他の地方公共団体又は住民に対し、直接であると間接であるとを問わず、寄附金（これに相当する物品等を含む。）を割り当てて強制的に徴収（これに相当する行為を含む。）するようなことをしてはならない。」（4条の5）とするとともに、「都道府県は、当該都道府県立の高等学校の施設の建設事業費について、住民に対し、直接であると間接であるとを問わず、その負担を転嫁してはならない。」（27条の3）とし、「市町村は、法令の規定に基づき当該市町村の負担に属するものとされている経費で政令で定めるものについて、住民に対し、直接であると間接であるとを問わず、その負担を転嫁してはならない。」（27条の4）としている。

III 売買

1 総則

売買というのは、当事者の一方（売主）がある財産権を相手方（買主）に移転することを約し、買主がこれに対してその代金を支払うことを約束する契約であり（民法555条）、売主の義務（財産権の移転）と権利（代金の受領）及び買主の権利（財産権の受領）と義務（代金の支払い）がそれぞれ対価関係にある典型的な双務契約であり、有償契約である。この売買に関する規定（民法第3編第2章第3節の規定）は、その性質がこれを許さないときを除いて、売買以外の有償契約について準用する（民法559条）とされており、民法は、売買以外の有償契約として、利息の約束のある消費貸借、賃貸借、雇用、請負、報酬の特約のある委任（準委任を含む。）及び報酬の特約のある寄託についての規定を置いている。有償契約に売買に関する規定が準用されることは、従前から同じであるが、これらの有償契約のうち、請負については従前存した

特別の規定が削除される等しているので、注意が必要である。

　ところで、売買に関する契約には、将来一定の事由が生じたときに、当事者の一方又はいずれか一方の意思表示によって売買の効力を生じさせるものがあり、売買の予約と称されている（この契約においては、将来成立させる売買の内容を確定しておかなければならない。）。この契約を成立させる権利（「予約完結権」という。）を当事者のいずれか一方が有するのを「一方の予約」と、双方が有するのを「双方の予約」といい、売買の予約は、予約完結権を有する者が売買を完結する意思を表示した時から、売買の効力を生ずる。民法556条1項は、「売買の一方の予約は、相手方が売買を完結する意思を表示した時から、売買の効力を生ずる。」と定めるが、相手方の完結の意思表示によって売買の効力が生ずるのは、「一方の予約」だけでなく、「双方の予約」においても同じである。売買の予約において、予約完結権行使の期間を定めなかったときは、予約者（予約完結権を有しない者）は、相手方に対し、相当の期間を定めて、その期間内に売買を完結するかどうかを確答すべき旨の催告をすることができ、相手方がその期間内に確答をしないときは、売買の一方の予約は、その効力を失う（民法556条2項）。そして、不動産について売買の予約をしたときは、仮登記することによってその権利を保全することができ（不動産登記法105条2号）、その譲渡はその仮登記に付記登記をすることによって対抗要件を具備したことになる（最高裁昭和35年11月24日判決・判例時報243号18頁）。

　なお、期限の到来又は条件が成就した時に当事者で協議して売買するという合意も有効であるが、これは売買の予約とは別の契約（民法には定めがない。）であり、期限が到来し（民法135条1項）、又は条件が成就した（民法127条）時に、改めて申込みをし、相手方の承諾を得ることが必要である（新民法522条1項）。

　地方公共団体が当事者である売買や請負が一定の要件に該当するときは議会の議決が必要である（地方自治法96条1項5号）。そして、議会の議決を得るためには、その前に契約の相手方と内容が確定していなければならないことから、先ず仮契約を締結し、議会の議決を得た後に、その仮契約と同じ内容の契約を締結する、又は仮契約に替えて、議会の議決がなされることを停止条件とする契約を締結することがある。仮契約において後に締結される契約の内容を定め、議会の議決を得た後に当該契約の締結権者の意思表示によっ

て当該契約を成立させるのであれば、その仮契約は一方の予約であるが、当該契約の締結権者が議会の議決があったことを通知した時に、契約の効力が生ずるとするのであれば、それは停止条件付の契約となる（民法127条1項）。これらの場合には、議会の議決を得た後に申込みと承諾がなされることはないのであるが、議会の議決を得た後に、仮契約と同一の内容の契約（「本契約」ということがある。）を締結するときは、形式的（観念的ということもできる。）には、仮契約におけるのとは別の申込みと承諾が存在するので、両者は別個、独立の契約となる。なお、競争入札において、売買の予約又は請負の予約がなされると否とにかかわらず、落札者が契約を締結しない場合は、入札保証金を没収されることがある（地方自治法234条4項）。

　売買においては、目的物の交付及び代金の支払いの時期が契約が成立してからある程度の期間を経過した後になることが珍しくない。この場合に、その履行を担保するためになされるのが手付の交付であり、「買主が売主に手付を交付したときは、買主はその手付を放棄し、売主はその倍額を現実に提供して、契約の解除をすることができる。ただし、その相手方が契約の履行に着手した後は、この限りでない。」（新民法557条1項）とされ、手付放棄又は倍返しによって、契約を解除した場合には、相手方は損害賠償の請求をすることができないことになっている（新民法557条2項、545条4項）。ここで問題になるのは、契約の解除をできないことになる履行の着手とは何かということであるが、買主が売主にしばしば履行を求め、いつでも支払いができるように残代金の準備をしていたとき（最高裁昭和57年6月17日判決・判例時報1058号57頁）には着手が認められている一方、売主が解除するためには手付の倍額を現実に提供することが必要であるとされている（最高裁平成6年3月22日判決・民集48巻3号859頁）。

2 ｜ 売買の効力

（1）　売主の義務

　売主は、買主に対し、登記、登録その他の売買の目的である権利の移転についての対抗要件を備えさせる義務を負う（新民法560条）。これは、従来、売買における財産権の移転に付随する義務（契約に基づく債務）として認められていたものを整理して明文化したものであり、これらに要する費用は、売

買契約に要する費用（弁済の費用（民法485条）ではない。）として、特約がない限り、当事者双方が等しい割合で負担することになる（民法558条）。従来、買主の登記請求権は、契約に基づくもの（債権であり、消滅時効にかかる。）のほか、売買によって取得した所有権（民法176条参照）に基づくもの（物権的請求権であり、時効による消滅はない。）があるとされていたが、新民法560条は、前者を登記、登録その他の売買の目的である権利の移転についての対抗要件にまで拡張して、明文化したものであり、後者を否定するものではない。なお、「賃借地上にある建物の売買契約が締結された場合においては、特別の事情のないかぎり、その売主は買主に対し建物の所有権とともにその敷地の賃借権をも譲渡したものと解すべきであり、そして、それに伴い、右のような特約または慣行がなくても、特別の事情のないかぎり、建物の売主は買主に対しその敷地の賃借権譲渡につき賃貸人の承諾を得る義務を負うものと解すべきである。」とするのが判例（最高裁昭和47年3月9日判決・判例時報664号33頁）である。

売買は、売主が買主に対してある財産権を移転することを内容とするものであるが、その財産権は、契約当時に売主に属していることは必要でなく、他人の権利（権利の一部が他人に属する場合におけるその権利の一部を含む。）を売買の目的としたときは、売主は、その権利を取得して買主に移転する義務を負う（新民法561条）。この財産権の権利者が相続によってその売主の地位を承継しても、その権利者は、信義誠実の原則に反するような特別な事情がない限り、その権利を買主に移転する義務を負わない（最高裁昭和49年9月4日判決・判例時報753号3頁）が、債務不履行の責任（新民法415条）を免れるわけではないし、買主がその契約の解除権（新民法541条、542条）を失うこともない。

（2）　売主の担保責任

従来、売主が買主に移転すべき財産権には本来具備すべき性質があることを前提として、それが欠けている場合における売主の責任が瑕疵担保責任（従前の民法570条）として論じられてきたが、新民法においては、当該財産権の本来の性質を問題にするのではなく、契約において定められた責任が履行されたか否か（契約内容に適合するか否か）という観点から当事者の責任について定めることとされた（前記第1章Ⅱ1（1）参照）。そうであるならば、売買の目的物に瑕疵がある場合はすべて債務不履行であるとして、その一般原則

（新民法415条）で処理するという方法もあるが、有償契約である売買における規律を分かり易くするという見地から、売主の債務の履行が不完全な場合における買主の追完請求権及び代金減額請求権について特別の規定が置かれ（損害賠償及び解除については契約の一般原則による。）、その規定は請負等の有償契約に準用することとされた（民法559条）。

買主の追完請求権というのは、「引き渡された目的物が種類、品質又は数量に関して契約の内容に適合しないものであるときは、買主は、売主に対し、目的物の修補、代替物の引渡し又は不足分の引渡しによる履行の追完を請求することができる。」（新民法562条1項本文）というものであるが、「売主は、買主に不相当な負担を課するものでないときは、買主が請求した方法と異なる方法による履行の追完をすることができる。」（新民法562条1項ただし書）とされる。この場合においても、買主は、債務不履行による損害賠償の請求（新民法415条）及び契約の解除（新民法541条、542条）をすることができるのであるが（新民法564条）、契約の内容に適合しないことが買主の責めに帰すべき事由によるものであるときは、いずれの請求もできない（新民法562条2項、415条1項ただし書、543条）のは当然であろう。ここでは、引き渡された目的物が種類、品質又は数量に関して契約の内容に適合しないか否か、適合しないことが買主の責めに帰すべき事由によるものか否かが問題になるが、それは「契約その他の債務の発生原因及び取引上の社会通念に照らして」判断されることになる（新民法415条1項ただし書参照）。

買主の代金減額請求権というのは、買主が追完請求権を有する場合において、「買主が相当の期間を定めて履行の追完の催告をし、その期間内に履行の追完がないときは、買主は、その不適合の程度に応じて代金の減額を請求することができる。」（新民法563条1項）というものであるが、次に掲げる場合には、買主は、催告をすることなく、直ちに代金の減額を請求することができる（新民法563条2項）。

① 履行の追完が不能であるとき。
② 売主が履行の追完を拒絶する意思を明確に表示したとき。
③ 契約の性質又は当事者の意思表示により、特定の日時又は一定の期間内に履行をしなければ契約をした目的を達することができない場合において、売主が履行の追完をしないでその時期を経過したとき。

④　前記①から③の場合のほか、催告をしても履行の追完を受ける見込みがないことが明らかであるとき。

　また、買主が追完請求権及び代金減額請求権を行使できる場合であっても、買主は、契約内容に適合しないことが買主の責めに帰すべき事由によるものであるときを除いて、債務不履行による損害賠償の請求（新民法415条）をすることができる（新民法564条）。ただし、買主の追完請求権及び代金減額請求権は、いずれも、契約が効力を有することを前提とするものであり、契約の解除はその効力を失わせるものであるから、解除権を行使したとき（新民法541条、542条）は、いずれの請求もできないことになる。なお、新民法564条は、買主の追完請求権及び代金減額請求権の規定は解除権の行使を妨げないとするが、これは、これらの請求権を行使しても、売主がそれに応じない場合には解除できるという意味である。
　前記の買主の追完請求権、代金減額請求権、損害賠償請求権及び解除権についての規定は、売主が買主に移転した権利が契約の内容に適合しないものである場合（権利の一部が他人に属する場合においてその権利の一部を移転しないときを含む。）について準用される（新民法565条）。また、売買契約において、売主が追完又は代金減額の責任を負わない旨を定めることはできるが、そのときでも、売主が知りながら告げなかった事実及び自ら第三者のために設定し又は第三者に譲り渡した権利については、その責任を免れることができない（新民法572条）。そして、上記の買主の追完請求権、代金減額請求権、損害賠償請求権及び解除権は、契約の目的物の引き渡しを受けた買主がその不適合を知った時から１年以内にその旨を売主に通知しなければ行使することができないのであるが、この期間制限は、売主が引渡しの時にその不適合を知り、又は重大な過失によって知らなかったときは、適用されない（新民法566条）。そして、契約の内容に適合しない旨の通知をした後は、一般の規定に従って、これらの請求権の消滅時効が進行することになる。
　この買主の権利（売主の義務）については、新築住宅の売買についての重要な特例がある。すなわち、令和２年（2020年）４月１日から施行される改正後の住宅の品質確保の促進等に関する法律は、種類又は品質に関して契約の内容に適合しない状態を「瑕疵」と定義した（２条５項）うえで、「新築住宅の売買契約においては、売主は、買主に引き渡した時（当該新築住宅が住宅新

築請負契約に基づき請負人から当該売主に引き渡されたものである場合にあっては、その引渡しの時）から10年間、住宅の構造耐力上主要な部分等の瑕疵について、民法415条、541条、542条、562条、563条に規定する担保の責任を負」い（95条1項）、これに「反する特約で買主に不利なものは無効とする」（95条2項）とし、この場合における買主の売主に対する通知義務を定めた新民法566条の適用について、住宅の構造耐力上主要な部分等の瑕疵がある建物の引渡しがあった場合には、その瑕疵を知ったときから1年以内に通知しなければならない（95条3項）としている。また、特約をすることによって、住宅の瑕疵（住宅の構造耐力上主要な部分等の瑕疵に限らない。）について担保の責任を負うべき期間を買主に引き渡した時から20年まで延長することができるとしている（97条）。

　ところで、民事執行法その他の法律の規定に基づく競売の執行機関は、競売の目的物の所有者（通常は債務者であるが、担保物権については当該担保物権設定者）の代理人であり、競売による所有権の移転は、その所有者から買受人への承継取得であると解されている。しかし、競売は、債務者が債務の弁済をしない場合に、対象物を換価して、債務の弁済に充てるものであることから、通常の売買と異なる取り扱いがなされる。すなわち、民事執行法その他の法律の規定に基づく競売（従前は、法文上強制競売（債務名義に基づいて行われる競売（民事執行法22条、43条参照）に限定されていたが、新民法568条は競売一般を対象とし、公売や任意競売も含むことを明らかにした。）において債務不履行が生じた場合は、買受人は、債務者（担保物権については当該担保物権設定者）に対して、催告による解除（新民法541条）、催告によらない解除（新民法542条）、追完されないときの代金の減額請求（新民法563条、565条）ができる（新民法568条1項）のは通常の売買契約におけると同じであるが、競売においては、履行の追完は観念できないことから、解除又は減額請求においても催告は不要である。そして、この場合において、債務者が無資力であるときは、代金の配当を受けた債権者に対し、その代金の全部又は一部の返還を請求することができることとされている（民法568条2項）。また、競売手続きにおいて債務者が物若しくは権利の不存在を知りながら申し出なかったとき、又は債権者がこれを知りながら競売を請求したときは、買受人は、これらの者に対して、損害賠償の請求をすることができる（民法568条3項）。また、これらの請求は、競売の目的物の種類又は品質に関する不適合があることを理由とし

てすることはできない（新民法568条4項）とされるが、これは、強制競売の場合において、隠れた瑕疵（物の瑕疵）があったときには瑕疵担保責任の規定（従前の民法566条）を準用するとしていた従前の民法570条を引き継いだものであり、従前の法律的な瑕疵が物の瑕疵に含まれるか否かという論点は、それが種類又は品質に関する不適合に含まれるかという形で残ることとなった（物件明細書の記載に反して借地権が存在しなかった場合には、契約を解除できるとするのが判例（最高裁平成8年1月26日判決（判例時報1556号76頁）である。）。なお、強制競売の場合には、執行官による現況調査がなされるとともに、書記官によって物件明細書が作成され（民事執行法57条～62条）、公売においても物件の数量や性質（国税徴収法95条）及び見積価額（国税徴収法99条1項）が公告されることから、これらに誤りがあるときは、国家賠償法1条1項に基づく損害賠償が認められることがある（最高裁平成9年7月15日判決（判例時報1617号86頁）参照）。

　債権の譲渡（民法466条）が売買によってなされ、売主が債務者の資力を担保したときは、契約の時における資力を担保したものと推定され、弁済期に至らない債権の売主が債務者の将来の資力を担保したときは、弁済期における資力を担保したものと推定される（民法569条）。売掛債権を多数有する債務者からの債権回収においては、その債権を一括譲渡させ、その譲渡代金から自己の債権を回収することがあるが、その場合にもこの規定が適用になる。

　さらに、買い受けた不動産について契約の内容に適合しない先取特権、質権又は抵当権が存していた場合において、買主が費用を支出してその不動産の所有権を保存したときは、買主は、売主に対し、その費用の償還を請求することができる（新民法570条）。これは、従来隠れた瑕疵に対する担保責任（従前の民法566条、570条）とされていたものであるが、このような不動産の引き渡しは債務の本旨に従った履行とは言えないことから、新民法においては、債務不履行の一つの場面として取り扱われる。すなわち、この場合には、所有権保存のための費用の償還請求のほか、債務不履行による損害賠償請求（新民法415条）及び解除（新民法542条）又は代金の減額請求（新民法563条）をすることができるのである。

(3) 代金の支払い等及び危険負担

　売買の目的物の引渡しについて期限があるときは、代金の支払についても同一の期限を付したものと推定され（民法573条）、売買の目的物の引渡しと同時に代金を支払うべきときは、その引渡しの場所において支払わなければならない（民法574条）。

　まだ引き渡されていない売買の目的物が果実（民法88条）を生じたときは、その果実は、売主に帰属し（民法189条1項参照）、買主は、目的物の引渡しと引き換えに代金を支払う義務を負い（民法533条）、その引渡しを受けた日（起算日は、民法140条により翌日となる。）から代金の利息を支払う義務を負うが、代金の支払について期限があるときは、その期限が到来するまでは、利息を支払う必要はない（民法575条）。

　目的物の引渡しと代金の支払いは同時履行の関係にあるが、これには、買主の危険負担を考慮した次の例外がある。

① 　権利を取得することができない等のおそれがある場合の買主による代金の支払の拒絶（新民法576条）

　　売買の目的について権利を主張する者があることその他の事由により、買主がその買い受けた権利の全部若しくは一部を取得することができず、又は失うおそれがあるときは、買主は、売主が相当の担保を供しない限り、その危険の程度に応じて、代金の全部又は一部の支払を拒むことができる。

② 　抵当権等の登記がある場合の買主による代金の支払の拒絶（新民法577条）

　　買い受けた不動産について契約の内容に適合しない抵当権の登記があるとき又は先取特権又は質権の登記がある場合は、買主は、その抵当権等の消滅請求の手続が終わるまで、その代金の支払を拒むことができる。この場合において、売主は、買主に対し、遅滞なく当該担保物権の消滅請求（民法383条、341条、361条）をすべき旨を請求することができるが、買主は、その不動産の所有権を保存するために費用を支出したときは、売主に対し、その費用の償還を請求することができる（新民法570条）。

③ 　売主による代金の供託の請求（民法578条）

前記①及び②の場合においては、売主は、買主に対して代金の供託を請求することができるが、売主は、供託の原因が消滅したことを証明しなければ、供託された代金を受領できない（供託法10条）。

　ところで、従来、売買の目的として特定した物（「目的物」という。）が滅失、破損等した場合に、そのことによる損失を売主と買主のいずれが負担すべきかということが「危険負担」の問題として論じられてきた。従前の民法においては、売買契約が成立することによって目的物の所有権が移転するとされていたことから、契約に所有権移転の時期及び危険負担についての特約を置くことが通例となっていたが、新民法567条は、このことを踏まえて、次のように定めた。

① 　売主が買主に目的物を引き渡した場合において、その引渡しがあった時以後にその目的物が当事者双方の責めに帰することができない事由によって滅失し、又は損傷したときは、買主は、その滅失又は損傷を理由として、履行の追完の請求、代金の減額の請求、損害賠償の請求及び契約の解除をすることができない。この場合において、買主は、代金の支払を拒むことができない。
② 　売主が契約の内容に適合する目的物をもって、その引渡しの債務の履行を提供したにもかかわらず、買主がその履行を受けることを拒み、又は受けることができない場合において、その履行の提供があった時以後に当事者双方の責めに帰することができない事由によってその目的物が滅失し、又は損傷したときも、前記①と同様とする。

3 　買戻し

　不動産の売主は、売買契約と同時にした買戻しの特約により、買主が支払った代金（別段の合意をした場合にあっては、その合意により定めた金額）及び契約の費用（前記2（1）参照）を返還して、売買の解除をすることができる（新民法579条前段）。この特約は、契約の解除権の定めとしての性質を有するのであるが、通常の権利に関する登記の登記事項の外、買主が支払った代金及び契約の費用並びに買戻しの期間を登記することによって第三者に対抗でき

（新民法581条1項、不動産登記法59条・96条）、その移転については付記登記をすることができる（不動産登記法4条2項）。ただ、この登記がされた後に、当該不動産の賃貸借の登記をした者（新民法605条）又は借地上に登記された建物を所有する者（借地借家法10条1項）若しくは建物の引き渡しを受けた借家人（借地借家法31条）その他の対抗要件を備えた賃借人の権利は、売主を害する目的で賃貸借をしたときを除いて、その残存期間中1年を超えない期間に限り、売主に対抗することができる（新民法581条2項）。また、買戻しの特約を登記しなかった場合においては、不動産買戻権の譲渡は売主の地位と共にしなければならず（民法129条参照）、その譲渡を買主に対抗するには、買主に対する通知又はその承諾を要し（新民法467条1項）、かつこれを以て足りるとされている（最高裁昭和35年4月26日判決・判例時報228号13頁）。なお、買戻しの特約に基づいて契約を解除した場合においては、別段の合意がなされない限り、不動産の果実と代金の利息とは相殺したものとみなされる（新民法579条後段）。

　買戻しの期間は、10年を超えることができず、特約でこれより長い期間を定めても、その期間は10年に短縮される。また、買戻しの特約で期間を定めたときは、その後にこれを伸長することができず、期間を定めなかったときは、売買契約をした時から5年以内に買戻しをしなければならない（民法580条）。なお、買戻しの特約の登記においては、期間も登記事項となっていることは前述の通りである。

　売主の債権者が債権者代位の規定（新民法423条）により売主に代わって買戻しをしようとするときは、買主は、裁判所において選任した鑑定人（非訟事件手続法96条参照）の評価に従い、不動産の現在の価額から売主が債権者に返還すべき金額を控除した残額（当該不動産の価額が売主の債務額を上回る額）に達するまで売主の債務を弁済し、なお残余があるときはこれを売主に返還して、買戻権を消滅させることができる（民法582条）。

　売主は、買戻しの期間を特約で定めたときは10年、期間を定めないときは売買契約をした時から5年以内に代金（別段の合意をした場合にあっては、その合意により定めた金額）及び契約の費用を提供しなければ、買戻しをすることができない（民法583条1項、580条）が、買主が代金及び費用の弁済をあらかじめ拒否し、その合計額を超える金額の支払いによる買戻しにも応じなかった場合には、買主が買戻し期間徒過による買戻権消滅を主張することは

信義則上許されない（最高裁昭和45年4月21日判決・判例時報594号62頁）。ところで、買主又は転得者が不動産について費用を支出したときは、売主は、占有者による費用の償還請求の規定（民法196条）に従い、その償還をしなければならないが、有益費については、裁判所は、売主の請求により、その償還について相当の期限を許与することができる（民法583条2項）。

　不動産の共有者の一人が買戻しの特約を付してその持分を売却した後に（売主となった後に）、その不動産の分割又は競売があったときは、売主は、買主（当該不動産の共有者となる。）が受け、若しくは受けるべき部分又は代金について、買戻しをすることができる。売主は、当該不動産に対する権利を有するわけではないから、分割又は競売に当然に参加できるわけではないが（民法258条参照）、売主に通知をしないでした分割及び競売は、売主に対抗することができないとされている（民法584条）。この場合において、買主が不動産の競売における買受人となったときは、売主は、競売の代金及び売買契約の費用並びに買主が占有者として負担した必要費及び有益費を支払って買戻しをすることができ、買戻しをしたときは、売主がその不動産の全部の所有権を取得する（民法585条1項）。分割においては、買主が請求したときは、売主はその持分だけの買戻しをすることができるが、他の共有者が分割を請求したことにより買主が競売における買受人となったときは、売主は、その持分のみについて買戻しをすることはできない（民法585条2項）。

Ⅳ　交換

　交換は、当事者が互いに金銭の所有権以外の財産権を移転することを約することによって、その効力を生ずる（民法586条1項）のであるが、両方の財産権の価値が異なる場合には、その差を金銭で補うことになり、その金銭の支払いについては、売買の代金に関する規定が準用される（民法586条2項）。

　地方公共団体が当事者となる財産の交換については、条例で定める場合を除くほか、議会の議決を得なければならない（地方自治法96条1項6号）。ほとんどの地方公共団体においては、「財産の交換、譲与、無償貸付等に関する条例」が制定されており、そこでは、①公用又は公共用に供するために他人の所有する財産を必要とするとき、又は②国又は他の地方公共団体その他の

公共団体において、公用又は公共用に供するために必要とする場合に、価額の差額がその高価なものの4分の1を超えない場合に限って、自らが所有する普通財産を他人が所有する同一種類の財産その他必要な財産と交換することができるとされている。

V 消費貸借

　消費貸借というのは、当事者の一方（「借主」という。）が種類、品質及び数量の同じ物をもって返還をすることを約して相手方（「貸主」という。）から金銭その他の物を受け取ることによって効力を生ずる契約である（民法587条）。消費貸借の目的となるのは金銭が多く、事業者間、事業者と個人、個人間とを問わず、古今東西を通じて広く行われているものであるが、ややもすると、貸主がその有利な立場を利用して、高利を約束させ、返還義務を履行しない場合の担保として不当に高価なものを徴する等の弊害が生じがちである。そこで、利息制限法、貸金業法等による公法上の規制がなされるとともに、民法自体においても個人根保証契約や事業に係る債務についての保証契約についての特例を定める（前記第1章Ⅲ5（2）・（3）参照）とともに、仮登記担保や譲渡担保についてそれを実行する際には清算を必要とする等の立法や判例が積み重ねられてきている（第2編第11章参照）。また、貸金業者の借主に対する情報開示義務について、判例（最高裁平成17年7月19日判決・判例時報1906号3頁）は「貸金業者は、債務者から取引履歴の開示を求められた場合には、その開示要求が濫用にわたると認められるなど特段の事情のない限り、貸金業法の適用を受ける金銭消費貸借契約の付随義務として、信義則上、保存している業務帳簿（保存期間を経過して保存しているものを含む。）に基づいて取引履歴を開示すべき義務を負うものと解すべきである。」としている。

　ともあれ、消費貸借は、その目的物が借主に引き渡されることによって効力が生じ、その成立後は、借主がそれを返還する債務を負うだけで、貸主には何の債務も存しない契約である（このように物の引き渡しを成立要件とする契約を「要物契約」といい、一方の当事者のみが債務を負う契約を「片務契約」という。）。そして、特約をすることによって、貸主は、借主が金銭その他の物を受け

取った日以後の利息を請求することができる(新民法589条)ので、この特約のある消費貸借は有償契約として売買に関する規定(民法第3編第2章第3節)が準用され(民法559条)、この特約のないものには贈与者の義務についての規定(新民法551条1項)が準用される(新民法590条1項)。なお、消費貸借の目的として貸主から引き渡された物が種類又は品質に関して契約の内容に適合しないものであるときは、利息の支払いの特約の有無にかかわらず、借主は、その物の価額を返還することによって、その物の返還にかえることができる(新民法590条2項)。

　消費貸借は要物契約ではあるが、将来消費貸借をする旨の合意も有効である。このことについて、新民法587条の2第1項は、「書面でする消費貸借は、当事者の一方が金銭その他の物を引き渡すことを約し、相手方がその受け取った物と種類、品質及び数量の同じ物をもって返還をすることを約することによって、その効力を生ずる。」と定めている。これは、従前からの要物契約としての消費貸借の外に、意思表示の合致による消費貸借、すなわち、貸主(正確には貸主となるべき者である。)が目的物の引き渡しの義務を負う契約を消費貸借の1類型としたものであり、これは従来「消費貸借の予約」(従前の民法589条参照)と称されていたものと同じである。事業を起ち上げたり、住宅を購入する場合等においては、予め資金の手当をすることが必要であり、そのためになされるのが「消費貸借の予約」であり、それには従来は売買の一方の予約についての規定が準用されて(民法556条、559条)いた。これについて、新民法は「書面でする消費貸借」として独立の条文を用意したのであるが、友人間の食事代の貸し借りのような軽易なものを除けば、要物契約たる消費貸借についても書面が作成されるのが通常であり、書面によるか否かをもって両者の違いとすることはできず、新民法においては、書面(電磁的記録によるものを含む。新民法587条の2第4項)でした「消費貸借の予約」の効力についての規定を設けたと理解するのが正当であろう。この「書面でする消費貸借」にあっては、目的物が引き渡されるまでは、貸主となるべき者だけが義務を負うことになり、借主は、貸主から金銭その他の物を受け取るまで、契約の解除をすることができるのであるが、貸主は、その契約の解除によって損害を受けたとき(目的物を他から調達していたことによって損害が生じた場合等)は、借主(正確には借主となるべき者である。)に対し、その賠償を請求することができる(新民法587条の2第2項)。なお、「書面でする消費貸借

は、借主が貸主から金銭その他の物を受け取る前に当事者の一方が破産手続開始の決定を受けたときは、その効力を失う。」（新民法587条の2第3項）とされるのは従前の消費貸借の予約の場合（従前の民法589条）と同じである。

　借主は、契約に定めた時期に返還する義務を負う、言い換えれば、その時期がくるまで返還しなくていいのであるが、借主が破産手続きの開始決定を受ける等したときは、返還期限の前であっても返還を拒むことができない（民法137条、第1編第4章Ⅴ2参照）。そして、実務においては、次の事由（民法137条が定める事由を拡張するものである。）が生じた時は、借主は当然に期限の利益を失い、即時に弁済しなければならない旨の約定（これを「期限の利益喪失約款」という。）をすることが多い（相殺についての前記第1章Ⅵ2参照）。

①　分割で返済する契約において借主が一定回数の支払いを怠ったとき。
②　借主について債務整理のための手続きの申立てがあったとき。
③　借主又はその保証人の財産が他の債権者による差押えを受けたときや目的を定めて貸し付けた金銭を目的外に使用したとき。

　なお、返還の時期の定めがあっても、借主は、期限の利益を放棄して（民法136条）、いつでも返還をすることができる（新民法591条2項）のであるが、借主がその時期の前に返還をしたことによって損害を受けたとき（利息や賃料を得られないことが損害となるとき）は、貸主は、その賠償を請求することができる（新民法591条3項）。そして、当事者が返還の時期を定めなかったときは、借主はいつでも返還できる一方、貸主は相当の期間を定めて返還の催告をすることができ（民法591条1項）、借主はその定められた期間が満了した時から履行遅滞の責任を負う（民法412条3項）。

　ところで、地方公共団体が貸主である場合については、その長は、債権（強制徴収により徴収する債権（地方自治法231条の3第3項参照）を除く。）について、履行期限を繰り上げることができる理由が生じたときは、遅滞なく、債務者に対し、履行期限を繰り上げる旨の通知をしなければならないとされている（地方自治法施行令171条の3本文）。これは、法律又は契約によって期限の利益を失わせることができる場合には、新たな履行期限を定めて（民法412条3項参照）、納入の通知（地方自治法231条、同法施行令154条）をしなければならないということであるが、履行延期の特約をすることができる場合（地方自

治法施行令171条の6第1項）や履行期限を繰り上げることによって特に支障があると認める場合（借主が生活に困窮している場合等）は、その必要はない（地方自治法施行令171条の3ただし書）。なお、地方税法の適用がある債権については、履行期限（納期限）を繰上げて徴収をすべき場合が具体的に定められている（同法13条の2）。

　借主が貸主から受け取った物と種類、品質及び数量の同じ物をもって返還をすることができなくなったときは、その時における物の価額を償還しなければならない（民法592条）のであるが、借りたものが金銭であり、返済の時にその通貨が強制通用力を失っているときは、他の通貨で返済しなければならず（民法402条2項）、外国の通貨で借りたときは日本の通貨（円）で返済することができる（民法403条）。

　さらに、売買、雇用、請負等の契約や不当利得、不法行為等の事件によって、一方当事者が金銭その他の物を給付する義務を負う場合において、債権者と債務者がその物を消費貸借の目的とすることを約したときは、消費貸借が成立したものとみなされ（民法588条）、これを準消費貸借と称する。準消費貸借が、旧債務を消滅させて新債務を発生させるか（更改（新民法513条1号）に該当するか）、債務の同一性を維持し、その内容だけを変更させるにとどまるかは当事者の意思によるが、その意思が不明なときは既存債務の同一性を維持するものと推定される。

VI 使用貸借

　使用貸借は、当事者の一方（「貸主」という。）がある物を引き渡すことを約し、相手方（「借主」という。）がその受け取った物について無償で使用及び収益をして、契約が終了したときに返還をすることを約束することによって効力を生ずる（新民法593条）。従来は、使用貸借も、消費貸借とともに要物契約とされていたのであるが、新民法においては、当事者の合意だけで成立する諾成契約とされた。また、消費貸借においては書面でする消費貸借という類型が定められているが、使用貸借においてはそのような特別の類型は設けられていない。ただ、貸主は、消費貸借を書面でした場合は、その目的物を借主に引き渡さなければならず、書面によらない場合は、借主がその目的物

を受け取るまで、その契約を解除することができることになっている（新民法593条の2）。これに対し、借主は、書面によるか否か、目的物を受け取ったか否かに関係なく、いつでもその契約を解除することができる（新民法598条3項）。

借主は、契約又はその目的物の性質によって定まった用法に従い、その物の使用及び収益をしなければならず、貸主の承諾を得なければ、第三者に借用物の使用又は収益をさせることができないとされ、これらに違反して使用又は収益をしたときは、貸主は、契約の解除をすることができる（民法594条）のは従前と同じである。

借主は、借用物の通常の必要費を負担し、通常の必要費以外の費用を支出したときは、貸主は、占有者による費用の償還請求の規定（民法196条）に従い、その償還をしなければならないのであるが、有益費については、裁判所は、売主の請求により、その償還について相当の期限を許与することができる（民法583条2項、595条2項）。

使用貸借は、目的物の使用の対価を支払う必要がないことが特徴であるが、それにもかかわらず、貸主において、借主に一定の義務（これを「負担」という。）を課すことがあり、この場合は、負担付贈与と類似の関係が生ずる。このことから、負担付贈与の場合と同じく、貸主は、借主に課した負担の限度において、売主と同じ担保の責任（前記Ⅲ2（2）参照）を負う（民法551条2項、596条）。

使用貸借は、当事者が使用貸借の期間を定めたときは、その期間が満了することによって終了し、その期間を定めなかった場合において、使用及び収益の目的を定めたときは、借主がその目的に従い使用及び収益を終えることによって終了するほか、借主の死亡によっても終了する（新民法597条）。また、貸主は、当事者が使用貸借の期間を定めなかった場合において、使用及び収益の目的を定めたときは、その目的に従い借主が使用及び収益をするのに足りる期間を経過したときに契約の解除をすることができ、使用及び収益の目的を定めなかったときは、いつでも契約の解除をすることができる（新民法598条）。

借主は、借用物を受け取った後にこれに附属させた物がある場合において、使用貸借が終了したとき（契約の解除による場合を含む。）は、その附属させた物を収去する権利を有し、義務を負うが、借用物から分離することがで

きない物又は分離するのに過分の費用を要する物については、収去の義務はない（新民法599条1項、2項）。また、借主は、自己の責めに帰することができない事由によるものであるときを除いて、使用貸借が終了したときは、借用物を受け取った後にこれに生じた損傷を原状に復する義務を負う（新民法599条3項）。

なお、契約の本旨に反する使用又は収益によって生じた損害の賠償及び借主が支出した費用の償還は、貸主が返還を受けた時から1年以内に請求しなければならない（新民法600条1項）。そして、費用の償還請求権は、借用物を返還することによって生じ（民法196条）、返還した時から時効が進行するが、損害賠償請求権の時効は、借主による不法行為又は債務不履行があった時から進行するので、それを行使する状況を考慮して、貸主が返還を受けた時から1年を経過するまでの間は完成しないことになっている（新民法600条2項）。

VII 賃貸借

1 総則

賃貸借は、当事者の一方（「賃貸人」という。）がある物の使用及び収益を相手方（「賃借人」という。）にさせることを約し、賃借人がこれに対してその賃料を支払うこと及び引渡しを受けた物を契約が終了したときに返還することを約することによって効力を生ずる契約である（新民法601条）。すなわち、賃貸借は、賃貸人が目的物（賃貸人からみたときは「賃貸物」といい、賃借人からみたときは「賃借物」という。）を引渡し、それを賃借人に使用させる義務を負い、賃借人がその対価として賃料を支払い、契約終了時にそれを賃貸人に返還する義務を負う有償契約であるから、売買に関する規定が準用される（民法559条）。建物の一画について賃貸借が成立しているというためには、賃借人がその場所の使用収益をする独立の権利を有することが必要であり、その区画の位置や営業の態様について所有者の指示を受けて出店をしている場合には、賃貸借の規定は適用されないというのが判例（最高裁昭和30年2月18日判決・判例時報48巻18号）である。また、共有物が賃貸借の目的物であるときの賃料債権は可分債権であり（最高裁平成17年9月8日判決・判例時報1913号62

頁)、賃借人が複数あるときの賃料債務は不可分債務である（大審院大正11年11月24日判決・民集1巻670頁）とされる（前記第1章Ⅲ2参照）。

　処分の権限を有しない者が賃貸借（貸す場合と借りる場合の双方を含む。）をする場合において、次に掲げる賃貸借（これを「短期賃貸借」という。）は、それぞれに定める期間を超えることができず、契約でこれより長い期間を定めたときであっても、その期間はこの期間に短縮される（新民法602条）。

① 　樹木の栽植又は伐採を目的とする山林の賃貸借　10年
② 　①以外の土地の賃貸借　5年
③ 　建物の賃貸借　3年
④ 　動産の賃貸借　6月

　この短期賃貸借の期間は、更新することができるが、その期間満了前、土地については1年以内、建物については3月以内、動産については1月以内に、その更新をしなければならない（民法603条）。なお、処分の権限を有しない者というのは、不在者の財産の管理人（民法28条）、権限の定めのない代理人（103条）、後見監督人があるときの後見人（民法864条）等のことであり、未成年者等の制限行為能力者の行為についてはこの期間制限は適用されないが、期間に関係なく、原則として取消しができることになっている（第1編第2章Ⅱ3参照）。

　賃貸借は、短期賃貸借に該当しないものであっても、その存続期間は、50年を超えることができず、契約でこれより長い期間を定めたときであっても、その期間は50年とされるが、この期間は、更新の時から50年を超えない範囲内で、更新することができる（新民法604条）。従前は、この期間は20年とされていたのであるが、太陽光発電等の新しい事業形態に対応するために期間が延長されたものであり、従前の規定の下で締結されていた賃貸借であっても、その更新の際に、更新のときから50年の範囲内で存続期間を定めることができることになっている（債権法改正法附則34条2項）。

　なお、建物所有を目的とする土地の賃借権の存続期間は30年とされ、契約でこれより長い期間を定めることができ（借地借家法3条）、建物の賃貸借については賃貸借の存続期間に関する民法の規定は適用されず、借地借家法が定める契約の更新等の規定によることとされている（借地借家法29条2項参

照)。

2 賃貸借の効力

(1) 賃貸借の対抗力

　不動産の賃貸借による権利は債権であるが、登記することができ(不動産登記法3条8号、81条)、登記したときは、その不動産について物権を取得した者その他の第三者に対抗することができる(新民法605条)。しかし、売買の場合(新民法560条)とは異なり、その旨の特別の合意がない限り、賃貸人に対して登記すべきことを請求することはできない。ただ、借地借家法は、建物所有を目的とする地上権又は借地権を「借地権」と定義し、借地権は、その登記がなくても、土地の上に借地権者が登記されている建物を所有するときは、これをもって第三者に対抗することができるとし(同法2条1号、10条1項)、建物の賃貸借は、その登記がなくても、建物の引渡しがあったときは、その後その建物について物権を取得した者に対し、その効力を生ずる(同法31条1項)として、登記なしでの第三者対抗力を認めている。

　そして、賃借人が賃貸借の対抗要件を備えた場合において、その不動産が譲渡されたときは、その不動産の賃貸人たる地位は、その譲受人に移転するのであるが、その賃貸人たる地位の移転は、賃貸物である不動産について所有権の移転の登記をしなければ、賃借人に対抗することができず、賃貸人たる地位が譲受人又はその承継人に移転したときは、賃借人が支出した必要費及び有益費の償還に係る債務(民法608条)並びに敷金の返還に係る債務(新民法622条の2第1項)は、譲受人又はその承継人が承継する(新民法605条の2第1項、3項、4項)。ここで、所有権の移転の登記をしなければ、賃貸人たる地位の移転を賃借人に対抗できないというのは、賃借人に賃料を請求し、契約を解除し、又は損害賠償の請求をするためには、所有権の移転登記が必要だという意味である。また、不動産の譲渡人が賃貸人であるときは、その賃貸人たる地位は、賃借人の承諾を要しないで、譲渡人と譲受人との合意により、譲受人に移転させることができるが、この場合における対抗要件も所有権移転の登記であり、賃貸人の債務も承継される(新民法605条の2第3項・4項、605条の3)。この規定が実質的に意味をもつのは、駐車場、自動販売機、無線基地等の第三者対抗力を有しない(新民法605条の2の規定が適用にな

らない）不動産の賃貸借についてであり、契約上の地位の移転には相手方の承諾が必要である（新民法539条の２）という原則に対する例外である。ところで、不動産の譲渡人及び譲受人は、賃貸人たる地位を譲渡人に留保する旨及びその不動産を譲受人が譲渡人に賃貸する旨の合意をすることができ、この合意をしたときは、譲渡人と譲受人又はその承継人との間の賃貸借が終了するまでの間、賃貸人たる地位は譲受人に移転しないとされる（新民法605条の２第２項）。この場合は、当該不動産の所有者となった譲受人から、前所有者である譲渡人がその不動産を借りて、賃借人に転貸するという関係になることの結果、後述する転貸の効果に関する新民法613条が適用になるように思われるが、そのことについての立法上の手当はなされていない。

不動産の賃借人は、賃借件の登記、建物の所有権の登記、建物の引渡し等による対抗要件を備えた場合（新民法605条の２第１項参照）において、その不動産の占有を第三者が妨害しているときは、その第三者に対する妨害の停止の請求ができ、その不動産を第三者が占有しているときは、その第三者に対する返還の請求ができる（新民法605条の４）が、これは従来から判例学説によって認められていた賃借人の権利を明文化したものである。

（２）　賃借物の修繕義務

賃貸人は、賃借人の責めに帰すべき事由によって必要となったときを除いて、賃貸物（賃借人からみると賃借物である。）の使用及び収益に必要な修繕をする義務を負う（新民法606条１項）とされるが、実務的には、賃貸借期間中に必要となった修繕は賃借人が行う等の特約をすることが多く、この特約は原則として有効である（事業者が貸主である場合における消費者契約法10条参照）。また、賃貸人が賃貸物の保存に必要な行為をしようとするときは、賃借人は、これを拒むことができず（民法606条２項）、拒まれたことが賃貸借契約の更新拒絶又は解約の正当な事由にあたるかが問題となることがある（借地借家法28条参照）。そして、賃貸人が行う保存行為が賃借人の意思に反するものである場合において、そのために賃借人が賃借をした目的を達することができなくなるときは、賃借人は、契約の解除をすることができる（民法607条）。

賃借物の修繕は原則として賃貸人の義務であるが、それが必要であるにもかかわらず、その義務が履行されない場合において、賃借人が賃貸人に修繕

が必要である旨を通知し、又は賃貸人がその旨を知ったにもかかわらず、賃貸人が相当の期間内に必要な修繕をしないとき及び急迫の事情があるときは、賃借人がその修繕をすることができる（新民法607条の2）。一方、賃貸人が既に知っているときを除いて、賃借物が修繕を要し、又は賃借物について権利を主張する者があるとき、遅滞なくその旨を賃貸人に通知することは賃借人の義務でもある（民法615条）。賃借人は、賃借物について賃貸人の負担に属する必要費を支出したときは、賃貸人に対し、直ちにその償還を請求することができ、賃借物について有益費を支出したときは、賃貸借の終了の時にその価格の増加が現存する場合、賃貸人は、自己の選択に従い、賃借人が支出した金額又は増価額を償還しなければならない（民法196条2項）のであるが、有益費の償還については、裁判所は、賃貸人の請求により、相当の期限を許与することができる（民法608条）。ここで、必要費というのは、単なる原状維持ないし原状回復のための費用に限られず、目的物を通常の用法に適する状態にするための費用を含むが、目的物を使用収益するために支出した費用（賃借地の雑草の除去費用等）は有益費とならない。この費用負担についても特約がなされることが多いのは、賃貸人の修繕義務についてと同様である。

(3) 賃借物による収益と賃料

　耕作又は牧畜を目的とする土地の賃借人は、不可抗力によって賃料より少ない収益を得たときは、その収益の額に至るまで、賃料の減額を請求することができ（新民法609条）、不可抗力によって引き続き2年以上賃料より少ない収益を得たときは、契約の解除をすることができる（民法610条）。この契約の解除は、2年以上収益が賃料より少ないという事実に基づくものであり、それが誰の責めに帰すべき事由によるかは問題とならず、損害賠償については債務不履行の一般原則（民法415条）に従うことになる。

　賃借物の一部が滅失その他の事由により使用及び収益をすることができなくなった場合において、それが賃借人の責めに帰することができない事由によるものであるときは、賃料は、その使用及び収益をすることができなくなった部分の割合に応じて減額される（新民法611条1項）。この賃料の減額は、賃借人から請求する必要がなく、当然になされるのであるが、それが賃借人の責めに帰することができない事由によるものであることの立証責任は

賃借人にある。また、賃借物の一部が滅失その他の事由により使用及び収益をすることができなくなった場合において、残存する部分のみでは賃借人が賃借をした目的を達することができないときは、賃借人は、契約の解除をすることができる（新民法611条2項）が、その要件及び損害賠償については、耕作又は牧畜を目的とする土地について2年以上収益が賃料を下回る場合の解除と同じである。

　賃借人は、賃貸人の承諾を得なければ、その賃借権を譲り渡し（有償か無償かを問わない。）、又は賃借物を転貸することができず、これに違反して第三者に賃借物の使用又は収益をさせたときは、賃貸人は、契約の解除をすることができる（民法612条）。そして、賃借人が適法に賃借物を転貸したときは、転借人は、賃貸人と賃借人との間の賃貸借に基づく賃借人の債務の範囲を限度として、賃貸人に対して転貸借に基づく債務（賃料の支払いや賃借物の返還債務等）を直接履行する義務を負い（賃貸人は賃借人に対してもその権利を行使することができる。）、賃貸人に対してその債務を履行したときはその限度で賃借人に対する債務を免れるが、賃借人に賃料を前払いしていること（転貸借契約に定められた弁済期よりも前に支払ったこと）をもって賃貸人に対抗することはできない（新民法613条1項、2項）。そして、賃借人が適法に賃借物を転貸した場合には、賃貸人は、賃借人との間の賃貸借を合意により解除したことをもって転借人に対抗することができない（転借人がその地位を失うことはない）が、その解除の当時、賃貸人が賃借人の債務不履行による解除権を有していたとき、又は賃貸人が賃借人の債務不履行を理由として解除したときは、その解除をもって転借人に対抗できるとされる（新民法613条3項）。なお、建物所有を目的とする賃借土地上に建築された建物を賃貸することは、その建物の賃借人にその敷地たる土地を使用することを許容することになるとしても、当該敷地たる土地の転貸には当たらない（大審院昭和8年12月11日判決・大審院裁判例7巻277頁）。

　賃料は、特約がない限り、動産、建物及び宅地については毎月末に、その他の土地については毎年末に、支払わなければならず、収穫の季節があるものについては、その季節の後に遅滞なく支払わなければならない（民法614条）。

　なお、借主は、契約又はその目的物の性質によって定まった用法に従い、その物の使用及び収益をしなければならないのは、使用貸借についてと同じ

である（民法594条1項、新民法616条）。

3 賃貸借の終了

　賃貸借は、賃借物の全部が滅失その他の事由により使用及び収益をすることができなくなった場合には終了する（新民法616条の2）が、これは、債務の履行が契約その他の債務の発生原因及び取引上の社会通念に照らして不能であるときは、債権者は、その債務の履行を請求することができない（新民法412条の2第1項）という原則の賃貸借への適用の一場面であるから、使用及び収益をすることができなくなったか否かの判断基準は、その場合（前記第1章Ⅱ1参照）と同じである。

　当事者が賃貸借の期間を定めなかったときは、各当事者は、いつでも解約の申入れをすることができ、解約の申入れの日から、土地の賃貸借については1年、建物の賃貸借については3月、動産及び貸席の賃貸借については1日の経過によって終了する（民法617条1項）が、建物の所有を目的とする土地及び建物の賃貸借については借地借家法が特別の規定（借地について3条～8条、借家について26条～29条）を置いている。また、収穫の季節がある土地の賃貸借については、その季節の後次の耕作に着手する前に、解約の申入れをしなければならないとされる（民法617条2項）。そして、これらのことは、当事者が賃貸借の期間を定めた場合において、その一方又は双方がその期間内に解約をする権利を留保したときの解約についても同じである（民法618条）。

　また、賃貸借の期間が満了した後、賃借人が賃借物の使用又は収益を継続する場合において、賃貸人がこれを知りながら異議を述べないときは、従前の賃貸借と同一の条件で更に賃貸借をしたものと推定され、この場合は、期間の定めのない賃貸借となり、その場合の解約の申入れについての規定（民法617条）が適用されるが、従前の賃貸借について供されていた担保（敷金を除く。）は、期間の満了によって消滅する（新民法619条）。

　賃貸借は継続的関係であることから、その解除は、将来に向かってのみその効力を生ずるが、当事者は、債務不履行の一般原則（新民法415条）により、損害賠償を請求することができる（新民法620条）。

　従来、賃借人が借用物を返還する際の原状回復義務の範囲について、後述

の敷金との関係を含めて、トラブルが生じることが少なくなかったことから、それを回避するために賃借人の原状回復義務が次のように定められた（新民法621条）。

「賃借人は、賃借物を受け取った後にこれに生じた損傷（通常の使用及び収益によって生じた賃借物の損耗並びに賃借物の経年変化を除く。以下この条において同じ。）がある場合において、賃貸借が終了したときは、その損傷を原状に復する義務を負う。ただし、その損傷が賃借人の責めに帰することができない事由によるものであるときは、この限りでない。」

この規定は、任意規定であるから、特約によって原状回復の範囲を明確にすることが望ましい（この条文でいう「経年変化」の範囲は必ずしも明らかではない。）が、修繕義務の場合と同様、貸主が事業者であるときは、消費者の利益を一方的に害する条項の無効について定める消費者契約法10条が適用になる。

なお、使用貸借についての期間満了による契約の終了（新民法597条1項）及び借主による付属物の収去の権利及び義務（新民法599条1項、2項）並びに契約の本旨に反する使用若しくは収益によって生じた損害の賠償及び借主が支出した費用の償還請求（新民法600条）の規定が賃貸借に準用される（新民法622条）のは、従前と同じである（従前の民法621条参照）。

ところで、従前トラブルの多かった敷金についても、次のように、明文の規定が置かれた（新民法622条の2）。

「賃貸人は、敷金（いかなる名目によるかを問わず、賃料債務その他の賃貸借に基づいて生ずる賃借人の賃貸人に対する金銭の給付を目的とする債務を担保する目的で、賃借人が賃貸人に交付する金銭をいう。以下この条において同じ。）を受け取っている場合において、次に掲げるときは、賃借人に対し、その受け取った敷金の額から賃貸借に基づいて生じた賃借人の賃貸人に対する金銭の給付を目的とする債務の額を控除した残額を返還しなければならない。
　一　賃貸借が終了し、かつ、賃貸物の返還を受けたとき。
　二　賃借人が適法に賃借権を譲り渡したとき。
2　賃貸人は、賃借人が賃貸借に基づいて生じた金銭の給付を目的とする

債務を履行しないときは、敷金をその債務の弁済に充てることができる。この場合において、賃借人は、賃貸人に対し、敷金をその債務の弁済に充てることを請求することができない。」

　これは、従前の判例及び一般的な理解を明文化したものであるが、ここでの敷金は不動産の賃貸借に係るものに限られないこと及び貸主が事業者であるときは、現状回復義務についてと同じく、消費者契約法10条が適用になることに注意が必要である。ただ、同法の適用については、次のように判示した判例（最高裁平成23年7月12日判決・判例時報2128号33頁）がある。

　「賃貸人が契約条件の一つとしていわゆる敷引特約を定め、賃借人がこれを明確に認識した上で賃貸借契約の締結に至ったのであれば、それは賃貸人、賃借人双方の経済的合理性を有する行為と評価すべきものであるから、消費者契約である居住用建物の賃貸借契約に付された敷引特約は、敷引金の額が賃料の額等に照らし高額に過ぎるなどの事情があれば格別、そうでない限り、これが信義則に反して消費者である賃借人の利益を一方的に害するものということはできない。」

Ⅷ　雇用

　雇用というのは、当事者の一方が相手方に対して労働に従事することを約し、相手方がこれに対してその報酬を与えることを約束する契約である（民法623条）。しかし、これを契約自由の原則（第2章Ⅰ1（1）参照）に委ねるときは、その内容が使用者と労働者の社会的な力関係をそのまま反映したものにならざるを得ないことから、労働基準法や労働契約法を始めとして、会社分割に伴う労働契約の承継等に関する法律、労働安全衛生法、労働者災害補償保険法等の種々の特別法が制定されている。したがって、雇用については、これらの特別法を無視することはできないのであるが、ここでは、民法の雇用についての規定に直接関係する限りにおいて、これらの特別法について触れることとする。

　労働者は、従事することを約束した労働を終わった後でなければ、報酬

（労働基準法は「賃金」という。）を請求することができず、期間によって定めた報酬は、その期間を経過した後に、請求することができる（民法624条）のであるが、労働基準法24条2項は、賃金を期間で定めた場合は、臨時に支払うものや賞与等を除いて、毎月1回以上、一定の期日を定めて、支払わなければならないとしている。また、同条1項は、賃金は、通貨で、直接、その全額を支払わなければならないとしている（これを「賃金支払いの3原則」という。）。ただ、これについては、法律が例外（税や社会保険料等の源泉徴収が主なものである。）を定め、労働協約でも例外を定めることができるが、そのうちの直接払いの原則については、労働者の同意を得て行う当該労働者が指定する銀行その他の金融機関に対する当該労働者の預金又は貯金への振込みや投資信託購入のための払い込み等の例外について労働基準法施行規則7条の2が詳細に定めている。

　労働者は、使用者の責めに帰することができない事由によって労働に従事することができなくなったとき、又は雇用が履行の中途で終了したときは、既にした履行の割合に応じて報酬を請求することができる（新民法624条の2）。これは、債権法改正法によって追加された規定であるが、従来の実務を踏まえたものであり、実質的な変更を意味するものではない。使用者の責めに帰すべき事由によって労働に従事することができなくなったときは、使用者が報酬の支払いを拒絶することができない（新民法536条2項）のは当然のことであり、雇用が履行の中途で終了したときは、帰責事由が使用者、労働者のいずれにある場合でも報酬請求権には影響しないが、債務不履行の一般原則による損害賠償の規定（新民法415条）は適用される。

　雇用も債権債務関係であり、債権は譲り渡すことができるのが原則であるが、労働に従事することに関する債権は、その性質がこれを許さないとき（新民法466条1項）にあたる。このことについて、民法625条は、使用者は、労働者の承諾を得なければ、その権利を第三者に譲り渡すことができず、労働者は、使用者の承諾を得なければ、自己に代わって第三者を労働に従事させることができないとしたうえで、労働者が使用者の承諾を得ずに、第三者を自己がなすべき労働に従事させたときは、使用者は契約の解除をすることができるとしている。なお、「労働者派遣事業の適正な運営の確保及び派遣労働者の保護等に関する法律」は、労働者派遣を「自己の雇用する労働者を、当該雇用関係の下に、かつ、他人の指揮命令を受けて、当該他人のため

に労働に従事させることをいい、当該他人に対し当該労働者を当該他人に雇用させることを約してするものを含まないものとする。」と定義し（同法2条1号）、民法が想定していない形態の雇用について定めている。

　雇用の期間が5年を超え、又はその終期が不確定であるときは、当事者の一方は、5年を経過した後、いつでも契約の解除をすることができるが、これにより契約の解除をしようとする者は、それが使用者であるときは3月前、労働者であるときは2週間前に、その予告をしなければならないとされる（新民法626条）。しかし、労働基準法は、期間の定めのないものを除き、一定の事業の完了に必要な期間を定めるもののほかは3年（専門的な知識、技能又は経験であって高度のものとして厚生労働大臣が定める基準に該当する労働者又は満60歳以上の労働者については5年）を超える期間について労働契約を締結してはならず（同法14条1項）、これを超える期間を定めたときは、その超える部分は無効となる（同法13条）。

　当事者が雇用の期間を定めなかったときは、各当事者は、いつでも解約の申入れをすることができ、解約の申入れの日から2週間を経過することによって雇用は終了する（民法627条1項）のが原則であるが、期間によって報酬を定めた場合には、使用者からの解約の申入れは、当期の前半において、次期以後の契約についてすることができ（新民法627条2項）、6月以上の期間によって報酬を定めた場合には、使用者からの解約の申入れは、3月前にしなければならない（民法627条3項）。

　また、当事者が雇用の期間を定めた場合であっても、やむを得ない事由があるときは、各当事者は、直ちに契約の解除をすることができ、この場合において、その事由が当事者の一方の過失によって生じたものであるときは、相手方に対して損害賠償の責任を負う（民法628条）とされるのであるが、労働基準法137条は、この規定にかかわらず、同法14条1項が定める制限の期間内で1年を超える期間の労働契約（一定の事業の完了に必要な期間を定めるものを除く。）を締結した労働者は、1年を経過した日以後、いつでも退職することができる（やむを得ない事由は必要とされない。）としているので、同法が適用される労働者については、契約の解除についての規定が適用される場合は限られる。

　雇用の解除は、将来に向かってのみその効力を生ずる（新民法620条、民法630条）。そして、雇用の期間が満了した後労働者が引き続きその労働に従事

する場合において、使用者がこれを知りながら異議を述べないときは、従前の雇用と同一の条件で更に雇用をしたものと推定されるが、雇用の期間の定めはないものとして、解約の申入れの規定（新民法627条）が適用される（民法629条1項）。また、従前の雇用について当事者が担保を供していたときは、その担保（身元保証金を除く。）は、期間の満了によって消滅する（民法629条2項）。なお、労働契約法は、その18条で、2以上の期間の定めのある雇用契約が通算して5年を超える場合における労働者からの申込みによる期間の定めのない雇用契約への転換について定め、その19条で、期間の定めのある雇用契約の更新について定めている。

特殊な雇用の終了として、使用者が破産手続開始の決定を受けた場合がある。この場合には、雇用の期間の定めがあるときであっても、労働者又は破産管財人は、期間の定めがない雇用の解約の申入れの規定（民法627条1項）に従って解約の申入れをすることができ、各当事者は、相手方に対し、解約によって生じた損害の賠償を請求することができないことになっている（民法631条）。

IX 請負

債権法改正法によって、請負についての条文構成が大きく変更された。従前は、請負が特殊な契約であるとして、いわゆる担保責任について特別の条文が置かれていたのであるが、請負に基づく債権債務については、債権総則の規定（民法第3編第1章）及び契約総則（同第2章第1節）の規定が適用され、それは有償契約であるから売買についての規定（同第2章第3節）が準用される（民法559条）ことを前提として、担保責任について定める634条が全面改正され、635条及び638条〜640条までが削除された。このことを踏まえると、債権総則に関しては履行不能についての412条の2、履行強制についての414条及び債務不履行による損害賠償についての415条及び418条が、契約総則に関しては危険負担についての536条及び解除についての540条〜543条までの規定が、売買に関しては追完請求についての562条及び代金減額請求についての563条が、それぞれ、請負についても重要な意味をもつことになった。

請負は、当事者の一方（「請負人」という。）がある仕事を完成することを約し、相手方（「注文者」という。）がその仕事の結果に対してその報酬を支払うことを約することによって効力を生ずる契約である（民法632条）。そして、その報酬は、仕事の目的物の引渡しと同時に支払わなければならず、物の引渡しを要しないときは、その仕事が終了したときに支払わなければならない（民法633条、624条1項）。

　注文者の責めに帰することができない事由によって仕事を完成することができなくなったとき又は請負契約が仕事の完成前に解除されたときは、請負人が既にした仕事の結果のうち可分な部分の給付によって注文者が利益を受けるときは、その部分を仕事の完成とみなして、請負人は、注文者が受ける利益の割合に応じて報酬を請求することができる（新民法634条）。請負は、仕事の完成を目的とするものであり、その報酬は後払いのはずであるが、仕事の結果が可分であるときは、注文者と請負人の公平の観点から、完成した部分についての報酬請求権を認めたものである。仕事が完成できない事由が注文者又は請負人のいずれかの責に帰すべきものであるときは、責を負うべき者は反対給付（注文者における報酬支払い、請負人における仕事の完成）の履行を拒むことはできず（新民法536条2項）、その履行ができないときは債務不履行の責任（新民法415条）を負うことになる。また、仕事の完成前の解除についても、それについて責を負うべき者は、債務不履行による損害賠償責任を負う（新民法541条、542条、543条、545条4項）。

　請負人が種類又は品質に関して契約の内容に適合しない仕事の目的物を注文者に引き渡すことは債務不履行であり、請負人は損害賠償責任を負い（新民法415条）、注文主からする契約解除の理由となる（新民法541条、542条）のが原則であるが、その引渡しをした場合（その引渡しを要しない場合にあっては、仕事が終了した時に仕事の目的物が種類又は品質に関して契約の内容に適合しない場合）において、それが注文者の供した材料の性質又は注文者の与えた指図によって生じた不適合であるときは、請負人がその材料又は指図が不適当であることを知りながら告げなかったときを除いて、注文者は、履行の追完の請求、報酬の減額の請求、損害賠償の請求及び契約の解除をすることができない（新民法636条）。また、注文者の供した材料の性質又は注文者の与えた指図によらずに、請負人が契約の内容に適合しない仕事の目的物を引渡し、又は仕事を終了したときにあっては、注文者は、その不適合を知った時から1年以

内にその旨を請負人に通知して、その不適合を理由とする履行の追完の請求、報酬の減額の請求、損害賠償の請求及び契約の解除をすることができる（新民法637条1項参照）。この通知は権利行使の要件であり、権利自体の消滅時効については新民法166条1項が適用になる。ここで不適合を知った時というのは、請負人の責任を追及できる程度に確実な事実関係を知ったときであり（最高裁平成13年2月22日判決（判例時報1745号85頁）参照）、この通知においては、契約内容不適合があったことだけでなく、瑕疵・数量の不足の種類とその大体の範囲を通知することが必要であるが、その詳細まで通知する必要はないとされる（商法526条2項参照）。ただし、仕事の目的物を注文者に引き渡した時（その引渡しを要しない場合にあっては、仕事が終了した時）において、請負人がその不適合を知り、又は重大な過失によって知らなかったときは、その不適合を知った時から1年以内にその旨を請負人に通知しなければならないという注文者の権利行使についての期間制限はない（新民法637条1項、2項）。

　ところで、この注文者の権利（請負人の義務）については、住宅を新築する契約に関する重大な特例がある。すなわち、令和2年（2020年）4月1日から施行される改正後の住宅の品質確保の促進等に関する法律は、種類又は品質に関して契約の内容に適合しない状態を「瑕疵」と定義した（2条5項）うえで、「住宅を新築する建設工事の請負契約（以下「住宅新築請負契約」という。）においては、請負人は、注文者に引き渡した時から10年間、住宅のうち構造耐力上主要な部分又は雨水の浸入を防止する部分として政令で定めるもの……の瑕疵（構造耐力又は雨水の浸入に影響のないものを除く。……）について、民法415条、541条及び542条並びに同法559条で準用する同法562条及び563条に規定する担保の責任を負」い（94条1項）、これに反する特約で注文者に不利なものは無効とする（94条2項）としている。そして、この場合における注文者の請負人に対する通知義務を定めた新民法637条の適用については、住宅の構造耐力上主要な部分等に瑕疵がある建物の引渡しがあった場合に、その瑕疵を知ったときから1年以内に通知しなければならない（94条3項）としている。また、特約をすることによって、住宅の瑕疵（住宅の構造耐力上主要な部分等の瑕疵に限らない。）について担保の責任を負うべき期間を注文主に引き渡した時から20年以内とすることができることになっている（97条）。

請負人が仕事を完成しない間は、注文者は、いつでも損害を賠償して契約の解除をすることができる（民法641条）。また、注文者が破産手続開始の決定を受けたときは、請負人又は破産管財人は、契約の解除をすることができるが、仕事を完成した後は、請負人は契約の解除をすることができず（新民法642条1項）、その目的物を引き渡さなければならない（破産財団に帰属する。）。ただし、この場合における目的物の引渡しと報酬の支払いは同時履行の関係にある（民法633条本文）。契約の解除がなされた場合において、請負人は、既にした仕事の報酬及びその中に含まれていない費用について、破産財団の配当に加入することができるとされ（新民法642条2項）、破産管財人が契約の解除をした場合は、請負人は、損害賠償の請求をすることができ、破産財団の配当に加入することになる（新民法642条3項）。

X　委任・準委任

　委任というのは、当事者の一方（「委任者」という。）が法律行為をすることを相手方（「受任者」という。）に委託し、相手方がこれを承諾する契約のことであり（民法643条）、委任に関する規定は、法律行為でない事務の委託（これを「準委任」という。）について準用される（民法656条）。委任の典型的な例としては会社における会社と取締役（法人とその役員）の関係等があり、準委任の例としては廃棄物の収集、運搬、処理の委託等があるが、いずれも委任の規定に従うことになるので、法律的には委任と準委任を区別する実益はない。

　受任者は、委任の本旨に従い、善良な管理者の注意をもって、委任事務を処理する義務を負い（民法644条）、委任者の許諾を得たとき、又はやむを得ない事由があるときでなければ、復受任者を選任することができず、代理権を付与する委任（第1編第4章Ⅲ1参照）において、受任者が代理権を有する復受任者を選任したときは、復受任者は、委任者に対して、その権限の範囲内において、受任者と同一の権利を有し、義務を負うことになっている（新民法644条の2）。

　ここでは善良な管理者の注意の意味が問題になるが、「手形小切手の印影が、届出の印鑑と符合すると認めて支払をなした上は、これによって生ずる

第2章　契約　311

損害につき銀行は一切その責に任じない」との約定のある当座勘定取引契約における銀行の注意義務について、次のように述べて、銀行の責任を認めた判例（最高裁昭和46年6月10日判決・判例時報634号3頁）がある。

「おもうに、銀行が当座勘定取引契約によって委託されたところに従い、取引先の振り出した手形の支払事務を行なうにあたっては、委任の本旨に従い善良な管理者の注意をもつてこれを処理する義務を負うことは明らかである。したがって、銀行が自店を支払場所とする手形について、真実取引先の振り出した手形であるかどうかを確認するため、届出印鑑の印影と当該手形上の印影とを照合するにあたっては、特段の事情のないかぎり、折り重ねによる照合や拡大鏡等による照合をするまでの必要はなく、前記のような肉眼によるいわゆる平面照合の方法をもってすれば足りるにしても、金融機関としての銀行の照合事務担当者に対して社会通念上一般に期待されている業務上相当の注意をもつて慎重に事を行なうことを要し、かかる事務に習熟している銀行員が右のごとき相当の注意を払つて熟視するならば肉眼をもつても発見しうるような印影の相違が看過されたときは、銀行側に過失の責任があるものというべく、偽造手形の支払による不利益を取引先に帰せしめることは許されないものといわなければならない。」

受任者は、委任者の請求があるときは、いつでも委任事務の処理の状況を報告し、委任が終了した後は、遅滞なくその経過及び結果を報告しなければならず（民法645条）、委任事務を処理するに当たって受け取った金銭その他の物（収取した果実を含む。）を委任者に引き渡さなければならないし、委任者のために自己の名で取得した権利を委任者に移転しなければならない（民法646条）。そして、受任者は、委任者に引き渡すべき金額又はその利益のために用いるべき金額を自己のために消費したときは、その消費した日以後の利息を支払わなければならず、なお損害があるときは、その賠償の責任を負う（民法647条）。

なお、受任者は、特約がなければ、委任者に対して報酬を請求することができず、報酬を受けるべき場合には、委任事務を履行した後でなければ、これを請求することができないのであるが、期間によって報酬を定めたときは、その期間を経過した後に請求することができる（民法648条1項、2項、

624条2項)。さらに、委任者の責めに帰することができない事由によって委任事務の履行をすることができなくなったとき及び委任が履行の中途で終了したときは、既にした履行の割合に応じて報酬を請求することができる（新民法648条3項)。委任者の責めに帰すべき事由によって委任事務の履行をすることができなくなったときは、委任者が報酬の支払いを拒絶することができない（新民法536条2項）のは当然のことであり、委任事務が履行の中途で終了したときは、帰責事由が委任者、受任者のいずれにある場合でも報酬請求権には影響しない（新民法648条3項2号）が、債務不履行の一般原則による損害賠償の規定（新民法415条）は適用される。

　委任事務の履行により得られる成果に対して報酬を支払うことの約束は請負に類似し、その成果が引渡しを要するときは、報酬は、その成果の引渡しと同時に、支払わなければならず（新民法648条の2第1項)、委任者の責めに帰することができない事由によって委任事務の履行をすることができなくなったとき及び委任が履行の中途で解除されたときは、既にした委任事務の結果のうち可分な部分の終了によって委任者が利益を受けるときは、その部分を委任事務の成果とみなして、受任者は、委任者が受ける利益の割合に応じて報酬を請求することができることになっている（新民法648条の2第2項による634条の準用)。

　委任事務を処理するについて費用を要するときは、委任者は、受任者の請求により、その前払をしなければならない（民法649条)。また、受任者は、委任事務を処理するのに必要と認められる費用を支出したときは、委任者に対し、その費用及び支出の日以後におけるその利息の償還を請求することができ、委任事務を処理するのに必要と認められる債務を負担したときは、委任者に対し、自己に代わってその弁済をすることを請求することができる（民法650条1項、2項本文)。そして、受任者は、この弁済をすることを請求することができる場合において、その債務が弁済期にないときは、委任者に対し、相当の担保を供させることができ（民法650条2項後段)、委任事務を処理するため自己に過失なく損害を受けたときは、委任者に対し、その賠償を請求することができる（民法650条3項)。

　委任は、各当事者がいつでもその解除をすることができ（民法651条1項)、それが将来に向かってのみ効力を生ずるのは賃貸借におけると同じである（民法652条による新民法620条の準用)。委任を解除した者は、やむを得ない事由

があった場合を除いて、相手方に不利な時期に解除したとき又は委任者が受任者の利益（専ら報酬を得ることによるものを除く。）をも目的とする委任を解除したときには、相手方の損害を賠償しなければならない（新民法651条2項）。なお、また、委任は、次に掲げる事由によって終了する（民法653条）。

① 委任者又は受任者の死亡。
② 委任者又は受任者が破産手続開始の決定を受けたこと。
③ 受任者が後見開始の審判を受けたこと。

委任が終了した場合において、急迫の事情があるときは、受任者又はその相続人若しくは法定代理人は、委任者又はその相続人若しくは法定代理人が委任事務を処理することができるに至るまで、必要な処分をしなければならない（民法654条）。そして、委任の終了事由は、これを相手方に通知したとき、又は相手方がこれを知っていたときでなければ、これをもってその相手方に対抗することができない（民法655条）。

XI 寄託

寄託というのは、当事者の一方（「寄託者」という。）がある物（「寄託物」という。）を保管することを相手方（「受寄者」という。）に委託し、相手方がこれを承諾することによって効力を生ずる契約である（新民法657条）。従前は、寄託は、消費貸借と同じように（前記V参照）、受寄者が寄託物を受け取ることによって効力を生ずる要物契約とされていたが、今回の改正によって、当事者の合意だけで効力が生ずる諾成契約とされた。そして、寄託が諾成契約とされたことに伴って、寄託者は、受寄者に寄託物を引き渡すまで、契約の解除をすることができるとされ、受寄者は、その契約の解除によって損害を受けたときは、寄託者に対し、その賠償を請求することができることになった（新民法657条の2第1項）。これに対して、書面によらない無報酬の受寄者は、寄託物を受け取るまで、契約の解除をすることができ、それ以外の受寄者は、寄託物を受け取るべき時期を経過したにもかかわらず、寄託者が寄託物を引き渡さない場合には、相当の期間を定めてその引渡しの催告をし、その

期間内に引渡しがないときは、契約の解除をすることができるとされた（新民法657条の2第2項、3項）。なお、寄託は無報酬なのが原則であり、受寄者が報酬を請求するためには特約が必要とされる（新民法665条による民法648条1項の準用）。

　受寄者は、寄託者の承諾を得なければ、寄託物を使用することができず、寄託者の承諾を得たとき又はやむを得ない事由があるときでなければ、寄託物を第三者に保管させることができない（新民法658条1項、2項）。そして、受寄者が寄託物を第三者（「再受寄者」という。）に保管させたときは、再受寄者は、寄託者に対して、その権限の範囲内において、受寄者と同一の権利を有し、義務を負う（新民法658条3項）のは、復代理人の権利義務（新民法106条2項）と類似している。

　受寄者は、その引渡しをするまで、契約その他の債権の発生原因及び取引上の社会通念に照らして定まる善良な管理者の注意をもって、その物を保存しなければならない（新民法400条）のが原則であるが、無報酬の受寄者は、自己の財産に対するのと同一の注意をもって、寄託物を保管する義務を負う（新民法659条）として、その責任が緩和されている。

　寄託物について権利を主張する第三者が受寄者に対して訴えを提起し、又は差押え、仮差押え若しくは仮処分をしたときは、寄託者が既にこれを知っているときを除いて、受寄者は、遅滞なくその事実を寄託者に通知しなければならず（新民法660条1項）、この場合に、その寄託物をその第三者に引き渡すべき旨を命ずる確定判決（確定判決と同一の効力を有するものを含む。）があり、その判決に従って第三者に引き渡したときを除いて、第三者が寄託物について権利を主張する場合であっても、受寄者は、寄託者の指図がない限り、寄託者に対しその寄託物を返還しなければならない（新民法660条2項）。そして、寄託者に対して寄託物を返還しなければならない場合には、寄託者にその寄託物を引き渡したことによって第三者に損害が生じたときであっても、その賠償の責任を負わない（新民法660条3項）。このことは、受寄者は、寄託者の占有代理人（第2編第2章Ⅰ1参照）であることの帰結である。

　寄託者は、過失なく寄託物の性質若しくは瑕疵を知らなかったとき、又は受寄者がこれを知っていたときを除いて、その性質又は瑕疵によって受寄者に生じた損害を賠償しなければならない（民法661条）。ここでは「瑕疵」という用語が使用されているが、売買における瑕疵担保責任が契約責任として

再構築された（第2章Ⅲ2（2）参照）ことに伴って、法律における一般的な用語として使用することはなくなったはずであるが、ここには、それが残されている。そのことを踏まえると、ここで「瑕疵」というのは、「契約の内容に適合しない」状態（新民法566条参照）を意味するものと解するのが適当であろう。

　当事者が寄託物の返還の時期を定めなかったときは、寄託者は、いつでもその返還を請求することができ、受寄者は、いつでもその返還をすることができる（民法663条1項）。返還の時期の定めがあるときであっても、寄託者は、その時期の前に返還を請求することができる（民法662条1項）が、これによって受寄者が損害を受けたときは、その賠償をしなければならない（新民法662条2項）。また、受寄者は、やむを得ない事由がなければ、定められた時期の前に返還をすることができない（民法663条2項）。

　寄託物の返還は、その保管をすべき場所でしなければならないが、受寄者が正当な事由によってその物を保管する場所を変更したときは、その現在の場所で返還をすることができる（民法664条）。

　寄託物の一部滅失又は損傷によって生じた損害の賠償及び受寄者が支出した費用の償還は、寄託者が返還を受けた時から1年以内に請求しなければならないが、この損害賠償の請求権については、寄託者が返還を受けた時から1年を経過するまでの間は時効が完成しない（新民法664条の2）のは、使用貸借及び賃貸借の場合（新民法600条、622条）と同じである（前記Ⅵ及びⅦ参照）。

　なお、委任に関する規定中、受任者による受取物の引渡し（民法646条）、受任者の金銭の消費についての責任（民法647条）、受任者の報酬（民法648条1項・2項、新民法648条3項）、受任者による費用の前払い請求（民法649条）、受任者による費用の返還請求及び債務の弁済請求等（民法650条1項、2項）についての規定は、寄託について準用される（新民法665条）。

　ところで、寄託には、代替性のある種類及び品質が同一である物について、複数の寄託者から保管を委託され、それを混合して保管し、混合して保管している物のなかから保管に際して受領したのと同じ数量を返還するという形態のものがあり、混合寄託と称される。従前はこれについての明文の規定がなかったのであるが、債権法改正法によって665条の2の規定が設けられた。すなわち、複数の者が寄託した物の種類及び品質が同一である場合には、受寄者は、各寄託者の承諾を得たときに限り、これらを混合して保管す

ることができ、この保管をしたときは、寄託者は、その寄託した物と同じ数量の物の返還を請求することができるのであるが、寄託物の一部が滅失したときは、寄託者は、混合して保管されている総寄託物に対するその寄託した物の割合に応じた数量の物の返還を請求することができ、この場合においては、寄託物の一部が滅失したことによる損害の賠償の請求を妨げないとされるのである。

受寄者が寄託物を消費することを認める契約は消費寄託と称され、その法律関係は消費貸借に類似する。この場合には、受寄者は、寄託された物と種類、品質及び数量の同じ物をもって返還しなければならない（新民法666条1項）とされるほか、貸主の引渡し義務と不適合物を引き渡された場合の価額による返還についての新民法590条、物による返還ができない場合における価額の償還についての民法592条が準用され（新民法666条2項）、預金又は貯金に係る契約により金銭を寄託した場合については、借主がいつでも返還することができるとする新民法591条2項及び契約による時期よりも前に返還された場合の貸主の損害賠償請求権についての新民法591条3項の規定が準用される（新民法666条3項）。

XII 組合

契約の中には、反対方向の意思表示（売る・買う、貸す・借りる等）が合致することによって効力が生ずるものと、目的を共通にする複数の意思表示の合致によって効力が生ずるものがあるとされ、後者を契約と区別して合同行為と称することがある。契約は、その主体が自由な立場で意思表示を行い、その意思を尊重するのが原則であるが、合同行為には団体的制約の下で意思表示がなされるという特徴があり、両者を同一の平面で論ずることはできないという主張がなされることが多い。

合同行為の代表的なものとしては会社等の社団法人の設立や合議体における議決等があげられるが、各当事者が出資（財産に限らず、労務を含む。）をして共同の事業を営むことを約することによって効力が生じる組合（民法667条）についても契約総則をそのまま適用できない場合があることが指摘されていた。そこで、新民法は、その667条の2第1項で、組合契約については同時

履行の抗弁についての民法533条及び債務者の危険負担等についての新民法536条を適用しないとするほか、667条の3第1項で、組合員の一人について意思表示の無効又は取消しの原因があっても、他の組合員の間においては、組合契約は、その効力を妨げられないとした。この結果、出資債務の履行請求を受けた組合員は同時履行の抗弁権を行使して出資を拒むことができないこととなり、一部の組合員の出資債務の履行が不能となっても、他の組合員は出資の履行を拒むことができないこととなった。また、組合員は、他の組合員が組合契約に基づく債務の履行をしないことを理由として、組合契約を解除することができないこととされている（新民法667条の2第2項）。

　各組合員の出資その他の組合財産は、全ての組合員の共有に属し（民法668条）、金銭を出資の目的とした場合において、組合員がその出資をすることを怠ったときは、その利息を支払うほか、損害の賠償をしなければならない（民法669条）。

　組合の業務の決定は、組合員の過半数で決めなければならないが、それを執行する権限は各組合員にあり、組合の業務の決定及び執行は、組合契約の定めるところによって、一人又は数人の組合員又は第三者に委任することができる（新民法670条1項、2項）。この委任を受けた者（「業務執行者」という。）が組合の業務を決定し、これを執行する場合において、業務執行者が数人あるときは、組合の業務は、業務執行者の過半数をもって決定し、各業務執行者がこれを執行するのであるが、業務執行者が選任されている場合にあっても、組合の業務については、全ての組合員の同意によって決定し、又は全ての組合員（各組合員ではない。）が執行することができることとされている（新民法670条3項、4項）。なお、組合の常務は、その完了前に他の組合員又は業務執行者が異議を述べたときを除いて、各組合員又は各業務執行者が単独で行うことができる（新民法670条5項）のは従前と同じである。

　組合は法人格をもたず、権利能力なき社団（第1編第2章Ⅲ2参照）にも該当しないので、組合としての行為は常に全ての組合員を代理する者が行うことになる。まず、各組合員は、組合の業務を執行する場合において、組合員の過半数の同意を得たときは、他の組合員を代理することができる（新民法670条の2第1項）のであるが、業務執行者があるときは、業務執行者のみが組合員を代理することができ、業務執行者が数人あるときは、各業務執行者は、業務執行者の過半数の同意を得たときに限り、組合員を代理することが

できる（新民法670条の2第2項）。また、組合の常務については、各組合員又は各業務執行者は、単独で組合員を代理することができる（新民法670条の2第3項）。

　なお、組合の業務を決定し、又は執行する組合員については、受任者の注意義務についての民法644条、復受任者の専任等についての新民法644条の2、受任者による報告についての民法645条、受任者による受取物の引渡し等についての民法646条、受任者の金銭の消費についての責任についての民法647条、受任者の報酬についての民法648条1項・2項及び新民法648条3項、成果等に対する報酬についての新民法648条の2、受任者による費用の前払請求についての民法649条、受任者による費用等の償還請求等についての民法650条が準用される（新民法671条）。

　組合契約の定めるところにより一人又は数人の組合員に業務の決定及び執行を委任したときは、その組合員は、正当な事由がなければ、辞任することができない（新民法672条1項）が、正当な事由がある場合は、他の組合員の一致によってその組合員を解任することができる（民法672条2項）。また、各組合員は、組合の業務の決定及び執行をする権利を有しないときであっても、その業務及び組合財産の状況を検査することができる（民法673条）。

　組合財産は全ての組合員の共有に属する（民法668条）のであるが、通常の共有の場合（民法249条〜264条）とは異なり、それが事業を共同で営むという共通の目的に供するものであることから生ずる団体的拘束がある。すなわち、組合員は、組合財産についてその持分を処分したときは、その処分をもって組合及び組合と取引をした第三者に対抗することができず（民法676条1項）、組合財産である債権について、その持分についての権利を単独で行使することができないし、清算前に組合財産の分割を求めることもできない（新民法676条2項、3項）。そして、組合員の債権者は、組合財産についてその権利を行使することができない（新民法677条）とされる一方、組合の債権者は、組合財産についてその権利を行使することができるほか、その選択に従い、各組合員に対して損失分担の割合又は等しい割合でその権利を行使することができる（新民法675条1項、2項本文）とされる。ただ、組合の債権者による組合員に対する権利行使については、組合の債権者がその債権の発生の時に各組合員の損失分担の割合を知っていたときは、その割合によるものとされている（新民法675条2項ただし書）。

ところで、組合の事業から生じた損益の分配の割合は、責任の分担の割合をも意味するのであるが、当事者が損益の分配の割合を定めなかったときは、その割合は、各組合員の出資の価額に応じて定め、利益又は損失についてのみ分配の割合を定めたときは、その割合は、利益及び損失に共通であるものと推定される（民法674条）。

　組合員は、その全員の同意によって、又は組合契約の定めるところにより、新たに組合員を加入させることができるが、組合の成立後に加入した組合員は、その加入前に生じた組合の債務については、これを弁済する責任を負わない（新民法677条の2）。一方、組合契約で組合の存続期間を定めなかったとき、又はある組合員の終身の間組合が存続すべきことを定めたときは、各組合員は、いつでも脱退することができるのが原則であるが、やむを得ない事由がある場合を除き、組合に不利な時期に脱退することができず、組合の存続期間を定めた場合であっても、各組合員は、やむを得ない事由があるときは、脱退することができる（民法678条）。また、組合員に次の事由が生じたときは、当該組合員は、当然に脱退する（民法679条）。

① 死亡。
② 破産手続開始の決定を受けたこと。
③ 後見開始の審判を受けたこと。
④ 除名。

　ただ、④の除名は、正当な事由がある場合に限り、他の組合員の一致によらなければならず、除名した組合員にその旨を通知しなければ、これをもってその組合員に対抗することができない（民法680条）。

　組合員は、組合の債務について損失分担の割合又は等しい割合で責任を負うことは前述したが、脱退した組合員は、その脱退前に生じた組合の債務について、従前の責任の範囲内でこれを弁済する責任を負う一方、債権者が全部の弁済を受けない間は、組合に担保を供させ、又は組合に対して自己に免責を得させることを請求することができ、脱退前に生じた組合の債務を弁済したときは、組合に対して求償権を有する（新民法680条の2）。また、脱退した組合員と他の組合員との間の計算は、脱退の時における組合財産の状況に従ってしなければならず、脱退の時にまだ完了していない事項については、

その完了後に計算をすることができるのであるが、脱退した組合員の持分は、その出資の種類を問わず、金銭で払い戻すことができる（民法681条）。

ところで、組合は、次に掲げる事由によって解散するのである（新民法682条）が、やむを得ない事情があるときは、各組合員は、組合の解散を請求することができることとされている（民法683条）。ただし、組合の解散の効力が、将来に向かってのみ効力を生ずるのは賃貸借についてと同様である（民法684条、620条）。

① 組合の目的である事業の成功又はその成功の不能
② 組合契約で定めた存続期間の満了
③ 組合契約で定めた解散の事由の発生
④ 総組合員の同意

組合が解散したときの清算は、総組合員が共同して、又は組合員の過半数で選任した清算人をする（民法685条）のであるが、清算人については、業務執行者を定めた場合の業務の執行方法についての新民法670条3項～5項まで及び670条の2第2項並びに常務についての各組合員及び業務執行者による単独代理権についての新民法670条の2第3項が準用される。また、組合契約の定めるところにより組合員の中から清算人を選任した場合は、業務執行組合員の辞任及び解任について定める新民法672条が準用される。清算人の職務は、そのときに継続している業務の結了、債権の取立て及び債務の弁済であり、清算人は、これらの職務を行うために必要な一切の行為をすることができ、残余財産があるときは、各組合員の出資の価額に応じて分割することになる（民法688条）。なお、組合財産をもって債務を弁済することができないときは、各組合員が不足分を負担することになる（新民法675条2項）ので、注意が必要である。

なお、大規模な工事の請負をするために、複数の事業者で共同事業体（ジョイント・ベンチャーともいう。）を結成することが少なくないが、これは民法上の組合であると解される。しかし、代理の規定を除いて、民法はもっぱらその内部関係に着目した規定を置くのみであるから、それが当事者となる請負契約においては、組合員を代理して業務を行う者及びその権限の範囲並びに損害賠償責任の分担等について、明文の定めを置くことが重要である。

たとえば、その構成員の一人が当該契約に関して談合した場合に、それに関与していない構成員にも責任を負わせるためには（談合の事実が公正取引委員会の命令や訴訟によって確定するのは、当該請負工事が完了し、組合が解散した後になるのが通常である。）、その旨の特約が必要であるとするのが判例（最高裁平成26年12月19日判決・判例時報2247号27頁）である。

XIII 終身定期金

　終身定期金契約というのは、当事者の一方（「終身定期金債務者」という。）が、自己、相手方又は第三者の死亡に至るまで、定期に金銭その他の物を相手方又は第三者に給付することを約することによって効力を生ずるものであり、終身定期金は、日割りで計算される（民法689条、690条）。

　終身定期金債務者が終身定期金の元本を受領した場合において、その終身定期金の給付を怠り、又はその他の義務を履行しないときは、相手方は、元本の返還を請求することができるが、相手方は、既に受け取った終身定期金の中からその元本の利息を控除した残額を終身定期金債務者に返還しなければならず（民法691条1項）、この場合には、元本の請求と受領した終身定期金の返還とは同時履行の関係になる（民法692条、533条）。また、相手方は、債務不履行の一般原則に従って、損害賠償の請求をすることもできる（民法691条2項）。

　終身定期金契約は、自己、相手方又は第三者の死亡に至るまで効力を有するものであるから、その死亡が終身定期金債務者の責めに帰すべき事由によるときは、裁判所は、終身定期金債権者又はその相続人の請求により、終身定期金債権が相当の期間存続することを宣告することができ、終身定期金債務者に対する元本の請求や損害賠償の請求もできる（民法693条、691条）。

　なお、終身定期金を遺贈とした場合には、民法689条〜693条の規定が準用される（民法694条）。

XIV　和解

　和解は、争いをしている当事者が互いに譲歩をして、その争いをやめることを約束する契約である（民法695条）。そして、当事者の一方が和解によって争いの目的である権利を有するものと認められ、又は相手方がこれを有しないものと認められた場合において、その当事者の一方が従来その権利を有していなかった旨の確証又は相手方がこれを有していた旨の確証が得られたときは、その権利は、和解によってその当事者の一方に移転し、又は消滅したものとされる（民法696条）。

　このことは、和解の対象となるのは権利・義務の有無を巡る争いであり、和解というのは、互いに譲歩をすることによって、その争いを解決することであることを意味する。したがって、単に事実を確認したり、以後の円満な関係を約束するだけであれば、それは法律上の和解には該当しない。

　なお、地方自治法96条1項12号は、地方公共団体が当事者である和解をするためには議会の議決が必要であるとしているが、これは、和解には権利の放棄（同項10号参照）や義務の負担（同項13号及び同法214条参照）が含まれるためであり、これらが含まれない合意をするためには議会の議決は不要である。

第3章 事務管理

　事務管理は、当事者の意思によらずに債権・債務を発生させる原因となるものであり、典型的な事件の一つである（第1章Ⅰ1参照）。
　事務管理というのは、義務がないにもかかわらず、他人のために事務を管理することであり、事務管理を始めた者（「管理者」という。）は、その事務の性質に従い、最も本人の利益に適合する方法によってその事務を管理しなければならず、本人の意思を知っているとき又はこれを推知することができるときは、その意思に従って事務管理をしなければならない（民法697条）。典型的な事務管理の例としては、遺失物を拾得して、遺失者に返還し、又は警察署長に提出することがある（第2編第3章Ⅱ2）。これについては、遺失物法に規定があるが、同法は、遺失物を拾得した場合の取り扱い並びに費用の負担及び報労金の支払い等について定めているだけであり、遺失物を発見した者に対して何からの義務を課しているわけではないから、拾得者の行為は、義務がないにもかかわらず、他人のために事務を管理するものに該当する。また、孤独死した者について葬祭を行うことはこれに含まれるが（生活保護法は、その18条1項で葬祭扶助の内容として検案、死体の運搬、火葬又は埋葬及び納骨その他葬祭のために必要なものを掲げ、37条2項で葬祭を行う者に対して直接生活保護費を支払うとしている。）、遺産の処分をすることは事務管理の範疇を超えるであろう。
　管理者は、本人の身体、名誉又は財産に対する急迫の危害を免れさせるために事務管理をしたときは、悪意又は重大な過失があるのでなければ、これによって生じた損害を賠償する責任を負わない（民法698条）。これは、事務管理の方法が最も本人の利益に適合する方法によると言い難い場合でも免責されることに意味がある。
　管理者は、本人が既にこれを知っているときを除いて、事務管理を始めたことを遅滞なく本人に通知しなければならない（民法699条）が、本人を特定することができなかったり、その住所（連絡先）を知ることができないときは、適宜の方法で周知することで足りるであろう。また、管理者は、事務管理の継続が本人の意思に反し、又は本人に不利であることが明らかであると

きを除いて、本人又はその相続人若しくは法定代理人が管理をすることができるに至るまで、事務管理を継続しなければならず（民法700条）、受任者による報告（民法645条）、受任者による受取物の返還（民法646条）、受任者の金銭の消費についての責任（民法647条）についての規定（前記第2章X参照）は、事務管理について準用される（新民法701条）ので、その責任は決して軽くはない。

　管理者は、本人のために有益な費用（必要費（民法196条1項）を含む。）を支出したときは、本人に対し、その償還を請求することができ、本人のために有益な債務を負担した場合は、本人に対してその債務を弁済することを請求できる（民法702条1項・2項、650条2項）。ただ、管理者が本人の意思に反して事務管理をしたときに費用の償還及び債務の弁済を請求できるのは、本人が現に利益を受けている限度においてだけである（民法702条3項）。

第4章 不当利得

　不当利得というのは、「ある人の財産的利得が法律上の原因ないし正当な理由を欠く場合に、法律が、公平の観念に基づいて、利得者にその利得の返還義務を負担させるもの」であり（最高裁昭和49年9月26日判決・判例時報757号63頁）、事務管理とともに事件に該当する。

　法律上の原因なく他人の財産又は労務によって利益を受け、そのために他人に損失を及ぼした者（「利得者」という。）は、その利益の存する限度において、これを返還する義務を負う（民法703条）。たとえば、売買契約が取り消されたときは、初めから無効であったものと見なされる（民法121条本文）結果、その契約に基づいてなされた物の所有権の移転や金銭の支払いは、いずれも法律上の原因がなかったことになり、お互いの間に利益と損失が生じているので、それぞれが受領したものを返還する義務を負うことになる。なお、金銭を取得した場合は、それを消費したか否か、その方法が生産的か否かに関係なく、その利益が存するとされ（大審院明治35年10月14日判決・民録8輯9巻73頁）、金銭の取得による利益が存しないことについては、不当利得返還請求権の消滅を主張する者において主張・立証すべきであるし、利得者が利得に法律上の原因がないことを認識した後に利益が消滅したとしても、それは返還義務の範囲を減少させる理由とはならない（最高裁平成3年11月19日・判例時報1404号30頁）。

　悪意の受益者（法律上の原因がないことを知って利得をした者を意味する。）は、その受けた利益に利息を付して返還しなければならず、なお損害があるときは、その賠償の責任を負う（民法704条）のであるが、この損害賠償責任は、悪意の受益者が不法行為の要件を充足する限りにおいて、不法行為責任を負うことを注意的に規定したものにすぎず、悪意の受益者に対して不法行為責任とは異なる特別の責任を負わせたものではない（最高裁平成21年11月9日判決・判例時報2064号56頁）。

　債務の存在しないことを知りながら、その弁済として給付をした者は、その給付したものの返還を請求することができない（民法705条）とされ、この弁済を非債弁済という。また、債務者は、弁済期にない債務の弁済として給

付をしたときは、その給付したものの返還を請求することができないが、債務者が錯誤によってその給付をしたときは、債権者は、これによって得た利益を返還しなければならない（民法706条）。

債務者でない者が錯誤によって債務の弁済をした場合において、債権者が善意で証書を滅失させ若しくは損傷し、担保を放棄し、又は時効によってその債権を失ったときは、その弁済をした者は、返還の請求をすることができないが、弁済をした者は、債務者に対して求償権を行使することができる（民法707条）。

不法な原因のために給付をした者は、その給付したものの返還を請求することができないが、不法な原因が受益者についてのみ存したときは、その返還を請求することができる（民法708条）。この給付を不法原因給付というが、ここで不法な原因というのは、給付の原因となる行為が公序良俗に違反する事項（第1編第4章Ⅰ1参照）を目的とするものをいい、法律に違反する全ての行為を意味するわけではない。また、不法な原因が受益者について存したとしても、それに比して給付者の側の行為の違法性が著しく大きいときは、それが受益者についてのみ存したということはできず、受益者に対する不法行為に基づく損害賠償請求は妨げられない（最高裁平成9年4月24日判決（判例時報1618号48頁）等）。

なお、契約又は給付することの処分に基づいて、給付されたものがある場合に、その契約を解除し、又は処分を取り消したときは、その給付したものについて不当利得返還請求権が発生する。この場合の不当利得返還請求権は、解除又は取消しをしなければ行使できないが、解除又は取消しは、単独行為であり、解除又は取消し事由がある限り、何時でもすることができる。このことは、解除又は取消しによって生ずる不当利得返還請求権も何時でも行使できることを意味するので、このことは、不当利得返還請求権の消滅時効は、取消し又は解除の原因となる事由が事後的に生じたものであるときを除いて、給付がなされた時から進行することになる。

第5章 不法行為

I 不法行為制度の意味

　「不法行為に基づく損害賠償制度は、被害者に生じた現実の損害を金銭的に評価し、加害者にこれを賠償させることにより、被害者が被った不利益を補てんして、不法行為がなかったときの状態に回復させることを目的とするものである。」とするのが判例（最高裁平成平成5年3月24日判決・判例時報1499号49頁）である。

　民法709条は、「故意又は過失によって他人の権利又は法律上保護される利益を侵害した者は、これによって生じた損害を賠償する責任を負う。」と定めるが、この条文は、加害者の被害者に対する損害賠償責任と同時に、近代法の大原則である過失責任主義を明らかにするものでもある。すなわち、この規定を逆に言えば、他人の権利又は法律上保護される利益を侵害したとしても、自己に故意又は過失がなければ責任を負う必要がなく、責任を負う場合にあっても、その範囲は侵害行為（不作為も含まれる。）によって生じた損害に限られるということである。この過失責任の原則は、個人の思想及び良心の自由（憲法13条・19条、民法2条参照）と相まって、自己の責任において自由な社会経済活動をすることができることを保証する機能を果している。

　そして、侵害行為によって生じた損害賠償の範囲については、民法416条が準用されるとするのが大審院の判例（大審院連合部大正15年5月22日中間判決・民集5巻386頁）であり、それは最高裁にも引き継がれている（最高裁昭和48年6月7日判決・民集27巻6号681頁）ところ、前記大審院判決の要旨は次のとおりである。

① 民法416条の規定は不法行為による損害賠償に準用される。
② 不法行為による物の滅失毀損の場合において、現実損害に対する賠償を得たる被害者は将来における通常の使用収益に対する賠償の請求をすることができない。ただし、特別の使用収益をなし得べきことを不法行

為の当時予見し、又は予見することができた場合にあっては、これに対する損害の賠償を請求することができる。
③　不法行為による物の滅失毀損に対する損害賠償額は、滅失毀損当時の交換価格によって定めるべきである。
④　不法行為により滅失毀損した物の価額がその後高騰したときは、加害者において、不法行為がなかったならば転売その他の方法により騰貴した価額に相当する利益を確実に取得することができた特別の事情があることを不法行為の当時予見し、又は予見することができた場合に限り、これに相当する損害の賠償を請求することができる。

　ここで予見可能性が問題にされていることについて、契約関係を前提とする債務不履行の場合はともかくとして、不法行為にその概念を持ち込むことは不当であるとの批判が強いが、共同生活の関係においては、加害者に無限の負担を負わせることは適当ではなく、損害賠償の範囲を限定することが必要であるから、不法行為の分野においても、特別な損害について予見可能性を要件とする民法416条2項の規定に準拠することが適当であると説明されており、このことは同項の一部が改正された後（新民法416条2項）でも妥当する（第3編第1章Ⅱ1（3）参照）。
　なお、不法行為による損害賠償には慰謝料の項目があることから、その算定に制裁的な意味を加えるべきであるとする議論があり、現実にもある程度の配慮はなされているが、アメリカ合衆国における懲罰的損害賠償を認めた判決を我が国において執行することを求めた裁判において、判例（最高裁平成9年7月11日判決・判例時報1624号90頁）は、次のように述べて、その執行を認めないとする。

　「我が国の不法行為に基づく損害賠償制度は、被害者に生じた現実の損害を金銭的に評価し、加害者にこれを賠償させることにより、被害者が被った不利益を補てんして、不法行為がなかったときの状態に回復させることを目的とするものであり（最高裁平成5年3月24日大法廷判決・民集47巻4号3039頁参照）、加害者に対する制裁や、将来における同様の行為の抑止、すなわち一般予防を目的とするものではない。もっとも、加害者に対して損害賠償義務を課することによって、結果的に加害者に対する制裁な

いし一般予防の効果を生ずることがあるとしても、それは被害者が被った不利益を回復するために加害者に対し損害賠償義務を負わせたことの反射的、副次的な効果にすぎず、加害者に対する制裁及び一般予防を本格的な目的とする懲罰的損害賠償の制度とは本質的に異なるというべきである。我が国においては、加害者に対して制裁を科し、将来の同様の行為を抑止することは、刑事上又は行政上の制裁にゆだねられているのである。そうしてみると、不法行為の当事者間において、被害者が加害者から、実際に生じた損害の賠償に加えて、制裁及び一般予防を目的とする賠償金の支払を受け得るとすることは、右に見た我が国における不法行為に基づく損害賠償制度の基本原則ないし基本理念と相いれないものであると認められる。」

II 不法行為成立の要件

1 故意又は過失

　不法行為が成立するための第1の要件は、加害者に故意又は過失があることである。故意というのは、結果の発生又はその可能性を現実に認識しながら、敢えてその行為をし、又はすべきことをしなかったということであり、過失というのは、結果の発生を予見した又は予見することができた（「予見可能性」があった）にもかかわらず、その結果を回避する義務（「結果回避義務」という。）を尽くさなかったことであるとされる。

　故意については、結果の発生又はその可能性の認識に加えて、それを発生させることが違法であることの認識が必要であるか否かの争いがあるが、その結果というのは他人の権利又は法律上保護される利益の侵害であり、それが違法であると認識できるのは当然であるから、そのことを議論することの実益はほとんどないであろう（是非を弁識する能力がない者の責任については後記Ⅳ1参照）。ただ、侵害されたとする権利又は法律上保護される利益が存在しないと信じていた場合には、加害者がそのように信じたことに過失がなければ、不法行為の要件としての過失もないことになる。また、過失について実務上問題となるのは、予見可能性の有無と結果回避義務の存否であるが、結

果回避義務については、結果を回避することが可能であったか否か（「結果回避可能性」の有無）も重要な意味をもつ。結果回避義務に関しては、それが容易であること等を理由として、飲食店経営者等にカラオケ装置をリースする業者は、相手方に対して、著作権者との間で著作物使用許諾契約を締結し、又は申込みをしたことを確認したうえで装置を引き渡すべき著作権者に対する条理上の義務があるとした判例（最高裁平成13年3月2日判決・判例時報1744号108頁）がある。

　通常、過失については、通常人に要求される程度の相当な注意をした場合に、結果を予見できるか、結果を回避できるかという観点から判断されるのであるが、民法は、契約上の注意義務について、「善良な管理者の注意」（644条等）と「自己の財産に対するのと同一の注意」（659条等）とに分けて規定している。また、公権力の行使に当たる公務員の不法行為によって国又は公共団体が損害賠償をしたときにおいて、その公務員に故意又は「重大な過失」があったときは、国又は公共団体はその公務員に対して求償権を有するとされ（国家賠償法1条2項）、失火ノ責任ニ関スル法律は、失火者に「重大ナル過失」がないときは民法709条を適用しないとする。さらに、刑法は、「過失」により人を傷害させた罪を過失傷害罪（同法209条）、「過失」により人を死亡させた罪を過失致死罪（同法210条）としたうえで、「業務上必要な注意」を怠り、人を死傷させた罪を業務上過失致死傷罪として、業務によらない場合に比して重い刑罰を課すこととし、業務上必要な注意を怠った場合に該当しなくても、「重大な過失」によって人を死傷させた場合はこれと同じとしている（同法211条）。さらに、「自動車の運転等により人を死傷させる行為等の処罰に関する法律」は、「運転上必要な注意」を怠り、人を死傷させた場合について、刑法の業務上過失致死傷罪による刑罰を加重している（同法4条、5条）。

　失火ノ責任ニ関スル法律がいう「重大ナル過失」とは、通常人に要求される程度の相当な注意をしないでも、わずかな注意さえすれば、たやすく違法有害の結果を予見することができた場合であるのに、漫然これを見過ごすような、ほとんど故意に近い著しい注意欠如の状態を指すものとするのが判例（最高裁昭和32年7月9日判決・民集11巻7号1203頁）であり、この判示は、海上保険契約における「重大ナル過失」という文言についての大審院の判決（大正2年12月20日・民録19輯1036頁）を引用してのものであることから、不法行

為における責任の発生原因としての「重大な過失」についても契約におけると同じ解釈がなされるものと思われる。一方、「善良な管理者の注意」というのは、通常人に要求される程度の相当な注意よりも高度な注意であると解される（前記第2章X参照）のであるが、さらに、専門的な業務を担当する者についてはかなり高度の注意義務が要求される場合がある。その代表的なのが医師である（最高裁昭和36年2月16日・判例時報251号7頁）が、高等学校のクラブ活動としてのサッカー大会への参加における引率者兼監督についても、「教育活動の一環として行われる学校の課外のクラブ活動においては、生徒は担当教諭の指導監督に従って行動するのであるから、担当教諭は、できる限り生徒の安全にかかわる事故の危険性を具体的に予見し、その予見に基づいて当該事故の発生を未然に防止する措置を執り、クラブ活動中の生徒を保護すべき注意義務を負うものというべきである。」として、雷雲が発生していたのであるから、落雷の危険から生徒を避難させる義務があったとする判例（最高裁平成18年3月13日判決・判例時報1929号41頁）がある。

2 ｜ 被侵害利益の存在

　不法行為が成立するための第2の要件は、侵害の対象となる「権利又は法律上保護される利益」の存在である。平成16年に行われた口語化のための民法の全面改正前の民法709条は「故意又ハ過失ニ因リテ他人ノ権利ヲ侵害シタル者ハ之ニ因リテ生シタル損害ヲ賠償スル責ニ任ス」と規定していたのであるが、この改正に際して、「又は法律上保護される利益」という表現が追加された。この改正は、それまでの判例の積み重ねを反映したにすぎず、不法行為の実質的な内容を変更するものではないと説明されており、それに対する異論は聞かれないが、表現が変更されたこと自体は明らかである。

　従来、権利侵害だけを不法行為成立の要件とするのは狭すぎるとするのが判例、学説共通の認識であり、権利侵害に代えて違法性の概念によることが提唱され、それを「法律上保護される利益」と表現することが多かったのであるが、それが現行法のように成文化されると、「権利」と「法律上保護される利益」が併存するようにみえる。判例（最高裁平成18年3月30日判決・判例時報1931号3頁）も、「民法上の不法行為は、私法上の権利が侵害された場合だけではなく、法律上保護される利益が侵害された場合にも成立し得るもの

である」としたうえで、「良好な景観の恵沢を享受する利益（以下「景観利益」という。）は、法律上保護に値するものと解するのが相当である。」としつつ、景観利益は、「現時点においては、私法上の権利といい得るような明確な実体を有するものとは認められず、景観利益を超えて『景観権』という権利性を有するものを認めることはできない。」として、「権利」と「法律上保護される利益」を区別している。そのうえで、同判例は、「ある行為が景観利益に対する違法な侵害に当たるといえるためには、少なくとも、その侵害行為が刑罰法規や行政法規の規制に違反するものであったり、公序良俗違反や権利の濫用に該当するものであるなど、侵害行為の態様や程度の面において社会的に容認された行為としての相当性を欠くことが求められると解するのが相当である。」と判示している。このことからすると、権利については、それへの侵害行為が直ちに不法行為となるが、「法律上保護される利益」については、その侵害の態様や程度が社会的に容認され得ないものであることが必要であることになる。言い換えると、「法律上保護される利益」であるか否かは、侵害行為の態様や程度との関係で判断され、侵害行為の態様や程度が違法であれば（社会的に容認できないものであれば）、それによって侵害された利益は法律上保護されるべきものであることになるということであり、そこでは受忍限度が問題となる。

　このように考えると、侵害の態様（悪質さ）如何に関わらず、侵害されただけで不法行為が成立するものを「権利」と、侵害の態様との相関関係で不法行為となるか否かが決まるものを「法律上保護される利益」と言うことができよう。そうすると、権利には、人の生命・身体・自由（憲法13条参照）を初めとして、民法が定める物権（第2編第1章I 1参照）に加えて、第三者に対抗できることが法定されている著作権、特許権等の知的財産権その他の権利が含まれることになる。また、「法律上保護される利益」については、前掲最高裁平成18年判決の事案のように、それが問題とされる状況に応じて個別に判断されることになる。ただ、実務的には、損害の額、特に慰謝料の算定に際しては侵害の態様や権利の性質等が総合的に考慮されることもあって、この区別が意識されることは少ないのが通常である。ともあれ、不法行為の成否が争点となったこれまでの判例から、第三者に対抗できる権利以外のものが問題となったものとして次のものをあげることができる。

第5章　不法行為

① 自治体の施策の変更が不法行為に該当するとされた例（最高昭和56年1月27日判決・判例時報994号26頁）

「地方公共団体の施策を住民の意思に基づいて行うべきものとするいわゆる住民自治の原則は地方公共団体の組織及び運営に関する基本原則であり、また、地方公共団体のような行政主体が一定内容の将来にわたつて継続すべき施策を決定した場合でも、右施策が社会情勢の変動等に伴つて変更されることがあることはもとより当然であつて、地方公共団体は原則として右決定に拘束されるものではない。しかし、右決定が、単に一定内容の継続的な施策を定めるにとどまらず、特定の者に対して右施策に適合する特定内容の活動をすることを促す個別的、具体的な勧告ないし勧誘を伴うものであり、かつ、その活動が相当期間にわたる当該施策の継続を前提としてはじめてこれに投入する資金又は労力に相応する効果を生じうる性質のものである場合には、右特定の者は、右施策が右活動の基盤として維持されるものと信頼し、これを前提として右の活動ないしその準備活動に入るのが通常である。このような状況のもとでは、たとえ右勧告ないし勧誘に基づいてその者と当該地方公共団体との間に右施策の維持を内容とする契約が締結されたものとは認められない場合であつても、右のように密接な交渉を持つに至つた当事者間の関係を規律すべき信義衡平の原則に照らし、その施策の変更にあたつてはかかる信頼に対して法的保護が与えられなければならないものというべきである。すなわち、右施策が変更されることにより、前記の勧告等に動機づけられて前記のような活動に入つた者がその信頼に反して所期の活動を妨げられ、社会観念上看過することができない程度の積極的損害を被る場合に、地方公共団体において右損害を補償するなどの代償的措置を講ずることなく施策を変更することは、それがやむをえない客観的事情によるのでない限り、当事者間に形成された信頼関係を不当に破壊するものとして違法性を帯び、地方公共団体の不法行為責任を生ぜしめるものといわなければならない。そして、前記住民自治の原則も、地方公共団体が住民の意思に基づいて行動する場合にはその行動になんらの法的責任も伴わないということを意味するものではないから、地方公共団体の施策決定の基盤をなす政治情勢の変化をもつてただちに前記のやむをえない客観的事情にあたるものとし、前記のような相手方の信頼を

保護しないことが許されるものと解すべきではない。」

② 民間における事業計画の変更が不法行為に該当するとされた例（最高裁平成18年9月4日判決・判例時報1949号30頁）

この判例の要旨は、次のとおりである。

建物建築工事における建具の納入等を行う業者（納入業者）が当該工事の発注を受ける予定の業者（施工業者）との間で建具の納入等の下請契約を確実に締結できるものと信頼して準備作業を開始した場合において、当該工事を発注することを予定していた者（発注予定者）がそのことを予見することができた場合には、信義衡平の原則に照らし、納入業者には法的保護が与えられなければならない。納入業者との関係で、発注予定者に施工業者と請負契約の締結を図るべき法的義務があったとまでは認め難いとしても、上記信頼に基づく行為によって当該建具の納入業者が支出した費用を補てんするなどの代償的措置を講ずることなく、発注予定者が将来の収支に不安定な要因があることを理由として本件建物の建築計画を中止することは、納入業者の信頼を不当に損なうものというべきであり、発注予定者は、これにより生じた納入業者の損害について不法行為による賠償責任を免れない。

③ 債権侵害（不動産の二重売買）の不法行為該当性（最高裁昭和30年5月31日判決・判例タイムズ49号57頁）

この判例は、乙が甲から不動産を買い受けて登記を経ないうちに、丙が甲から当該不動産を買い受けて登記をし、これをさらに丁に売り渡して登記をしたために、乙がその所有権取得を丁に対抗することができなくなった場合において、丙が甲乙間の売買の事実を知って買受けたものであっても、それだけでは、丙は乙に対し不法行為責任を負わないとしたものである。不動産の所有権の得喪及び変更は登記しなければ第三者に対抗できない（民法177条）のが原則であるが、背信的悪意者である第三者に対しては、登記がなくても対抗できるとされる（第2編第1章Ⅱ2(1)参照）ところ、この判例が丙は乙に対し不法行為責任を負わないとした理由が「丙が甲乙間の売買の事実を知って買受けただけ」であることに注意しなければならない。すなわち、丙が単に事実を知っているだけではなく、登記の欠缺を主張できない背信的悪意者（詐欺又は強迫によって登記の申請を妨げたり、他人のために登記の義務を負う者及びこれらに類す

る程度の者）に該当する場合はもちろんであるが、取引上の社会通念に照らして（第3編第1章Ⅱ1（1）参照）不公正な方法で不動産を取得した場合は、損害賠償責任を負うことがあると解されるのである。

3 ｜ 損害の発生

　不法行為の効果は、生じた損害の賠償であるが、何をもって損害とするかについての規定はない。損害賠償の範囲については、大正15年の大審院判決が基本となっていることはⅠで述べたが、最高裁昭和39年1月28日判決（判例時報363号10頁）は、より具体的に、次のように述べる。

　「思うに、民法上のいわゆる損害とは、一口に云えば侵害行為がなかつたならば惹起しなかつたであろう状態（原状）を（a）とし、侵害行為によつて惹起されているところの現実の状態（現状）を（b）としa－b＝xのxを金銭で評価したものが損害である。そのうち、数理的に算定できるものが、有形の損害すなわち財産上の損害であり、その然らざるものが無形の損害である。しかしその無形の損害と雖も法律の上では金銭評価の途が全くとざされているわけのものではない。侵害行為の程度、加害者、被害者の年令資産その社会的環境等各般の情況を斟酌して右金銭の評価は可能である。その顕著な事例は判示にいうところの精神上の苦痛を和らげるであろうところの慰藉料支払の場合である。しかし、無形の損害に対する賠償はその場合以外にないものと考うべきではない。そもそも、民事責任の眼目とするところは損害の填補である。すなわち前段で示したa－b＝xの方式におけるxを金銭でカヴァーするのが、損害賠償のねらいなのである。」

　物の滅失や毀損による損害（「物損」という。）の場合は、この判例がいうa－b＝xの式によって算定をすることにそれ程の困難がないのが通常であろうが、人の生命、身体（健康を含む。）、自由、名誉等に対する侵害による損害（「人損」という。）の場合は簡単ではない。すなわち、人損は、具体的な損害を算定できないのが普通であり（逸失利益であっても、収入の見込みや稼働期間等について一定の仮定を置かなければならない。）、そのほとんどが上掲判例がいう無

形の損害となることから、被害の程度に応じた損害の定型化が進み、極端な場合には全ての損害を慰謝料として算定することもある（最高裁平成6年2月22日判決・判例時報1499号32頁）。なお、慰謝料の額の認定は、事実審（一審、二審を意味する。）の裁量に属する事実認定の問題であるとされ、前掲判例がいうa－b＝xにおけるxの額を調整するために利用されることが少なくない。また、訴訟法上の取り扱いとして、「損害が生じたことが認められる場合において、損害の性質上その額を立証することが極めて困難であるときは、裁判所は、口頭弁論の全趣旨及び証拠調べの結果に基づき、相当な損害額を認定することができる。」（民事訴訟法248条）とされており、損害の額の決定についての裁判所の裁量の幅は極めて広い。

ところで、被害者が不法行為によって損害を被ると同時に、同一の原因によって利益（労働災害、公務災害とされることによる補償等）を受ける場合がある。この場合に、加害者からの損害賠償とともに、公的な補償を受けることができるとした場合には、現実に生じた損害を補てんするという不法行為制度の目的を超えた利益を被害者に与えることになる。この場合における取扱いについて、判例（最高裁平成5年3月24日判決・判例時報1499号49頁）は、次のように述べる。

「2 被害者が不法行為によって損害を被ると同時に、同一の原因によって利益を受ける場合には、損害と利益との間に同質性がある限り、公平の見地から、その利益の額を被害者が加害者に対して賠償を求める損害額から控除することによって損益相殺的な調整を図る必要があり、また、被害者が不法行為によって死亡し、その損害賠償請求権を取得した相続人が不法行為と同一の原因によって利益を受ける場合にも、右の損益相殺的な調整を図ることが必要なときがあり得る。このような調整は、前記の不法行為に基づく損害賠償制度の目的から考えると、被害者又はその相続人の受ける利益によって被害者に生じた損害が現実に補てんされたということができる範囲に限られるべきである。

3 ところで、不法行為と同一の原因によって被害者又はその相続人が第三者に対する債権を取得した場合には、当該債権を取得したということだけから右の損益相殺的な調整をすることは、原則として許されないものといわなければならない。けだし、債権には、程度の差こそあれ、履行の不

確実性を伴うことが避けられず、現実に履行されることが常に確実であるということはできない上、特に当該債権が将来にわたって継続的に履行されることを内容とするもので、その存続自体についても不確実性を伴うものであるような場合には、当該債権を取得したということだけでは、これによって被害者に生じた損害が現実に補てんされたものということができないからである。

4　したがって、被害者又はその相続人が取得した債権につき、損益相殺的な調整を図ることが許されるのは、当該債権が現実に履行された場合又はこれと同視し得る程度にその存続及び履行が確実であるということができる場合に限られるものというべきである。」

III　財産以外の損害の賠償

　民法710条は、「他人の身体、自由若しくは名誉を侵害した場合又は他人の財産権を侵害した場合のいずれであるかを問わず、前条の規定により損害賠償の責任を負う者は、財産以外の損害に対しても、その賠償をしなければならない。」とし、711条は、「他人の生命を侵害した者は、被害者の父母、配偶者及び子に対しては、その財産権が侵害されなかった場合においても、損害の賠償をしなければならない。」とする。これに関しては、次の判例が注目される。

①　肖像権の侵害（容ぼう等の撮影）が不法行為となる場合（最高裁平成17年11月10日判決・判例時報1925号84頁）

　「人は，みだりに自己の容ぼう等を撮影されないということについて法律上保護されるべき人格的利益を有する（最高裁昭和40年（あ）第1187号同44年12月24日大法廷判決・刑集23巻12号1625頁参照）。もっとも，人の容ぼう等の撮影が正当な取材行為等として許されるべき場合もあるのであって，ある者の容ぼう等をその承諾なく撮影することが不法行為法上違法となるかどうかは，被撮影者の社会的地位，撮影された被撮影者の活動内容，撮影の場所，撮影の目的，撮影の態様，撮影の必要性等を総合考慮して，被撮影者の上記人格的利益の侵害が社会生活上受忍の限度

を超えるものといえるかどうかを判断して決すべきである。」
② プライバシーの侵害（前科の公表）が不法行為となる場合（最高裁平成6年2月8日判決・判例時報1594号56頁）

「ある者が刑事事件につき被疑者とされ、さらには被告人として公訴を提起されて判決を受け、とりわけ有罪判決を受け、服役したという事実は、その者の名誉あるいは信用に直接にかかわる事項であるから、その者は、みだりに右の前科等にかかわる事実を公表されないことにつき、法的保護に値する利益を有するものというべきである。

（中略）

要するに、前科等にかかわる事実については、これを公表されない利益が法的保護に値する場合があると同時に、その公表が許されるべき場合もあるのであって、ある者の前科等にかかわる事実を実名を使用して著作物で公表したことが不法行為を構成するか否かは、その者のその後の生活状況のみならず、事件それ自体の歴史的又は社会的な意義、その当事者の重要性、その者の社会的活動及びその影響力について、その著作物の目的、性格等に照らした実名使用の意義及び必要性をも併せて判断すべきもので、その結果、前科等にかかわる事実を公表されない法的利益が優越するとされる場合には、その公表によって被った精神的苦痛の賠償を求めることができるものといわなければならない。」

③ 近隣関係における受忍限度（最高裁平成22年6月29日判決・判例時報2089号74頁）

清掃工場、墓地、火葬場等のいわゆる迷惑施設が近隣に設置されることとなった場合に、平穏な生活を送ることや宗教的感情の平穏等の権利又は利益（これらを「人格権」と称することもある。）の侵害であるとして、損害賠償や差止めの請求がなされることがある。環境利益が未だ権利として認められるに至っていないというのが前掲の最高裁平成18年3月30日判決であるが、権利であるか否かを正面から判断することなく、社会共同生活を営んでいる以上、お互いにある程度までの利益又は権利の侵害は受忍しなければならないという考えから、一般に受忍すべき限度を超えない限り、その侵害行為は不法行為とならないとするのが通説・判例である。

この判決の事案は、幅員15.3メートルの道路に面した住戸に居住する

住民が、その道路の反対側に建設された葬儀場に対して、目隠しのためのフェンスのかさ上げと損害賠償を求めたものである。この訴えに対して、判決は、葬儀場が使用されるのが月に20回程度であり、入出棺がごく短時間のうちになされていることを指摘したうえで、その建設や営業について行政法規の違反もないとして、告別式の参列者が参集する様子や入出棺の様子が見えることにより、強いストレスを感じているとしても、「これは専ら被上告人の主観的な不快感にとどまるというべきであり、本件葬儀場の営業が、社会生活上受忍すべき程度を超えて被上告人の平穏に日常生活を送るという利益を侵害しているということはできない。」として、フェンスのかさ上げと損害賠償の請求を認めた原判決を破棄している。

④ 名誉毀損による不法行為（最高裁平成16年7月15日判決・判例時報1870号15頁）

　事実を摘示しての名誉毀損と意見ないし論評による名誉毀損とで不法行為責任の成否に関する要件が異なるとするのが判例であり、そのどちらであるかを区別しなければならないとして、その基準を示したのが、この判例である。

　「(1)　事実を摘示しての名誉毀損にあっては、その行為が公共の利害に関する事実に係り、かつ、その目的が専ら公益を図ることにあった場合に、摘示された事実がその重要な部分について真実であることの証明があったときには、上記行為には違法性がなく、仮に上記証明がないときにも、行為者において上記事実の重要な部分を真実と信ずるについて相当の理由があれば、その故意又は過失は否定される（最高裁昭和37年（オ）第815号同41年6月23日第一小法廷判決・民集20巻5号1118頁、最高裁昭和56年（オ）第25号同58年10月20日第一小法廷判決・裁判集民事140号177頁参照）。一方、ある事実を基礎としての意見ないし論評の表明による名誉毀損にあっては、その行為が公共の利害に関する事実に係り、かつ、その目的が専ら公益を図ることにあった場合に、上記意見ないし論評の前提としている事実が重要な部分について真実であることの証明があったときには、人身攻撃に及ぶなど意見ないし論評としての域を逸脱したものでない限り、上記行為は違法性を欠くものというべきであり、仮に上記証明がないときにも、行為者において上記事実の重要な部分を真実

と信ずるについて相当な理由があれば、その故意又は過失は否定される（最高裁昭和60年（オ）第1274号平成元年12月21日第一小法廷判決・民集43巻12号2252頁、前掲最高裁平成9年9月9日第三小法廷判決参照）。

　上記のとおり、問題とされている表現が、事実を摘示するものであるか、意見ないし論評の表明であるかによって、名誉毀損に係る不法行為責任の成否に関する要件が異なるため、当該表現がいずれの範ちゅうに属するかを判別することが必要となるが、当該表現が証拠等をもってその存否を決することが可能な他人に関する特定の事項を明示的又は黙示的に主張するものと理解されるときは、当該表現は、上記特定の事項についての事実を摘示するものと解するのが相当である（前掲最高裁平成9年9月9日第三小法廷判決参照）。そして、上記のような証拠等による証明になじまない物事の価値、善悪、優劣についての批評や論議などは、意見ないし論評の表明に属するというべきである。

　（2）　上記の見地に立って検討するに、法的な見解の正当性それ自体は、証明の対象とはなり得ないものであり、法的な見解の表明が証拠等をもってその存否を決することが可能な他人に関する特定の事項ということができないことは明らかであるから、法的な見解の表明は、事実を摘示するものではなく、意見ないし論評の表明の範ちゅうに属するものというべきである。また、前述のとおり、事実を摘示しての名誉毀損と意見ないし論評による名誉毀損とで不法行為責任の成否に関する要件を異にし、意見ないし論評については、その内容の正当性や合理性を特に問うことなく、人身攻撃に及ぶなど意見ないし論評としての域を逸脱したものでない限り、名誉毀損の不法行為が成立しないものとされているのは、意見ないし論評を表明する自由が民主主義社会に不可欠な表現の自由の根幹を構成するものであることを考慮し、これを手厚く保障する趣旨によるものである。そして、裁判所が判決等により判断を示すことができる事項であるかどうかは、上記の判別に関係しないから、裁判所が具体的な紛争の解決のために当該法的な見解の正当性について公権的判断を示すことがあるからといって、そのことを理由に、法的な見解の表明が事実の摘示ないしそれに類するものに当たると解することはできない。

　したがって、一般的に、法的な見解の表明には、その前提として、上

記特定の事項を明示的又は黙示的に主張するものと解されるため事実の摘示を含むものというべき場合があることは否定し得ないが、法的な見解の表明それ自体は、それが判決等により裁判所が判断を示すことができる事項に係るものであっても、そのことを理由に事実を摘示するものとはいえず、意見ないし論評の表明に当たるものというべきである。」

なお、名誉毀損については、「裁判所は、被害者の請求により、損害賠償に代えて、又は損害賠償とともに、名誉を回復するのに適当な処分を命ずることができる。」(民法723条)とされており、この規定によって、訂正公告や謝罪広告等が命ぜられることがある。

ところで、法人に対する名誉毀損の不法行為における損害賠償について、法人には精神上の苦痛が考えられないから財産上の損害しか考えることしかできないとした原判決に対して、金銭評価の可能な無形の損害があり得ないとすることはできないとした次の判例(最高裁昭和39年1月28日判決・判例時報363号10頁)があるが、現実論としては、その損害を立証することは容易ではない。

「民法710条は、財産以外の損害に対しても、其賠償を為すことを要すと規定するだけで、その損害の内容を限定してはいない。すなわち、その文面は判示のようにいわゆる慰藉料を支払うことによって、和らげられる精神上の苦痛だけを意味するものとは受けとり得ず、むしろすべての無形の損害を意味するものと読みとるべきである。」

「かく観ずるならば、被害者が自然人であろうと、いわゆる無形の損害が精神上の苦痛であろうと、何んであろうとかかわりないわけであり、判示のような法人の名誉権に対する侵害の場合たると否とを問うところではないのである。」

「いわゆる慰藉料の支払いをもって和らげられるという無形の損害以外に、いったい、どのような無形の損害があるかという難問に逢着するのであるが、それはあくまで純法律的観念であつて、前示のように金銭評価が可能であり、しかもその評価だけの金銭を支払うことが社会観念上至当と認められるところの損害の意味に帰するのである。」

「法人の名誉権侵害の場合は金銭評価の可能な無形の損害の発生するこ

と必ずしも絶無ではなく、そのような損害は加害者をして金銭でもって賠償させるのを社会観念上至当とすべきであり、この場合は民法723条に被害者救済の格段な方法が規定されていることの故をもって金銭賠償を否定することはできないということに帰結する。」

Ⅳ 不法行為能力

1 自然人

　不法行為能力というのは、不法行為についての責任を負う能力という意味である。民法は、その712条で「未成年者は、他人に損害を加えた場合において、自己の行為の責任を弁識するに足りる知能を備えていなかったときは、その行為について賠償の責任を負わない。」とし、713条で「精神上の障害により自己の行為の責任を弁識する能力を欠く状態にある間に他人に損害を加えた者は、その賠償の責任を負わない。ただし、故意又は過失によって一時的にその状態を招いたときは、この限りでない。」とする。

　不法行為責任が単に損害を補填するという意味だけであれば、加害者の能力を考慮する必要はないはずであるが、それには、加害者に責任をとらせるという民事罰的な要素もある（前記Ⅰ参照）ことから、不法行為能力という考え方が生ずるものと思われる。故意又は過失によって一時的に自己の行為の責任を弁識する能力を欠く状態を招いたとき（酩酊等による弁識能力の喪失等のとき）は損害賠償責任を免れないというのは、そのような状態を招いたこと自体に責任があるということである（刑法においては「原因において自由な行為」として論じられている。）。

　不法行為能力を有しない者による加害行為を受けた者を救済するために、民法714条は、その1項で「責任無能力者がその責任を負わない場合において、その責任無能力者を監督する法定の義務を負う者は、その責任無能力者が第三者に加えた損害を賠償する責任を負う。ただし、監督義務者がその義務を怠らなかったとき、又はその義務を怠らなくても損害が生ずべきであったときは、この限りでない。」とし、その2項で「監督義務者に代わって責任無能力者を監督する者も、前項の責任を負う。」としている。このことに

第5章　不法行為

ついては、次の二つの判例が注目される。

① 未成年者によるサッカーボールの道路への蹴り出しについて保護者が責任を負わないとされた例（最高裁平成27年4月9日判決・判例時報2261号145頁）

「前記事実関係によれば、満11歳の男子児童であるCが本件ゴールに向けてサッカーボールを蹴ったことは、ボールが本件道路に転がり出る可能性があり、本件道路を通行する第三者との関係では危険性を有する行為であったということができるものではあるが、Cは、友人らと共に、放課後、児童らのために開放されていた本件校庭において、使用可能な状態で設置されていた本件ゴールに向けてフリーキックの練習をしていたのであり、このようなCの行為自体は、本件ゴールの後方に本件道路があることを考慮に入れても、本件校庭の日常的な使用方法として通常の行為である。また、本件ゴールにはゴールネットが張られ、その後方約10mの場所には本件校庭の南端に沿って南門及びネットフェンスが設置され、これらと本件道路との間には幅約1.8mの側溝があったのであり、本件ゴールに向けてボールを蹴ったとしても、ボールが本件道路上に出ることが常態であったものとはみられない。本件事故は、Cが本件ゴールに向けてサッカーボールを蹴ったところ、ボールが南門の門扉の上を越えて南門の前に架けられた橋の上を転がり、本件道路上に出たことにより、折から同所を進行していたBがこれを避けようとして生じたものであって、Cが、殊更に本件道路に向けてボールを蹴ったなどの事情もうかがわれない。

責任能力のない未成年者の親権者は、その直接的な監視下にない子の行動について、人身に危険が及ばないよう注意して行動するよう日頃から指導監督する義務があると解されるが、本件ゴールに向けたフリーキックの練習は、上記各事実に照らすと、通常は人身に危険が及ぶような行為であるとはいえない。また、親権者の直接的な監視下にない子の行動についての日頃の指導監督は、ある程度一般的なものとならざるを得ないから、通常は人身に危険が及ぶものとはみられない行為によってたまたま人身に損害を生じさせた場合は、当該行為について具体的に予見可能であるなど特別の事情が認められない限り、子に対する監督義務

を尽くしていなかったとすべきではない。

　Cの父母である上告人らは、危険な行為に及ばないよう日頃からCに通常のしつけをしていたというのであり、Cの本件における行為について具体的に予見可能であったなどの特別の事情があったこともうかがわれない。そうすると、本件の事実関係に照らせば、上告人らは、民法714条1項の監督義務者としての義務を怠らなかったというべきである。」

② 認知症高齢者による列車妨害事故について同居の配偶者等に責任がないとされた例（最高裁平成28年3月1日判決・判例時報2299号32頁）

　「（1）ア　民法714条1項の規定は、責任無能力者が他人に損害を加えた場合にはその責任無能力者を監督する法定の義務を負う者が損害賠償責任を負うべきものとしているところ、このうち精神上の障害による責任無能力者について監督義務が法定されていたものとしては、平成11年法律第65号による改正前の精神保健及び精神障害者福祉に関する法律22条1項により精神障害者に対する自傷他害防止監督義務が定められていた保護者や、平成11年法律第149号による改正前の民法858条1項により禁治産者に対する療養看護義務が定められていた後見人が挙げられる。しかし、保護者の精神障害者に対する自傷他害防止監督義務は、上記平成11年法律第65号により廃止された（なお、保護者制度そのものが平成25年法律第47号により廃止された。）。また、後見人の禁治産者に対する療養看護義務は、上記平成11年法律第149号による改正後の民法858条において成年後見人がその事務を行うに当たっては成年被後見人の心身の状態及び生活の状況に配慮しなければならない旨のいわゆる身上配慮義務に改められた。この身上配慮義務は、成年後見人の権限等に照らすと、成年後見人が契約等の法律行為を行う際に成年被後見人の身上について配慮すべきことを求めるものであって、成年後見人に対し事実行為として成年被後見人の現実の介護を行うことや成年被後見人の行動を監督することを求めるものと解することはできない。そうすると、平成19年当時において、保護者や成年後見人であることだけでは直ちに法定の監督義務者に該当するということはできない。

　イ　民法752条は、夫婦の同居、協力及び扶助の義務について規定しているが、これらは夫婦間において相互に相手方に対して負う義務で

あって、第三者との関係で夫婦の一方に何らかの作為義務を課するものではなく、しかも、同居の義務についてはその性質上履行を強制することができないものであり、協力の義務についてはそれ自体抽象的なものである。また、扶助の義務はこれを相手方の生活を自分自身の生活として保障する義務であると解したとしても、そのことから直ちに第三者との関係で相手方を監督する義務を基礎付けることはできない。そうすると、同条の規定をもって同法714条1項にいう責任無能力者を監督する義務を定めたものということはできず、他に夫婦の一方が相手方の法定の監督義務者であるとする実定法上の根拠は見当たらない。

したがって、精神障害者と同居する配偶者であるからといって、その者が民法714条1項にいう「責任無能力者を監督する法定の義務を負う者」に当たるとすることはできないというべきである。

ウ　第1審被告Y1はAの妻であるが（本件事故当時Aの保護者でもあった（平成25年法律第47号による改正前の精神保健及び精神障害者福祉に関する法律20条参照）。）、以上説示したところによれば、第1審被告Y1がAを「監督する法定の義務を負う者」に当たるとすることはできないというべきである。

また、第1審被告Y2はAの長男であるが、Aを「監督する法定の義務を負う者」に当たるとする法令上の根拠はないというべきである。

（2）　ア　もっとも、法定の監督義務者に該当しない者であっても、責任無能力者との身分関係や日常生活における接触状況に照らし、第三者に対する加害行為の防止に向けてその者が当該責任無能力者の監督を現に行いその態様が単なる事実上の監督を超えているなどその監督義務を引き受けたとみるべき特段の事情が認められる場合には、衡平の見地から法定の監督義務を負う者と同視してその者に対し民法714条に基づく損害賠償責任を問うことができるとするのが相当であり、このような者については、法定の監督義務者に準ずべき者として、同条1項が類推適用されると解すべきである（最高裁昭和56年（オ）1154号同58年2月24日第一小法廷判決・裁判集民事138号217頁参照）。その上で、ある者が、精神障害者に関し、このような法定の監督義務者に準ずべき者に当たるか否かは、その者自身の生活状況や心身の状況などとともに、精神障害者との親族関係の有無・濃淡、同居の有無その他の日

常的な接触の程度、精神障害者の財産管理への関与の状況などその者と精神障害者との関わりの実情、精神障害者の心身の状況や日常生活における問題行動の有無・内容、これらに対応して行われている監護や介護の実態など諸般の事情を総合考慮して、その者が精神障害者を現に監督しているかあるいは監督することが可能かつ容易であるなど衡平の見地からその者に対し精神障害者の行為に係る責任を問うのが相当といえる客観的状況が認められるか否かという観点から判断すべきである。」

2　法人

　「一般社団法人及び一般財団法人に関する法律及び公益社団法人及び公益財団法人の認定等に関する法律の施行に伴う関係法律の整備等に関する法律」（平成18年法律第50号）によって削除される前の民法44条1項は、「法人は、理事その他の代理人がその職務を行うについて他人に加えた損害を賠償する責任を負う。」と定め、これが法人一般に適用されていた。この規定が削除されたことによって、法人の不法行為についての一般的な規定がなくなったことから、法人の設立について定める個別の法律（民法33条1項参照）において措置することが必要となり、一般社団法人及び一般財団法人に関する法律は、その78条で「一般社団法人は、代表理事その他の代表者がその職務を行うについて第三者に加えた損害を賠償する責任を負う。」と定めて、これを一般財団法人に準用するとしている（197条）。また、独立行政法人通則法11条、地方独立行政法人法10条、公有地の拡大の推進に関する法律23条、地方道路公社法7条、地方住宅供給公社法7条も一般社団法人及び一般財団法人に関する法律78条を準用しており、会社法は「株式会社は、代表取締役その他の代表者がその職務を行うについて第三者に加えた損害を賠償する責任を負う。」（350条。なお、600条参照）と定めている。

　地方公共団体の不法行為責任についての明文の規定はないが、「地方公共団体の長のした行為が、その行為の外形から見てその職務行為に属するものと認められる場合には、民法44条1項の類推適用により、当該地方公共団体は右行為により相手方の被つた損害の賠償責任を負う」というのが判例であり（最高裁昭和50年7月14日判決・判例時報797号98頁）、民法44条1項が削除

された後においては、一般社団法人及び一般財団法人に関する法律78条が類推適用され、同じ結論になるものと思われる。ちなみに、この判例は、上記の判示に続けて、「地方公共団体の長のした行為が、その行為の外形から見てその職務行為に属するものと認められる場合であつても、相手方において、右行為がその職務行為に属さないことを知つていたか、又はこれを知らないことにつき重大な過失のあつたときは、当該地方公共団体は相手方に対して損害賠償の責任を負わないものと解するのが相当である。」としている。

V 使用者等及び注文者の責任

1 使用者等の責任

近代社会においては、他人を使用して事業を展開することが普通となっている。そのことから、民法715条1項本文は、「ある事業のために他人を使用する者は、被用者がその事業の執行について第三者に加えた損害を賠償する責任を負う。」とし、そのただし書で、「使用者が被用者の選任及びその事業の監督について相当の注意をしたとき、又は相当の注意をしても損害が生ずべきであったときは、この限りでない。」としているが、このただし書が適用される実例はほとんどない。

ここで、「他人を使用する」というのは雇用契約に基づく場合だけでなく、事実上他人を指揮・監督することを含み、その範囲は極めて広い（運転経験の長い兄が助手席に座つて、運転免許の取得後半年位で運転経歴の浅い弟の運転に気を配り、事故発生の直前にも同人に対し「ゴー」と合図して発進の指示をした場合に、兄は弟を使用していたことになるという判例（最高裁昭和56年11月27日判決・判例時報1031号125頁）がある。）。

また、「事業の執行につき」と言えるかどうかは、被用者のした行為が使用者の「事業の範囲に属するというだけでなく、これが客観的、外形的にみて、被用者であるAが担当する職務の範囲に属するものでなければならない。」とされる（最高裁平成22年3月30日・判例時報2079号40頁）。このことについて、次のように判示した判例（最高裁昭和30年12月22日判決・判例時報68号13頁）があり、興味深い。

「原判決の認定した事実関係（この事故を惹き起した自動車は、通商産業省の自動車であつて、これを運転するＳは、同省の職員として専ら自動車運転の業務に従事するものであるし、これに乗車するＮは、従来通商産業大臣秘書官として常に本件自動車に乗車し本件事故当時は辞表提出後ではあったがその辞令の交付なく未だその官を失っていなかったものである。）の下において原判決が民法715条の適用上本件事故を右Ｓが通商産業省の事業の執行につき生ぜしめたものといい得る旨判示したことは首肯できる。けだし原審の確定した事実関係によれば、右Ｓの本件自動車の運転は、たとえ、Ｎ秘書官の私用をみたすためになされたものであっても、なお、通商産業省の運転手の職務行為の範囲に属するものとして、同省の事業の執行と認めるのを相当とするからである。」

　なお、この使用者の責任が認められる場合には、使用者と被用者の責任は不真正連帯責任となり、弁済以外の事由は他の者に対して効力を有しない（最高裁昭和46年9月30日判決・判例時報646号47頁）。
　ところで、他人を使用する場合には、使用される者同士の間においても、指揮・監督をする者とそれに従う者という組織上の上下関係が生ずるのが普通である。このことから、使用者に代わって事業を監督する者も、使用される者がした不法行為の責任を負うこととされる（民法715条2項）。そして、この監督する者というのは、客観的に見て、使用者に代り現実に事業を監督する地位にある者を意味し、使用者が法人である場合には「その代表者が現実に被用者の選任、監督を担当しているときは、右代表者は同条項にいう代理監督者に該当し、当該被用者が事業の執行につきなした行為について、代理監督者として責任を負わなければならないが、代表者が、単に法人の代表機関として一般的業務執行権限を有することから、ただちに、同条項を適用してその個人責任を問うことはできない」（最高裁昭和42年5月30日判決・判例時報487号36頁）とされている。
　なお、被用者の行為によって損害賠償責任を負い、それを履行した使用者又は監督者が当該被用者に対して求償権を有する（民法715条3項）のは当然であろう。

2 請負における注文主の責任

　請負は、当事者の一方がある仕事を完成することを約し、相手方がその仕事の結果に対してその報酬を支払うことを約する契約であり（民法632条）、その仕事をどのようにして完成させるかは請負人に任されている。したがって、「注文者は、請負人がその仕事について第三者に加えた損害を賠償する責任を負わない。」のが原則であり、「注文又は指図についてその注文者に過失があったとき」に限って注文者が責任を負うこととされている（民法716条）。

　この規定は、発注者が専門的な知識を有しない通常の場合を想定したものであるが、たとえ専門的な知識がなくても、自己が発注した工事によって隣家に被害を及ぼすことが容易に予測できる場合には、そのような被害を及ぼさないよう請負人に命ずべき注意義務が、また、もしも、請負人がそのような措置をしないで工事を施工する場合は直ちに工事を中止させる等の注意義務があるから、そのような措置を講じないであえて右工事の続行を黙認した発注者には、注文又は指図について過失があったものといわなければならないとする判例（最高裁昭和54年2月20日判決・判例時報926号56頁）がある。また、発注者が県の土木出張所から建築工事の中止命令を受け、建築中の建物の補強工作を完備するように勧告を受けていたにもかかわらず、請負人に工事を続行させていた場合にも発注者の責任が認められている（最高裁昭和43年12月24日判決・判例時報545号57頁）。

　なお、公共工事の発注者である国や地方公共団体は、一般的に当該工事についての専門的知識を有していると信じられていることから、発注者としての責任を問われることが少なくない（大阪地裁平成元年8月7日判決（判例時報1326号18頁）、広島地裁平成10年3月24日判決（判例時報1638号32頁）等）。特に、請負契約において発注者の指揮や指示、監督の権限を広く定めていればいる程、その責任が重くなるのは当然のことであるから、自らにその権限を行使する能力が十分備わっているかどうかを検証・確認したうえで契約書を作成することが重要である。

Ⅵ 土地の工作物等の占有者及び所有者の責任

　民法717条は、「土地の工作物の設置又は保存に瑕疵があることによって他人に損害を生じたときは、その工作物の占有者は、被害者に対してその損害を賠償する責任を負う。ただし、占有者が損害の発生を防止するのに必要な注意をしたときは、所有者がその損害を賠償しなければならない。」と定める。

　土地の工作物の代表的なものは建物（屋根、天井、エレベーター等の建物と一体となっているものを含む。）であるが、土地に定着している塔、塀、電柱等に加えて、土地を加工して築造されたトンネル、貯水池、プール、スキー場、井戸、道路、踏切、石垣、擁壁（崖）、盛土等もこれに含まれる。

　設置又は保存に瑕疵があることというのは、当該工作物が通常有すべき安全性を欠いていることをいい、これに基づく賠償責任については、過失の存在を必要としない（国家賠償法2条1項（公の営造物の設置管理の瑕疵による責任）についての最高裁昭和45年8月20日判決（判例時報600号71頁）参照）。また、設置の瑕疵というのは当該工作物を築造する際の瑕疵であり、保存の瑕疵というのはその後に生じた瑕疵であるということができるが、いずれかに瑕疵があれば損害賠償責任を負うのであるから、両者を厳密に区別する意味は少ない。瑕疵というのは通常有すべき安全性を欠いている状態を意味するのであるから、通常予想できない程度の自然災害（地震、台風、津波、高潮、降雨、降雪等）が原因となって損害が発生した場合には、この責任は生じない。

　土地の工作物の設置又は保存の瑕疵については、まず占有者が責任を負い、占有者に責任がない時には所有者が責任を負う。誰が占有者であるかは民法180条以下の規定によって定まる（第2編第2章Ⅰ1参照）。占有者は、損害の発生を防止するのに必要な注意をしたときは免責されるが、その立証責任は占有者にあり、それが成功することは極めて希である。ともあれ、占有者に責任がない場合には、所有者が責任を負い、所有者がこの責任を免れることはできない。また、占有者というも所有者というも、それは損害が生じた時におけるものであり、瑕疵の発生についての責任とは関係なく、損害を賠償した占有者又は所有者はその責任を有する者に求償することができる（民法717条3項）だけである。

第5章　不法行為

土地の工作物の設置又は保存の瑕疵についての規定は、竹木の栽植又は支持に瑕疵がある場合について準用される（民法717条2項）。

VII　動物の占有者等の責任

　ペットを飼育する者が増えているが、家畜（第2編第2章Ⅱ3（3）参照）であると否とを問わず、動物の占有者及び占有者に代わって動物を管理する者は、その動物が他人に加えた損害を賠償する責任を負う（民法718条1項本文、2項）。ここでは、当該動物の所有権は問題にされずに、それを現に占有しているという事実に着目して責任の所在が定められている。この責任が免ぜられるのは、動物の種類及び性質に従い相当の注意をもってその管理をしたときであるが、その立証責任は、占有者及び占有者に代わって動物を管理する者にある。そして、動物の占有者が、自己に代わって動物を管理する者を選任して保管させた場合に、動物の種類及び性質に従い相当の注意をもってその選任監督をしたときには、その動物が他人に加えた損害を賠償する責めを免れるとされている（最高裁昭和40年9月24日判決・判例時報427号28頁）。ただ、動物の種類及び性質に従った相当の注意というハードルはかなり高く、容易に免責が認められることはない。

　なお、占有者に代わって動物を管理する者というのは、占有者から委託を受けて管理する運送人、寄託者等の直接占有者を意味し、占有者の機関として管理している者（間接占有者）は含まれない（第2編第2章Ⅱ1参照）。

VIII　共同不法行為者の責任

　数人が共同の不法行為によって他人に損害を加えたとき又は共同行為者のうちいずれの者がその損害を加えたかを知ることができないときは、各自が連帯してその損害を賠償する責任を負い、行為者を教唆した者及び幇助した者は、共同行為者とみなされる（民法719条）。これは、複数の者が同時に不法行為をした場合だけでなく、複数の不法行為が連続してなされた場合をも含む規定であり、「共同の不法行為が成立するためには、不法行為者間に意

思の共通（共謀）もしくは「共同の認識」を要せず、単に客観的に権利侵害が共同になされるを以て足りる」とするのが判例（最高裁昭和32年3月26日判決・判例タイムズ69号63頁）であり、同時に複数の者がした不法行為と連続してなされた不法行為の具体的な事案について、次の判例がある。

① 同時に複数の者がした不法行為（最高裁昭和62年1月22日判決・判例時報1236号66頁）

「およそ列車が往来する電車軌道のレール上に物を置く行為は、多かれ少なかれ通過列車に対する危険を内包するものであり、ことに当該物が拳大の石である場合には、それを踏む通過列車を脱線転覆させ、ひいては不特定多数の乗客等の生命、身体及び財産並びに車両等に損害を加えるという重大な事故を惹起させる蓋然性が高いといわなければならない。このように重大な事故を生ぜしめる蓋然性の高い置石行為がされた場合には、その実行行為者と右行為をするにつき共同の認識ないし共謀がない者であつても、この者が、仲間の関係にある実行行為者と共に事前に右行為の動機となつた話合いをしたのみでなく、これに引き続いてされた実行行為の現場において、右行為を現に知り、事故の発生についても予見可能であつたといえるときには、右の者は、実行行為と関連する自己の右のような先行行為に基づく義務として、当該置石の存否を点検確認し、これがあるときにはその除去等事故回避のための措置を講ずることが可能である限り、その措置を講じて事故の発生を未然に防止すべき義務を負うものというべきであり、これを尽くさなかつたため事故が発生したときは、右事故により生じた損害を賠償すべき責任を負うものというべきである。」

② 連続してなされた不法行為（最高裁平成13年3月13日判決・判例時報1747号87頁）

「原審の確定した事実関係によれば、本件交通事故により、優作は放置すれば死亡するに至る傷害を負ったものの、事故後搬入された被上告人病院において、優作に対し通常期待されるべき適切な経過観察がされるなどして脳内出血が早期に発見され適切な治療が施されていれば、高度の蓋然性をもって優作を救命できたということができるから、本件交通事故と本件医療事故とのいずれもが、優作の死亡という不可分の一個

の結果を招来し、この結果について相当因果関係を有する関係にある。したがって、本件交通事故における運転行為と本件医療事故における医療行為とは民法719条所定の共同不法行為に当たるから、各不法行為者は被害者の被った損害の全額について連帯して責任を負うべきものである。本件のようにそれぞれ独立して成立する複数の不法行為が順次競合した共同不法行為においても別異に解する理由はないから、被害者との関係においては、各不法行為者の結果発生に対する寄与の割合をもって被害者の被った損害の額を案分し、各不法行為者において責任を負うべき損害額を限定することは許されないと解するのが相当である。けだし、共同不法行為によって被害者の被った損害は、各不法行為者の行為のいずれとの関係でも相当因果関係に立つものとして、各不法行為者はその全額を負担すべきものであり、各不法行為者が賠償すべき損害額を案分、限定することは連帯関係を免除することとなり、共同不法行為者のいずれからも全額の損害賠償を受けられるとしている民法719条の明文に反し、これにより被害者保護を図る同条の趣旨を没却することとなり、損害の負担について公平の理念に反することとなるからである。」

なお、共同不法行為の場合における行為者は、各自が連帯して損害賠償責任を負うとされるが、その意味について、判例（最高裁平成6年11月24日判決・判例時報1514号82頁）は、「民法719条所定の共同不法行為者が負担する損害賠償債務は、いわゆる不真正連帯債務であって連帯債務ではないから、その損害賠償債務については連帯債務に関する同法437条の規定は適用されないものと解するのが相当である。」とする。共同不法行為については、どのような場合にその成立を認めるか、共同不法行為と区別すべき独立不法行為との競合があるかどうか等について学説や裁判例が錯綜しているが、実務的には、行為者全員の連帯責任とすべきか、一部だけの連帯とすべきか、分割した責任とすべきかを事案に応じて判断しているということができるのであり、理論構成に拘泥することには余り意味がないように思われる。

IX　正当防衛及び緊急避難

「他人の不法行為に対し、自己又は第三者の権利又は法律上保護される利益を防衛するため、やむを得ず加害行為をした者は、損害賠償の責任を負わない。」（民法720条1項本文）とされ、「他人の物から生じた急迫の危難を避けるためその物を損傷した場合」も損害賠償責任を負わない（民法720条2項）。前者を正当防衛といい、後者を緊急避難というが、この用法は、刑法における用語を借用したものであり、刑法は、それぞれについて次のように定めている。

○　正当防衛
第36条　急迫不正の侵害に対して、自己又は他人の権利を防衛するため、やむを得ずにした行為は、罰しない。
2　防衛の程度を超えた行為は、情状により、その刑を減軽し、又は免除することができる。

○　緊急避難
第37条　自己又は他人の生命、身体、自由又は財産に対する現在の危難を避けるため、やむを得ずにした行為は、これによって生じた害が避けようとした害の程度を超えなかった場合に限り、罰しない。ただし、その程度を超えた行為は、情状により、その刑を減軽し、又は免除することができる。
2　前項の規定は、業務上特別の義務がある者には、適用しない。

これらの規定が定める「防衛の程度を超えた行為」や「緊急避難によって生じた害が避けようとした害の程度を超え」た場合に相当する場合は、民法720条の適用においても、相当の損害賠償をしなければならないことになる。そして、行為者の行為が正当防衛又は緊急避難に該当し、行為者に損害賠償の責任が生じない場合の被害者は、その行為の原因となった権利若しくは法律上保護される利益を侵害しようとした者（民法709条〜711条参照）又は急迫の危難を及ぼす物の所有者若しくは占有者（民法717条、718条参照）に対して損害賠償の請求をすることができる（民法720条1項ただし書、2項）。なお、刑法35条は、正当行為として「法令又は正当な業務による行為は、罰

第5章　不法行為　355

しない。」としており、民法にはこれに対応する規定がないが、このような行為は違法性（前記Ⅱ2参照）がないと考えられるので、民法上も損害賠償責任を負わないことになる。

ところで、緊急避難に関して注目されるものとして、港湾区域内に不法設置されたヨット係留杭を強制撤去するための費用を支出したことが違法であるとして提起された住民訴訟についての最高裁平成3年3月8日判決（判例時報1393号83頁）があり、そこでは次のように述べられている。

「本件鉄杭撤去を強行したことは、漁港法及び行政代執行法上適法と認めることのできないものであるが、右の緊急の事態に対処するためにとられたやむを得ない措置であり、民法720条の法意に照らしても、浦安町としては、上告人が右撤去に直接要した費用を同町の経費として支出したことを容認すべきものであって、本件請負契約に基づく公金支出については、その違法性を肯認することはできず、上告人が浦安市に対し損害賠償責任を負うものとすることはできないといわなければならない。」

Ⅹ　損害賠償請求権に関する胎児の権利能力並びに損害賠償の方法、中間利息の控除及び過失相殺

胎児は、損害賠償の請求権については、既に生まれたものとみなされる（民法721条）ので、出生前に親が受けた不法行為による損害賠償請求権を相続するし、固有の権利として損害賠償の請求をすることができる。なお、この規定は、胎児が死体で生まれたときは適用されず（民法886条2項参照）、生まれた後（この意味については第1編第2章Ⅱ第1款参照）に権利を行使することになる（生まれる前に親がした和解の効力は胎児に及ばない。）。

損害賠償の額は金銭をもって定められ、将来において取得すべき利益及び負担すべき費用について、中間利息の控除をするときの利息は不法行為があった時点における法定利率とされる（新民法722条1項、民法417条、新民法417条の2）。さらに、「被害者に過失があったときは、裁判所は、これを考慮して、損害賠償の額を定めることができる。」（民法722条2項）とされ、過失相殺をするか否かは裁判所の裁量に委ねられている。これは、債務不履行の場合に「債権者に過失があったときは、裁判所は、これを考慮して、損害賠

償の責任及びその額を定める。」（民法418条）とされ、裁判所に裁量の余地がないのと異なっている。

XI 不法行為による損害賠償請求権の消滅時効

　不法行為による損害賠償請求権の消滅時効についても、民法144条から161条まで及び169条（債権法改正法による改正後のものを含む。）が適用されるのは当然であるが（第1編第6章参照）、その期間については、不法行為の特殊性に応じた特例がある。

　すなわち、不法行為による損害賠償の請求権は、次に掲げる場合には、時効によって消滅するとされる（新民法724条）。

① 被害者又はその法定代理人が損害及び加害者を知った時から3年間行使しないとき。
② 不法行為の時から20年間行使しないとき。

　ただし、その不法行為が人の生命又は身体を害するものである場合の消滅時効の期間は、被害者又はその法定代理人が損害及び加害者を知った時から5年間とされる（新民法724条の2）。この改正は、従前3年とされていた時効期間を延長するものであるが、債権法改正法が施行される令和2年（2020年）4月1日前に3年が経過していた場合には、適用されないことになっている（同法附則35条2項）。

　なお、不法行為に基づく損害賠償債権の不履行を原因とする遅延利息請求権の消滅時効についても不法行為に基づく損害賠償請求権の消滅時効についての規定が適用されるとするのが判例である（大審院昭和11年7月15日判決・民集15巻1445頁）。

第6章 国家賠償法

　国家賠償法は、公権力の行使に基づく損害の賠償責任と求償権（1条）、公の営造物の設置管理の瑕疵に基づく損害の賠償責任と求償権（2条）、賠償責任者と求償権（3条）について定めたうえで、国又は公共団体の損害賠償の責任については、これらの規定によるほかは、民法の規定によるとしている（4条）。

　これを歴史的にみると、戦前においては公権力の行使については民法が適用されないとされていたことの反省として、「何人も、公務員の不法行為により、損害を受けたときは、法律の定めるところにより、国又は公共団体に、その賠償を求めることができる。」とする憲法17条が定められ、民法が適用されない分野をカバーするものとして国家賠償法1条が定められた。また、公の営造物については、民法が適用される場合とされない場合との区別が不分明であったことから、公法が適用されるか否かを問題としないとする（民法717条が定める場合を吸収して）同法2条が定められた。

I　違法な公権力の行使による損害賠償

　国家賠償法1条1項は、「国又は公共団体の公権力の行使に当る公務員が、その職務を行うについて、故意又は過失によって違法に他人に損害を加えたときは、国又は公共団体が、これを賠償する責に任ずる。」と定める。

　ここでは、まず、「国又は公共団体の公権力の行使に当たる公務員」の意味が問題となるが、ここでいう公権力の行使には、行政権限の行使（行政処分等を行うこと）だけではなく、民間（個人）では行わない分野（私法が適用されない分野）の全てが含まれるとされる結果、公立学校における教育活動、行政指導、補助金の交付、広報誌の発行等についても同条が適用されることとなっている。また、行政上の権限の行使を民間に委ねている場合において、そこの職員に不法行為があった場合は、当該権限を本来有している職員が属する公共団体が損害賠償責任を負うこととなる（指定確認検査機関につい

ての最高裁平成17年6月24日判決（判例時報1904号69頁）、措置により入所した児童を養育看護する施設についての最高裁平成19年1月25日判決（判例時報1957号60頁））。なお、この場合の国又は公共団体の責任は、公務員の責任を代位するものではなく、国又は公共団体自身の責任であるから、公務員個人は損害賠償責任を負わないとされる（最高裁昭和30年4月19日判決・判例時報51号4頁）。その結果、上掲最高裁平成19年判決の事案においては、当該施設の職員が民法709条の責任を負わないだけでなく、それを運営する社会福祉法人も民法715条が定める使用者責任を負うことはないとされている。

　次に問題になるのは、「その職務を行うについて」の意味である。このことについて、判例（最高裁昭和31年11月30日判決・判例時報95号11頁）は、警察官が非番であるにもかかわらず、職務を装って人を殺害したという事案において当該警察官が勤務する地方公共団体の損害賠償責任を認めるに際して、「公務員が主観的に権限行使の意思をもつてする場合にかぎらず自己の利をはかる意図をもつてする場合でも、客観的に職務執行の外形をそなえる行為をしてこれによつて、他人に損害を加えた場合には、国又は公共団体に損害賠償の責を負わしめて、ひろく国民の権益を擁護することをもつて、その立法の趣旨とするものと解すべきである」と判示しており、これを外形主義と称している。また、「職務を行うについて」ということについては、職務上の権限を行使しないことが問題になることがある。このことについては、衆議院議員の総選挙についていわゆる在外投票の制度を立法しなかったことが国家賠償法上違法であるとした判例（最高裁平成17年9月14日判決・判例時報1908号36頁）があり、宅地建物取引業者の免許の制度は、「免許を付与した宅建業者の人格・資質等を一般的に保証し、ひいては当該業者の不正な行為により個々の取引関係者が被る具体的な損害の防止、救済を制度の直接的な目的とするものとはにわかに解し難く、かかる損害の救済は一般の不法行為規範等に委ねられているというべきであるから、知事等による免許の付与ないし更新それ自体は、法所定の免許基準に適合しない場合であっても、当該業者との個々の取引関係者に対する関係において直ちに国家賠償法1条1項にいう違法な行為に当たるものではないというべきであ」り、業務の停止に関する知事等の権限を行使しないとしても「具体的事情の下において、知事等に監督処分権限が付与された趣旨・目的に照らし、その不行使が著しく不合理と認められるときでない限り、右権限の不行使は、当該取引関係者に対す

る関係で国家賠償法1条1項の適用上違法の評価を受けるものではないといわなければならない。」とする判例（最高裁平成元年11月24日判決・判例時報1337号48頁）がある。また、下級審ではあるが、野犬の捕獲・抑留等をすべきことを定める条例が存する場合に、「法令上は知事が捕獲、抑留ないし掃蕩の権限を有しているにすぎない場合でも、損害賠償義務の前提となる作為義務との関係では、（イ）損害という結果発生の危険があり、かつ、現実にその結果が発生したときは、（ロ）知事がその権限を行使することによって結果の発生を防止することができ、（ハ）具体的事情のもとで右権限を行使することが可能であり、これを期待することが可能であつたという場合には、その権限を行使するか否かの裁量権は後退して、知事は結果の発生を防止するために右権限を行使すべき義務があつたものとして、これを行使しないことは作為義務違反に当ると解するのが相当である。」とする判決（東京高裁昭和52年11月17日判決・判例時報875号17頁）がある。

　さらに、故意・過失の意味が問題になるが、それは民法709条におけると同じであり、故意・過失の有無を判断する時期は、当該公権力の行使があった時期とされる（最高裁平成元年6月29日判決・判例時報1318号36頁）。また、確立した法律解釈がない場合について、住民訴訟においてではあるが、「ある事項に関する法律解釈につき異なる見解が対立し、実務上の取扱いも分かれていて、そのいずれについても相当の根拠が認められる場合に、公務員がその一方の見解を正当と解しこれに立脚して公務を執行したときは、後にその執行が違法と判断されたからといって、直ちに上記公務員に過失があったものとすることは相当ではない。」とする判例（最高裁平成16年3月2日判決・判例時報1870号8頁）がある。ただ、国の担当者が原子爆弾被爆者に対する特別措置に関する法律等の誤った解釈に基づき通達を作成、発出し、これに従った取扱いを継続したことが、国家賠償法1条1項の適用上違法であり、当該担当者に過失があるとした判例（最高裁平成19年11月1日判決・民集61巻8号2733頁）もある。

　ところで、過失については、結果がわかっていても回避できないときは、過失ありとすることはできないことは民法709条におけると同じであるが、次のように判示して、国家賠償法1条及び2条に基づく損害賠償請求を認めなかった判例（最高裁平成5年12月17日判決・判例時報1483号38頁）がある。

「被上告人は、昭和26年4月の合併後、生瀬地区を含む北部地域が西宮市域の半ばを占める反面、人口比において3ないし5パーセントにとどまるものでありながら、昭和40年代以降北部地域自体として給水人口の急増したことへの対応に苦慮しつつ、北部地域への給水と水道水中のフッ素の低減ないし除去のため相応の努力を積み重ねてきたものということができ、厚生省令による基準値を超えるフッ素を含有する限り給水が許されないとすれば、被上告人として北部地域における水道の敷設は事実上不可能であったことが窺われる。

　以上の検討を前提として、本件における被上告人の責任を考察すれば、設備の整った水道施設において基準値を上回るフッ素の含有を放置した場合と同列に論ずることはできず、上告人の歯の石灰化期のうち昭和40年頃から同46年頃までの間、本件水道水中に基準値を相当程度超えるフッ素が含まれていたとしても、直ちに本件水道の設置又は管理に瑕疵があったとはいえず、また、被上告人ないしその担当職員に上告人主張の過失があったとみることはできない。」

　なお、国家賠償法1条1項の「違法に他人に損害を加えた」の意味は、民法709条における「権利又は法律上保護される利益を侵害した」と同じである。しかし、公権力の行使は、必ず法令に基づいて行われなければならず、法令に基づいて行われる限り、正当行為として違法性が阻却され、損害賠償義務は生じないので、常に当該行為の適法性について判断しなければならない。ただ、適法な行為であっても、それが特定の者の利益を害するときは、それによる損失を補償しなければならず（憲法29条2項参照）、そのための一般法として土地収用法が制定されている。

　ちなみに、パトカーに追跡されていた車両で逃走する者が惹起した事故により第三者が損害を被った場合における追跡行為の違法性について、次のように判示した判例（最高裁昭和61年2月27日判決・判例時報1185号81頁）がある。

「およそ警察官は、異常な挙動その他周囲の事情から合理的に判断してなんらかの犯罪を犯したと疑うに足りる相当な理由のある者を停止させて質問し、また、現行犯人を現認した場合には速やかにその検挙又は逮捕に当たる職責を負うものであつて（警察法2条、65条、警察官職務執行法2条1

項)、右職責を遂行するために被疑者を追跡することはもとよりなしうるところであるから、警察官がかかる目的のために交通法規等に違反して車両で逃走する者をパトカーで追跡する職務の執行中に、逃走車両の走行により第三者が損害を被つた場合において、右追跡行為が違法であるというためには、右追跡が当該職務目的を遂行する上で不必要であるか、又は逃走車両の逃走の態様及び道路交通状況等から予測される被害発生の具体的危険性の有無及び内容に照らし、追跡の開始・継続若しくは追跡の方法が不相当であることを要するものと解すべきである。」

II　営造物の設置管理の瑕疵による損害賠償

　国家賠償法2条1項は、「道路、河川その他の公の営造物の設置又は管理に瑕疵があつたために他人に損害を生じたときは、国又は公共団体は、これを賠償する責に任ずる。」と定めるが、その趣旨は民法717条と同じである。

　ここでいう「道路、河川その他の公の営造物」の範囲は極めて広く、不動産だけでなく、公の目的に供される物的施設一般を意味する。そして、「国家賠償法2条1項にいう営造物の設置又は管理の瑕疵とは、営造物が通常有すべき安全性を欠いていることをいい、当該営造物の使用に関連して事故が発生し、被害が生じた場合において、当該営造物の設置又は管理に瑕疵があったとみられるかどうかは、その事故当時における当該営造物の構造、用法、場所的環境、利用状況等諸般の事情を総合考慮して具体的個別的に判断すべきである」とするのが判例（最高裁平成22年3月2日判決・判例時報2076号44頁）である。

III　費用負担者の責任

　国家賠償法3条1項は、「公務員の選任若しくは監督又は公の営造物の設置若しくは管理に当たる者と公務員の俸給、給与その他の費用又は公の営造物の設置若しくは管理の費用を負担する者が異なるときは、費用を負担する者もまた、その損害を賠償する責に任ずる。」と定める。

この規定に関しては、地方公共団体が執行する国立公園事業に対し補助金を交付した国は費用負担者として損害賠償責任を負うとされ（最高裁昭和50年11月28日判決・民集29巻10号1754頁）、市町村立中学校の教諭の不法行為による損害賠償を行った県は、当該市町村に対して求償することができるとされる（最高裁平成21年10月23日判決・民集63巻8号1849頁）。

第4編

親　族

第1章 総則

　親族について定める民法第4編は、その総則において親族の範囲及び親族関係の成立と消滅並びに親族間の扶け合い（助け合い）について定める。このうち、親族の範囲は、次頁の図のとおりであり（民法725条、726条）、養子と養親及びその血族との間においては、養子縁組（後記第3章Ⅱ参照）の日から、血族間におけるのと同一の親族関係を生じる（民法727条）。姻族関係は、離婚によって終了するが、夫婦の一方が死亡した場合には、生存配偶者が姻族関係を終了させることもでき（民法728条）、その場合は、死亡した夫又は妻が承継していた祭祀に関する権利を承継する者を、関係人との協議又は家庭裁判所の決定で決めなければならない（民法751条2項、769条、897条）。また、養子及びその配偶者並びに養子の直系卑属及びその配偶者と養親及びその血族との親族関係は、離縁によって終了する（民法729条）。さらに、直系血族及び同居の親族は、互いに扶け合わなければならない（民法730条）とされるが、この規定によって具体的な権利義務が生ずるわけではない（扶養の権利義務については後記第7章参照）。

　親族であるか否かが法律上の意味を有するのは、制限行為能力者を保護するための請求や申立の資格を有する者の範囲を画する場合と、親族であることを障害事由又は欠格事由とする場合についてである。いずれの場合についても、具体的なケース毎に、親族の範囲を画する規定が置かれているが、前者に該当するものとしては、後見開始、保佐開始及び補助開始の審判の請求（民法7条、11条、15条）、婚姻及び縁組の取消し（民法744条1項、805条〜806条の2、807条）、親権喪失・親権停止・管理権喪失及び復活の審判の請求（民法834条〜836条）、未成年後見人、成年後見人の選任及び解任の請求（民法840条1項・2項、843条2項・3項、846条）等がある。また、後者に該当するものとしては、近親婚の禁止（民法734条〜736条）、養子の禁止（民法793条）、後見人又は後見監督人の欠格事由（民法847条4号、850条）、遺言作成に際しての証人又は立会人の欠格事由（民法974条）等がある。

　ところで、家族についての考え方（社会通念）が急激に変化、多様化しており、家族の中核である夫婦のあり方自体が民法が想定している姿とかけ離

れたものになりつつあるが、本書においては、あくまでも実定法に沿って述べることとする。

〔親族図〕

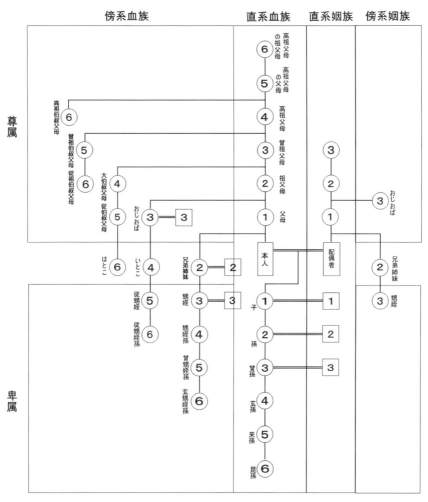

（注）数字は親等級

第2章 婚姻

Ⅰ 婚姻の成立

1 婚姻の要件

　民法731条は、「男は、18歳に、女は、16歳にならなければ、婚姻をすることができない。」と定めるが、この条文は、民法の一部を改正する法律（2018年（平成30年）法律第59号）によって、「婚姻は、18歳にならなければ、することができない。」と改められ、令和4年（2022年）4月1日から施行されることになっている。この改正は、成年を18歳とする民法4条の改正と併せてなされたものであり、この改正とともに、「未成年者が婚姻をしたときは、これによって成年に達したものとみなす。」と定める民法753条が削除されている（条文上の表現は「第753条　削除」となる。）。

　配偶者のある者は、重ねて婚姻をすることができない（民法732条）のは当然のこととして、女は、前婚の解消又は取消しの日から起算して100日を経過した後でなければ、再婚をすることができない（民法733条1項）とされるのは、「妻が婚姻中に懐胎した子は、夫の子と推定する。」（民法772条1項）こととの関係なので、「女が前婚の解消又は取消しの時に懐胎していなかった場合」又は「女が前婚の解消又は取消しの後に出産した場合」はこの再婚禁止期間の適用はない（民法733条2項）。

　直系血族又は3親等内の傍系血族の間（養子と養方の傍系血族との間を除く）では、婚姻をすることができず、このことは特別養子縁組によって親族関係が終了したことになる実方の親族との関係でも同じである（民法734条）。また、直系姻族の間では、離婚若しくは死亡又は特別養子縁組による姻族関係の終了（民法728条、817条の9）の後であっても、婚姻をすることができない（民法735条）。さらに、養子若しくはその配偶者又は養子の直系卑属若しくはその配偶者と養親又はその直系尊属との間では、離縁（民法729条）により親族関係が終了した後でも、婚姻をすることができない（民法736条）。これら

の制限は、倫理上の問題を考慮したものである。

　未成年の子が婚姻をするには、父母の同意を得なければならず、父母の一方が同意しないとき（父母の一方が知れないとき、死亡したとき、又はその意思を表示することができないときを含む。）は、他の一方の同意だけで足り（民法737条）、成年被後見人が婚姻をするには、その成年後見人の同意を要しない（民法738条）。ただし、未成年者の婚姻について定める民法737条は、成年年齢を18歳とし、女の婚姻適齢を男と同じ18歳とする民法4条及び731条の改正に伴って「削除」とされ、令和4年（2022年）4月1日から施行されることとなっている。

　婚姻は、戸籍法の定めるところにより届け出ることによって、その効力を生ずる（民法739条1項）が、その届出は、当事者双方及び成年の証人2人以上が署名した書面で、又はこれらの者から口頭で、しなければならない（民法739条2項）。「婚姻は、両性の合意のみに基づいて成立」する（憲法24条1項）のであるが、それが法律上の効果を有するためには届出が必要であり、婚姻の届出は、その婚姻が前記の制限の規定（民法731条～737条、739条2項）その他の法令の規定に違反しないことを認めた後でなければ、受理することができない（民法740条）が、その違反が民法739条2項の方式を欠くだけであるときは、そのために婚姻の効力が妨げられることはない（民法742条2号ただし書）。そして、婚姻をはじめ、届出によって効力を生ずべき認知、縁組、離縁又は離婚の届出（これらを「縁組等の届出」と総称する。）については、その本籍地の市町村長に対し、あらかじめ、自らを届出事件の本人とする縁組等の届出がされた場合であっても、自らが市役所又は町村役場に出頭して届け出たことを確認することができないときは当該縁組等の届出を受理しないよう申し出ることができ、市町村長は、その申出に係る縁組等の届出があった場合において、当該申出をした者が市役所又は町村役場に出頭して届け出たことを確認することができなかったときは、当該縁組等の届出を受理することができず、そのために縁組等の届出を受理することができなかった場合は、遅滞なく、その申出をした者に対し、当該縁組等の届出があったことを通知しなければならないとされている（戸籍法27条の2第3～5項）。

　なお、市町村長は、縁組等の届出が市役所又は町村役場に出頭した者によってされる場合には、当該出頭した者に対し、法務省令で定めるところにより、当該出頭した者が届出事件の本人（認知にあっては認知する者、民法797条

1項に規定する縁組にあっては養親となる者及び養子となる者の法定代理人、民法811条2項に規定する離縁にあっては養親及び養子の法定代理人となるべき者とする。）であるかどうかの確認をするため、当該出頭した者を特定するために必要な氏名その他の法務省令で定める事項を示す運転免許証その他の資料の提供又はこれらの事項についての説明を求めるものとされ、出頭した者の中に本人であることが確認できない者があるときは、その者に対し、当該縁組等の届出を受理したことを通知しなければならないこととされている（戸籍法27条の2第1項、2項）。さらに、令和元年法律17号による改正によって、市町村長は、届出の受理に際し、戸籍法の規定により届出人が明らかにすべき事項が明らかにされていないときその他戸籍の記載のために必要があるときは、届出人、届出事件の本人その他の関係者に対し、質問をし、又は必要な書類の提出を求めることができることが明定された（戸籍法27条の3）。

ところで、外国に在る日本人間で婚姻をしようとするときは、その国に駐在する日本の大使、公使又は領事にその届出をすることができるが、この場合においても、前記の民法の規定を準用する（民法741条）とされているが、正確には準用ではなく「適用」であろう（法の適用に関する通則法24条1項は、「婚姻の成立は、各当事者につき、その本国法による。」と定めている。）。

2 婚姻の無効及び取消し

婚姻の無効及び取消しについては、民法総則が定める法律行為の効力に関する規定は適用されず、専ら第4編第2章第1節第2款（742条〜749条）の定めるところによる。

まず、婚姻が無効とされるのは、次に掲げる場合に限られる（民法742条）。

① 人違いその他の事由によって当事者間に婚姻をする意思がないとき。
② 当事者が婚姻の届出をしないとき（当事者双方及び成年の証人二人以上が署名した書面で、又はこれらの者から口頭でするという方式を欠くだけであるときを除く。）。

次に、婚姻の取消しは、次によらなければできない（民法743条）とされる。

③ 不適法な婚姻の取消し（民法744条）

民法731条から736条までの規定（婚姻適齢、重婚、再婚禁止期間、近親間の婚姻の禁止、直系姻族間の婚姻の禁止、養親子間の婚姻の禁止）に違反した婚姻は、各当事者、その親族又は検察官から、その取消しを家庭裁判所に請求することができる。ただし、検察官は、当事者の一方が死亡した後は、これを請求することができない。また、732条又は733条の規定（重婚の禁止、再婚禁止期間）に違反した婚姻については、当事者の配偶者又は前配偶者も、その取消しを請求することができる。

④ 不適齢者の婚姻の取消し（民法745条）

民法731条の規定（婚姻適齢）に違反した婚姻は、不適齢者が適齢に達したときは、その取消しを請求することができないのが原則であるが、不適齢者自身は、適齢に達した後、追認をしない限り、なお3月間は、その婚姻の取消しを請求することができる。

⑤ 再婚禁止期間内にした婚姻の取消し（民法746条）

民法733条の規定（再婚禁止期間）に違反した婚姻は、前婚の解消若しくは取消しの日から起算して100日を経過し、又は女が再婚後に出産したときは、その取消しを請求することができない。

⑥ 詐欺又は強迫による婚姻の取消し（民法747条）

詐欺又は強迫によって婚姻をした者は、その婚姻の取消しを家庭裁判所に請求することができるが、当事者が、詐欺を発見し、若しくは強迫を免れた後3月を経過し、又は追認をしたときは、その取消しを請求することができない。

ところで、婚姻の取消しは、将来に向かってのみその効力を生ずるのであるが、婚姻の時においてその取消しの原因があることを知らなかった当事者が、婚姻によって財産を得たときは、現に利益を受けている限度において、その返還をしなければならず、婚姻の時においてその取消しの原因があることを知っていた当事者は、婚姻によって得た利益の全部を返還しなければならないし、この場合に、相手方が善意であったときは、これに対して損害を賠償する責任を負う（民法748条）。

なお、婚姻の取消しについては、離婚による姻族関係の終了についての728条1項、離婚後の子の監護に関する事項の定め等についての766条、離婚による復氏等についての767条、財産分与についての768条、離婚による

復氏の際の祭祀に関する権利の承継についての769条、離婚した場合の子の氏についての790条1項ただし書並びに離婚した場合の親権者についての819条2項、3項、5項及び6項の規定が準用される（民法749条）。

II　婚姻の効力

「夫婦は、婚姻の際に定めるところに従い、夫又は妻の氏を称する」（民法750条）とされる。婚姻した後も婚姻前の氏を使用することは禁止されていないが、それは通称としてであって、法律上は夫又は妻の氏のどちらかに統一される（最高裁平成27年12月16日判決（判例時報2284号38頁）参照）。そして、夫婦の一方が死亡したときは、生存配偶者は、婚姻前の氏に復することができるのであるが、婚姻によって氏を改めた夫又は妻が祭祀に関する権利を承継していたときは、当事者その他の関係人の協議によって、協議が調わないときは家庭裁判所が定める者がその権利を承継する（民法751条、769条、897条1項）。

「夫婦は同居し、互いに協力し扶助しなければならない。」（民法752条）とされるが、これによって具体的な権利や義務が生ずるわけではなく、離婚事由としての悪意の遺棄や婚姻を継続しがたい重大な事由（民法770条1項2号、5号）の有無を判断するに際しての考慮要素となるだけである。

なお、「未成年者が婚姻をしたときは、これによって成年に達したものとみなす。」（民法753条）とされるが、この規定を「削除」とする改正が令和2年（2022年）4月1日から施行されることは前記I1で述べたとおりである。

ところで、「夫婦間でした契約は、婚姻中、いつでも、夫婦の一方からこれを取り消すことができる。ただし、第三者の権利を害することはできない。」（民法754条）とされるが、「夫婦関係が破綻に瀕しているような場合になされた夫婦間の贈与は、これを取り消しえない」（最高裁昭和33年3月6日判決・判例時報143号22頁）とされ、「民法754条にいう「婚姻中」とは、単に形式的に婚姻が継続していることではなく、形式的にも、実質的にもそれが継続していることをいうものと解すべきであるから、婚姻が実質的に破綻している場合には、それが形式的に継続しているとしても、同条の規定により、夫婦間の契約を取り消すことは許されない」（最高裁昭和42年2月2日判決・判

例時報477号11頁）とされる。

III 夫婦財産制

1 法定財産制

「夫婦は、その資産、収入その他一切の事情を考慮して、婚姻から生ずる費用を分担する。」（民法760条）とされ、このことについての紛争は、婚姻費用の分担に関する処分の審判として、夫又は妻の住所地を管轄する家庭裁判所が、当事者に対し、金銭の支払い等を命ずることができることになっている（家事事件手続法150条3号、154条2項3号）。

夫婦は共同生活を送ることが通常であるから、「夫婦の一方が日常の家事に関して第三者と法律行為をしたときは、他の一方は、これによって生じた債務について、連帯してその責任を負う。ただし、第三者に対し責任を負わない旨を予告した場合は、この限りでない。」（民法761条）とされる。この責任は、「日常の家事に関する債務の連帯責任」又は簡単に「日常家事債務の責任」と称され、その意味と適用範囲について、判例（最高裁昭和44年12月18日判決・判例時報582号58頁）は次のように述べている。

「民法761条は、「夫婦の一方が日常の家事に関して第三者と法律行為をしたときは、他の一方は、これによつて生じた債務について、連帯してその責に任ずる。」として、その明文上は、単に夫婦の日常の家事に関する法律行為の効果、とくにその責任のみについて規定しているにすぎないけれども、同条は、その実質においては、さらに、右のような効果の生じる前提として、夫婦は相互に日常の家事に関する法律行為につき他方を代理する権限を有することをも規定しているものと解するのが相当である。

そして、民法761条にいう日常の家事に関する法律行為とは、個々の夫婦がそれぞれの共同生活を営むうえにおいて通常必要な法律行為を指すものであるから、その具体的な範囲は、個々の夫婦の社会的地位、職業、資産、収入等によつて異なり、また、その夫婦の共同生活の存する地域社会の慣習によつても異なるというべきであるが、他方、問題になる具体的な

法律行為が当該夫婦の日常の家事に関する法律行為の範囲内に属するか否かを決するにあたつては、同条が夫婦の一方と取引関係に立つ第三者の保護を目的とする規定であることに鑑み、単にその法律行為をした夫婦の共同生活の内部的な事情やその行為の個別的な目的のみを重視して判断すべきではなく、さらに客観的に、その法律行為の種類、性質等をも充分に考慮して判断すべきである。

　しかしながら、その反面、夫婦の一方が右のような日常の家事に関する代理権の範囲を越えて第三者と法律行為をした場合においては、その代理権の存在を基礎として広く一般的に民法110条所定の表見代理の成立を肯定することは、夫婦の財産的独立をそこなうおそれがあつて、相当でないから、夫婦の一方が他の一方に対しその他の何らかの代理権を授与していない以上、当該越権行為の相手方である第三者においてその行為が当該夫婦の日常の家事に関する法律行為の範囲内に属すると信ずるにつき正当の理由のあるときにかぎり、民法110条の趣旨を類推適用して、その第三者の保護をはかれば足りるものと解するのが相当である。」

ところで、婚姻する前においてそれぞれが何らかの財産を有しているのは当然であるし、婚姻した後においてもそれぞれが独自に経済活動をすることがあることから、「夫婦の一方が婚姻前から有する財産及び婚姻中自己の名で得た財産は、その特有財産（夫婦の一方が単独で有する財産をいう。）とする。」とされ、「夫婦のいずれに属するか明らかでない財産は、その共有に属するものと推定する。」ことになっている（民法762条）。

2 ｜ 夫婦財産契約

　夫婦は、婚姻の届出前に、その財産について、前1で述べた法定財産制と異なる契約（これを「夫婦財産契約」と称する。）をすることができ、婚姻の届出までにその登記をしたときは、それをもって、それぞれの承継人及び第三者に対抗することができる（民法755条、756条）。

　そして、夫婦財産契約で定めた夫婦の財産関係は、婚姻の届出後は、変更することができず、この契約によって、夫婦の一方が、他の一方の財産を管理することとされている場合において、管理が失当であったことによってそ

の財産を危うくしたときは、他の一方は、自らその管理をすることを家庭裁判所に請求することができ、共有財産については、この請求とともに、その分割を請求することができることになっている（民法758条）。

なお、家庭裁判所への請求又は夫婦財産契約の定めるところにより、財産の管理者を変更し、又は共有財産の分割をしたときは、その登記をしなければ、これを夫婦の承継人及び第三者に対抗することができない（民法759条）とされている。

Ⅳ　離婚

1　協議上の離婚

　婚姻の成立の要件に対応して、夫婦は、その協議で、離婚をすることができる（民法763条）が、それが成立するためには戸籍法の定めるところによる届出（当事者双方及び成年の証人2人以上が署名した書面で、又はこれらの者から口頭で、しなければならない。）が必要であり、離婚についても成年被後見人はその成年後見人の同意は不要であり、詐欺又は強迫による離婚は、詐欺を発見し、強迫を免れた日から起算して100日以内にその取消しを家庭裁判所に請求することができるとされている（民法764条、738条、739条、747条）。

　なお、離婚の届出は、届出の形式的要件（民法739条2項参照）、子の親権者の定め（民法819条1項参照）についての規定その他の法令の規定に違反しないことを認めた後でなければ、受理することができないが、離婚の届出がこれに違反して受理されたときであっても、離婚は、そのためにその効力を妨げられることはない（民法765条）。なお、離婚の届出を受理しないように申し出ることによって、一方的な届けがなされることを防ぐことができることは、婚姻の場合と同じである（前記Ⅰ1参照）。離婚に際しては、子の親権者を定めなければならない（民法819条）のであるが、それとは別に、協議離婚に際しては、「子の監護をすべき者、父又は母と子との面会及びその他の交流、子の監護に要する費用の分担その他の子の監護について必要な事項は、その協議で定める。この場合においては、子の利益を最も優先して考慮しなければならない。」とされ、この協議が調わないとき、又は協議をすること

第2章　婚姻

ができないときは、家庭裁判所がそれを定め、さらに必要があると認めるときは、その定めを変更し、又は相当な処分をすることができるのであるが、この協議又は家庭裁判所の定め若しくは処分は「監護の範囲外では、父母の権利義務に変更を生じない。」とされる（民法766条）。親権には、子の監護・教育と財産管理の権限が含まれる（民法820条、824条）ので、親権者と別に子の監護をすべき者を定めた場合は、この二つの権限が分離することになる。なお、父又は母と子との面会その他の交流については、「監護親に対し非監護親が子と面会交流をすることを許さなければならないと命ずる審判において、面会交流の日時又は頻度、各回の面会交流時間の長さ、子の引渡しの方法等が具体的に定められているなど監護親がすべき給付の特定に欠けるところがないといえる場合は、上記審判に基づき監護親に対し間接強制決定をすることができると解するのが相当である。」とされる（最高裁平成25年3月28日決定・判例時報2191号39頁）。

　婚姻によって氏を改めた夫又は妻は、協議上の離婚によって婚姻前の氏に復するのが原則であるが、婚姻前の氏に復した夫又は妻は、離婚の日から3月以内に戸籍法の定めるところにより届け出ることによって、婚姻前の戸籍に入るか、新戸籍を編製して、離婚の際に称していた氏を称することができる（民法767条、戸籍法19条）。

　また、婚姻によって氏を改めた夫又は妻が、祭祀に関する権利を承継した（民法897条1項）後、協議上の離婚をしたときは、当事者その他の関係人の協議で、その権利を承継すべき者を定めなければならず、その協議が調わないとき、又は協議をすることができないときは、同項の権利を承継すべき者は、家庭裁判所がこれを定めることになっている（民法769条）。

　ところで、協議上の離婚をした者の一方は、相手方に対して財産の分与を請求することができるのであるが、当事者間に協議が調わないとき、又は協議をすることができないときは、当事者は、離婚の時から2年に限って、家庭裁判所に対して協議に代わる処分を請求することができ、この請求を受けた家庭裁判所は、当事者双方がその協力によって得た財産の額その他一切の事情を考慮して、分与をさせるべきかどうか並びに分与の額及び方法を定めることとされている（民法768条）。財産分与は、相手方配偶者の不貞行為等による損害賠償請求とは別のものであり、離婚についての責任の有無とは関係がないが、当事者双方がその協力によって得た財産の額その他一切の事情

を考慮したときの財産分与として過大であり、又は離婚に伴う慰謝料（損害賠償）としても過大であるときは、その過大な部分は詐害行為取消請求（新民法424条）の対象となるとするのが判例（最高裁平成12年3月9日判決・判例時報1708号101頁）である。

2 裁判上の離婚

　夫婦の一方は、次に掲げる事由がある場合に限り、離婚の訴えを提起することができるが、裁判所は、次の①から④の事由がある場合であっても、一切の事情を考慮して婚姻の継続を相当と認めるときは、離婚の請求を棄却することができるとされている（民法770条）。

① 　配偶者に不貞な行為があったとき。
② 　配偶者から悪意で遺棄されたとき。
③ 　配偶者の生死が3年以上明らかでないとき。
④ 　配偶者が強度の精神病にかかり、回復の見込みがないとき。
⑤ 　その他婚姻を継続し難い重大な事由があるとき。

　なお、これによって離婚が認められる場合には、協議上の離婚における離婚後の子の監護に関する事項の定め等についての民法766条、離婚による復氏等についての民法767条及び財産分与についての民法768条及び離婚による復氏の際の権利の承継についての民法769条が準用される（民法771条）。

第3章 親子

I 実子

　生物学的に言えば、子は、卵子と精子の結合によって生まれるのであり、その卵子を保有していた者が母となり、精子を保有していた者が父となる。しかし、常にこの関係を立証することは煩雑かつ困難であるし、当事者の利益の観点からも妥当とは言えない。民法は、このような観点から、法律的な意味における親子の関係について定める。

　まず、「妻が婚姻中に懐胎した子は、夫の子と推定する。」とし、この推定を容易にするために、「婚姻の成立の日から200日を経過した後又は婚姻の解消若しくは取消しの日から300日以内に生まれた子は、婚姻中に懐胎したものと推定する。」とした（民法772条）うえで、「女は、前婚の解消又は取消しの日から起算して100日を経過した後でなければ、再婚をすることができない。」という民法733条1項の規定に違反して再婚をした女が出産した場合において、この推定によって、「その子の父を定めることができないときは、裁判所が、これを定める。」（民法773条）とする。

　婚姻している夫婦の間に生まれることを「嫡出」といい、その子を「嫡出である子」あるいは「嫡出子」といい、嫡出と推定された場合（民法772条）において、夫は、子が嫡出であることを否認することができ（民法774条）、この否認権の行使は、子又は親権を行う母に対する「嫡出否認の訴え」によって行い、親権を行う母がないときは、家庭裁判所は、特別代理人を選任しなければならない（民法775条）とされる。この嫡出否認の訴えは、夫が子の出生を知った時（夫が成年被後見人であるときは、後見開始の審判の取消しがあった後夫が子の出生を知った時）から1年以内に提起しなければならず（民法777条、778条）、夫は、子の出生後において、その嫡出であることを承認したときは、その否認権を失う（民法776条）。ただ、戸籍上嫡出子とされている場合であっても、その記載を訂正することなく、財産関係上の紛争の先決問題として、親子関係を否定できるとするのが判例（最高裁昭和39年3月6日判決・

判例時報373号28頁）である。

　嫡出否認の訴えが夫だけに認められているのは、妻と子の関係は出産という事実によって生ずるためである（出生届に添付される医師が作成した出生証明書には母の氏名が記載される。出生証明書の様式等を定める省令1条）が、医療技術の発達によって、他人から提供を受けた卵子によって懐胎、出産することもある（いわゆる「代理母」）。この場合について、判例（最高裁平成19年3月23日決定、判例時報1967号36頁）は、「現行民法の解釈としては、出生した子を懐胎し出産した女性をその子の母と解さざるを得ず、その子を懐胎、出産していない女性との間には、その女性が卵子を提供した場合であっても、母子関係の成立を認めることはできない。」とし、「民法が実親子関係を認めていない者の間にその成立を認める内容の外国裁判所の裁判は、我が国の法秩序の基本原則ないし基本理念と相いれないものであり、民訴法118条3号にいう公の秩序に反するといわなければならない。」として、外国裁判所の裁判に基づいて提出された出生届を受理しないとした取り扱いを是認している。

　また、夫との間に生物学上の親子関係が認められないことが科学的証拠（DNA鑑定）により明らかであり、その子が母とともに生物学上の父と同居しているとしても、民法772条による嫡出であることの推定が及ばなくなるものではないから、親子関係不存在の訴えをもって当該父子関係の存否を争うことはできないとされる（最高裁平成26年7月17日判決・判例時報2235号14頁）。また、性同一性障害者の性別の取扱いに関する法律3条1項の規定に基づき、男性への性別の取扱いの変更の審判を受けた者は、以後、法令の規定の適用について男性とみなされるため、民法の規定に基づき夫として婚姻することができ、婚姻中にその妻が子を懐胎したときは、同法772条の規定により、当該子は当該夫の子と推定されるというべきであるというのが判例（最高裁平成25年12月10日決定・民集67巻9号1847頁）である。なお、実子ではない子が戸籍上嫡出子として記載され、戸籍上の両親と約55年にわたって実親子と同様の生活の実体があった場合において、両親及び実子の一人が死亡したことによる遺産争いに起因して、残る実子から提起された実親子関係不存在確認を求める訴えについて、関係者を巡る事情を十分検討することなく、その訴えが権利の濫用に当たらないとした原審の判断には、違法があるとした判例（最高裁平成18年7月7日判決・判例時報1966号58頁）がある。

　嫡出の推定が働かない子については、その父又は母がこれを認知すること

ができ（民法779条）、認知は、出生の時にさかのぼってその効力を生ずる（ただし、第三者が既に取得した権利を害することはできない。）（民法784条）とされるが、母であることは出産という事実に基づくものであるから、母による認知には意味がない（母子関係の存在を確認する訴えは可能である。）。そして、認知をするには、父又は母が未成年者又は成年被後見人であるときであっても、その法定代理人の同意を要せず（民法780条）、戸籍法の定めるところにより届け出ることによってするのであるが、遺言によっても、することができる（民法781条）。ただ、認知をする子が成年に達している場合は、その承諾がなければ、認知することができず（民法782条）、その子が胎児である場合は、母の承諾を得なければならず、死亡した子である場合は、その子に直系卑属があるときに限り、認知することができるが、その直系卑属が成年者であるときは、その承諾を得なければならない（民法783条）。また、認知をした父は、その認知を取り消すことができないが、子その他の利害関係人は、認知に対して反対の事実を主張することができる（民法785条、786条）。さらに、子、その直系卑属又はこれらの者の法定代理人は、父又は母の死亡の日から３年を経過するまでは、認知の訴えを提起することができる（民法787条）。

　父が認知した場合は、子の監護をすべき者、父又は母と子との面会及びその他の交流、子の監護に要する費用の分担その他の子の監護について必要な事項は、協議で定めるのが原則であるが、その協議が整わないときは、家庭裁判所が定めることになる（民法788条、766条）。

　なお、認知された子は、その父母の婚姻によって嫡出子の身分を取得し、その認知が父母の婚姻中であれば、その認知の時から、嫡出子の身分を取得する（このことを「準正」という。）のであるが、このことは子が既に死亡していた場合も同様とされる（民法789条）。

　ところで、嫡出である子は、父母の氏を称するのが原則であるが、子の出生前に父母が離婚したときは、離婚の際における父母の氏を称し、嫡出でない子は、母の氏を称する（民法790条）。そして、子が父又は母と氏を異にする場合には、子は、家庭裁判所の許可を得て、戸籍法の定めるところにより届け出ることによって、その父又は母の氏を称することができ、父又は母が氏を改めたことにより子が父母と氏を異にする場合には、子は、父母の婚姻中に限り、家庭裁判所の許可を得ないで、戸籍法の定めるところにより届け出ることによって、その父母の氏を称することができるほか、子が15歳未

満であるときは、その法定代理人が、その子の氏の変更をすることができるが、これらの手続きによって氏を改めた未成年の子は、成年に達した時から1年以内に戸籍法の定めるところにより届け出ることによって、従前の氏に復することができる（民法791条）。

Ⅱ 養子

1 縁組の要件

　養子縁組というのは、相手方に嫡出子の身分を与える行為であり（民法809条）、その相手方を養子、養子の親となる者を養親という。養子縁組の目的には、祭祀の承継や財産の相続、養親の扶養、養子の監護等、様々なものがあるが、民法は、その目的が何であるかを問題にしていない。

　養子縁組については、成年に達した者（平成30年法律59号によって令和4年（2022年）4月1日から成年年齢が20歳から18歳に引き下げられることになっているが、同日以後も、養親となるためには20歳に達していることが必要である。新民法792条）は、養子をすることができるが、尊属又は年長者を養子とすることはできない（民法792条、793条）とされる外、幾つかの要件が定められている。

　まず、家庭裁判所の許可を得なければならないものとして、後見人が被後見人（未成年被後見人及び成年被後見人をいう。）を養子とする場合（民法794条前段）と自己又は配偶者の直系卑属以外の未成年者を養子とする場合（民法798条）がある。そして、後見人については、後見人の任務が終了した後であっても、その管理の計算が終わらない間に被後見人を養子とするためには家庭裁判所の許可が必要とされる（民法794条後段）。

　次に、配偶者のある者が未成年者を養子とするには、配偶者の嫡出である子を養子とする場合又は配偶者がその意思を表示することができない場合を除いて、配偶者も養子縁組をしなければならない（民法795条）。そして、一方配偶者が単独で養子をすることができる場合であっても、他方配偶者とともに縁組をする場合又は他方配偶者がその意思を表示することができない場合を除いて、他方配偶者の同意を得なければならない（民法796条）。

　さらに、養子縁組は、当事者双方が戸籍法の定めるところに従って届出を

することによって効力が生ずる（民法799条、739条）のは婚姻と同じであるが、養子となる者が15歳未満であるときは、その法定代理人が、これに代わって、縁組の承諾をすることができる（民法797条1項。これを「代諾養子縁組」という。）ことが婚姻の場合と異なる。そして、この場合には、養子となる者の父母でその監護をすべき者であるものが他にあるとき（親権者とは別に監護をすべき者が定められている場合及びその父母が親権を停止されている場合）は、その同意を得なければならない（民法797条2項）。しかし、養子となる者が成年被後見人であるときは、成年後見人の同意を得る必要がない（民法799条、738条）。

なお、縁組の届出は、その縁組が前記の制限の規定（民法792条～799条）その他の法令の規定に違反しないことを認めた後でなければ、受理することができない（民法800条）が、その違反が民法739条2項の方式を欠くだけであるときは、そのために縁組の効力が妨げられることはなく（民法802条2号ただし書）、外国に在る日本人間で縁組をしようとするときは、その国に駐在する日本の大使、公使又は領事にその届出をすることができる（民法801条）のは婚姻の場合と同じである。

2 養子縁組の無効及び取消し

養子縁組の無効及び取消しについては、民法総則が定める法律行為の効力に関する規定は適用されず、専ら第4編第3章Ⅱ第2款（802条～808条）の定めるところによる。

まず、縁組が無効とされるのは、次に掲げる場合に限られる（民法802条）。

① 人違いその他の事由によって当事者間に縁組をする意思がないとき。
② 当事者が縁組の届出をしないとき（当事者双方及び成年の証人二人以上が署名した書面で、又はこれらの者から口頭でするという方式を欠くだけであるときを除く。）。

次に、縁組の取消しは、次によらなければできない（民法803条）とされる。

③ 養親が不適齢者である場合の縁組の取消し（民法804条）
養親が20歳（令和4年（2022年）3月31日までは成年）に達していないと

きの縁組は、養親又はその法定代理人から、その取消しを家庭裁判所に請求することができるが、養親が、20歳（⑤の「なお書」参照）に達した後6月を経過し、又は追認をしたときは、この限りでない。

④ 養子が尊属又は年長者である場合の縁組の取消し（民法805条）

尊属又は年長者を養子とした縁組は、各当事者又はその親族から、その取消しを家庭裁判所に請求することができる。

⑤ 後見人と被後見人との間の無許可縁組の取消し（民法806条）

家庭裁判所の許可を得ないでなされた後見人と被後見人との間の縁組は、養子又はその実方の親族から、その取消しを家庭裁判所に請求することができるが、後見人の任務が終了し、管理の計算が終わった後、養子が追認をし、又は6月を経過したときは、取消しの請求ができない。この場合における追認は、養子が、20歳に達し、又は行為能力を回復した後にしなければ、その効力を生じず、養子が、当該年齢に達せず、又は行為能力を回復しない間に、管理の計算が終わった場合には、その期間は、養子が、当該年齢に達し、又は行為能力を回復した時から起算する。なお、平成30年法律59号によって民法4条が改正され、成年年齢が20歳から18歳とされ、同法による改正後の民法が令和4年（2022年）4月1日から施行されることになっているが、同日以降も養親となることができる年齢は20歳とされている。

⑥ 配偶者の同意のない縁組の取消し（民法806条の2第1項）

配偶者のある者が縁組をするに際して、配偶者の同意（民法796条）を得ていない場合は、同意をしていない者から、その取消しを家庭裁判所に請求することができるが、その者が、縁組を知った後6月を経過し、又は追認をしたときは、この請求をすることができなくなる。

⑦ 配偶者の同意が詐欺又は強迫による場合の縁組の取消し（民法806条の2第2項）

配偶者の同意（民法796条）が詐欺又は強迫による場合は、その配偶者は、その縁組の取消しを家庭裁判所に請求することができるが、その者が、詐欺を発見し、若しくは強迫を免れた後6月を経過し、又は追認をしたときは、この請求をすることができなくなる。

⑧ 子の監護をすべき者の同意のない縁組の取消し（民法806条の3第1項）

子の監護をすべき者の同意が必要な場合（民法797条2項）に、その同

意を得ていないときは、縁組の同意をしていない者から、その取消しを家庭裁判所に請求することができるが、その者が追認をしたとき、又は養子が15歳に達した後6月を経過し、若しくは追認をしたときは、この請求をすることができなくなる。

⑨ 子の監護をすべき者の同意が詐欺又は強迫による場合の縁組の取消し（民法806条の3第2項）

　子の監護をすべき者の同意（民法797条2項）が詐欺又は強迫による場合は、その同意をした者は、その縁組の取消しを家庭裁判所に請求することができるが、その者が、詐欺を発見し、若しくは強迫を免れた後6月を経過し、又は追認をしたときは、この請求をすることができなくなる（民法806条の2第2項）。

⑩ 養子が未成年者である場合の無許可縁組の取消し（民法807条）

　家庭裁判所の許可を得ないで、自己又は配偶者の直系卑属以外の未成年者を養子としたときは、養子、その実方の親族又は養子に代わって縁組の承諾をした者から、その取消しを家庭裁判所に請求することができる。ただし、養子が、成年に達した後6月を経過し、又は追認をしたときは、この請求をすることができなくなる。

⑪ 詐欺又は強迫による縁組の取消し（民法808条1項、747条）

　詐欺又は強迫によって縁組をした者は、その縁組の取消しを家庭裁判所に請求することができるが、当事者が、詐欺を発見し、若しくは強迫を免れた後6月を経過し、又は追認をしたときは、この請求をすることができなくなる。

3 ｜ 縁組の取消しの効果

　縁組の取消しは、将来に向かってのみその効力を生ずるのであるが、縁組の時においてその取消しの原因があることを知らなかった当事者が、縁組によって財産を得たときは、現に利益を受けている限度において、その返還をしなければならず、縁組の時においてその取消しの原因があることを知っていた当事者は、縁組によって得た利益の全部を返還しなければならないし、この場合に、相手方が善意であったときは、これに対して損害を賠償する責任を負う（民法808条1項、748条）。

なお、縁組の取消しについては、離縁による復氏について定める民法816条及びその場合の祭祀に関する権利の承継（897条1項）について定める769条の規定が準用される（民法808条2項）。

4 ｜ 養子縁組の効力

　養子は、縁組の日から、養親の嫡出子の身分を取得する（民法809条）のであるが、嫡出子というのは父と母が婚姻中に生まれた子を意味するだけであり、そのこと自体によって法律的な効果が生じるわけではない。なお、縁組の日というのは、その届出をした日（民法799条、739条）のことである。
　養子は、養親の氏を称するが、婚姻によって氏を改めた者については、婚姻の際に定めた氏を称すべき間（民法750条、751条参照）はその氏を称する（民法810条）とされる。これは、養子縁組によって婚姻の効果が影響を受けることはないことを意味する。

5 ｜ 離縁

　養子縁組における離縁というのは、養子がなされる前の状態に戻すことであり、縁組の逆であるから、その要件もパラレルに考えることができる。
　まず、養子縁組の当事者は、その協議で、離縁をすることができるのが原則であり、その協議は、養子が15歳未満であるときは、養親と養子の離縁後にその法定代理人となるべき者で行うのであるが、この場合に養子の父母が離婚しているときは、その協議で、その一方を養子の離縁後にその親権者となるべき者と定めなければならず、この協議が調わないとき、又は協議をすることができないときは、家庭裁判所は、養子の父若しくは母又は養親の請求によって、協議に代わる審判をすることができ、養子の離縁後にその法定代理人となるべき者がないときは、家庭裁判所は、養子の親族その他の利害関係人の請求によって、養子の離縁後にその未成年後見人となるべき者を選任するのであるが、縁組の当事者の一方（養親又は養子）が死亡した後に生存当事者が離縁をしようとするときは、家庭裁判所の許可を得て、離縁することができる（民法811条）。
　養親が夫婦である場合において未成年者と離縁をするには、夫婦の一方が

その意思を表示することができないときを除いて、夫婦が共にしなければならない（民法811条の２）。成年被後見人が離縁をする場合には成年後見人の同意を要せず、離縁は戸籍法に基づく届出によって成立し、詐欺又は強迫によってなされた離縁は、詐欺を発見し、若しくは強迫を免れた後６月を経過し、又は追認をするまでに、家庭裁判所にその取消しを請求できる（民法812条、738条、739条、747条）のは離婚の場合と同じである。また、離縁の届出は、法令の規定に違反しないことを認めた後でなければ、受理することができないが、誤って受理されたときであっても、離縁は、そのためにその効力を妨げられない（民法813条）。

離縁についての協議が成立しないときは、縁組の当事者の一方は、次に掲げる場合に限り、離縁の訴えを提起することができるが、裁判所は、次の①及び②の事由がある場合であっても、一切の事情を考慮して縁組の継続を相当と認めるときは、離縁の請求を棄却することができるとされる（民法814条、770条２項）。

① 他の一方から悪意で遺棄されたとき。
② 他の一方の生死が三年以上明らかでないとき。
③ その他縁組を継続し難い重大な事由があるとき。

なお、養子が15歳に達しない間は、協議による離縁をする際に養親と離縁の協議をすることができる者（民法811条参照）から、又はこれに対して、離縁の訴えを提起することができる（民法815条）。

養子は、離縁によって縁組前の氏に復するが、配偶者とともに養子をした養親の一方のみと離縁をした場合は、氏の変更はなく、縁組の日から７年を経過した後に縁組前の氏に復した者は、離縁の日から３月以内に戸籍法の定めるところにより届け出ることによって、離縁の際に称していた氏を称することができる（民法816条）。

なお、縁組の取消しについては、縁組によって氏を改めた場合の祭祀に関する権利の承継（897条１項）について定める民法769条の規定が準用される（民法817条）のは離婚の場合と同じである。

6 特別養子

　家庭裁判所は、次の①から⑥の要件があるときは、養親となる者の請求により、実方の血族との親族関係が終了する縁組（「特別養子縁組」と称される。）を成立させることができる（民法817条の2、817条の9本文）。ただ、特別養子縁組が成立した場合においても、養親の一方の嫡出である子を養子としたときは、当該一方及びその血族との親族関係は継続する（民法817条の9ただし書）。

① 養親となる者は、配偶者のある者でなければならず、夫婦の一方は、他の一方も養親とならないときは、養親となることができないが、夫婦の一方が他の一方の嫡出である子（特別養子縁組以外の縁組による養子を除く。）を養子とする場合は、その養子は当該夫婦の嫡出子となるので、その夫婦の一方は単独で養親となることができる（民法817条の3）。

② 25歳に達しない者は、養親となることができないのが原則であるが、養親となる夫婦の一方が25歳に達していない場合においても、他方が20歳に達しているときは、養親となることができる（民法817条の4）。

③ 特別養子縁組の請求（家庭裁判所への審判の申立て）の時に6歳に達している者は、養子となることができないが、その者が8歳未満であって6歳に達する前から引き続き養親となる者に監護されている場合は、養子となることができる（民法817条の5）。

　　この特別養子縁組の年齢要件については、平成元年法律34号によって民法817条の5が次のように改正され、令和2年（2020年）6月13日までの範囲で政令で定める日から施行されることとなっているが、その際現に係属している特別養子縁組の成立の審判事件に関する養子となる者の年齢についての要件及び当該審判事件の手続については、なお従前の例によることとされている（平成元年法律34号附則2項）。

　　特別養子縁組の成立の請求（家庭裁判所への審判の申立て）のときに15歳に達している者は養子となることができず、特別養子縁組が成立するまでに18歳に達したときも養子となることができない。ただし、養子となる者が15歳に達する前から引き続き養親となる者に監護されている場合において、15歳に達するまでに特別養子縁組の成立の請求がな

されなかったことについてやむを得ない事情があるときは、15歳に達した後であっても、その請求をすることができる。なお、養子となる者が15歳に達している場合（15歳に達する前に審判の申立てがなされた場合を含む。）には、特別養子縁組の成立には、その者の同意がなければならない。

④ 特別養子縁組の成立には、養子となる者の父母の同意がなければならない。ただし、父母がその意思を表示することができない場合又は父母による虐待、悪意の遺棄その他養子となる者の利益を著しく害する事由がある場合は、この同意は不要である（民法817条の6）。

⑤ 特別養子縁組は、父母による養子となる者の監護が著しく困難又は不適当であることその他特別の事情がある場合において、子の利益のため特に必要があると認めるときに、これを成立させるものとする（民法817条の7）。

⑥ 特別養子縁組を成立させるには、養親となる者が養子となる者を6月以上の期間監護した状況を考慮しなければならず、この期間は、その請求前の監護の状況が明らかであるときを除いて、特別養子縁組の請求の時から起算する（民法817条の8）。

また、特別養子縁組であっても、次のいずれにも該当する場合において、養子の利益のため特に必要があると認めるときは、家庭裁判所は、養子、実父母又は検察官の請求により、特別養子縁組の当事者を離縁させることができ、この場合以外に離縁をすることはできない（民法817条の10）。

① 養親による虐待、悪意の遺棄その他養子の利益を著しく害する事由があること。
② 実父母が相当の監護をすることができること。

そして、離縁をしたときは、養子と実父母及びその血族との間においては、離縁の日から、特別養子縁組によって終了した親族関係と同一の親族関係が生ずる（民法817条の11）。

7 養子と相続税

　相続税の額は相続人の数に応じて決まることから、それを減ずる効果を意識した養子縁組がなされることがある。

　すなわち、相続税の総額を計算する場合においては、同一の被相続人から相続又は遺贈により財産を取得した全ての者に係る相続税の課税価格の合計額から、3000万円と600万円に当該被相続人の相続人の数を乗じて算出した金額との合計額（「遺産に係る基礎控除額」と称される。）を控除する（相続税法15条1項）とされているので、養子縁組をして相続人の数が増えれば、遺産に係る基礎控除額が多くなり、納税額を圧縮することができるのである。

　そこで、この弊害をなくすために、相続税の総額の計算に際しては、当該被相続人に養子がある場合の当該相続人の数に算入する当該被相続人の養子の数は、当該被相続人に実子がある場合又は当該被相続人に実子がなく、養子の数が1人である場合は1人とし、当該被相続人に実子がなく、養子の数が2人以上である場合は2人とすることとされ、特別養子縁組により養子となった者は実子とみなされることになっている（相続税法15条2項、3項）。また、この規定によって養子の数を同項の相続人の数に算入することが、相続税の負担を不当に減少させる結果となると認められる場合においては、税務署長は、相続税についての更正又は決定に際し、税務署の認めるところにより、当該養子の数を当該相続人の数に算入しないで相続税の課税価格及び相続税額を計算することができることになっている（相続税法63条）。

第4章 親権

I 総則

　民法は、親権の効力を定める条文の前に、誰が親権者になるかについての規定を置いている。すなわち、成年に達しない子は、父母が親権者となり、その子が養子であるときは、養親が親権者となり、婚姻している父母は、共同して親権を行使するのであるが、父母の一方が親権を行うことができないときは、他の一方が行うとする(民法818条)。ただ、婚姻適齢に達しない子は、婚姻によっても成人擬制がなされず(成年年齢、婚姻適齢及び成人擬制については第2章Ⅰ1参照)、その場合の未成年者の子については、その未成年者の親権者がその子に対して親権を行うことになっている(民法833条、867条1項)。

　そして、父母が協議上の離婚をするときは、その協議で、その一方を親権者と定めなければならず、子の出生前に父母が離婚した場合には、親権は、母が行い、子の出生後に、父母の協議で、父を親権者と定めることができ、父が認知した子に対する親権は、父母の協議で父を親権者と定めたときに限り、父が行うのであるが、これらの協議が調わないとき、又は協議をすることができないときは、家庭裁判所は、父又は母の請求によって、協議に代わる審判をすることができる(民法819条1項、3〜5項)ことになっている。また、裁判上の離婚の場合には、裁判所は、父母の一方を親権者と定めることとされ(民法819条2項)、親権者の定めのない離婚届は受理されず(戸籍法76条1号)、受理されなければ離婚は成立しない(民法764条、739条)。

　また、親権者が定められている場合であっても、子の利益のため必要があると認めるときは、家庭裁判所は、子の親族(親族の範囲については第1章の「親族図」参照)の請求によって、親権者を他の一方に変更することができることになっている(民法819条6項)。

II 親権の効力

親権の内容は、子の監護及び教育の権利義務（民法820条）と、子の財産の管理及び財産に関する法律行為の代理権（民法824条）の二つに分けられる。

1 身上監護権

監護及び教育の権利義務は、身上監護権と称され、「親権を行う者は、子の利益のために子の監護及び教育をする権利を有し、義務を負う。」（民法820条）とされるが、権利と言い、義務と言っても、親権者と子の間で裁判に訴えてその実現を図ることはできないが、第三者がその権利を侵害したときは、その妨害の排除を請求すること（後述の子の引渡し請求が典型的な例である。）はできる。身上監護権の内容として民法が親権の効力として規定しているのは、居所指定権（821条）、懲戒権（822条）及び職業許可権（823条）であり、身分上の行為（775条、791条3項、797条、804条、811条2項、815条等）及び相続（917条、915条）についての代理権については個別に定めている

居所指定権については、「子は、親権を行う者が指定した場所に、その居所を定めなければならない。」とされているが、子に意思能力があるときは、子の自由意思に反して、指定した所に居住することを強制する方法はない。

懲戒権については、親権を行う者は、子の利益のためにする監護及び教育に必要な範囲内でその子を懲戒することができると定められているが、児童虐待を含む家庭内暴力が大きな社会問題となっている今日、懲戒の名目での有形力の行使が是認できる範囲（民事・刑事上の違法性が阻却される範囲）は極めて狭くなっている（虐待は親権喪失事由でもある。民法834条）。ちなみに、児童虐待の防止等に関する法律2条は、児童虐待を「保護者（親権を行う者、未成年後見人その他の者で、児童を現に監護するものをいう。以下同じ。）がその監護する児童（18歳に満たない者をいう。以下同じ。）について行う次に掲げる行為」と定義している。

① 児童の身体に外傷が生じ、又は生じるおそれのある暴行を加えるこ

②　児童にわいせつな行為をすること又は児童をしてわいせつな行為をさせること。
③　児童の心身の正常な発達を妨げるような著しい減食又は長時間の放置、保護者以外の同居人による①、②又は④に掲げる行為と同様の行為の放置その他の保護者としての監護を著しく怠ること。
④　児童に対する著しい暴言又は著しく拒絶的な対応、児童が同居する家庭における配偶者に対する暴力（配偶者（婚姻の届出をしていないが、事実上婚姻関係と同様の事情にある者を含む。）の身体に対する不法な攻撃であって生命又は身体に危害を及ぼすもの及びこれに準ずる心身に有害な影響を及ぼす言動をいう。）その他の児童に著しい心理的外傷を与える言動を行うこと。

　営業を許可された未成年者は、その営業に関し、成年者と同一の行為能力を有する（民法6条1項）のであるが、子は、親権を行う者の許可を得なければ、職業を営むことができない（民法823条1項）のであり、この職業には、営業だけでなく、人に雇われて働くことも含まれる（第1編第2章Ⅱ3（1）参照）。人に雇われて働くことは労働（雇用）契約を締結することであるが、このことに関しては「親権者又は後見人は、未成年者に代わって労働契約を締結してはなら」ず（労働基準法58条1項）、「未成年者は、独立して賃金を請求することができ」、「親権者又は後見人は、未成年者の賃金を代わって受け取ってはならない。」（労働基準法59条）とされている。また、当該未成年者がその職業に耐えることができない事由があるときは、親権者は、その許可を取り消し、又はその許可の範囲を制限することができる（民法6条2項、823条2項）が、この許可の取り消し又は制限は、将来に向かってのみその効力を生ずるものと解される（民法620条本文参照）。
　ところで、身上監護権が侵害されたときは、親権者は、その侵害行為を排除し、原状回復を請求する権利（物権的請求権である。）を有する。その代表的なものが、子の引渡しを求めるものであり、親権者（夫婦）相互間における争いであれば、家庭裁判所における審判手続きによることが一般的であるが、通常の民事訴訟によることも可能であり、親権者と親権者でない者との間では民事訴訟によるしかない。ただ、ここでの問題は、いずれの手続きにおいても、解決までに相当の時間がかかるということである。そこで、多用

されるようになったのが、迅速な解決が期待できる人身保護法による引渡請求である。すなわち、同法２条は、その１項で「法律上正当な手続によらないで、身体の自由を拘束されている者は、この法律の定めるところにより、その救済を請求することができる。」とし、その２項で「何人も被拘束者のために、前項の請求をすることができる。」としたうえで、裁判所は、この請求については、速かに裁判しなければならず（６条）、審問期日における取調の準備のために、直ちに拘束者、被拘束者、請求者及びその代理人その他事件関係者の陳述を聴いて、拘束の事由その他の事項について、必要な調査をすることができる（９条）とし、下級裁判所の判決に不服がある場合は３日以内に最高裁判所に上訴しなければならず（21条）、最高裁判所は、特に必要と認めたときは、下級裁判所に継続中の事件を移送させて、自ら処理することができる（22条）とされているのである。同法によることができるのは、意思能力のない子又は意思能力がある子の自由な意思に反してなされている拘束（監護）からの解放（自らへの引渡し）であり、拘束（監護）の状況だけでなく、そこに至る経過が重要になる（最高裁昭和61年７月18日判決（判例時報1213号79頁）、最高裁平成30年３月15日判決・判例時報2377号47頁）等）。なお、近年、国際結婚とその破綻による子の監護権が問題となるケースが増えてきたことに伴って、不法な連れ去り又は不法な留置がされた場合において子をその常居所地国（子の連れ去りの時又は留置の開始の直前に子が常居所を有していた国）に返還すること等を定めた条約を実施するために必要な裁判手続等を定めた「国際的な子の奪取の民事上の側面に関する条約の実施に関する法律」が制定され、同法の手続きが利用されることもある。

2 財産管理権

「親権を行う者は、子の財産を管理し、かつ、その財産に関する法律行為についてその子を代表する。」（民法824条本文）とされ、この親権を行う者の権限は、簡単に財産管理権又は単に管理権と称される。この財産管理権の対象となるものには事実行為だけでなくなく法律行為も含まれ、親権者は、単なる保存行為だけでなく、処分行為もできると解されている。ここで重要なのは、法律行為の代表権であり、これは、親権者の行為がそのまま子の行為と見なされるということであるが、法人の場合（第１編第２章Ⅲ１参照）と異な

り、正確には民法99条以下が適用される代理のことであり、法定代理人を意味する。また、意思能力のある子は、法定代理人の同意を得て法律行為をすることができるが（民法5条1項、3項）、その場合にあっても、この代理権は消滅しない。ところで、民法824条は、そのただし書で「その子の行為を目的とする債務を生ずべき場合には、本人の同意を得なければならない。」とするが、「子の行為」は財産権ではなく、人格の問題であるから、身上監護権の範疇に属するのであり、営業の許可（民法6条1項）又は職業の許可（民法823条）に類するものとして考えるべきである。

　財産管理権の行使については、「親権を行う者は、自己のためにするのと同一の注意をもって、その管理権を行わなければなら」ず（民法827条）、「子が成年に達したときは、親権を行った者は、遅滞なくその管理の計算をしなければならない。」（民法828条）のであるが、無償で子に財産を与える第三者が反対の意思を表示したときのその財産を除いて、「その子の養育及び財産の管理の費用は、その子の財産の収益と相殺したものとみな」される（民法828条ただし書、829条）。そして、「無償で子に財産を与える第三者が、親権を行う父又は母にこれを管理させない意思を表示したときは、その財産は、父又は母の管理に属しないものと」され、その財産について「父母が共に管理権を有しない場合において、第三者が管理者を指定しなかったときは、家庭裁判所は、子、その親族又は検察官の請求によって、その管理者を選任する。」のであるが、「第三者が管理者を指定したときであっても、その管理者の権限が消滅し、又はこれを改任する必要がある場合において、第三者が更に管理者を指定しないときも」、家庭裁判所が、子、その親族又は検察官の請求によって、その管理者を選任することになる（民法830条1項～3項）。そして、この財産の管理者の権限等については、不在者の財産管理人についての民法27条から29条の規定（第1編第2章Ⅱ5参照）が準用される。また、子の財産を管理する場合の権限の終了については、委任の終了に関する民法654条及び655条の規定（第3編第2章Ⅹ参照）が準用される（民法831条）。

　親権者が子の財産を管理する権限を有するのであるが、このことは、当該親権者が子の財産を毀損したり、滅失させたりした場合には、債務不履行又は不法行為責任を負うことがあることを意味するが、親権者が管理権を有している間は、子から損害賠償の請求をすることはできない。そこで、親権を行った者とその子との間に財産の管理について生じた債権は、その管理権が

消滅した時から5年間これを行使しないときは、時効によって消滅するとしたうえで、子がまだ成年に達しない間に管理権が消滅した場合において子に法定代理人がないときは、この期間は、その子が成年に達し、又は後任の法定代理人が就職した時から起算するとされている（民法832条）。

　ところで、親権者は、子の財産に関する法律行為について、その子の代理人となるのであるが、父母の婚姻中の親権の行使は、父母が共同して行うのが原則である（民法824条本文、818条3項）。しかし、父母が共同して親権を行う場合において、父母の一方が、共同の名義で、子に代わって法律行為をし、又は子がこれをすることに同意したときは、その行為は、他の一方の意思に反したときであっても、相手方がそのことを知っていたときを除いて、そのためにその効力を妨げられることはない（民法825条）。これを逆に言うと、父母の一方が単独の名義で子に代わって法律行為をし、又は子がこれをすることに同意したとしても、それは無権代理として無効となるが、この場合には表見代理に関する新民法110条が準用され、その行為又は同意が有効となることがあるということである。

　ところで、親権を行う父又は母とその子との利益が相反する行為については、親権を行う者は、その子のために特別代理人の選任を家庭裁判所に請求しなければならず、親権を行う者が数人の子に対して親権を行う場合において、その一人と他の子との利益が相反する行為についても、親権を行う者は、その一方のために特別代理人を選任することを家庭裁判所に請求しなければならない（民法826条）。また、家庭裁判所によって選任された特別代理人と子との間に利益相反の関係があるときは、その特別代理人によってなされた権限の行使は、無権代理人によるものとして、本人である子に対しての効力は生じない（第1編第4章Ⅲ5参照）。

Ⅲ　親権の喪失、親権停止、管理権喪失等

　前節で述べたように、親権を行う者は、子に対する広範な権限を有し、親権者は法律の定めるところによって自動的に決定されるのが通常であることから、その権限の行使が子の福祉に反する場合の対策が必要となる。このことについて、民法は、家庭裁判所による親権喪失、親権停止及び管理権喪失

の審判並びに親権又は管理権の辞任及び回復について次のように定めている。

親権喪失の審判というのは、父又は母による虐待又は悪意の遺棄があるときその他父又は母による親権の行使が著しく困難又は不適当であることにより子の利益を著しく害するときに、2年以内にその原因が消滅する見込みがあるときを除いて、子、その親族、未成年後見人、未成年後見監督人又は検察官の請求により、その父又は母について、家庭裁判所が行うものである（民法834条）。

親権停止の審判というのは、父又は母による親権の行使が困難又は不適当であることにより子の利益を害するときに、子、その親族、未成年後見人、未成年後見監督人又は検察官の請求により、その父又は母について、家庭裁判所が行うものであり、家庭裁判所がこの審判をするときは、その原因が消滅するまでに要すると見込まれる期間、子の心身の状態及び生活の状況その他一切の事情を考慮して、2年を超えない範囲内で、親権を停止する期間を定めることになっている（民法834条の2）。

管理権喪失の審判というのは、父又は母による財産の管理及び財産に関する法律行為についての権限の行使が困難又は不適当であることにより子の利益を害するときに、子、その親族、未成年後見人、未成年後見監督人又は検察官の請求により、その父又は母について、家庭裁判所が行うものである（民法835条）。

親権喪失、親権停止又は管理権喪失の審判については、その審判をすることとなった原因が消滅したときは、家庭裁判所は、本人又はその親族の請求によって、それぞれの審判を取り消すことができる（民法836条）のは当然のことであろう。

また、親権を行う父又は母は、やむを得ない事由があるときは、家庭裁判所の許可を得て、親権又は管理権を辞することができ、その事由が消滅したときは、父又は母は、家庭裁判所の許可を得て、親権又は管理権を回復することができる（民法837条）。

なお、親権喪失、親権停止又は管理権喪失の審判がなされ、あるいは親権又は管理権が辞されたときは、親権者に代わって未成年後見人が選任される（次章参照）。

第5章 後見

I 後見の開始

　未成年者に対して親権を行う者がないとき、若しくは親権を行う者が管理権を有しないとき（前章Ⅲ参照）、又は後見開始の審判があったとき（民法7条）は、後見が開始し（民法838条）、未成年者には未成年後見人が、成人には成年後見人が選任される（後記Ⅱ参照）のであるが、民法は、未成年後見人と成年後見人の双方を意味するものとして、「後見人」の語を用いている。未成年者は、法律行為をするについて法定代理人の同意を得なければならず（民法5条1項）、法定代理人が許した営業について成年者と同一の行為能力を有する（民法6条1項）とされるが、未成年後見人は、ここでいう法定代理人となる（民法857条、823条、859条）。また、取り消すことができるとされる成年被後見人の法律行為（民法9条）については、成年後見人が法定代理人となる（民法859条1項）が、それが成年被後見人の行為を目的とする債務を生ずるものであるときは、本人の同意を得なければならない（民法859条2項が重用する824条ただし書。その意味については、前記第4章Ⅱ1参照）。

Ⅱ 後見の機関

1 後見人

（1）未成年後見人

　親権には、身上監護権と財産管理権がある（前章Ⅱ参照）が、未成年者に対して最後に親権を行う者（財産管理権を有しない者を除く。）は、遺言（第5編第7章Ⅰ参照）で、未成年後見人を指定することができる（民法839条）。この指定による未成年後見人となるべき者がないとき又は家庭裁判所によって選任された未成年後見人が欠けたときは、家庭裁判所は、未成年被後見人又はそ

の親族その他の利害関係人の請求によって、未成年後見人を選任し、未成年後見人がある場合においても、必要があると認めるときは、未成年被後見人又はその親族その他の利害関係人若しくは未成年後見人の請求により又は職権で、更に未成年後見人を選任することができる（民法840条1項、2項）。そして、この場合において、未成年後見人を選任するには、未成年被後見人の年齢、心身の状態並びに生活及び財産の状況、未成年後見人となる者の職業及び経歴並びに未成年被後見人との利害関係の有無（未成年後見人となる者が法人であるときは、その事業の種類及び内容並びにその法人及びその代表者と未成年被後見人との利害関係の有無）、未成年被後見人の意見その他一切の事情を考慮しなければならない（民法840条3項）。なお、父若しくは母が親権若しくは管理権を辞し、又は父若しくは母について親権喪失、親権停止若しくは管理権喪失の審判があったこと（前記第4章Ⅲ参照）によって未成年後見人を選任する必要が生じたときは、その父又は母は、遅滞なく未成年後見人の選任を家庭裁判所に請求しなければならない（民法841条）。

（2） 成年後見人

　後見開始の審判は、精神上の障害により事理を弁識する能力を欠く常況にある者について、家庭裁判所が、本人、配偶者、4親等内の親族、未成年後見人、未成年後見監督人、保佐人、保佐監督人、補助人、補助監督人又は検察官の請求により行う（民法7条）のであるが、そのときは、家庭裁判所は、職権で、成年後見人を選任する（民法8条、843条1項）。成年後見人が欠けたときは、家庭裁判所は、成年被後見人若しくはその親族その他の利害関係人の請求により又は職権で、成年後見人を選任するのであるが、成年後見人が選任されている場合においても、必要があると認めるときは、成年後見人の選任を請求することができる者若しくは成年後見人の請求により又は職権で、更に成年後見人を選任することができる（民法843条2項、3項）。また、成年後見人を選任するには、成年被後見人の心身の状態並びに生活及び財産の状況、成年後見人となる者の職業及び経歴並びに成年被後見人との利害関係の有無（成年後見人となる者が法人であるときは、その事業の種類及び内容並びにその法人及びその代表者と成年被後見人との利害関係の有無）、成年被後見人の意見その他一切の事情を考慮しなければならない（民法843条4項）のは、未成年後見人の場合と同じである。

（3） 後見人の辞任と解任

　後見人は、正当な事由があるときは、家庭裁判所の許可を得て、その任務を辞することができるが、そのことによって新たに後見人を選任する必要が生じたときは、その後見人は、遅滞なく新たな後見人の選任を家庭裁判所に請求しなければならない（民法844条、845条）。また、後見人に不正な行為、著しい不行跡その他後見の任務に適しない事由があるときは、家庭裁判所は、後見監督人、被後見人若しくはその親族若しくは検察官の請求により又は職権で、これを解任することができる（民法846条）ことになっている。

　また、民法847条は、次に掲げる者は、後見人となることができないとして、後見人の欠格事由を定めている。

① 　未成年者
② 　家庭裁判所で免ぜられた法定代理人、保佐人又は補助人
③ 　破産者
④ 　被後見人に対して訴訟をし、又はした者並びにその配偶者及び直系血族
⑤ 　行方の知れない者

2 ｜ 後見監督人

　未成年者に対して最後に親権を行う者（財産管理権を有しない者を除く。）は、遺言で、未成年後見人を指定することができるのであるが、その際に、未成年後見監督人を指定することができる（民法848条）。また、家庭裁判所は、必要があると認めるときは、被後見人、その親族若しくは後見人の請求により又は職権で、未成年後見人又は成年後見人のいずれについても、後見監督人を選任することができる（民法849条）。ただし、後見人の配偶者、直系血族及び兄弟姉妹は、後見監督人となることができない（民法850条）。

　後見監督人の職務は、次のとおりである（民法851条）。

① 　後見人の事務を監督すること。
② 　後見人が欠けた場合に、遅滞なくその選任を家庭裁判所に請求すること。

③ 急迫の事情がある場合に、必要な処分をすること。
④ 後見人又はその代表する者と被後見人との利益が相反する行為について被後見人を代表すること。

そして、後見監督人には、受任者の注意義務（644条。以下の条文は全て民法のそれである。）、委任の終了後の処分（654条）、委任の終了の対抗要件（655条）、後見人の辞任（844条）、後見人の解任（846条）、後見人の欠格事由（847条）、後見の事務に必要な費用の負担（861条2項）及び後見人の報酬（862条）についての規定が、未成年後見監督人には、未成年後見人の選任についての考慮事項（840条3項）及び未成年後見人が数人ある場合の権限の行使等（857条の2）についての規定が準用され、成年後見監督人には、成年後見人の選任についての考慮事項（843条4項）、成年後見人が数人ある場合の権限の行使等（859条の2）及び成年被後見人の居住用不動産の処分についての許可（859条の3）についての規定が、それぞれ準用される（852条）。

III 後見の事務

1 後見人の権限と責任

後見人は、被後見人の財産を管理し、かつ、その財産に関する法律行為について被後見人を代表する（民法859条1項）とされるが、その意味と内容は親権者が有する財産管理権と同じである（前記第4章II 2参照）。後見人は、後見人となった後、遅滞なく被後見人の財産の調査に着手し、1月（この期間は、家庭裁判所において伸長することができる。）以内に、その調査を終わり、かつ、その目録を作成しなければならず（民法853条1項）、この財産の目録の作成を終わるまでは、急迫の必要がある行為のみをすることができる（民法854条本文）。また、この財産の調査及び目録の作成は、後見監督人があるときは、その立会いをもってしなければ、その効力を有しない（民法853条2項）のであるが、これらに違反した場合であっても、そのことをもって善意の第三者に対抗することができない（民法854条ただし書）。

後見人が、被後見人に対し、債権を有し、又は債務を負う場合において、

後見監督人があるときは、財産の調査に着手する前に、これを後見監督人に申し出なければならず、後見人が、被後見人に対し債権を有することを知ってこれを申し出ないときは、その債権を失う（民法855条）。

　後見人が就職した後（後見人の指定を承諾し、又は家庭裁判所による選任を受諾した後）、被後見人が包括財産を取得した場合（民法896条、990条参照）も、後見人は、就職したときと同様、その財産の調査及び財産目録の作成をしなければならないし、その財産に自己の債権が含まれていることを知ってこれを後見監督人に申し出ないときは、その債権を失う（民法856条、853条～855条）。

　後見人と被後見人の利益が相反するときは、後見監督人が被後見人を代理するが（民法851条4号）、後見監督人がない場合は、特別代理人の選任を家庭裁判所に請求しなければならない（民法860条、826条4号）。

　後見人は、その就職の初めにおいて、被後見人の生活、教育又は療養看護及び財産の管理のために毎年支出すべき金額を予定しなければならず、後見人が後見の事務を行うために必要な費用は、被後見人の財産の中から支弁される（民法861条）。また、家庭裁判所は、後見人及び被後見人の資力その他の事情によって、被後見人の財産の中から、相当な報酬を後見人に与えることができる（民法862条）。

　後見監督人又は家庭裁判所は、いつでも、後見人に対し後見の事務の報告若しくは財産の目録の提出を求め、又は後見の事務若しくは被後見人の財産の状況を調査することができるほか、後見監督人、被後見人若しくはその親族その他の利害関係人の請求により又は職権で、被後見人の財産の管理その他後見の事務について必要な処分を命ずることができる（民法863条）。

　後見人が、被後見人に代わって営業若しくは保佐人の同意を要する行為（民法13条1項本文。第1編第2章3（3）参照）をし、又は未成年被後見人がこれをすることに同意するには、元本の領収を除いて、後見監督人があるときは、その同意を得なければならない（民法864条）。後見人が、後見監督人の同意を得ないで営業若しくはこれらの行為をし、又は同意をしたときは、被後見人又は後見人はそれを取り消すことができるが、その場合には、制限行為能力者であることを理由とする取り消しの効力及び相手方の保護に関する民法20条の規定が準用され、121条から126条の規定が適用される（民法865条）。このことは、後見人が被後見人の財産又は被後見人に対する第三者の権利を譲り受けたときも同じである（民法866条）。

また、後見については、委任における受任者の注意義務（民法644条）及び第三者が無償で子に与えた財産の管理についての親権者の権限の制限（民法830条）の規定が準用される（民法869条）。

2 ｜ 成年後見人の権限と責任

　成年後見人は、成年被後見人の生活、療養看護及び財産の管理に関する事務を行うに当たっては、成年被後見人の意思を尊重し、かつ、その心身の状態及び生活の状況に配慮しなければならない（民法858条）。

　成年後見人が数人あるときは、家庭裁判所は、職権で、数人の成年後見人が、共同して又は事務を分掌して、その権限を行使すべきことを定めることができるが、職権で、その定めを取り消すこともできる（民法859条の2第1項、2項）。なお、成年後見人が数人あるときは、第三者の意思表示は、その一人に対してすれば足りる（民法859条の2第3項）のは未成年者後見人の場合と同じである。

　成年後見人は、成年被後見人に代わって、その居住の用に供する建物又はその敷地について、売却、賃貸、賃貸借の解除又は抵当権の設定その他これらに準ずる処分をすることができるが、それには、家庭裁判所の許可を得なければならない（民法859条の3）。

　家庭裁判所は、成年後見人がその事務を行うに当たって必要があると認めるときは、成年後見人の請求により、信書の送達の事業を行う者に対し、6月を超えない期間を定めて、成年被後見人に宛てた郵便物又は民間事業者による信書の送達に関する法律2条3項に規定する信書便物（「郵便物等」という。）を成年後見人に配達すべき旨を嘱託することができる（民法860条の2第1項、2項）。そして、家庭裁判所は、その審判があった後事情に変更を生じたときは、成年被後見人、成年後見人若しくは成年後見監督人の請求により又は職権で、この嘱託を取り消し、又は変更することができる（民法860条の2第3項本文）。この嘱託は、家庭裁判所の審判によってなされる（家事事件手続法39条別表第1、12の2）が、その変更の審判においては、最初に定められた期間を伸長することができず、成年後見人の任務が終了したときは、家庭裁判所は、その嘱託を取り消さなければならない（民法860条の2第3項ただし書、第4項）。

成年後見人は、成年被後見人に宛てた郵便物等を受け取ったときは、これを開いて見ることができるが、その受け取った郵便物等で成年後見人の事務に関しないものは、速やかに成年被後見人に交付しなければならない。また、成年被後見人は、成年後見人に対し、成年後見人が受け取った郵便物等の閲覧を求めることができる（民法860条の3）。

3 ｜ 未成年後見人の権限と責任

　未成年後見人は、未成年者の監護及び教育(民法820条)、居所の指定(民法821条)及び懲戒（民法823条）について、親権を行う者と同一の権利義務を有するが、親権を行う者が定めた教育の方法及び居所を変更し、営業を許可し、その許可を取り消し、又はこれを制限するには、未成年後見監督人があるときは、その同意を得なければならない（民法857条）。また、親権を行う者が財産管理権を有しない場合（身上監護権だけを有する場合。前記第4章Ⅲ参照）におかれる未成年後見人（民法838条1号後段）は、財産に関する権限のみを有する（868条）のであるが、親権者の死亡その他の事由によって身上監護を行う者がなくなったときは、未成年後見人が身上監護も行うことになる。

　未成年後見人が数人あるときの権限の行使は、次による（民法857条の2）。

① 権限の行使は、共同してする。
② 家庭裁判所は、職権で、その一部の者について、財産に関する権限のみを行使すべきことを定めることができる。
③ 家庭裁判所は、職権で、財産に関する権限について、各未成年後見人が単独で又は数人の未成年後見人が事務を分掌して、その権限を行使すべきことを定めることができる。
④ 家庭裁判所は、職権で、②及び③による定めを取り消すことができる。
⑤ 第三者が意思表示をするときは、未成年後見人の一人に対してすれば足りる。

　ところで、未成年後見人は、未成年被後見人（未成年である父又は母のことであるが、令和4年（2022年）4月1日以降は、成年年齢が18歳、女の婚姻年齢が18歳とされることについて第1編第2章Ⅱ3参照）に代わって親権を行う（民法833条参照）

のであるが、この場合には、後見人の財産の調査及び目録の作成（民法853条、854条。以下の条文は全て民法のそれである。）、後見人が、被後見人に対し、債権を有し、若しくは債務を負う場合又は被後見人が包括財産を取得した場合の後見監督人に対する申出（855条、856条）、未成年被後見人の身上監護に関する権利義務（857条）、支出金額の予定及び事務費用の負担（861条）、後見人の報酬（862条）、後見の事務の監督（863条）、後見監督人の同意を要する行為（864条、865条）、後見人による被後見人の財産又は被後見人に対する第三者の権利の譲り受け（866条）についての規定が準用される（867条）。

Ⅳ 後見の終了

　後見人の任務が終了したときは、後見人又はその相続人は、2月（この期間は、家庭裁判所において伸長することができる。）以内に、後見監督人があるときは、その立会いをもって、その管理の計算（「後見の計算」という。）をしなければならない（民法870条、871条）。
　未成年被後見人が成年に達した後、後見の計算の終了前に、その者（未成年被後見人であった者）と未成年後見人又はその相続人との間でした契約及びその者が未成年後見人又はその相続人に対してした単独行為は、その者が取り消すことができ、その場合には、制限行為能力者であることを理由とする取り消しの効力及び相手方の保護に関する民法20条の規定が準用され、121条から126条の規定が適用される（民法872条。その内容については、第1編第2章Ⅱ3（5）参照）。
　後見人が被後見人に返還すべき金額及び被後見人が後見人に返還すべき金額には、後見の計算が終了した時から、利息を付さなければならない。また、後見人は、自己のために被後見人の金銭を消費したときは、その消費の時から、これに利息を付さなければならず、この場合において、なお損害があるときは、その賠償の責任を負う（民法873条）。
　成年後見人は、成年被後見人が死亡した場合において、必要があるときは、成年被後見人の相続人の意思に反することが明らかなときを除き、相続人が相続財産を管理することができるに至るまで、次に掲げる行為をすることができるが、③に掲げる行為をするには、家庭裁判所の許可を得なければなら

ない（民法873条の２）。

① 相続財産に属する特定の財産の保存に必要な行為
② 相続財産に属する債務（弁済期が到来しているものに限る。）の弁済
③ その死体の火葬又は埋葬に関する契約の締結その他相続財産の保存に必要な行為（①又は②を除く。）

　後見の終了については、委任の終了後の処分（民法654条）及び委任の終了の対抗要件（民法655条）の規定が準用される（民法874条）。
　ところで、後見人又は後見監督人と被後見人との間において後見に関して生じた債権は、その管理権が消滅した時から５年間これを行使しないときは、時効によって消滅するのであるが、後見人又は後見監督人の管理権が消滅した場合において被後見人に法定代理人がないときは、その期間は、その子が成年に達し、又は後任の法定代理人が就職した時から起算し（民法875条１項、832条）、未成年被後見人と未成年後見人等との間の契約等の取消し（民法872条）の場合には、その取消しの時から起算する（民法875条２項）ことになっている。

第6章 保佐及び補助

I 保佐

　精神上の障害により事理を弁識する能力が著しく不十分である者については、家庭裁判所は、本人、配偶者、4親等内の親族、後見人、後見監督人、補助人、補助監督人又は検察官の請求により、保佐開始の審判をすることができ、この審判によって保佐が開始するのであるが、家庭裁判所は、保佐開始の審判をするときは、職権で、保佐人を選任することになっている（民法11条、876条、876条の2。第1編第2章Ⅱ3（3）参照）。そして、保佐人が欠けたとき、重ねての保佐人の選任、保佐人を選任するに際して考慮すべき事項、保佐人の欠格事由については、成年後見人に関する規定が準用される（民法876条の2第2項、843条2項～4項、847条。その内容については第5章Ⅰ参照）。また、保佐人又はその代表する者と被保佐人との利益が相反する行為については、保佐監督人がある場合を除いて、保佐人は、臨時保佐人の選任を家庭裁判所に請求しなければならない（民法876条の2第3項）のも後見人の場合と同様である。

　保佐人は、被保佐人の一定の行為についての同意権を有する（民法13条）のであるが、家庭裁判所は、保佐開始の請求をすることができる者又は保佐人若しくは保佐監督人の請求によって、被保佐人のために特定の法律行為について保佐人に代理権を付与する旨の審判をすることができるとされ、この場合において、その請求が本人以外の者によってなされたときは、本人の同意を得ることが必要であり、この審判をした後においても、これらの者の請求によって、その審判の全部又は一部を取り消すことができることとされている（民法876条の4）。

　家庭裁判所は、必要があると認めるときは、被保佐人、その親族若しくは保佐人の請求により又は職権で、保佐監督人を選任することができる（民法876条の3。以下、本節における条文は全て民法のそれである。）。保佐監督人には、受任者の注意義務（644条）、委任の終了後の処分（654条）、委任の終了の対抗

要件 (655条)、成年後見人の選任についての考慮事項 (843条4項)、後見人の辞任 (844条)、後見人の解任 (846条)、後見人の欠格事由 (847条)、後見監督人の欠格事由 (850条)、後見監督人の職務 (851条)、成年後見人が数人ある場合の権限の行使等 (859条の2)、成年被後見人の居住用不動産の処分についての許可 (859条の3)、後見の事務に必要な費用の負担 (861条2項) 及び後見人の報酬 (862条) についての規定が準用される (876条の3第2項)。なお、この準用に際して、851条4号は、「保佐人又はその代表する者と被保佐人との利益が相反する行為について、被保佐人を代表し、又は被保佐人がこれをすることに同意する。」と読み替えられる (ここで代表するというのが、法定代理人となることを意味することは後見人の場合と同じである。前記第5章I参照)。

保佐人は、保佐の事務を行うに当たっては、被保佐人の意思を尊重し、かつ、その心身の状態及び生活の状況に配慮しなければならない (876条の5第1項) とされる外、受任者の注意義務 (644条)、成年後見人が数人ある場合の権限の行使等 (859条の2)、成年被後見人の居住用不動産の処分についての許可 (859条の3)、後見の事務に必要な費用の負担 (861条2項)、後見人の報酬 (862条) 及び後見の事務の監督 (863条) についての規定が準用され、さらに、保佐人が代理権を有する場合に、その子の行為を目的とする債務を生ずべき場合には、本人の同意を得なければならない (824条ただし書) とされる (876条の5第2項)。

保佐人の事務が終了した場合については、委任の終了後の処分 (654条)、委任の終了の対抗要件 (655条)、後見の計算 (870条、871条) 及び返還金に対する利息の支払等 (873条) の規定が準用され、保佐人又は保佐監督人と被保佐人との間に保佐に関して生じた債権については、財産の管理について生じた親子間の債権の消滅時効 (832条) の規定が準用される (876条の5第3項)。

II 補助

精神上の障害により事理を弁識する能力が不十分である者については、家庭裁判所は、本人、配偶者、4親等内の親族、後見人、後見監督人、保佐人、保佐監督人又は検察官の請求により、補助開始の審判をすることができ (本人以外の者の請求により補助開始の審判をするには、本人の同意がなければならない。)、

この審判によって補助が開始するのであるが、家庭裁判所は、補助開始の審判をするときは、職権で、補助人を選任することになっている（民法15条、16条、876条の6、876条の7第1項。第1編第2章Ⅱ3（4）参照）。家庭裁判所は、補助開始の審判の請求をすることができる者又は補助人若しくは補助監督人の請求により、被補助人が特定の行為をするには、その補助人の同意を得なければならない旨の審判をすることができる（本人以外の者の請求によりこの審判をするには、本人の同意がなければならない。）とされ、被補助者、補助者、補助監督人との関係は後見の場合と類似する（民法876条の7第2項・第3項、876条の8～876条の10。前記第5章参照）。

第7章 扶養

　直系血族及び兄弟姉妹は、互いに扶養をする義務があるが、家庭裁判所は、特別の事情があるときは、この場合のほか、3親等内の親族間においても扶養の義務を負わせることができ、この審判があった後事情に変更を生じたときは、その審判を取り消すことができる（民法877条）。

　扶養をする義務のある者が数人ある場合において、扶養をすべき者の順序について、当事者間に協議が調わないとき、若しくは協議をすることができないときは、家庭裁判所がその順序を定め、扶養を受ける権利のある者が数人ある場合において、扶養義務者の資力がその全員を扶養するのに足りないときの扶養を受けるべき者の順序も家庭裁判所が定めることになっている（民法878条）。また、扶養の程度又は方法について、当事者間に協議が調わないとき、又は協議をすることができないときは、扶養権利者の需要、扶養義務者の資力その他一切の事情を考慮して、家庭裁判所がその程度又は方法を定める（民法879条）。そして、扶養をすべき者若しくは扶養を受けるべき者の順序又は扶養の程度若しくは方法について協議又は審判があった後事情に変更を生じたときは、家庭裁判所は、その協議又は審判の変更又は取消しをすることができる（民法880条）。

　そして、扶養を受ける権利は、処分することができない、すなわち一身専属権であるとされる（民法881条）。これは生活保護を受ける権利と同じであり、相続の対象にもならない（最高裁昭和42年5月24日判決（判例時報481号9頁）参照）。

　なお、生活保護法は、その4条1項で「保護は、生活に困窮する者が、その利用し得る資産、能力その他あらゆるものを、その最低限度の生活の維持のために活用することを要件として行われる。」とし、同条2項で、民法に定める「扶養義務者の扶養及び他の法律に定める扶助は、すべてこの法律による保護に優先して行われるものとする。」としたうえで、77条1項で、「被保護者に対して民法の規定により扶養の義務を履行しなければならない者があるときは、その義務の範囲内において、保護費を支弁した都道府県又は市町村の長は、その費用の全部又は一部を、その者から徴収することができる。」

とし、同条2項で、この場合において、「扶養義務者の負担すべき額について、保護の実施機関と扶養義務者の間に協議が調わないとき、又は協議をすることができないときは、保護の実施機関の申立により家庭裁判所が、これを定める。」としており、民法が定める私的扶助と生活保護法等による公的扶助の関係について、実務上、複雑な問題が生じている。

第5編

相　続

第1章 総則

I 概観

　民法においては、そこで規定する事項についての一般的・抽象的規定を「総則」としてまとめ、その後に個別的な規定を置くという構成（「パンデクテン方式」という。）がとられているが、相続の全体像を把握するためには、いったんこの方式による条文構成を離れて全体像を見ておくことが有益である。

　人（ヒト）は、出生によって権利義務の主体となり（第1編第2章Ⅱ1参照）、死亡によって権利義務の主体ではなくなる（この人を「被相続人」という。）。相続というのは、このようにして主体を失った権利義務の承継のことであり、民法882条は、「相続は、死亡によって開始する。」と定める。この権利義務を承継する者を「相続人」といい、被相続人の子（その子が相続権を有しないときはその子の子）及び配偶者が相続人となる（後記第2章参照）。相続人は、相続開始のときから被相続人の権利義務（「相続財産」又は「遺産」という。）を承継するのであるが、相続人が複数のときの取り扱いは、法律の定めによる場合（「法定相続」という。）と遺言による場合（「遺言相続」という。）があり、それによって各人が相続できる遺産の割合（「相続分」という。）が決まる。ただ、法定相続における相続分は抽象的な割合で定められており、遺言においても抽象的な割合で指定されていることが少なくないので、これらの場合には、個々の相続人毎に承継する具体的な遺産を確定する（「遺産分割」という。）ことが必要である（後記第3章参照）。また、相続人には、遺産を相続する義務があるわけではなく、その全部を承継する（「単純承認」という。）か、遺産がプラスであれば承継するが、マイナスであれば承継しない（「限定承認」という。）か、まったく承継しない（「相続放棄」という。）かの選択権がある（後記第4章参照）。また、被相続人の債権者（「相続債権者」という。）及び被相続人から遺言によって遺産の贈与を受けた者（「受遺者」という。）は、遺産と相続人の固有財産が混同する前に、遺産から自己の債権を回収すること（「相続分離」

という。）が認められている（後記第5章参照）。さらに、相続人が存在しない又は存否が不明の場合についても、遺産は処理しなければならない（後記第6章参照）。遺産は、本来被相続人が自由に処分できたものであるから、相続についても、その意思が尊重されなければならないが、その意思は法律が定める要件に従って表示されたもの（「遺言」という）に限られる（後記第7章参照）。ただ、兄弟姉妹以外の相続人には、遺言によっても侵害されない相続分（遺産を相続する割合であり、「遺留分」と称される。）があり、それを侵害された場合には、その回復を請求することができることになっている（後記第9章参照）。なお、被相続人に対して無償で療養看護等をすることによって、相続財産に対する特別の寄与をした親族は、相続人に対して特別寄与料を請求することができることになっている（後記第10章参照）。

　ところで、従前は、相続人は平等の立場で相続権を有するとされていたのであるが、相続法改正法は、配偶者が相続の開始前から居住していた建物について、配偶者の居住の権利を保障することとして、配偶者の居住の権利と題する第8章を新設し、この改正規定は令和2年（2020年）4月1日から施行されることとなっている（後記第8章参照）。なお、債権法改正法と関連する遺贈の目的物の引渡しについての民法998条の改正、1000条を削除する改正及び錯誤又は詐欺による遺言の撤回の効力についての1025条の改正は、債権法改正法と同じ令和2年（2020年）4月1日から施行される（相続法改正法附則1条3号）。

　以下、民法典の順にしたがって、解説する。

Ⅱ　総則

　相続は、被相続人の死亡によって、開始する（民法882条）のであるが、ここでいう「死亡」がどのような事態を意味するのかの定義はない。刑法には、「死体」（190条）、「人を殺した」（199条、202条）あるいは「人を死亡させた」（205条）という表現があり、尊厳死とか安楽死の違法性を巡る議論があるが、刑事事件においては「心臓の停止」をもって死亡とすることで、特段の問題はないようである（最高裁平成21年12月7日判決（判例時報2066号159頁）等）。しかし、相続においては、相続人は被相続人が死亡した時に生存して

いなければならない（胎児については後記第2章参照）ことから、その時が何時であるかは重要な問題であり、失踪宣告（民法30条、31条）や同時死亡の推定（民法32条の2）の規定が置かれている（第1編第2章Ⅱ5及び6参照）。また、臓器の移植に関する法律は、その6条1項で、移植術に使用されるための臓器を、死体から摘出することができるとし、その死体には脳死した者の身体が含まれるとしたうえで、その2項で、ここでいう「脳死した者の身体」とは、脳幹を含む全脳の機能が不可逆的に停止するに至ったと判定された者の身体をいうとするが、これらの規定は、あくまでも臓器移植を行うための要件の一つを定めるにすぎず、民法における死亡の定義とすることはできない。

　また、相続は、被相続人の住所地において始まる（民法883条）とされるが、この規定は、訴訟における裁判所の管轄を定めるためのものであり、民事訴訟法5条14号及び15号は、相続権若しくは遺留分に関する訴え又はその遺贈その他死亡によって効力を生ずべき行為に関する訴え（相続債権その他相続財産の負担に関する訴えを含む。）は、相続開始の時における被相続人の普通裁判籍（住所地又は居所を意味する。）の所在地を管轄する裁判所に提起することができるとしている。

　相続人が複数いる場合（この場合の相続人を「共同相続人」という。）には、一人または数人が自分の本来の相続分を超える遺産を占有管理し、他の相続人による相続を認めないことがある。この場合には、相続権を侵害された相続人又はその法定代理人は、相続の回復の請求をすることができるのであるが、この請求権（「相続回復請求権」という。）は、相続権を侵害された事実を知った時から5年間行使しないとき又は相続開始の時から20年を経過したときは、時効によって消滅する（民法884条）。ただ、相続権を侵害している者が、その侵害を開始した時に、他に共同相続人がいることを知らず、かつ、その知らないことに合理的な理由があったことを主張立証できない場合は、この消滅時効を援用できない（最高裁平成11年7月19日判決・判例時報1688号134頁）。

　相続人は、自己の財産におけるのと同一の注意をもって、相続財産を管理しなければならない（民法918条、926条、940条）が、その費用は、自己の過失によって生じたものを除いて、相続財産の中から支弁することができる（民法885条。従前の民法885条2項は相続法改正法によって削除された。）。

第2章 相続人

　被相続人の子は、相続人となる（民法887条1項）。この場合には、胎児は既に生まれたものとみなされるのであるが、その胎児が死体で生まれたときは存在しなかったことになる（民法886条）。被相続人の子が、相続の開始以前に死亡したとき、又は相続人の欠格事由（民法891条）に該当し、若しくは廃除（民法892条）によって、その相続権を失ったときは、その者の子が相続人となり（この相続を「代襲相続」といい、代襲相続をする者を「代襲者」という。）、代襲者が、相続の開始以前に死亡し、又は相続人の欠格事由に該当し、若しくは廃除によって、その代襲相続権を失った場合は、代襲者の子が相続人となる（民法887条2項本文、3項）。ただ、代襲者となるべき者が被相続人の直系卑属でないとき（親族の範囲については第4編第1章参照）は、代襲相続をすることができない（民法887条2項ただし書）。

　被相続人の配偶者は、常に相続人となり、その場合の順位は、子又は代襲者と同じある（民法890条）が、相続の開始前から居住していた建物に居住する権利についての特例がある（後記第8章参照）。

　被相続人に子（代襲者を含む。）がない場合には、次に掲げる者がその順序の順位に従って相続人となり（民法889条）、相続人となった者の相続の順位は配偶者と同じである（民法890条後段）。

① 被相続人の直系尊属。ただし、親等の異なる者の間では、その近い者を先にする。
② 被相続人の兄弟姉妹（これらの者が相続人になる場合には、子についての代襲相続の規定（民法887条）が準用される。）

　上記のように、民法は明確に相続人の範囲を定めているが、現実に被相続人と相続人との関係を証明し、相続人を確定するためには煩雑な手続きが必要である。そこで、相続登記の申請手続をはじめ、被相続人名義の預金の払戻し等、様々な相続手続に利用されることを期待して創設されたのが法定相続情報証明制度である。この制度は、相続人が登記所に対し、被相続人が生

まれてから亡くなるまでの戸籍関係の書類及びそれに基づく法定相続情報一覧図（被相続人の氏名、最後の住所、最後の本籍、生年月日及び死亡年月日並びに相続人の氏名、住所、生年月日及び続柄の情報）をはじめとする必要書類を提出し、登記官がその内容を確認し、相続関係を公証する認証文付きの法定相続情報一覧図の写しを交付するというものであり、この写しは、無償で必要な通数が交付されることになっている。

　ところで、上記①又は②に該当する者であっても、次に掲げる者は、相続人となることができない（民法891条）。

ⅰ　故意に被相続人又は相続について先順位若しくは同順位にある者を死亡するに至らせ、又は至らせようとしたために、刑に処せられた者
ⅱ　被相続人の殺害されたことを知って、これを告発せず、又は告訴しなかった者。ただし、その者に是非の弁別がないとき、又は殺害者が自己の配偶者若しくは直系血族であったときは、この限りでない。
ⅲ　詐欺又は強迫によって、被相続人が相続に関する遺言をし、撤回し、取り消し、又は変更することを妨げた者
ⅳ　詐欺又は強迫によって、被相続人に相続に関する遺言をさせ、撤回させ、取り消させ、又は変更させた者
ⅴ　相続に関する被相続人の遺言書を偽造し、変造し、破棄し、又は隠匿した者

　遺留分（後記第9章参照）を有する推定相続人（相続が開始した場合に相続人となるべき者をいう。）が、被相続人に対して虐待をし、若しくはこれに重大な侮辱を加えたとき、又は推定相続人にその他の著しい非行があったときは、被相続人は、その推定相続人の廃除を家庭裁判所に請求することができる（民法892条）。また、被相続人が遺言で推定相続人を廃除する意思を表示したときは、遺言執行者は、その遺言が効力を生じた後、遅滞なく、その推定相続人の廃除を家庭裁判所に請求しなければならず、その推定相続人の廃除は、被相続人の死亡の時にさかのぼってその効力を生ずる（民法893条）。推定相続人の廃除というのは、相続が開始した場合において相続人の地位を与えないということであるが、被相続人は、いつでも、推定相続人の廃除の取消しを家庭裁判所に請求することができるし、遺言によって取り消すこともでき

る（民法894条）。そして、推定相続人の廃除若しくはその取消しの請求があった後その審判が確定する前に相続が開始したとき、又は推定相続人の廃除の遺言があったときには、家庭裁判所は、親族、利害関係人又は検察官の請求によって、遺産の管理について必要な処分を命ずることができ、この場合は、不在者の財産の管理人についての民法27条から29条の規定（第1編第2章Ⅱ5参照）が準用される（民法895条）。

第3章 相続の効力

I 総則

　相続人は、相続開始の時から、被相続人の一身に専属したものを除いて、被相続人の財産に属した一切の権利義務を承継する（民法896条）。ここで問題になるのは、「被相続人の一身に専属したもの」の範囲であるが、生活保護受給権（最高裁昭和42年5月24日判決・判例時報481号9頁）や公営住宅の使用権（最高裁平成2年10月18日判決・判例時報1398号64頁）はこれに含まれるが、被相続人が納税した所得税等に係る還付請求権（最高裁平成22年10月15日判決・判例時報2099号3頁）は相続財産を構成するとされている。なお、遺産である賃貸不動産について相続が開始された後に発生した賃料は、遺産とは別個の財産であり、各共同相続人がその不動産の相続分に応じて分割単独債権として確定的に取得し、後にされた遺産分割の影響を受けないとされる（最高裁平成17年9月8日判決・判例時報1913号62頁）。

　また、特殊な例ではあるが、「相続財産についての情報が被相続人に関するものとしてその生前に法（著者注：個人情報の保護に関する法律）2条1項にいう『個人に関する情報』に当たるものであったとしても、そのことから直ちに、当該情報が当該相続財産を取得した相続人等に関するものとして上記『個人に関する情報』に当たるということはできない。」とする判例（最高裁平成31年3月18日判決・判例タイムズ1462号10頁）がある。

　相続人が数人あるときは、相続財産は、その共有に属し、各共同相続人は、その相続分に応じて被相続人の権利義務を承継する（民法898条、899条）。そして、相続による権利の承継は、遺産の分割によるものかどうかにかかわらず、法定相続分（後記II参照）を超える部分については、登記、登録その他の対抗要件を備えなければ、第三者に対抗することができないとされる（新民法899条の2第1項）が、これは、相続法改正法によって、相続の場合は、対抗要件が必要ないとされていた従来の扱いを変更し、法定相続分を超える部分については対抗要件を必要としたものである（第3編第1章III 1参照）。なお、

社債、株式等の振替に関する法律によって、権利の帰属は振替口座簿の記録等により定まるものとされている振替株式、振替投資信託受益権及び振替投資口(「振替株式等」という。)(同法128条1項、121条(66条)、226条1項)についても、被相続人が有していたそれぞれの権利及び口座管理機関が振替株式等の振替を行うための口座を開設した者としての地位は、相続開始とともに当然に相続人に承継され、被相続人名義の口座に記録等がされている振替株式等は、相続人の口座に記録等がされているものとみることができるので、被相続人名義の口座に記録等がされている振替株式等が共同相続された場合において、その共同相続により債務者が承継した共有持分に対する差押命令は、当該振替株式等について債務者名義の口座に記録等がされていないとの一事をもって違法とすることはできないとするのが判例（最高裁平成31年1月23日決定・裁判所ウェブサイト）である。

　また、この権利が債権である場合において、法定相続分を超えて当該債権を承継した共同相続人が当該債権に係る遺言の内容（遺産の分割により当該債権を承継した場合にあっては、当該債権に係る遺産の分割の内容）を明らかにして債務者にその承継の通知をしたときは、共同相続人の全員が債務者に通知をしたものとみなして、債務者及び第三者に対抗できることとされた（新民法899条の2第2項。第3編第1章Ⅳ1参照）。

　一方、相続財産が債務の場合は、その債務に対する債権者は、遺言による相続分の指定がされた場合であっても、その債権者が共同相続人の一人に対してその指定された相続分に応じた債務の承継を承認したときを除いて、各共同相続人に対し、法定相続分に応じてその権利を行使することができる（新民法902条の2）。なお、相続人が2人以上あるときの被相続人の地方団体の徴収金の納付又は納入の義務は、それぞれの相続人に分割されるのであるが、その義務の範囲や徴収の手続きについては民法と異なる特別の規定（地方税法9条、9条の2）がある。

　ところで、系譜、祭具及び墳墓の所有権については、相続の一般原則とは異なり、慣習に従って祖先の祭祀を主宰すべき者が承継し、被相続人の指定に従って祖先の祭祀を主宰すべき者があるときは、その者が承継するのであるが、被相続人による指定がなく、慣習が明らかでないときは、家庭裁判所が権利を承継すべき者を定めることになっている（民法897条）。

第3章　相続の効力

Ⅱ　相続分

　民法は、各人が相続できる遺産の割合である相続分を定めた（この相続分を「法定相続分」という。）うえで、遺言で、それと異なる定めをすることができるとしている。そして、法定相続分については、「同順位の相続人が数人あるときは、その相続分は、次の各号の定めるところによる。」として、次のように定めている（民法900条）。

① 　子及び配偶者が相続人であるときは、子の相続分及び配偶者の相続分は、各2分の1とする。
② 　配偶者及び直系尊属が相続人であるときは、配偶者の相続分は、3分の2とし、直系尊属の相続分は、3分の1とする。
③ 　配偶者及び兄弟姉妹が相続人であるときは、配偶者の相続分は、4分の3とし、兄弟姉妹の相続分は、4分の1とする。
④ 　子、直系尊属又は兄弟姉妹が数人あるときは、各自の相続分は、相等しいものとする。ただし、父母の一方のみを同じくする兄弟姉妹の相続分は、父母の双方を同じくする兄弟姉妹の相続分の2分の1とする。なお、判例（最高裁平成25年9月14日決定・判例時報2197号10頁）は、平成13年7月当時には、このただし書は憲法14条1項に違反し、無効となっていたとしている。

　代襲者の相続分は、自らが代襲する直系尊属が受けるべきであったものと同じであり、代襲者が数人あるときは、各自が代襲する直系尊属が受けるべきであった部分について、相続人についての法定相続分の規定に従ってその相続分が定められ、子がないことによって兄弟姉妹が相続人となり、その直系卑属が代襲する場合も同じとされる（民法901条）。
　相続人（代襲者を含む。）が複数ある場合、被相続人は、遺言で、共同相続人について、法定相続分と異なる相続分を定め、又はこれを定めることを第三者に委託することができ（新民法902条1項）、被相続人が、共同相続人中の1人若しくは数人の相続分のみを定め、又はこれを第三者に定めさせたときは、他の共同相続人の相続分は、法定相続分によることになる（民法902条2

項)。相続財産が権利であるときは、被相続人の意思によってそれを承継する者を決めることに不都合はないが、それが債務であるときは、債権者の利益を無視することになるので、それを認めることはできない。そこで、被相続人が相続開始の時において有した債務の債権者は、相続人による相続分の指定がされた場合であっても、各共同相続人に対し、法定相続分に応じてその権利を行使することができることを原則とし、その例外として、その債権者が共同相続人の一人に対してその指定された相続分に応じた債務の承継を承認したときは、その指定の効力を認めることとされている（新民法902条の2）。

　共同相続人中に、被相続人から、遺贈を受け、又は婚姻若しくは養子縁組のため若しくは生計の資本として贈与を受けた者があるときは（この遺贈又は贈与を「特別受益」という。）、被相続人が相続開始の時において有した財産の価額にその贈与の価額を加えたものを相続財産とみなし（これを「持戻し」という。）、法定相続分又は遺言によって算定した相続分（民法900条～902条）からその遺贈又は贈与の価額を控除した残額をもってその者の相続分とされ（新民法903条1項）、特別受益の価額が、相続分の価額に等しく、又はこれを超えるときは、受遺者又は受贈者は、その相続分を受けることができない（民法903条2項）。ただ、被相続人がこれらと異なった意思を表示したときは、その意思に従う（新民法903条3項）ことになる。なお、特別受益に該当する贈与の価額は、受贈者の行為によって、相続開始の時までにその目的である財産が滅失し、又はその価格の増減があったときであっても、相続開始の時においてなお原状のままであるものとみなして定められる（民法904条）。

　ところで、相続法改正法は、配偶者の居住の権利に関する規定を新設した（後記第8章参照）が、それと同時に、特別受益の持戻しについて、「婚姻期間が20年以上の夫婦の一方である被相続人が、他の一方に対し、その居住の用に供する建物又はその敷地について遺贈又は贈与をしたときは、当該被相続人は、その遺贈又は贈与について」持戻しをする必要がない旨の意思を表示したものと推定することとした（新民法903条1項、3項、4項）。

　共同相続人中に、被相続人の事業に関する労務の提供又は財産上の給付、被相続人の療養看護その他の方法により被相続人の財産の維持又は増加について特別の寄与をした者（「特別寄与者」という。）があるときは、被相続人が相続開始の時において有した財産の価額から共同相続人の協議で定めたその

第3章　相続の効力

者の寄与分を控除したものを相続財産とみなし、法定相続分の規定により算定した相続分に寄与分を加えた額がその特別寄与者の相続分とされる（民法904条の2第1項）。そして、その協議が調わないとき、又は協議をすることができないときは、遺産の分割の請求（民法907条2項、910条）があった場合に、家庭裁判所は、特別寄与者の請求により、寄与の時期、方法及び程度、相続財産の額その他一切の事情を考慮して、寄与分を定める（民法904条の2第2項、4項）。ただし、この寄与分は、被相続人が相続開始の時において有した財産の価額から遺贈の価額を控除した残額を超えることができない（民法904条の2第3項）。

共同相続人の一人が遺産の分割前にその相続分を第三者に譲り渡したときは、その譲り渡しの時から1月以内に限り、他の共同相続人は、その価額及び費用を償還して、その相続分を譲り受けることができる（民法905条）。ただし、この定めは、共同相続人の1人が遺産を構成する特定の不動産について同人の有する共有持分権を第三者に譲り渡した場合については、適用又は類推適用されないとするのが判例（最高裁昭和53年7月13日・判例時報908号41頁）である。

III 遺産の分割

法定相続分の定めは、遺産に対する抽象的な持分（遺産全体は共有又は準共有である。民法898条）を定めたものであるから、相続人が複数あるときは、各相続人に帰属する具体的な遺産（これを「具体的相続分」という。）を定めなければならない。これを遺産の分割（単に「遺産分割」ということもある。）といい、遺産の分割は、遺産に属する物又は権利の種類及び性質、各相続人の年齢、職業、心身の状態及び生活の状況その他一切の事情を考慮してこれをする（民法906条）のであるが、これは、相続人の意思に反して、法定相続分を変更することを認めたものではない。

特別受益の持戻しは、相続開始前に受けた利益を問題にするものであるが、相続の開始後遺産の分割前に、共同相続人の一人又は数人により遺産に属する財産が処分された場合についても、処分をした者以外の共同相続人は、その全員の同意により、当該処分された財産が遺産の分割時に遺産とし

て存在するものとみなし（新民法906条の2）、その処分がなかったものとして、遺産の分割をすることができる。

　被相続人は、遺言で、遺産の分割の方法を定め、若しくはこれを定めることを第三者に委託し、又は相続開始の時から5年を超えない期間を定めて、遺産の分割を禁ずることができる（民法908条）が、その場合を除いて、相続人は、いつでも、その協議で、遺産の全部又は一部の分割をすることができる（新民法907条1項）。また、被相続人は、共同相続人全員が同意する限り、遺言で定められた方法とは異なる方法によって、遺産分割をすることができる。遺産の分割について、共同相続人間に協議が調わないとき、又は協議をすることができないときは、各共同相続人は、その全部又は一部の分割を家庭裁判所に請求することができるが、特別の事由があるときは、家庭裁判所は、期間を定めて、遺産の全部又は一部について、その分割を禁ずることができる（新民法907条2項本文、3項）。また、遺産の一部を分割することにより他の共同相続人の利益を害するおそれがある場合には、その一部の分割を請求することはできない（新民法907条2項ただし書）。さらに、相続の開始後認知によって相続人となった者が遺産の分割を請求しようとする場合において、他の共同相続人が既にその分割その他の処分をしたときは、遺産そのものの分割をすることは現実的ではないことから、その請求は価額の支払のみに限られる（民法910条）。

　遺産の分割は、相続開始の時にさかのぼってその効力を生ずるが、第三者の権利を害することはできず（民法909条）、法定相続分を超える部分の承継については、対抗要件を具備した時期の先後によって第三者との優劣関係が定められる（前記Ⅰ参照）。

　ところで、従来、被相続人に属していた金銭の支払いを目的とする債権債務は、相続の開始と同時に、各相続人の相続分に応じて当然に分割され、相手方又は第三者に対する対抗要件は必要ないと解されていたのであるが、最高裁は、平成28年（2016年）12月19日の決定（判例時報2333号68頁）において、それが被相続人の有する金融機関（銀行等）に対する普通預金債権又は株式会社ゆうちょ銀行に対する通常貯金債権若しくは定期貯金債権である場合は、相続人の間で当然に分割されることはなく、遺産分割（新民法907条）の対象となるとした。しかし、この判例がそのまま維持されるときは、遺産分割がなされるまでは共同相続人全員の請求によらなければ普通預金や通常

貯金の引き出し又は定期貯金の解約ができず、当面の生活費や葬儀費用の支払い、相続債務の弁済に困難を来すことが想定される。そこで、新民法909条の２は、この判例理論の一部を変更して、各共同相続人は、遺産に属する預貯金債権のうち相続開始の時の債権額の３分の１に当該共同相続人の法定相続分を乗じた額について、単独でその権利を行使することができると定めた。なお、この権利の行使ができる額は、標準的な当面の必要生計費、平均的な葬式の費用の額その他の事情を勘案して預貯金債権の債務者ごとに法務省令で定める額が限度とされ、当該権利の行使をした預貯金債権については、当該共同相続人が遺産の一部の分割によりこれを取得したものとみなされることになっている。

また、相続法改正法は、民法に909条の２の条文を追加するとともに、家事事件手続法に200条３項として、家庭裁判所は、遺産の分割の審判又は調停の申立てがあった場合において、相続財産に属する債務の弁済、相続人の生活費の支弁その他の事情により遺産に属する預金口座又は貯金口座に係る預金又は貯金に係る債権（新民法466条の５第１項）を当該申立てをした者又は相手方が行使する必要があると認めるときは、その申立てにより、他の共同相続人の利益を害するときを除いて、遺産に属する特定の預貯金債権の全部又は一部をその者に仮に取得させることができる旨の規定を加えている。

預貯金についてのこれらの改正規定は、施行日（令和元年（2019年）７月１日）前に開始した相続に関し、施行日以後に預貯金債権が行使されるときにも、適用され、施行日から令和２年（2020年）３月31日（債権法改正法の施行日の前日）までの間は、新民法909条の２及び家事事件訴手続法200条３項中「預貯金債権のうち」とあるのは、「預貯金債権（預金口座又は貯金口座に係る預金又は貯金に係る債権をいう。以下同じ。）のうち」と読み替えられる（相続法改正法附則５条、11条２項）。この読み替えは、預貯金債権を定義する新民法466条の５の規定が債権法改正法によって追加されたものであることによる技術的なものである。

なお、遺産の分割は、相続によって承継した財産の全部又は一部を相互に交換するのと同様な性質を有していることから、各共同相続人は、他の共同相続人に対して、売主と同じく（第３編第２章Ⅲ２参照）、その相続分に応じて担保の責任を負う（民法911条）ことになっている。また、その遺産が債権であるときは、各共同相続人は、その相続分に応じ、他の共同相続人が遺産の

分割によって受けた債権について、その分割の時における債務者の資力を担保し、弁済期に至らない債権及び停止条件付きの債権については、弁済をすべき時における債務者の資力を担保する（民法912条）とされる。そして、担保の責任を負う共同相続人中に償還をする資力のない者があるときは、その償還することができない部分は、求償者及び他の資力のある者が、それぞれその相続分に応じて分担するのであるが、求償者に過失があるときは、他の共同相続人に対して分担を請求することはできない（民法913条）。ただ、これらの担保責任については、被相続人が遺言で別の意思を表示したときは、その意思に従うことになる（民法914条）。

第4章 相続の承認及び放棄

I 総則

　相続は、被相続人の死亡によって、当然に開始するのであるが、相続人は、それを承認するか、しないかを選択することができる。ただ、相続人は、自己のために相続の開始があったことを知った時から3月（家庭裁判所の審判によってこの期間を伸長することができる。）以内に、この選択（単純若しくは限定承認又は放棄）をしなければならず、この選択をする前に、相続財産の調査をすることができるとされる（民法915条）。この選択をするまでの期間は「熟慮期間」といわれるが、それは、相続財産を調査し、選択をするための期間であるから、「相続人が相続財産の全部又は一部の存在を認識した時又は通常これを認識しうべき時」から起算される（最高裁昭和59年4月27日判決・判例時報1116号29頁）。また、相続人が相続の承認又は放棄をしないで死亡したときの熟慮期間は、その者の相続人が自己のために相続の開始があったことを知った時から起算する（民法916条）とされ、相続人が未成年者又は成年被後見人であるときの熟慮期間は、その法定代理人が未成年者又は成年被後見人のために相続の開始があったことを知った時から起算する（民法917条）とされるが、その意味は相続人の場合と同じである。

　熟慮期間は、承継する義務を限定したり（「限定承認」という。後記Ⅱ2参照）、全ての権利義務を承継しない（「相続の放棄」という。後記Ⅲ参照）とする場合には問題になるが、熟慮期間中に限定承認も相続の放棄もしない場合は、被相続人の権利義務の全てを承継すること（「単純承認」という。Ⅱ1参照）になるので、この場合については積極的な意味がない。

　相続の承認及び放棄をしたときは、熟慮期間内であっても、撤回することができない（民法919条1項）とされるが、承認の意思表示がなされることは極めて希であるから、実際に問題になるのは放棄がほとんどである。ただ、その意思表示が制限行為能力者によるものであるとき（第1編第2章Ⅱ2参照）、錯誤・詐欺・強迫によるものであるとき（第1編第4章Ⅱ1・Ⅳ参照）又

は後見監督人の同意を得ないでなされたものであるとき（第4編第5章Ⅲ参照）は、取り消すことができる（民法919条2項）。この取消権は、追認をすることができる時から6月間行使しないとき、又は相続の承認又は放棄の時から10年を経過したときは時効によって消滅するので、限定承認又は相続の放棄の取消しをしようとする者は、この期間内に、その旨を家庭裁判所に申述しなければならない（民法919条3項、4項）。なお、限定承認又は相続の放棄自体も、家庭裁判所に対する申述によってなされることが必要であるが、申述を受けた裁判所は、それが有効であるか否かの実体審査をしない（東京地裁平成29年9月27日判決（判例時報2396号16頁）は、「家庭裁判所による相続放棄の申述の受理審判は、形式的な申述があったことの公証行為にとどまり、相続放棄の有無を終局的に確定させるものではない」と明言する。）ので、利害関係者は、後日の訴訟においてその効力を争うことができる（最高裁昭和29年12月24日判決・判例時報42号22頁参照）。

　ところで、相続人は、相続の承認又は放棄をしたときを除いて、その固有財産におけるのと同一の注意をもって、相続財産を管理しなければならず、家庭裁判所は、利害関係人又は検察官の請求によって、いつでも、相続財産の保存に必要な処分を命ずることができるのであるが、家庭裁判所が相続財産の管理人を選任した場合は不在者の財産管理人についての規定（第1編第2章Ⅱ5参照）が準用される（民法918条）。

Ⅱ　相続の承認

1　単純承認

　単純承認というのは、被相続人の一身に専属したものを除いて（前記第3章Ⅰ参照）、無限に被相続人の権利義務を承継することであり（民法920条）、これは、権利義務の主体としては、相続人が被相続人と一体化することを意味する。民法は、単純承認の意思表示があることを想定している（次の③のただし書参照）が、その意思表示をするとして、誰に対してすべきかは判然としない。民法921条は、相続人に次の①から③に掲げる事由が生じた場合は、当該相続人は、単純承認をしたものとみなす（これを「法定単純承認」とい

第4章　相続の承認及び放棄　　427

う。）としており、現実の単純承認は、②によることがほとんどである。

① 相続人が相続財産の全部又は一部を処分したとき。ただし、保存行為及び処分の権限を有しない者による賃貸借が認められる期間（新民法602条）を超えない賃貸をすることは、この限りでない。
② 相続人が熟慮期間内に限定承認又は相続の放棄をしなかったとき（前記Ⅰ参照）。
③ 相続人が、限定承認又は相続の放棄をした後であっても、相続財産（債務も含まれる。）の全部若しくは一部を隠匿し、私にこれを消費し、又は悪意でこれを相続財産の目録中に記載しなかったとき。ただし、その相続人が相続の放棄をしたことによって相続人となった者が相続の承認をした後は、この限りでない。

このうち、①及び③は、相続人の行為に単純承認という法律効果を認めたものであるが、②は、熟慮期間の経過によって、限定の承認又は放棄ができなくなることによる反射的な効果である。

2 ｜ 限定承認

相続財産には、被相続人が有していた権利（財産的価値がプラスであるもの。「積極財産」という。）と義務（財産的価値がマイナスのもの。「消極財産」という。）の双方が含まれる。限定承認というのは、相続によって得た積極財産の限度においてのみ被相続人の債務及び遺贈を弁済すべきことを留保して、相続の承認をすることである（民法922条）。すなわち、相続財産を精査したうえで、消極財産が積極財産を上回れば相続をせず、その逆の場合に限って相続するというのがその意味である。

このため、相続人が数人あるときの限定承認は、相続人全員が共同してしなければならず（民法923条）、限定承認をしようとする相続人は、熟慮期間内に、相続財産の目録を作成して家庭裁判所に提出し、限定承認をする旨を申述しなければならない（民法924条）。したがって、共同相続人の一人が賛成しないときは限定承認ができないのであるが、限定承認をした後になって、共同相続人に１で述べた単純承認の効果をもたらす①又は③に該当する

事由があることが判明したときは、相続人に対する債権者は、相続財産をもって弁済を受けることができなかった債権額について、当該共同相続人に対し、その法定相続分に応じて権利を行使することができることになっている（民法937条）。また、相続人が被相続人に対して権利を有している場合、単純承認であれば、権利者と義務者の混同によってその権利は消滅する（民法179条、520条）のであるが、限定承認をした相続人の被相続人に対する権利義務は消滅しないとされる（民法925条）。

この結果、限定承認の場合は、相続人の財産（相続財産）と被相続人の財産が混同しないように管理し、相続人の権利義務を清算することが必要となり、そのための手続き等が次のように定められている。

（1） 相続債権者及び受遺者に対する公告及び催告（民法927条）

① 限定承認者は、限定承認をした後5日以内に、すべての相続債権者（相続財産に属する債務の債権者をいう。）及び受遺者に対し、限定承認をしたこと及び一定の期間内にその請求の申出をすべき旨を公告しなければならない。この場合において、その期間は、2月を下ることができない。

② ①の公告には、相続債権者及び受遺者がその期間内に申出をしないときは弁済から除斥されるべき旨を付記しなければならない。ただし、限定承認者は、知れている相続債権者及び受遺者を除斥することができない。

③ 限定承認者は、知れている相続債権者及び受遺者には、各別にその申出の催告をしなければならない。

④ ①の公告は、官報に掲載してする。

（2） 相続債権者への弁済（民法928条〜930条、935条）

限定承認者は、公告によって定めた請求の申出の期間の満了前には、相続債権者及び受遺者に対して弁済を拒むことができ、その期間が満了した後は、限定承認者は、相続財産をもって、その期間内に同項の申出をした相続債権者その他知れている相続債権者に、それぞれその債権額の割合に応じて弁済をしなければならないが、優先権を有する債権者（先取特権者、質権者及

び抵当権者である。）の権利を害することはできない（民法928条、929条）。

　また、相続財産について特別担保（先取特権、質権、抵当権）を有する者は、この公告で定めた期間内に請求の申出をしなくても、弁済を受けることができるが、それ以外の相続債権者であって限定承認者に知れていない相続債権者及び受遺者は、この公告で定めた期間内に請求の申出をしないときは、残余財産についてのみその権利を行使することができる（民法935条）。

　さらに、限定承認者は、弁済期に至らない債権であっても、公告によって定めた請求の申出の期間が満了した後は、その債権額の割合に応じて弁済をしなければならず、条件付きの債権又は存続期間の不確定な債権は、家庭裁判所が選任した鑑定人の評価に従って弁済をしなければならない（民法930条）。

（3）　受遺者に対する弁済（民法931条）

　限定承認者は、各相続債権者に弁済をした後でなければ、受遺者に弁済をすることができない。

（4）　弁済のための相続財産の換価（民法932条、933条）

　限定承認者は、弁済をするにつき相続財産を売却する必要があるときは、これを競売に付さなければならないが、家庭裁判所が選任した鑑定人の評価に従い相続財産の全部又は一部の価額を弁済して、その相続財産を取得することができる。この場合には、相続債権者及び受遺者は、自己の費用で、相続財産の競売又は鑑定に参加することができるとされ、この参加の請求があったにもかかわらず、その請求をした者を参加させない場合は、その競売又は財産の取得は、その請求をした者に対抗できない（民法260条2項）。

（5）　相続財産の管理（民法926条）

　限定承認者は、その固有財産におけるのと同一の注意をもって、相続財産の管理を継続しなければならず、この場合には、受任者による報告（民法645条）、受任者による受取物の引渡し（民法646条）、受任者による費用等の償還請求（民法650条1項・2項）の規定が準用されるほか、家庭裁判所は、利害関係人又は検察官の請求によって、いつでも必要な処分を命ずることができるとされる（民法918条2項・3項）。

また、相続人が数人ある場合には、家庭裁判所は、相続人の中から、相続財産の管理人を選任しなければならず、その管理人は、相続人のために、これに代わって、相続財産の管理及び債務の弁済に必要な一切の行為をするのであり（民法936条1項、2項）、この場合においては、限定相続人に関する規定（民法926条～935条）が全て準用されるが、相続債権者に対する公告及び催告は、相続財産の管理人の選任があった後10日以内にすればよいことになっている（民法936条3項）。

（6）　不当な弁済をした限定承認者の責任等（民法934条）

　限定承認者は、（1）の公告若しくは催告をすることを怠り、又は公告によって定めた請求の申出の期間の満了前に相続債権者若しくは受遺者に弁済をしたこと又は前記（2）若しくは（3）に違反して弁済をしたことによって、他の相続債権者若しくは受遺者に弁済をすることができなくなったときは、これによって生じた損害を賠償する責任を負うが、当該他の相続債権者若しくは受遺者は、情を知って不当に弁済を受けた相続債権者又は受遺者に対して求償することもできる。そして、この場合の消滅時効については、不法行為による損害賠償請求権の消滅時効について定める新民法724条の規定が準用される。

III　相続の放棄

　相続の放棄というのは、相続人の権利義務を承継しないという意思表示であり、相続の放棄をしようとする者は、その旨を家庭裁判所に申述しなければならず（民法938条）、相続の放棄をした者は、その相続に関しては、初めから相続人とならなかったものとみなされ（民法939条）、登記等の有無を問わず、何人に対してもその効力が生ずる（最高裁昭和42年1月20日判決・判例時報476号34頁）。なお、相続の放棄の申述の効果及びその取消しについては、前記Iで述べた。

　ところで、相続を放棄しても、そのことによって直ちに相続財産による管理責任がなくなるわけではなく、相続の放棄をした者は、その放棄によって相続人となった者が相続財産の管理を始めることができるまで、自己の財産

におけるのと同一の注意をもって、その財産の管理を継続しなければならないとされ、この場合において、受任者による報告（民法645条）、受任者による受取物の引渡し（民法646条）、受任者による費用等の償還請求（民法650条1項・2項）の規定が準用されるほか、家庭裁判所が、利害関係人又は検察官の請求によって、いつでも必要な処分を命ずることができる（民法918条2項・3項）ことになっている（民法940条）。

第5章 財産分離

　相続人は、その固有財産（当該相続によることなしに獲得した自己の財産を意味する。）におけるのと同一の注意をもって、相続財産を管理しなければならないとされる（民法918条1項、926条1項、940条1項、944条1項本文）が、両者を分別管理することまでは要求されていない。そのため、相続財産と相続人の固有財産とが混合することによって相続債権者若しくは受遺者又は相続人の債権者がその債権の回収について不利益を被ることを防止するために設けられたのが財産分離の制度である。財産分離には、相続債権者又は受遺者の請求に基づいてなされるものと、相続人の債権者（当該相続によることなしに相続人が負担した債務の債権者）の請求に基づいてなされるものがあり、前者は第1種財産分離と、後者は第2種財産分離と称される。

　第1種財産分離は、相続財産と相続人の固有財産とを分離して、相続債権者又は受遺者が、相続財産について相続人の債権者に先立って弁済を受けることができるようにしたものであり（民法941条〜949条）、家庭裁判所は、相続人がその固有財産について債務超過の状態にあり又はそのような状態に陥るおそれがあることなどから、相続財産と相続人の固有財産とが混合することによって相続債権者又は受遺者がその債権の全部又は一部の弁済を受けることが困難となるおそれがあると認められる場合に、相続債権者又は受遺者の請求に基づいて、財産分離を命ずることができるとされている（最高裁平成29年11月28日決定・判例時報2359号10頁）。相続債権者又は受遺者が財産分離の請求をすることができるのは、相続開始の時から3月以内であるが、相続財産が相続人の固有財産と混合しない間は、その期間が満了した後でも請求でき、家庭裁判所が財産分離を命じたときは、その請求をした者は、5日以内に、他の相続債権者及び受遺者に対し、財産分離の命令があったこと及び一定の期間（2月を下ることができない。）内に配当加入の申出をすべき旨を、官報に掲載して公告しなければならない（民法941条）。

　財産分離の請求をした者及び財産分離の公告に従って配当加入の申出をした者は、相続財産について、相続人の債権者に先立って弁済を受ける（民法942条）のであるが、財産分離の請求をした者及び配当加入の申出をした者

は、相続財産をもって全部の弁済を受けることができなかった場合に限り、相続人の固有財産についてもその権利を行使することができるものの、その場合には相続人の債権者が優先される（民法948条）。ただ、財産分離は、不動産については、その登記をしなければ、第三者に対抗することができない（民法945条）。

　第2種財産分離は、相続人の債権者が家庭裁判所に請求して行うものであり、相続人が限定承認をすることができる間又は相続財産が相続人の固有財産と混合しない間にすることができる（民法950条1項）。この場合の公告及び催告は、財産分離の請求をした債権者がしなければならない（民法950条2項）が、その債権者が優先弁済権を有するわけではない。

第6章 相続人の不存在

　相続人の有無は、通常、戸籍を調査することによって判明するが、戸籍簿が滅失している場合はもちろん、戸籍簿が存在する場合でも、そこに記載されていない子やその直系卑属が存在しないことまで確認することはできない（第2章参照）。そこで、相続人のあることが明らかでないときは、相続財産を法人として（民法951条）、その清算を行うこととされている。相続財産法人が成立するのは、相続人のあることが明らかでない場合であり、相続人が一人でも存在するときは、たとえその行方が知れなくても、この場合には該当せず（不在者の財産管理の問題となる。第1編第2章Ⅱ5（1）参照）、包括受遺者（民法990条）が存在するときもこれには該当しない（最高裁平成9年9月12日判決・判例時報1618号66頁）。

　相続人のあることが明らかでないときは、家庭裁判所は、利害関係人（相続債権者や被相続人の埋葬等の費用を負担した者はこれに該当する。）又は検察官の請求によって、相続財産の管理人を選任し、遅滞なくこれを公告しなければならない（民法952条）。そして、この相続財産の管理人については、不在者の財産の管理人の職務（民法27条）、権限（民法28条）及び報酬等（民法29条）についての規定が準用される（民法953条）。また、相続財産の管理人は、相続債権者又は受遺者の請求があるときは、その請求をした者に相続財産の状況を報告しなければならない（民法954条）。さらに、地方公共団体の長も、所有者不明土地（その定義については第1編第2章Ⅱ5参照）につき、その適切な管理のため特に必要があると認めるときは、家庭裁判所に対し、相続財産の管理人の選任の請求をすることができることになっている（所有者不明土地の利用の円滑化等に関する特別措置法38条）。

　相続人のあることが明らかになったときは、相続財産法人は成立しなかったものとみなされるが、そのことによって相続財産の管理人がその権限内でした行為の効力を妨げられない（民法955条）。また、相続財産の管理人の代理権は、相続人が相続の承認をした時に消滅し（存在することが判明した相続人が相続の放棄をしたときは、その相続人は初めから存在しなかったことになる。民法939条）、相続財産の管理人は、遅滞なく管理の計算をして（民法956条）、相続人

にその事務を引き継ぐことになる。

　相続財産の管理人は、相続財産の管理人を選任した旨の公告があった後2月以内に相続人のあることが明らかにならなかったときは、遅滞なく、すべての相続債権者及び受遺者に対し、一定の期間（2月を下ることができない。）内にその請求の申出をすべき旨を公告しなければならない（民法957条1項）。この場合には、限定承認に際しての公告及び相続債権者への弁済等についての民法927条2項から4項まで、928条から935条まで（932条ただし書を除く。）の規定が準用される（前記第4章Ⅱ2参照）。

　債権の請求の申出をすべき期間の満了後、なお相続人のあることが明らかでないときは、家庭裁判所は、相続財産の管理人又は検察官の請求によって、6月を下らない期間を定めて、相続人があるならばその期間内にその権利を主張すべき旨を公告しなければならず（民法958条）、この期間内に相続人としての権利を主張する者がないときは、相続人並びに相続財産の管理人に知れなかった相続債権者及び受遺者は、その権利を行使することができなくなる（民法958条の2）。

　相続人並びに相続債権者及び受遺者が権利を行使することができなくなった場合において、相当と認めるときは、家庭裁判所は、被相続人と生計を同じくしていた者、被相続人の療養看護に努めた者その他被相続人と特別の縁故があった者の請求によって、これらの者に、清算後残存すべき相続財産の全部又は一部を与えることができるのであるが、この請求は、相続人に対する最後の権利行使を催告する公告（民法958条）で定めた期間の満了後3月以内にしなければならない（民法958条の3）。

　相続人並びに相続債権者、受遺者及び特別縁故者のいずれにも与えられなかった相続財産は、国庫に帰属するのであるが（民法959条前段）、この場合においては、相続財産の管理人は、全ての相続財産を換価し、その管理の計算を家庭裁判所に報告したうえで、その代金を国庫に納付するというのが実務である。

第7章 遺言

I 総則

　遺言が効力を生ずるのは遺言者が死亡した時からである（民法985条）から、その意味を巡って紛争が生じたときには、遺言者にその真意を確かめる方法はない。そこで、民法は、その960条で「遺言は、この法律に定める方式に従わなければ、することができない。」とし、967条本文で、「遺言は、自筆証書、公正証書又は秘密証書によってしなければならない。」としたうえで、その方式によることができない場合の特別の方式について定めている（民法967条ただし書、976条〜984条）。

　遺言は、自己の財産を処分することを中心とする意思表示であるが、それが死亡したときから効力を生ずるものであることから、その内容によって遺言者（被相続人）自身が不利益を被ることはないので、遺言をする時における年齢が15歳以上であれば、制限行為能力者であっても単独で遺言をすることができるとされている（民法961条〜963条）。ただし、意思能力（第1編第2章Ⅱ2参照）がなければならないのは、通常の法律行為をする場合と同じであり、成年被後見人は、事理を弁識する能力を一時回復したときに、遺言をすることになる。この場合には、医師2人以上の立会いが必要であり、遺言に立ち会った医師は、遺言者が遺言をする時において精神上の障害により事理を弁識する能力を欠く状態になかった旨を遺言書に付記して、これに署名し、印を押すのが原則であるが、秘密証書による遺言にあっては、その封紙にその旨の記載をし、署名し、印を押さなければならない（民法973条）。

　遺言は、被相続人の最後の意思表示として尊重されるべきであるが、利害関係人に無用の混乱を与えることは避けなければならない。そこで、法律は、遺言が法律上の効力を有する事項を列記している（明記したもの以外は民法の条文である。）。

① 法定相続の修正に関する事項

　相続人の廃除・廃除の取消し（893条、894条）、相続分の指定（902条、新民法902条の2）、遺産分割の方法と分割の禁止（908条）、特別受益の持戻しの免除（新民法903条3項、4項）、相続人の担保責任の解除（911条～914条）、遺留分侵害額の負担方法（新民法1047条1項2号）

② 相続以外の財産処分

　遺贈（964条）、一般財団法人の設立（一般社団法人及び一般財団法人に関する法律152条2項）、信託（信託法3条2号）

③ 身分関係に関する事項に関する事項

　認知（781条2項）、未成年後見人の指定（839条1項）、未成年後見監督人の指定（848条）

④ 遺言の執行に関する事項

　遺言執行者の指定（1006条1項）、特定の財産に関する遺言の執行方法の指定（新民法1014条4項）、遺言執行者の復任権（1016条1項）、遺言執行者が複数ある場合の執行の方法（1017条1項）、遺言執行者の報酬（1018条1項）

　遺言者は、遺言によって、相続財産の全部又は一定の割合を贈与することができるし、そのうちの特定の財産を贈与することができる（民法964条）。前者を包括遺贈と、後者を特定遺贈といい、包括遺贈を受けた者（「包括受遺者」という。）は相続人と同一の権利義務を有する（民法990条）が、相続人の場合（第3章Ⅰ参照）と異なり、第三者に対抗するためには登記その他の対抗要件を備えることが必要である（最高裁昭和39年3月6日判決・判例時報369号20頁）。なお、従前の民法964条は、遺贈は、遺留分に関する規定に違反することができないとする「ただし書」を置いていたが、相続法改正法によってその「ただし書」は削除された。

　包括遺贈であっても、特定遺贈であっても遺言によって贈与を受けた者（「受遺者」という。）については、胎児に関する民法886条及び相続人の欠格事由に関する民法891条が準用される（民法965条）。また、被後見人が、後見の計算の終了前に、被後見人の直系血族、配偶者又は兄弟姉妹以外の後見人又はその配偶者若しくは直系卑属の利益となるべき遺言をしたときは、その遺言は無効とされる（民法966条）。

Ⅱ 遺言の方式

1 普通の方式

普通の方式による遺言の種類には、自筆証書、公正証書及び秘密証書がある（民法967条本文）。

（1） 自筆証書遺言

自筆証書遺言というのは、遺言者が、その全文、日付及び氏名を自書し、これに印を押したものである。ただし、自筆証書に、当該自筆証書と一体のものとして相続財産の全部又は一部の目録を添付する場合には、その目録については、自書する必要はなく（パソコン等で作成することができる。）、遺言者は、その目録の毎葉（自書によらない記載がその両面にある場合にあっては、その両面）に署名し、印（指印でも良いが、花押は認められない。）を押すことで足りる。なお、自筆証書（目録を含む。）の加除その他の変更は、遺言者が、その場所を指示し、これを変更した旨を付記して特にこれに署名し、かつ、その変更の場所に印を押さなければ、その効力を生じない（民法968条）。

なお、自筆遺言証書は、それを保管している者又はそれを発見した者は、相続の開始を知った後又はそれを発見した後、遅滞なく、家庭裁判所に提出して、その検認を受けなければならず、それが封印されているときは、家庭裁判所において相続人又はその代理人の立会いがなければ、開封することができない（民法1004条）。ただし、遺言者が、遺言書を法務省令で定める様式に従って作成し、封をしないで、法務局又は地方法務局の遺言書保管官にその保管を申請したときは、家庭裁判所による検認を受ける必要はない（法務局における遺言書の保管等に関する法律3条、4条、11条等。この法律の施行日は令和2年（2020年）7月10日である。）。

（2） 公正証書遺言

公正証書というのは、公証人法に基づいて、法務大臣に任命された公証人が作成する法律行為その他私権（第1編第2章Ⅱ1参照）に関する事実について公に証明する文書である。そして、公正証書によって遺言をするには、次

に掲げる方式に従わなければならない（民法969条）。

① 証人二人以上の立会いがあること。
② 遺言者が遺言の趣旨を公証人に口授すること。
③ 公証人が、遺言者の口述を筆記し、これを遺言者及び証人に読み聞かせ、又は閲覧させること。
④ 遺言者及び証人が、筆記の正確なことを承認した後、各自これに署名し、印を押すこと。ただし、遺言者が署名することができない場合は、公証人がその事由を付記して、署名に代えることができる。
⑤ 公証人が、その証書は前各号に掲げる方式に従って作ったものである旨を付記して、これに署名し、印を押すこと。

この②の要件は口がきけない者に適用することはできず、③は耳が聞こえない者に適用することはできない。そこで、これらの場合についての特則が定められている（民法969条の2）。すなわち、口がきけない者が公正証書によって遺言をする場合には、遺言者は、公証人及び証人の前で、遺言の趣旨を通訳人の通訳により申述し、又は自書することで、前記②の口授に代えることができ、遺言者又は証人が耳が聞こえない者である場合には、公証人は、筆記した内容を通訳人の通訳により遺言者又は証人に伝えることによって、前記③の読み聞かせに代えることができる。そして、公証人は、この方式に従って公正証書を作ったときは、その旨をその証書に付記することになっている。なお、日本人が外国で公正証書遺言をするときは、その地を管轄する領事が、公証人の職務を行うことになっている（民法984条）。

公正証書による遺言が利用される最大の理由は、その内容が確実であることと、家庭裁判所による検認の必要がない（民法1004条2項）ことである。

（3） 秘密証書遺言

秘密証書遺言というのは、遺言の内容を秘密にする場合に利用される方式であり、それには、次に掲げる方式に従うことが必要である（民法970条）が、この方式に欠けることがあっても、自筆証書遺言としての方式を具備しているときは、自筆遺言としての効力がある（民法971条）。

① 遺言者が、その証書に署名し、印を押すこと。
② 遺言者が、その証書を封じ、証書に用いた印章をもってこれに封印すること。
③ 遺言者が、公証人1人及び証人2人以上の前に封書を提出して、自己の遺言書である旨並びにその筆者の氏名及び住所を申述すること。
④ 公証人が、その証書を提出した日付及び遺言者の申述を封紙に記載した後、遺言者及び証人とともにこれに署名し、印を押すこと。

また、秘密証書による遺言にあっても、口がきけない者がする場合には、遺言者は、公証人及び証人の前で、その証書は自己の遺言書である旨並びにその筆者の氏名及び住所を通訳人の通訳により申述し、又は封紙に自書し、公証人は、遺言者が通訳人の通訳により申述した旨又は遺言者が封紙に自書した旨を封紙に記載して、申述の記載に代えることになっている（民法972条）。また、日本人が外国で秘密証書遺言をするときは、その地を管轄する領事が、公証人の職務を行うことになっている（民法984条）。

なお、秘密証書遺言は封印してあるので、家庭裁判所で、相続人又はその法定代理人の立会がなければ、開封することができない（民法1004条3項）。

（4） 証人及び立会人の欠格事由及び共同遺言の禁止

次に掲げる者は、遺言の証人又は立会人となることができない（民法974条）。

① 未成年者
② 推定相続人及び受遺者並びにこれらの配偶者及び直系血族
③ 公証人の配偶者、四親等内の親族、書記及び使用人

また、2人以上の者が同一の証書で遺言することはできないことになっている（民法975条）。

2 ｜ 特別の方式による遺言

自筆証書、公正証書又は秘密証書による遺言ができない事情がある場合に

は、特別の方式によることが認められている。民法が定める特別の方式には、「死亡の危急に迫った者の遺言」、「伝染病隔離者の遺言」、「在船者の遺言」及び「船舶遭難者の遺言」があるが、これらの方式による遺言は、遺言者が普通の方式によって遺言をすることができるようになった時から6月間生存するときは、その効力を生じない（民法983条）とされる。

（1） 死亡の危急に迫った者の遺言（民法976条）

　疾病その他の事由によって死亡の危急に迫った者が遺言をしようとするときは、証人3人以上の立会いをもって、その1人に遺言の趣旨を口授して、その口授を受けた者が、これを筆記して、遺言者及び他の証人に読み聞かせ、又は閲覧させ、各証人がその筆記の正確なことを承認した後、これに署名し、印を押すことによって、遺言をすることができる。口がきけない者がこの方法により遺言をする場合には、遺言者は、証人の前で、遺言の趣旨を通訳人の通訳により申述して、口授に代えなければならず、遺言者又は他の証人が耳が聞こえない者である場合には、遺言の趣旨の口授又は申述を受けた者が筆記した内容を通訳人の通訳によりその遺言者又は他の証人に伝え、各証人がその筆記の正確なことを承認した後、これに署名し、印を押すことになる。

　この方式によりした遺言は、遺言の日から20日以内に、証人の1人又は利害関係人から家庭裁判所に請求してその確認を得なければ、その効力を生じない。そして、家庭裁判所がこの確認をすることができるのは、その遺言が遺言者の真意に出たものであるとの心証を得たときに限られる。

（2） 伝染病隔離者の遺言（民法977条）

　伝染病のため行政処分によって交通を断たれた場所に在る者は、警察官1人及び証人1人以上の立会いをもって遺言書を作ることができる。なお、この場合にあっても、自筆証書遺言をすることができるのは当然のことである。

（3） 在船者の遺言（民法978条）

　船舶中に在る者は、船長又は事務員1人及び証人2人以上の立会いをもって遺言書を作ることができる。なお、この場合にあっても、自筆証書遺言を

することができるのは当然のことである。

（4） 船舶遭難者の遺言（民法979条）

　船舶が遭難した場合において、当該船舶中に在って死亡の危急に迫った者は、証人2人以上の立会いをもって口頭で遺言をすることができるが、口がきけない者がこの方法により遺言をする場合には、遺言者は、通訳人の通訳によりこれをしなければならない。この方法に従ってした遺言は、証人が、その趣旨を筆記して、これに署名し、印を押し、かつ、証人の1人又は利害関係人から遅滞なく家庭裁判所に請求してその確認を得なければ、その効力を生じないのであるが、家庭裁判所がこの確認をすることができるのは、その遺言が遺言者の真意に出たものであるとの心証を得たときに限られる。

III　遺言の効力

1　遺言による権利の承継と対抗要件

　遺言は、遺言者の死亡の時からその効力を生ずる（民法985条1項）のであり、「相続させる」旨の遺言があった場合には、何らの行為なしに（遺産分割の手続なしに）直ちに遺産は当該相続人に承継される（最高裁平成3年4月19日判決・判例時報1384号24頁）。ただ、その承継した遺産が法定相続分を超えるときは、その超える部分について登記、登録、その他の対抗要件（債権を承継した旨の通知を含む。）を備えなければ第三者に対抗できない（新民法899条の2）。また、遺言に停止条件が付されている場合において、その条件が遺言者の死亡後に成就したときは、遺言は、条件が成就した時からその効力を生ずる（民法985条2項）。

2　遺贈

　被相続人は、遺言によって、相続財産の全部又は一部を相続人以外の者に贈与することができ、これを「遺贈」という。遺贈は、贈与者の死亡によって効力が生ずる死因贈与と類似するが、死因贈与は贈与者と受贈者との契約

によるものであり、遺贈は被相続人の単独行為によるものであるという違いがある。ただ、両者には、共通する面が多いので、死因贈与には、その性質に反しない限り、遺贈に関する規定が準用される（民法554条）。また、終身定期金（第3編第2章XIII参照）が遺贈の目的とされたときには、民法689条から693条の規定が準用される（民法694条）。

遺贈は、被相続人による単独行為であるので、それを受けるべき者（「受遺者」という。）には、それを受け入れるか否かの自由があり、受遺者は、遺言者の死亡後、いつでも、遺贈の放棄をすることができ、その効力は、遺言者の死亡の時にさかのぼって生ずる（民法986条）。一方、相続人、相続財産法人の管理人、遺言執行者等の遺贈の履行をする義務を負う者（「遺贈義務者」という。）その他の利害関係人は、受遺者に対し、相当の期間を定めて、その期間内に遺贈の承認又は放棄をすべき旨の催告をすることができ、受遺者がその期間内に遺贈義務者に対してその意思を表示しないときは、遺贈を承認したものとみなされる（民法987条）。

受遺者が遺贈の承認又は放棄をしないで死亡したときは、遺言者がその遺言に別段の意思を表示したときを除いて、その相続人は、自己の相続権の範囲内で、遺贈の承認又は放棄をすることができる（民法988条）。そして、遺贈の承認及び放棄は、撤回することができないが、その意思表示に瑕疵があるときは、一般原則（制限行為能力者についての民法5条、9条、13条、親権者又は後見人についての865条、867条）に従って、追認をすることができる時から6月を経過するまでかつその意思表示をした時から10年を経過するまでの間に限り、その遺贈の承認及び放棄を取り消すことができる（民法989条、919条2項・3項）。

また、遺贈には、特定遺贈と包括遺贈があり、包括受遺者は、相続人と同一の権利義務を有する（民法990条。前記I参照）。

遺贈が期限付き又は停止条件付きの場合、受遺者は、遺贈が弁済期に至らない間又は条件の成否が未定である間は、遺贈義務者に対して相当の担保を請求することができ（民法991条）、遺言者がその遺言に別段の意思を表示したときを除いて、遺贈の履行を請求することができる時から果実を取得する（民法992条）。遺贈義務者は、遺言者の死亡後に遺贈の目的物について必要費を支出した場合は、受遺者にその費用の償還を請求できるが、果実を収取するための通常の必要費は、果実の価格が限度となる（民法993条、299条）。

遺贈は、遺言者の死亡以前に受遺者が死亡したときは、その効力を生じず、停止条件付きの遺贈について、遺言者がその遺言に別段の意思を表示したときを除いて、受遺者がその条件の成就前に死亡したときもその効力は生じない（民法994条）。

　遺贈が、その効力を生じないとき、又は放棄によってその効力を失ったときは、遺言者がその遺言に別段の意思を表示したときを除いて、受遺者が受けるべきであったものは、相続人に帰属する（民法995条）。

　遺贈の目的が、被相続人の死亡の時（遺言の効力発生時でもある。）に相続財産に属しないときは、その効果が生じないのが原則であるが、遺言者がそれを遺贈の目的としたものと認められるときは、その遺贈も有効である（民法996条）。そして、この遺贈がなされたときは、遺贈義務者は、その権利を取得して受遺者に移転する義務を負う（997条1項）。この場合において、遺言者がその遺言に別段の意思を表示したときを除いて、その権利を取得することができないとき、又はこれを取得するについて過分の費用を要するときは、遺贈義務者は、その価額を弁償しなければならない（民法997条2項）。

　遺贈義務者は、遺言者がその遺言に別段の意思を表示したときを除いて、遺贈の目的である物又は権利を、相続開始の時（その後に当該物又は権利について遺贈の目的として特定した場合にあっては、その特定した時）の状態で引き渡し、又は移転する義務を負う（新民法998条）。

　遺言者が、遺贈の目的物の滅失若しくは変造又はその占有の喪失によって第三者に対して償金を請求する権利を有するときは、その権利を遺贈の目的としたものと推定され、遺贈の目的物が、他の物と付合し、又は混和した場合において、遺言者が民法243条から245条までの規定により合成物又は混和物の単独所有者又は共有者となったとき（第2編第3章Ⅱ参照）は、その全部の所有権又は持分を遺贈の目的としたものと推定される（民法999条）。

　債権を遺贈の目的とした場合において、遺言者が弁済を受け、かつ、その受け取った物がなお相続財産中に在るときは、その物を遺贈の目的としたものと推定され、金銭を目的とする債権を遺贈の目的とした場合においては、相続財産中にその債権額に相当する金銭がないときであっても、その金額を遺贈の目的としたものと推定される（民法1001条）。

3 負担付遺贈

　負担付遺贈（負担の意味については第1編第4章Ⅴ3参照）を受けた者は、遺贈の目的の価額を超えない限度においてのみ、負担した義務を履行する責任を負い、受遺者が遺贈の放棄をした場合は、遺言者がその遺言に別段の意思を表示したときを除いて、負担の利益を受けるべき者は、自ら受遺者となることができる（民法1002条）。また、負担付遺贈の目的の価額が相続の限定承認又は遺留分回復の訴え（具体的には遺留分侵害額の請求の訴え（新民法1046条）であるが、訴えによらない場合も含むと解されている。）によって減少したときは、遺言者がその遺言に別段の意思を表示したときを除いて、受遺者は、その減少の割合に応じて、その負担した義務を免れる（民法1003条）。

　なお、負担付遺贈を受けた者がその負担した義務を履行しないときは、相続人は、相当の期間を定めてその履行の催告をすることができ、その期間内に履行がないときは、その負担付遺贈に係る遺言の取消しを家庭裁判所に請求することができる（民法1027条）。

Ⅳ　遺言の執行

　公正証書による遺言以外の遺言書については、その保管者又は保管者がいない場合に遺言書を発見した相続人は、相続の開始を知った後、遅滞なく、これを家庭裁判所に提出して、その検認を請求しなければならない（民法1004条1項、2項）のであるが、この検認というのは、遺言書の状態を確認してその現状を明確にするものであって、その実体法上の効力の有無を判断するものではない。また、封印のある遺言書は、家庭裁判所において相続人又はその代理人の立会いがなければ、開封することができない（民法1004条3項）。そして、これらに違反して、遺言書を提出することを怠り、その検認を経ないで遺言を執行し、又は家庭裁判所外においてその開封をした者は、5万円以下の過料に処されることがある（民法1005条）。なお、法務局における遺言書の保管等に関する法律に基づいて保管されていた自筆証書遺言書（Ⅱ1参照）については、家庭裁判所の検認は必要ない（同法11条）。

　遺言者は、遺言で、一人又は数人の遺言執行者を指定し、又はその指定を

第三者に委託することができ、遺言執行者の指定の委託を受けた者は、遅滞なく、その指定をして、これを相続人に通知しなければならず、遺言執行者の指定の委託を受けた者がその委託を辞そうとするときは、遅滞なくその旨を相続人に通知しなければならない（民法1006条）。

遺言執行者の指定を受けた者が就職を承諾したときは、直ちにその任務を行わなければならず（民法1007条1項）、その任務を開始したときは、遅滞なく、遺言の内容を相続人に通知しなければならない（新民法1007条2項）。一方、相続人その他の利害関係人は、遺言執行者に対し、相当の期間を定めて、その期間内に就職を承諾するかどうかを確答すべき旨の催告をすることができ、遺言執行者が、その期間内に相続人に対して確答をしないときは、就職を承諾したものとみなされる（民法1008条）。

未成年者及び破産者は、遺言執行者となることができない（民法1009条）のであるが、未成年者以外の行為能力制限者については制限がない（代理人についての第1編第4章Ⅲ1（4）参照）。遺言で遺言執行者が指定されず、又はその指定が第三者に委託されなかった場合、遺言執行者として指定された者が就任を承諾せず、又は遺言執行者となった者が死亡し、若しくは欠格者となった場合には、家庭裁判所は、利害関係人の請求によって、遺言執行者を選任することができる（民法1010条）。

遺言執行者の職務については、次のように定められている。

① 遺言執行者は、遅滞なく、相続財産の目録を作成して、相続人に交付しなければならないのであるが、相続人の請求があるときは、その立会いをもって相続財産の目録を作成し、又は公証人にこれを作成させなければならない（民法1011条）。
② 遺言執行者は、遺言の内容を実現するため、相続財産の管理その他遺言の執行に必要な一切の行為をする権利義務を有し、遺贈の履行は、遺言執行者のみが行うことができるのであり（新民法1012条1項、2項）、遺言執行者には、受任者の注意義務についての民法644条、受任者による報告についての645条、受任者による受取物の引渡し等についての646条、受任者の金銭の消費の責任についての647条、受任者による費用等の償還請求等についての650条が準用される（新民法1012条3項（実質的には民法1012条2項と同一内容である。））。

③　遺言執行者がある場合には、相続人は、相続財産の処分その他遺言の執行を妨げるべき行為をすることができず、これに違反してした行為は、無効であるが、その無効は善意の第三者に対抗することができない（民法1013条1項、新民法1013条2項）。ただ、相続人の債権者（相続債権者を含む。）は、遺言執行者の有無にかかわらず、相続財産についてその権利を行使することができる（新民法1013条3項）。

　遺言執行者の職務に関する上記の3つの規定は、遺言が相続財産のうち特定の財産に関する場合には、その財産についてのみ適用される（民法1014条1項）。そして、遺産の分割の方法の指定として遺産に属する特定の財産を共同相続人の一人又は数人に承継させる旨の遺言（以下「特定財産承継遺言」という。）があったときは、遺言執行者は、それが法定相続分を超える部分について当該共同相続人が登記、登録その他の対抗要件を備える（新民法899条の2第1項参照）ために必要な行為をすることができ（新民法1014条2項）、その財産が預貯金債権である場合には、遺言執行者は、対抗要件を備えるために必要な行為のほか、その預金又は貯金の払戻しの請求及び預貯金債権の全部が特定財産承継遺言の目的である場合はその契約の解約の申入れをすることができる（新民法1014条3項）。

　遺言執行者は、相続人の代理人ではないが（従前の民法1015条参照）、その権限内において遺言執行者であることを示してした行為は、相続人に対して直接にその効力を生ずる（新民法1015条）。

　遺言執行者は、遺言者がその遺言に別段の意思を表示したときを除いて、自己の責任で第三者にその任務を行わせることができ、この場合において、第三者に任務を行わせることについてやむを得ない事由があるときは、遺言執行者は、相続人に対してその選任及び監督についての責任のみを負う（新民法1016条。復代理については、第1編第4章Ⅲ2（2）参照）。

　遺言執行者が数人ある場合には、遺言者がその遺言に別段の意思を表示したときを除いて、その任務の執行は、過半数で決めるのであるが、保存行為は、各遺言執行者がすることができる（民法1017条。保存行為については、第1編第4章Ⅲ1（5）参照）。

　家庭裁判所は、遺言者がその遺言に報酬を定めたときを除いて、相続財産の状況その他の事情によって遺言執行者の報酬を定めることができ（民法

1018条1項）、この報酬については、受任者の報酬の支払時期についての民法648条2項、履行が中途で終了したとき等の報酬についての新民法648条3項及び成果に対して支払われる報酬についての新民法648条の2の規定が準用される（新民法1018条2項）。なお、遺言の執行に関する費用は、遺留分（新民法1042条）を減ずることがない限度で、相続財産が負担する（民法1021条）。

　遺言執行者がその任務を怠ったときその他正当な事由があるときは、利害関係人は、その解任を家庭裁判所に請求することができ、遺言執行者は、正当な事由があるときは、家庭裁判所の許可を得て、その任務を辞することができる（民法1019条）。そして、遺言執行者の任務が終了した場合については、委任の終了後の処分についての民法654条、委任の終了の対抗要件についての民法655条の規定が準用される（民法1020条）。

V　遺言の撤回及び取消し

　遺言者は、いつでも、遺言の方式（Ⅱ参照）に従って、その遺言の全部又は一部を撤回することができる（民法1022条）。また、後になされた遺言が前の遺言と抵触するときは、その抵触する部分については、後の遺言で前の遺言を撤回したものとみなされ、遺言後の生前処分その他の法律行為と抵触する場合にも、遺言を撤回したものとみなされる（民法1023条）。さらに、遺言者が故意に遺言書を破棄したとき又は遺贈の目的物を破棄したときは、その破棄した部分については、遺言を撤回したものとみなされる（民法1024条）。これらにより撤回された遺言は、その撤回の行為が、撤回され、取り消され、又は効力を生じなくなるに至ったときであっても、その効力を回復しないが、その行為が錯誤、詐欺又は強迫による場合は、瑕疵ある意思表示の規定に従って（第1編第4章Ⅱ1参照）、その行為を取り消すことができる（新民法1025条）。

　なお、遺言者は、その遺言を撤回する権利を放棄することができない（民法1026条）。

第8章 配偶者の居住の権利

　配偶者の居住の権利（新民法1028条～1041条）は、相続法改正法によって創設されたものであり、同法は令和2年（2020年）4月1日から施行され、同日以後に開始した相続について適用され、同日前に開始した相続については適用されない（同法附則1条4号、10条1項）。

I　配偶者居住権

　配偶者居住権というのは、被相続人の配偶者（以下、単に「配偶者」という。）が、相続開始の時に被相続人の財産である建物に居住していた場合において、当該建物（以下「居住建物」という。）の全部について無償で使用及び収益をする権利のことであり、遺産の分割又は遺贈の目的とされることによって、配偶者が取得するものである（新民法1028条1項本文）。ただ、被相続人が相続開始の時に居住建物を配偶者以外の者と共有していた場合には、配偶者居住権は認められない（新民法1028条1項ただし書）が、相続開始後、居住建物が配偶者と他の者との共有となった場合においても、配偶者居住権は消滅しない（新民法1028条2項）。また、婚姻期間が20年以上の夫婦である一方の被相続人が配偶者に対し配偶者居住権を遺贈したときは、相続分の計算に際してそれを持戻し（第3章II参照）の対象としないとの意思を表示したものと推定される（新民法1028条3項、903条4項）。

　遺産の分割は、相続人の協議によってなされるが、協議が整わないとき又はできないときは、家庭裁判所に請求することになる（前記第7章III参照）。遺産の分割の請求を受けた家庭裁判所は、共同相続人間に配偶者が配偶者居住権を取得することについて合意が成立しているとき又は配偶者が配偶者居住権の取得を希望する旨を申し出た場合において、居住建物の所有者の受ける不利益の程度を考慮してもなお配偶者の生活を維持するために特に必要があると認めるときに限って、配偶者が配偶者居住権を取得する旨を定めることができる（新民法1029条）。

配偶者居住権の存続期間は、配偶者の終身の間とするのが原則であるが、遺産の分割の協議若しくは遺言に別段の定めがあるとき、又は家庭裁判所が遺産の分割の審判において別段の定めをしたときは、その定めるところによる（新民法1030条）。居住建物の所有者は、配偶者居住権を取得した配偶者に対し、配偶者居住権の設定の登記を備えさせる義務を負い、その登記をした配偶者はその建物について物権を取得した者その他の者に対抗することができ、占有の妨害停止及び占有者に対する返還請求をすることができる（新民法1031条、605条、605条の4）。このように、配偶者居住権は物権的権利（第2編第1章Ⅰ1参照）であるから、他の相続人は配偶者居住権という制限物権付きの建物を取得したことになり、相続税の評価における当該建物の価値は、配偶者居住権の価値とそれを控除した当該建物の価値に分割されることになる。

　ところで、配偶者は、居住建物について、従前居住の用に供していなかった部分も居住の用に供することができるが、従前の用法に従い、善良な管理者の注意をもって、使用及び収益をしなければならない（新民法1032条1項）。ただ、配偶者は、配偶者居住権を譲渡することができず、居住建物の所有者の承諾を得なければ、居住建物の改築若しくは増築をし、又は第三者に居住建物の使用若しくは収益をさせることができない（新民法1032条2項、3項）。そして、配偶者が居住建物の使用及び収益に際して善良な管理者の注意を欠き、又は増改築をし、若しくは第三者に使用収益させた場合は、居住建物の所有者は、相当の期間を定めてその是正の催告をし、その期間内に是正がされないときは、当該配偶者に対する意思表示によって配偶者居住権を消滅させることができる（新民法1032条4項）。この配偶者の立場は、賃貸借契約における借主の立場（民法612条、新民法616条、民法594条1項）に類似する。

　配偶者は、居住建物の使用及び収益に必要な修繕をすることができるのであるが、居住建物の修繕が必要である場合において、配偶者が相当の期間内に必要な修繕をしないときは、居住建物の所有者は、その修繕をすることができる（新民法1033条1項、2項）。なお、居住建物の所有者が既に知っているときを除いて、居住建物が修繕を要するとき（配偶者が自らその修繕をするときを除く。）、又は居住建物について権利を主張する者があるときは、配偶者は、居住建物の所有者に対し、遅滞なくその旨を通知しなければならない（新民法1033条3項）。

第8章　配偶者の居住の権利

配偶者は、居住建物の通常の必要費を負担するが、それ以外の必要費は居住建物の所有者から償還させることができ、有益費についてはその価格の増加が現存する場合に限って、その支出した金額又は増加額を償還させることができるのであるが、有益費については、裁判所は、居住建物の所有者の請求により、その償還について相当の期限を許与することができる（新民法1034条、民法583条2項、196条）。

　配偶者は、配偶者居住権が消滅したときは、居住建物の返還をしなければならないが、配偶者が居住建物について共有持分を有する場合は、居住建物の所有者は、配偶者居住権が消滅したことを理由としては、居住建物の返還を求めることができない（新民法1035条1項）。配偶者は、配偶者居住権が消滅したことにより居住建物の返還をする場合において、相続の開始後にその居住建物に附属させた物があるときは、それが借用物から分離することができない物又は分離するのに過分の費用を要する物であるときを除いて、その附属させた物を収去する義務を負う（新民法1035条2項、599条1項）とともに、当該附属させた物を収去することができる（新民法1035条2項、599条2項）。また、相続開始後に居住建物に生じた損傷（通常の使用及び収益によって生じた損耗並びに経年変化を除く。）がある場合は、その損傷が配偶者の責めに帰することができない事由によるものであるとき除いて、その損傷を原状に復する義務を負う（新民法1035条2項、621条）。

　なお、期間満了による使用貸借の終了についての新民法597条1項及び3項、損害賠償の費用の償還請求権についての期間制限についての新民法600条、転貸の効果についての新民法613条及び賃貸借物の全部滅失等による賃貸借の終了についての新民法616条の2の規定は、配偶者居住権に準用される（新民法1036条）。

II　配偶者短期居住権

　配偶者居住権が遺産の分割又は遺贈の目的とされることによって生ずる権利であるのに対し、被相続人の財産に属した建物に相続開始の時に無償で居住していたという事実に基づいて取得するのが配偶者短期居住権である。

　すなわち、被相続人の財産に属した建物に相続開始の時に無償で居住して

いた配偶者は、その居住建物の所有権を相続又は遺贈により取得した者（「居住建物取得者」という。）に対して、居住建物（居住建物の一部のみを使用していた場合にあっては、その部分に限る。）を無償で使用する権利を有するとされ、この権利が配偶者短期居住権と称されるのである（新民法1037条1項本文）。そして、居住建物取得者は、第三者に対する居住建物の譲渡その他の方法により配偶者の居住建物の使用を妨げてはならないとされる（新民法1037条2項）。ただし、配偶者が、相続開始の時において居住建物に係る配偶者居住権を取得したとき（遺贈による配偶者居住権の取得である。）、又は相続人の欠格事由（民法891条）に該当し若しくは廃除（民法892条）によってその相続権を失ったときは、配偶者短期居住権は認められない（新民法1037条1項ただし書）。配偶者短期居住権が認められる期間は、居住建物について配偶者を含む共同相続人間で遺産の分割（前記第3章Ⅲ参照）をすべき場合は遺産の分割により居住建物の帰属が確定した日又は相続開始の時から6月を経過する日のいずれか遅い日までであり、それ以外の場合（居住建物が配偶者以外の者に遺贈された場合等）は、居住建物取得者から配偶者短期居住権の消滅の申入れがなされた日から6月を経過する日までである（新民法1037条1項1号、2号）。

　配偶者短期居住権を有する配偶者は、従前の用法に従い、善良な管理者の注意をもって、居住建物の使用をしなければならず、居住建物取得者の承諾を得なければ、第三者に居住建物の使用をさせることができないとされ、当該配偶者がこれらに違反したときは、居住建物取得者は、当該配偶者に対する意思表示によって配偶者短期居住権を消滅させることができる（新民法1038条）。また、遺産分割によって、配偶者が居住建物に係る配偶者居住権を取得したときは、配偶者短期居住権は、消滅する（新民法1039条）。

　配偶者は、居住建物に係る配偶者居住権を取得したときを除き、配偶者短期居住権が消滅したときは、居住建物を返還しなければならないが、配偶者が居住建物について共有持分を有する場合は、居住建物取得者は、配偶者短期居住権が消滅したことを理由としては、居住建物の返還を求めることができない。配偶者が相続の開始後に附属させた物がある居住建物又は相続の開始後に生じた損傷がある居住建物の返還をする場合については、配偶者居住権が消滅した場合と同じである（新民法1040条、1035条2項）。また、借主の死亡による使用貸借の消滅についての新民法597条3項、損害賠償及び費用の償還請求についての期間制限についての民法600条、賃借物の全部滅失等に

よる賃貸借の終了についての新民法616条の2、配偶者居住権の譲渡の禁止についての新民法1032条2項、居住建物の修繕等についての新民法1033条、居住建物の費用の負担についての新民法1034条の規定は、配偶者短期居住権について準用される（新民法1041条）。

第9章 遺留分

I 遺留分の意味

　被相続人は、遺言によって相続財産を自由に処分することができるが、相続人となる者（前記第2章参照）のうち、一定の範囲のものについては、相続財産の一定の割合を相続する権利が保障されている。この権利を遺留分といい、それを有する者を遺留分権利者という。従前は、遺贈又は相続分の指定若しくは遺産分割方法の指定によって遺留分を侵害された遺留分権利者が、自己の遺留分を侵害して相続財産を承継した受遺者又は相続人に対して、遺留分減殺請求（受遺者又は相続人が承継した相続財産について、遺留分を侵害している部分の承継を否定することをいう。）をすることができ、それがなされたときは、当該部分の承継がなかったこととなり、当該部分は、相続が開始した時に当該遺留分権利者が承継したことになる（遺留分減殺請求には物権的効力があり、その請求の対象とされた権利は、当然に共有又は準共有となる。）とされていたのであるが、相続法改正法は、これを改め、遺留分減殺請求を債権として再構成した（物権と債権については、第2編第1章I1及び第3編第1章I1参照）。この結果、形式的なものを含めて、遺留分についての規定は全面改正され、相続法改正法の施行日である令和元年（2019年）7月1日以降に開始した相続について適用されることになっている（このことは、同日前に開始した相続については、改正前の例によることを意味する。）。

　遺留分権利者となるのは、兄弟姉妹以外の相続人であり、遺留分は法定相続分（第3章II参照）の一定割合として定められており、それは、直系尊属だけが相続人である場合が3分の1、それ以外の場合（配偶者及び直系卑属が相続人となる場合）が2分の1である（新民法1042条）。

　遺留分を算定するための財産の価額は、被相続人が相続開始の時において有した財産の価額にその贈与した財産の価額を加えた額から債務の全額を控除した額とするのであるが、その中に条件付きの権利又は存続期間の不確定な権利があるときは、家庭裁判所が選任した鑑定人の評価に従って、その価

格を定める（新民法1043条）。ここで、贈与というのは生前にした贈与という意味であり、相続開始前の1年間にしたものに限られるのが原則であるが、被相続人及びその贈与を受けた者の双方が遺留分権利者に損害を加えることを知ってした贈与は、1年前の日より前にしたものも含まれる（新民法1044条1項）。また、贈与が相続人に対してなされたものであるときは、婚姻若しくは養子縁組のため又は生計の資本としてなされたものに限って、相続開始前の10年間になされた贈与の価額が遺留分を算定するための財産の価額に算入される（新民法1044条3項）。そして、贈与の目的物が当該相続人の行為によって滅失し、又はその価格の増減があったときであっても、その価額は、相続開始の時においてなお原状のままであるものとみなして定める（新民法1044条2項、民法904条）。なお、贈与が負担付きである場合は、その目的の価額から負担の価額を控除した額が贈与した財産の価額とされ、不相当な対価をもってした有償行為は、当事者双方が遺留分権利者に損害を加えることを知ってしたものに限り、当該対価を負担の価額とする負担付贈与とみなされる（新民法1045条）。

II 遺留分侵害額の請求

　遺留分権利者及びその承継人は、受遺者（特定財産承継遺言により財産を承継し又は相続分の指定を受けた相続人を含む。）又は受贈者に対し、遺留分侵害額に相当する金銭の支払を請求することができる。ここで遺留分侵害額というのは、各遺留分権利者について、遺留分を算定するための財産の価額（新民法1043条）に遺留分の割合（新民法1042条）を乗じた額から次の①及び②の額を控除した額に③の額を加算して算定される額のことである（新民法1046条）。

① 遺留分権利者が受けた遺贈又は特別受益（民法903条）の価額
② 法定相続分及び遺言で指定された相続分（民法900条〜新民法902条1項、民法902条2項）並びに特別受益者の相続分（新民法903条及び民法904条）の規定により算定した相続分に応じて遺留分権利者が取得すべき遺産の価額
③ 被相続人が相続開始の時において有した債務のうち、遺留分権利者が

承継する債務（民法899条。「遺留分権利者承継債務」という。）の額

　受遺者又は受贈者は、遺贈（特定財産承継遺言による財産の承継又は相続分の指定による遺産の取得を含む。）又は贈与（遺留分を算定するための財産の価額に算入されるものに限る。）の目的の価額（受遺者又は受贈者が相続人である場合にあっては、当該価額から遺留分として当該相続人が受けるべき額を控除した額）を限度として、遺留分侵害額を負担する。この場合において、受遺者と受贈者とがあるときは、受遺者が先に負担し、受遺者が複数あるとき、又は受贈者が複数ある場合においてその贈与が同時にされたものであるときは、遺言者がその遺言に別段の意思を表示したときを除いて、受遺者又は受贈者がその目的の価額の割合に応じて負担するとされるほか、贈与に先後の順があるときは、後の贈与に係る受贈者から順次前の贈与に係る受贈者が負担することになっている（新民法1047条1項）。なお、贈与の目的物が受贈者の行為によって滅失し、又はその価格の増減があったときについての民法904条、条件付きの権利又は存続期間の不確定な権利の価格の決め方についての新民法1043条2項及び負担付き贈与又は不相当な対価をもってした有償行為についての新民法1045条は、遺留分侵害額の請求における遺贈又は贈与の目的の価額について準用される（新民法1047条2項）。

　遺留分侵害額の請求を受けた受遺者又は受贈者は、遺留分権利者承継債務について弁済その他の債務を消滅させる行為をしたときは、消滅した債務の額の限度において、遺留分権利者に対する意思表示によって遺留分侵害額として負担する債務を消滅させることができ、この場合は、当該行為によって遺留分権利者に対して取得した求償権は、消滅した当該債務の額の限度において消滅する（新民法1047条3項）。

　受遺者又は受贈者の無資力によって生じた損失は、遺留分権利者が負担しなければならず、他の受遺者又は受贈者には請求できない（新民法1047条4項）。また、裁判所は、受遺者又は受贈者の請求により、遺留分侵害額として負担する債務の全部又は一部の支払につき相当の期限を許与することができる（新民法1047条5項）。

　遺留分侵害額の請求権は、遺留分権利者が、相続の開始及び遺留分を侵害する贈与又は遺贈があったことを知った時から1年間行使しないとき、又は相続開始の時から10年を経過したときは、時効によって消滅する（新民法

1048条)。

　なお、相続の開始前における遺留分の放棄は、家庭裁判所の許可を受けたときに限り、その効力を生じ、共同相続人の一人のした遺留分の放棄は、他の各共同相続人の遺留分に影響を及ぼさない（新民法1049条）とされる。

第10章 特別の寄与

　従来は、相続人以外の親族（例えば長男の妻）が、被相続人の療養看護や介護に尽くした場合でも、遺贈によらない限り、相続財産を取得することができない反面、被相続人は、被相続人の療養看護や介護を全く行っていなくても、相続財産を取得できるとされていた。このような不都合に対処するため、相続法改正法は、特別の寄与の制度を新設し（新民法1050条）、相続法改正法の施行の日である令和元年（2019年）7月1日以降に開始した相続について適用することとし、同日よりも前に開始した相続については従前の例によることとしている（同法附則1条本文、2条）。

　この制度の対象になるのは、被相続人に対して無償で療養看護その他の労務の提供をしたことにより被相続人の財産の維持又は増加について特別の寄与をした被相続人の親族（相続人、相続の放棄をした者及び相続人の欠格事由に該当する者又は廃除によってその相続権を失った者を除く。）であり、「特別寄与者」と称される。特別寄与者は、相続の開始後、相続人に対し、特別寄与者の寄与に応じた額の金銭（「特別寄与料」という。）の支払を請求することができる（相続人となるわけではないから、遺産の分割（第1章Ⅲ参照）には参加できない。）。

　そして、特別寄与料の支払について、当事者間に協議が調わないとき、又は協議をすることができないときは、特別寄与者は、相続の開始及び相続人を知った時から6月又は相続開始の時から1年を経過するまでの間に、家庭裁判所に対して協議に代わる処分を請求することができる。この請求を受けた家庭裁判所は、寄与の時期、方法及び程度、相続財産の額その他一切の事情を考慮して、特別寄与料の額を定めるのであるが、それは、被相続人が相続開始の時において有した財産の価額から遺贈の価額を控除した残額を超えることができない。そして、相続人が数人ある場合には、各相続人は、特別寄与料の額に法定相続分又は遺言によって指定された相続分により算定した当該相続人の相続分（前記第1章Ⅱ参照）を乗じた額を負担することになっている。

あ と が き

　かつては、「国王（行政）は悪をなさず」という法格言があり、行政の過ちは公務員個人の問題であり、国家は責任を負わない（国家無答責）とされ、通常裁判所とは別に行政裁判所が設けられ、行政法の本山には「これより民法入るべからず」との標識があるといわれたこともある。そうしたなかにあって、大審院（現在の最高裁に相当する裁判所）の大正5年（1916年）6月1日の判決は、公立の小学校の校庭に設置された遊動円木の占有は当該自治体にあり、それよる事故には民法717条が適用されるとして、公法、私法二元論に衝撃を与えた。このような時代の反省から、日本国憲法は、公務員の不法行為について国家賠償責任を認め（17条）、特別裁判所（行政裁判所が念頭に置かれている。）の設置を禁止している（76条2項）。また、裁判手続きについては、行政事件については特別の配慮が必要なものがあるとして、民事訴訟の特例を定める行政事件訴訟特例法が制定されたのであるが、昭和37年（1962年）には、民事訴訟手続きの特例としてではなく、独立した手続きを定めるものとして行政事件訴訟法が制定され、現在に至っている。

　近代社会における民法の原点は、1804年に制定されたフランス民法典（ナポレオン民法ともいわれる。）にあるが、その特徴は、個人主義、自由主義の原理に基づく所有権の絶対、契約の自由、過失責任の原則を確立したことにあり、その基本的な思想は日本の民法にも引き継がれている（一旦は公布されたものの個人主義的な色彩が強すぎる（特に家族法関係）として施行前に廃止された旧民法は、フランス人ボアソナードを中心として編纂された。）。ともあれ、民法は、最も古い法律の一つとして、法全般に共通する原則（公共の福祉・信義誠実の原則・権利の濫用の禁止に関する民法1条、意思能力に関する新民法3条の2、期間計算に関する民法138条〜143条はその代表的なものである。）を定め、全ての法分野における基本法的な位置を占めている。民法制定後、社会・経済の変化に伴って、民法に対する特別法として立木ニ関スル法律、商法（会社法）、借地借家法、建物保護に関する法律などの無数の法律（これらを一括して「私法」という。）が制定される一方、公法という独自の分野の存在と必要性が意識され、立法や行政に関する様々な法律が制定されてきているが、民法以外の法律は、それぞれの目的に特化したものであり、法律全般に共通する考え方や規

範としての民法の役割は重要である。

　行政法（公法）の分野においても、通則的な事項については、「民法の規定を適用する」と言わないまでも、「民法の規定を準用する」とか、「民法の規定の例による」とされることが少なくない。自治法が、金銭の給付を目的とする地方公共団体の債権の消滅時効に関し適用すべき法律の規定がないときは民法の規定を準用するとし（236条3項）、現金や物品等を保管し、又は占有する職員及び財務会計行為をする権限を有する職員の賠償責任については民法の規定は適用しないとし（243条の2第13項（民法改正法施行後は第14項となる。））、国家賠償法が、国又は公共団体の損害賠償責任については同法の定めのほか、民法の規定による（4条）としているのは、実定法におけるその例であり、行政事件訴訟法も、同法に定めがない事項については民事訴訟の例による（7条）としている。

　また、自治体においては、備品や用地買収、土木建設事業等のために私人と同じ立場で取引に参加するだけでなく、福祉施策を充実し、民間活力を活用する等のために、行政処分を中心とする行政から相手方の立場や意思を尊重した行政の分野が拡大している。私人と同じ立場における取引に民法が適用されるのは当然のことであるが、福祉の分野においては夫婦親子を中心とする家族関係をどのように理解するかが重大であり、事務事業の民間委託においては請負や（準）委任と雇用の関係に加えて不法行為責任の所在について考えなければならず、放置されている土地や家屋については所有と占有の関係と合わせて相続の制度を理解しなければならない。さらに、公の施設の指定管理やコンセッション等のＰＦＩ事業においては、それぞれについての個別の法律と各種の契約について定める民法との関係について慎重な考慮が必要である。

　本書が、行政における民法の役割を確認し、公法と私法の関係を考えるきっかけになればと思う。

令和元年10月

橋　本　　勇

主要さくいん

【あ】

空き地 …………………………………… 155
空き家 …………………………………… 155
悪意の受益者 …………………………… 326
悪意の占有者 …………………………… 127
空家等対策の推進に関する特別措置法 …… 24
安全配慮義務 …………………………… 4

【い】

遺骨 ……………………………………… 110
遺言が法律上の効力を有する事項 …… 437
遺言執行者 ……………………………… 446
遺言執行者の報酬 ……………………… 448
遺言書保管 ……………………………… 439
遺言の執行に関する費用 ……………… 449
遺産に属する預貯金債権 ……………… 217
遺産の分割 ……………………………… 422
遺失物 ……………………………… 132, 151
意思能力 …………………………… 11, 44
意思表示 …………………………… 11, 32
意思表示が効力を発生する時期 ……… 41
意思表示の到達時期 …………………… 42
慰謝料 …………………………………… 329
遺贈 ……………………………………… 443
遺贈義務者 ……………………………… 445
遺贈の放棄 ……………………………… 444
遺体 ……………………………………… 110
位置指定道路 …………………………… 145
一身専属 ………………………………… 10
一般財団法人 …………………………… 27
一般社団法人 …………………………… 27
一方の予約 ……………………………… 281
井戸 ……………………………………… 142

委任 ………………………………… 67, 311
委任状 …………………………………… 47
委任の終了事由 ………………………… 314
入会権 …………………………………… 151
遺留分 …………………………………… 455
遺留分減殺請求 ………………………… 455
遺留分侵害額 …………………………… 456
遺留分を算定するための財産の価額 …… 455
囲障 ……………………………………… 148
囲繞地通行権 …………………………… 144

【う】

請負 ………………………………… 309, 350
受取証書 ………………………………… 247
裏書の連続 ……………………………… 260

【え】

営業 ……………………………………… 14
永小作権 ………………………………… 163
営造物 …………………………………… 362
縁組等の届出 …………………………… 369
援用 ……………………………………… 85

【お】

公の施設 …………………………… 22, 152
公の秩序 ………………………………… 32
公の秩序に関する規定 ………………… 33
温泉専用権 ……………………………… 113

【か】

外形主義 ………………………………… 359
外国人 …………………………………… 10
会社法352条 …………………………… 47
解除 ……………………………………… 270

主要さくいん　463

解除条件 · 73	期限の利益及びその放棄 · · · · · · · · · · · · · · 77
買主の代金減額請求権 · · · · · · · · · · · · · 284	期限の利益喪失約款 · · · · · · · · · · · · · · · · 294
買主の追完請求権 · · · · · · · · · · · · · · · · · 284	危険負担 · 289
改良行為 · 51	既成条件 · 75
改良のために要した費用 · · · · · · · · · · · · 129	寄託 · 314
確定期限 · 78	基本契約書 · 266
確定期日 · 184	基本権 · 103
学費 · 14	義務 · 9
加工 · 154	記名式所持人払証券 · · · · · · · · · · · · · · · 261
瑕疵 · 315, 351	客観的起算点 · 102
瑕疵ある意思表示 · · · · · · · · · · · · · · · · · · · 48	給付又は支給決定の取消処分 · · · · · · · 107
瑕疵担保責任 · 283	休眠一般社団法人 · · · · · · · · · · · · · · · · · · 27
過失責任 · 10	境界 · 147
過失責任主義 · 328	境界確定の訴え · · · · · · · · · · · · · · · · · · · 118
過失相殺 · 206, 356	協議離婚 · 375
家畜 · 132	協議を行う旨の合意による時効の完成猶予
合併 · 28	· 93
買戻しの期間 · 290	強行規定 · 33
買戻しの特約 · 289	行政財産 · 111
仮契約 · · · · · · · · · · · · · · · · · · 74, 265, 281	競争入札 · 264
仮住所 · 22	供託 · 246, 249
仮登記 · 116	共同企（事）業体 · · · · · · · · · · · · · 30, 321
仮登記担保契約に関する法律 · · · · · · · 190	共同根抵当 · 183
簡易の引渡し · 123	共同の不法行為 · · · · · · · · · · · · · · · · · · · 352
間接占有 · 122	共同の免責 · 223
監督員 · 47	競売（きょうばい） · · · · · · · · · · · 130, 286
元本確定期日 · 232	強迫による意思表示 · · · · · · · · · · · · · · · · 40
元本の確定 · 184	業務執行者 · 318
管理権喪失 · 396	共有 · 156
管理人 · 23	共有物の分割 · 158
	魚介類 · 151
【き】	虚偽表示 · 35
議会の議決 · · · · · · · · · · · · · · · 74, 265, 281	極度額 · 182, 231
期間の定めがある行政処分 · · · · · · · · · · 82	極度額の減額 · 188
議決を要する契約 · · · · · · · · · · · · · · · · · · 74	居住建物 · 450
期限 · 76, 202	居所 · 22

居所指定権	391
緊急避難	355
金券	259

【く】

空中	141
国の利害に関係のある訴訟についての法務大臣の権限等に関する法律	27
組合	30, 317
組合財産	318

【け】

景観権	333
景観利益	333
契機	36
掲示板	121
形成権	106
競売（けいばい）	130, 286
契約解除に基づく原状回復義務	272
契約自由の原則	263
契約上の地位の移転	269
契約締結上の過失	263
契約締結の義務	263
契約の内容	284
契約の申込み	265
契約の誘因	264
結果回避可能性	331
結果回避義務	330
権限外の行為の表見代理	57
権限の定めのない代理人	51
検索の抗弁	226
原始的不能	203
原始的不能な契約	198
原状回復	70
懸賞広告	266
限定承認	427, 428

現に利益を受けている限度	71
検認	446
権利	9, 332
権利質	174
権利に関する登記	115
権利能力	9
権利能力なき社団	29
権利の濫用	4, 7
権利部	115

【こ】

子	378
行為能力	13
公益上の必要	279
交換	291
公共工事標準請負契約約款	47, 53
公共の福祉	4
公共用財産	99
公権	9
後見開始の審判	15
後見監督人	399
公権力の行使	358
広告の撤回	267
公示送達	43
公職選挙法33条	81
公序良俗	32
公図	116
合成物	154
合同行為	11, 317
公法上の債権	87
公有財産	111
国際的な子の奪取の民事上の側面に関する条約の実施に関する法律	393
国税徴収法24条	194
国税通則法41条	245
個人貸金等根保証契約	232

主要さくいん　465

個人根保証契約・・・・・・・・・・・・・・・・・・・・・231
小遣い・・・・・・・・・・・・・・・・・・・・・・・・・・・・・・14
国家賠償法
　　1条1項・・・・・・・・・・・・・・・・・・・・・・358
　　1条2項・・・・・・・・・・・・・・・・・・・・・・331
　　2条・・・・・・・・・・・・・・・・・・・・・・・・・・362
子の監護・・・・・・・・・・・・・・・・・・・・・・・・・・375
子の財産を管理する権限・・・・・・・・・・394
子の引渡し・・・・・・・・・・・・・・・・・・・・・・392
雇用・・・・・・・・・・・・・・・・・・・・・・・・・14, 305
雇用の解除・・・・・・・・・・・・・・・・・・・・・・307
婚姻・・・・・・・・・・・・・・・・・・・・・・・・・・・・368
婚姻年齢・・・・・・・・・・・・・・・・・・・・・・・・・13
婚姻の届出・・・・・・・・・・・・・・・・・・・・・・369
婚姻の取消し・・・・・・・・・・・・・・・・・・・・371
婚姻費用の分担・・・・・・・・・・・・・・・・・・373
混合寄託・・・・・・・・・・・・・・・・・・・・・・・・316
婚姻前の氏・・・・・・・・・・・・・・・・・・・・・・372
コンペ・・・・・・・・・・・・・・・・・・・・・・・・・・267
混和・・・・・・・・・・・・・・・・・・・・・・・・・・・・154

【さ】

債権・・・・・・・・・・・・・・・・・・・・・・・・・・・・196
債権者代位権・・・・・・・・・・・・・・・・・・・・209
債権者に代位する権利・・・・・・・・・・・・251
債権譲渡禁止の特約・・・・・・・・・・・・・・239
債権に関する証書・・・・・・・・・・・・・・・・247
債権の譲渡・・・・・・・・・・・・・・・・・・・・・・238
債権の相続・・・・・・・・・・・・・・・・・・・・・・240
催告・・・・・・・・・・・・・・・・・・・・・・・・・・・・・45
催告による解除・・・・・・・・・・・・・・・・・・270
催告による時効の完成猶予・・・・・・・・・92
催告の抗弁・・・・・・・・・・・・・・・・・・・・・・226
再婚禁止期間・・・・・・・・・・・・・・・・・・・・368
財産管理権・・・・・・・・・・・・・・・・・・・・・・393
財産管理人・・・・・・・・・・・・・・・・・・・・・・・23

財産の交換・・・・・・・・・・・・・・・・・・・・・・291
財産の交換、譲与、無償貸付等に関する
　　条例・・・・・・・・・・・・・・・・・・・・・・・291
財産の分与・・・・・・・・・・・・・・・・・・・・・・376
財産分離・・・・・・・・・・・・・・・・・・・・・・・・433
裁判籍・・・・・・・・・・・・・・・・・・・・・・・・・・・22
債務の本旨・・・・・・・・・・・・・・・・・・・・・・201
債務の本旨に従った履行・・・・・・・・・・244
債務の履行に代わる損害賠償・・・・・・205
債務引受・・・・・・・・・・・・・・・・・・・・・・・・242
債務不履行・・・・・・・・・・・・・・・・・・・・・・204
詐害行為取消権・・・・・・・・・・・・・・・・・・210
詐害行為取消請求・・・・・・・・・・・・・・・・377
先取特権・・・・・・・・・・・・・・・・・・・・・・・・169
詐欺による意思表示・・・・・・・・・・・・・・・40
錯誤・・・・・・・・・・・・・・・・・・・・・・・・・・・・・36
差押禁止債権・・・・・・・・・・・・・・・・・・・・254
差押債権・・・・・・・・・・・・・・・・・・・・245, 254
指図証券・・・・・・・・・・・・・・・・・・・・・・・・259
指図による占有移転・・・・・・・・・・・・・・124
詐術・・・・・・・・・・・・・・・・・・・・・・・・・・・・・20

【し】

死因贈与・・・・・・・・・・・・・・・・・・・・・・・・443
事業計画の変更・・・・・・・・・・・・・・・・・・335
事業に係る債務・・・・・・・・・・・・・・・・・・234
事業の執行につき・・・・・・・・・・・・・・・・348
私権・・・・・・・・・・・・・・・・・・・・・・・・・・・・・・9
事件・・・・・・・・・・・・・・・・・・・・・・・・324, 326
時効・・・・・・・・・・・・・・・・・・・・・・・・・・・・・85
時効の完成時期・・・・・・・・・・・・・・・・・・・87
時効の完成猶予・・・・・・・・・・・・・・・・・・・89
時効利益の放棄・・・・・・・・・・・・・・・・・・・88
自己契約・・・・・・・・・・・・・・・・・・・・・・・・・64
死後の事務処理・・・・・・・・・・・・・・・・・・・60
施策の変更・・・・・・・・・・・・・・・・・・・・・・334

死産	10	受忍限度	339
使者	47	主物	111
事情変更の原則	7	受領拒否	42
自然債務	201	受領能力	45
自然人	9	種類又は品質に関する不適合	287
質権	171	準遺失物	152
失火ノ責任ニ関スル法律	331	準委任	311
失踪の宣告	25	準共有	215
指定確認検査機関	358	準拠法	22
指定寄附	280	準消費貸借	295
児童虐待の防止等に関する法律	391	準正	380
自働債権	252	準法律行為	12
児童手当	256	準法律行為的行政行為	12
児童扶養手当	256	ジョイント・ベンチャー	30, 321
支配人	52	承役地	164
支分権	103	奨学金	15, 226
死亡	10, 413	承継取得	99
事務管理	324	条件	73
借地権	161, 299	条件付きの権利義務	74
借地借家法		商行為	48
10条1項	178	証拠証券	259
31条1項	178	使用者の責任	349
社債、株式等の振替に関する法律	419	肖像権	338
住所	20	使用貸借	295
終身定期金	322	承諾	264
重大な過失	332	承諾の期間	265
住宅の瑕疵	310	承諾の通知を必要としない場合	266
住宅の品質確保の促進等に関する法律	310	譲渡制限の意思表示	238
充当	255	譲渡担保	192
従物	111	使用人	48, 52
住民基本台帳法4条	20	消費寄託	317
主観的起算点	102	消費貸借	292, 293
熟慮期間	426	消費貸借の予約	293
主たる債務	225	商法	
出生	10	4条	52
受働債権	252	20条	52

主要さくいん　467

21条1項	52
22条	52
25条1項	52
26条本文	52

消滅時効が完成した債権 ……………201
消滅時効の起算点 ……………102, 202
職務代理 ……………67
職務を行うについて ……………359
初日不算入の原則 ……………80
初日不算入の原則の例外 ……………81
書面でする消費貸借 ……………293
書面によらない贈与 ……………278
所有者のない不動産 ……………155
所有者不明土地 ……………23, 435
所有物返還請求権 ……………139
所有物妨害排除請求権 ……………139
所有物妨害予防請求権 ……………140
自力救済 ……………133
信義誠実の原則 ……………4
信義則 ……………4
親権者 ……………15, 390
親権喪失 ……………396
親権停止 ……………396
身上監護権 ……………391
人身保護法 ……………393
親族の範囲 ……………366
新築住宅の売買 ……………285
心裡留保 ……………34

【す】

推定 ……………126
推定相続人 ……………416
水道事業 ……………277
水道法
　7条4項7号 ……………277
　14条1項 ……………277
　14条4項 ……………277
　14条5項 ……………277
　15条1項 ……………277
水流 ……………146

【せ】

生活の本拠 ……………20
生活保護 ……………15
生活保護における不正受給 ……………256
生活保護法 ……………409
制限行為能力者 ……………13, 18, 50
清算 ……………28
清算期間 ……………191
清算金 ……………190
清算法人 ……………28
精神上の障害 ……………15, 16, 17
正当行為 ……………355
正当防衛 ……………355
成年後見人 ……………15, 397
成年年齢 ……………13
成年被後見人 ……………15
堰 ……………147
絶対的効力 ……………218
設定行為 ……………161
接道要件 ……………145
善意 ……………35
善意取得 ……………130
善意の占有者 ……………127
占有 ……………121
占有回収の訴え ……………135
占有改定 ……………124
占有権の譲渡 ……………123
占有代理人 ……………315
占有の移転 ……………118
占有の承継 ……………122
占有保持の訴え ……………133, 135

占有保全の訴え	135	損害賠償請求権の消滅時効	102
善良な管理者の注意	311, 332	損害賠償による代位	207
善良な管理者の注意義務	197	損害賠償の範囲	336
善良の風俗	32		

【た】

		第三者のためにする契約	269
		代位弁済	251

【そ】

臓器の移植に関する法律	414	対抗	114
総計予算主義	256	対抗要件を備えさせる義務	282
相殺	252	胎児	10, 356, 415
相殺禁止	256	代襲	415
相殺適状	253	代襲者	420
葬祭扶助	324	代償請求	207
相続	63	大深度地下の公共的使用に関する特別	
相続財産法人	435	措置法	141, 162
相続させる	443	滞納処分による差押え	184
相続税の額	389	代表者	26
相続税法15条2項、3項	389	代物弁済	246
相続による不動産の権利の取得	115	代理	46
相続人	412	代理権授与の表示による表見代理	56
相続の回復の請求	414	代理権消滅後の代理権の範囲外の行為	61
相続の放棄	427	代理権消滅の不表示による表見代理	60
相対的効力	218	代理権の濫用	64
送達の方法	43	代理受領	53
双方行為	11	代理占有	122
双方代理	64	代理人	137
双方の予約	281	代理母	379
双務契約	268	他主占有	122
総有	29	建物の一画	297
贈与	278	建物の区分所有等に関する法律	157
相隣関係	143	他人を使用する	348
即時取得	130, 247	短期消滅時効	102
訴訟告知	210	単純承認	427
訴訟における代理人	50	男性への性別の取扱いの変更の審判	379
損益相殺	337	単独行為	11
損益の分配	320		
損害賠償	204		

主要さくいん　469

【ち】

地役権 …………………………………… 164
地役権の消滅時効 ……………………… 166
遅延した承諾 …………………………… 265
地縁による団体 ………………………… 28
地下 ……………………………………… 141
地下水 …………………………………… 142
地上権 …………………………………… 160
地籍調査 ………………………………… 117
地方公営企業法
　4条 …………………………………… 277
　8条 …………………………………… 58
　8条1項 ……………………………… 27
地方公共団体が当事者となる私法上の契約
　……………………………………… 264
地方公共団体の不法行為責任 ………… 347
地方財政法
　4条の5 ……………………………… 280
　27条の3 ……………………………… 280
　27条の4 ……………………………… 280
　28条の2 ……………………………… 279
地方自治法
　2条1項 ……………………………… 26
　96条 ………………………………… 58
　96条1項 …………………………… 78
　96条1項5号 ………………74, 265, 281
　96条1項6号 ………………… 74, 291
　96条1項9号 ……………………… 279
　96条1項10号 ……………………… 258
　96条1項12号 ……………………… 323
　101条7項 …………………………… 80
　147条 ………………………………… 27
　148条 ………………………………… 58
　170条 ………………………………… 58
　210条 ………………………………… 256

　211条1項 …………………………… 81
　225条 ………………………………… 277
　228条1項 …………………………… 277
　231条 ………………………………… 294
　231条の3 第3項 …………………… 105
　231条の3 第4項 …………………… 42
　232条の2 …………………………… 279
　234条1項～3項 …………………… 264
　234条4項 …………………… 265, 282
　234条5項 …………………………… 264
　234条の3 …………………………… 108
　236条 ………………………………… 87
　236条1項 ………………………105, 107
　236条4項 ………………………92, 106
　238条1項 …………………………… 111
　238条3項～238条の7 …………… 111
　238条4項 …………………………… 99
　238条の5 第6項 …………………… 79
　239条 ………………………………… 111
　244条3項 ……………………… 22, 277
　260条の2 …………………………… 27
　283条1項 …………………………… 27
　292条 …………………………… 27, 256
　附則6条3号 ………………………… 105
地方自治法施行令
　154条 ………………………………… 294
　167条の7 …………………………… 265
　167条の13 ………………………… 265
　171条の3 …………………………… 294
　171条の3 ただし書 ……………… 295
　171条の6 …………………………… 93
　171条の6 第1項 ………………… 294
地方税法
　1条1項1号 ………………………… 256
　1条2項 ……………………………… 256
　1条14号 …………………………… 256

470

9条 ……………………………… 217, 419
9条の2 …………………………… 217, 419
10条 ……………………………… 221, 224
10条の2 ………………………………… 221
14条の11 ………………………………… 171
14条の12 ………………………………… 171
14条の13 ………………………………… 170
14条の14 ………………………………… 170
20条4項 …………………………………… 42
20条5項 …………………………………… 42
20条の2 …………………………………… 43
20条の6第1項 ………………………… 245
20条の7 ……………………………… 209, 210
20条の9 ………………………………… 256
20条の9第2項 ………………………… 249
地方団体の徴収金 ……………………… 419
嫡出 ……………………………………… 378
中間利息の控除 …………………… 206, 356
中小企業 ………………………………… 39
注文者 …………………………………… 309
懲戒権 …………………………………… 391
懲戒処分 ………………………………… 44
庁舎管理 ………………………………… 121
鳥獣 ……………………………………… 151
懲罰的損害賠償 ………………………… 329
直系姻族 ………………………………… 367
直系血族 ………………………………… 367
賃金 ……………………………………… 14
賃金支払いの3原則 …………………… 306
賃借人の権利 …………………………… 300
賃借物件の損耗 ………………………… 128
賃貸借 ……………………………… 128, 297
賃貸借の期間 …………………………… 298
賃貸人たる地位の移転 ………………… 299

【つ】

追認 ………………………………… 18, 68
追認の拒絶 ……………………………… 62
通貨 ……………………………………… 199
通常損耗 ………………………………… 129
通常貯金 ………………………………… 216
通常貯金債権 …………………………… 423
通常有すべき安全性 …………………… 351
通謀虚偽表示 …………………………… 35

【て】

定期貯金 ………………………………… 216
定期貯金債権 …………………………… 423
定型取引 ………………………………… 273
定型取引を行うことの合意 …………… 274
定型約款 ………………………………… 273
定型約款の変更 ………………………… 275
停止条件 ………………………………… 73
抵当権 …………………………………… 175
抵当権消滅請求 …………………… 180, 245
抵当権の順位 …………………………… 176
抵当不動産 ……………………………… 175
抵当不動産の第三取得者 ……………… 177
手付 ……………………………………… 282
撤回 ……………………………………… 70
転得者 …………………………………… 214
天然果実 ………………………………… 113
てん補賠償 ……………………………… 205

【と】

登記 ……………………………… 24, 115, 126
動機 ……………………………………… 36
登記請求権 ……………………………… 283
動機の錯誤 ……………………………… 37
登記の引き取り ………………………… 116

当座勘定取引 ················312
動産質 ························172
同時死亡 ······················25
同時履行の抗弁権 ············268
到達主義 ····················265
盗品 ··························132
道路 ··························134
登録 ··························126
道路敷地 ····················121
督促 ··························106
特定遺贈 ····················438
特定物の引渡し ·············197
特別寄与 ····················422
特別寄与者 ··················459
特別寄与料 ··················459
特別受益 ····················421
特別代理人 ··················395
特別養子縁組 ···············387
特有財産 ····················374
都市再開発法135条 ···········43
土地区画整理法133条 ········43
土地所有権の範囲 ···········140
土地所有者確認必要情報 ·····24
土地の工作物 ················351
土地の賃借権の存続期間 ····298
取消権 ························20
取消し ························70
取消しの意思表示 ·············70
取り消すことができる行為 ··19
取り消すことができる者 ····18
取締法規 ······················33
取引時間 ····················246
取引上の社会通念 ···········197

【な】

内心の意思 ···················34

【に】

日常家事債務 ···············373
入札保証金 ··················265
任意規定 ······················33
任意条件 ······················73
任意代理人 ···················52
任期付き地方公務員 ··········82
認知 ··························379
認知症高齢者による列車妨害事故 ···345

【ね】

根抵当権 ····················182
根抵当権の消滅請求 ·········188
根保証契約 ··················231
年金担保融資 ·················53
年齢の計算 ···················81

【の】

納入（の）通知 ·······106, 294

【は】

配偶者 ························415
配偶者居住権 ················450
配偶者短期居住権 ············452
背信的悪意者 ················335
排水 ··························147
売買 ··························280
売買の予約 ··················281
白紙委任状 ···················56
破産 ··························28
パトカー ····················361
母による認知 ···············380
反社会的勢力 ·················38

472

【ひ】

引換給付判決 ………………………268
非債弁済 ……………………………326
被相続人 ……………………………412
被相続人の一身に専属したもの ……418
筆 ……………………………………117
筆界 …………………………………118
筆界確定の訴え ……………………118
被保佐人 …………………………16, 406
被補助人 ………………………………17
表見代理 ………………………………56
表見代理取締役 ………………………57
表示行為 …………………………34, 36
表題部 ………………………………115
表題部所有者 …………………………24

【ふ】

夫婦間の契約 ………………………372
夫婦財産契約 ………………………374
不確定期限 ……………………………78
不可分債権 …………………………215
不可分債務 …………………………215
付款 ……………………………………73
復代理人 ………………………………53
復代理人の選任 ………………………54
袋地通行権 …………………………144
付合 …………………………………153
不在者 …………………………………23
不真正連帯債務 …………………222, 354
負担 ……………………………78, 296
負担付寄附 …………………………280
負担付贈与 …………………………278
普通財産 ……………………………111
普通預金 ……………………………216
普通預金債権 ………………………423

物権 …………………………………110
物権行為 ……………………………114
物権的権利 …………………………110
物権的請求権 ……………………110, 139
物権変動 ……………………………114
物件明細書 …………………………287
物上代位 ……………………………175
物上保証人 ………………………171, 175
フッ素 ………………………………361
物品 …………………………………111
不動産買戻権の譲渡 ………………290
不動産質 ……………………………173
不動産の賃貸借 ……………………232
不当利得 ……………………………326
不当利得返還請求権の消滅時効 ……327
不能条件 ………………………………75
不法原因給付 ………………………327
不法行為 ……………………………328
不法行為能力 ………………………343
不法行為能力を有しない者による加害行為
………………………………………343
扶養の義務 …………………………409
プロポーザル ………………………267
分割債権 ……………………………215
分割債務 ……………………………215
分割弁済 ………………………………77
分限処分 ………………………………44

【へ】

ペット ………………………………352
弁済 …………………………………244
弁済の効力 …………………………247
弁済の充当 …………………………248
弁済の提供 …………………………245
弁済の場所 …………………………246
弁済の費用 …………………………246

弁済の方法 …………………………245
弁済をするについて正当な利益を有する者
　　………………………………244
片務契約………………………268, 292

【ほ】

包括遺贈 ……………………………438
傍系姻族………………………………367
傍系血族………………………………367
法人………………………………………26
法人に対する名誉毀損 ………………342
法人の使用人 …………………………49
法人の不法行為 ………………………347
法定果実 ………………………………113
法定条件 …………………………………73
法定証拠 …………………………………85
法定相続情報証明制度 ………………415
法定相続分 ……………………………420
法定相続分を超える部分 ……………418
法定代理人 …………………………14, 52
法定地上権 ……………………………178
法定納期限 ……………………………170
法定利率 ………………………………199
法の適用に関する通則法7条 ………22
法務局における遺言書の保管等に関する
　法律 …………………………………439
法律解釈 ………………………………360
法律行為 …………………………11, 32
法律行為的行政行為 …………………12
法律行為の要素 …………………………37
法律上保護される利益 ………………332
法律的な意味における親子 …………378
法律的な瑕疵 …………………………287
保佐開始の審判 …………………16, 406
保佐人 ……………………………16, 406
補助 ……………………………………279

保証 ……………………………………225
保証契約 …………………………………38
保証債務の付従性 ……………………225
保証人による主債務の時効消滅の主張 …85
保証人の主たる債務者に対する求償 …228
保証人を立てる義務 …………………226
補助開始の審判 …………………17, 407
補助人 ……………………………18, 408
保存行為 …………………………51, 157
保存のために要した費用 ……………129
本権 ………………………………123, 136

【ま】

埋蔵物 …………………………………153

【み】

未成年後見監督人 ……………………399
未成年後見人 …………………………397
未成年者 …………………………………13
未成年者によるサッカーボールの道路への
　蹴り出し ……………………………344
ミニパトカー …………………………279
民事訴訟法11条 ………………………22

【む】

無記名債権 ……………………………110
無権代理人 ………………………………61
無効 ………………………………………68
無催告解除 ……………………………270

【め】

明認行為 ………………………………112
名誉毀損 ………………………………340
免除 ……………………………………258
免責許可の決定を受けた債権 ………201
免責証券 ………………………………259

免責的債務引受 ……………………243

【も】

申込み ………………………………264
物の瑕疵 ………………………………287
持戻し …………………………421, 450

【や】

野犬の捕獲・抑留 ……………………360
野生の動物 ……………………………132

【ゆ】

誘因 ……………………………………264
有価証券 ………………………………258
有限責任 …………………………………27
湧出水 …………………………………142
有償契約 ………………………………280
有体物 …………………………………110
優等懸賞広告 …………………………267

【よ】

要役地 …………………………………164
養子縁組 ………………………………381
養子縁組における離縁 ………………385
養親 ……………………………………381
用水地役権 ……………………………165
要物契約 ………………………………292
予見可能性 ………………………329, 331
預貯金債権 ……………………………239
ヨット係留杭 …………………………356

予定価格 ………………………………264
予約完結権 ……………………………281

【り】

利益相反行為 …………………………65
履行延期の特約 ………………………294
履行遅滞 ………………………………203
利息 ……………………………………199
流質契約 ………………………………172
流水 ……………………………………142
流水利用権 ……………………………113
留置権 …………………………………167
立木 ……………………………………112
利用を目的とする行為 …………………51
隣地使用権 ……………………………143

【る】

累積根抵当 ……………………………183

【れ】

連帯債権 …………………………215, 219
連帯債務 …………………………215, 221
連帯保証人 ……………………………226

【ろ】

労働基準法24条 ………………………306
労働者派遣 ……………………………306

【アルファベット】

JV ………………………………………30

著者プロフィール

橋本　勇（はしもと　いさむ）

略歴　昭和43年国家公務員上級試験および司法試験合格
　　　昭和44年東京大学法学部卒業、自治省入省
　　　自治省公務員第一課主査、山梨県地方課長
　　　自治省振興課長補佐、公営企業第二課長補佐
　　　在連合王国（イギリス）日本国大使館一等書記官
　　　自治大学校教授等を経て、昭和61年から弁護士

著書　「地方自治のあゆみ」（良書普及会）
　　　「地方公務員法講義」（ぎょうせい）
　　　「自治体財務の実務と理論」（ぎょうせい）
　　　「新地方自治法講座4（住民参政制度）」共著（ぎょうせい）
　　　「新地方自治法講座5（住民訴訟・自治体争訟）」共著（ぎょうせい）
　　　「自治体契約ゼミナール」共編著（ぎょうせい）
　　　「債権管理・回収の手引き」共編著（第一法規）
　　　「新版　逐条地方公務員法」（学陽書房）　など多数

自治体行政のための民法
――債権法と相続法の改正を踏まえて

2019年11月5日　初版発行
2019年12月19日　2刷発行

著　者　　橋本　勇
発行者　　佐久間重嘉
発行所　　学陽書房

〒102-0072　東京都千代田区飯田橋1-9-3
営業部／電話　03-3261-1111　FAX 03-5211-3300
編集部／電話　03-3261-1112
振替　　00170-4-84240
http://www.gakuyo.co.jp/

ブックデザイン／佐藤　博
DTP制作・印刷／東光整版印刷
製本／東京美術紙工

©Isamu Hashimoto 2019, Printed in Japan
ISBN 978-4-313-16161-0 C2036
乱丁・落丁本は、送料小社負担にてお取り替えいたします。

JCOPY〈出版者著作権管理機構　委託出版物〉
本書の無断複製は著作権法上での例外を除き禁じられています。複製される場合は、そのつど事前に出版者著作権管理機構（電話03-5244-5088、FAX 03-5244-5089、e-mail: info@jcopy.or.jp）の許諾を得てください。